事例からみた

法人税の実務解釈基準

山本守之 [編著]
守之会 [著]

Interpretive Criteria of Corporate Tax

税務経理協会

序　　文

　守之会を設立してから18年になる。月1回遠方から飛行機や新幹線で駆け付け，判例研究や租税の理論・実務の研究を続けている会員の姿をみると頭が下がる。

　その守之会の人々が，私の喜寿を祝った記念出版をしてくれることになった。通常の記念出版ではなく，税理士が実務で遭遇する税務の問題を真面目に取り上げた実務解説書となっている。

　通達に寄りかからず，激動する最新の税務を踏まえて理論的にも確かな実務書をという方針で貫かれている。

　守之会では市販しない論文集が12冊，市販している理論・実務書が6冊ほどあるが，本書は会員の大部分が参加し，1年以上にわたって事例研究をした成果となっている。

　単なる解説書ではないから，課税庁の解釈に実務家らしく意見を述べているところもあるが，それはそれでよいと思っている。

　税理士試験の必修科目が簿記論と財務諸表論で，租税法は選択科目にさえなっていない実情に満足することなく，事例を課税要件から観察するという態度も重視している。

　守之会は私の宝物になっている。本書をご購入いただいた方々も，決して節税書ではなく税に真面目に取り組む守之会を応援していただきたい。本書についてお気付きの点があればご叱正いただきたい。

　本書によって，研究者や実務家の方々からご支援いただく機会を得ることができれば，これに過ぎたる喜びはない。

2009年3月

山　本　守　之

はじめに

　守之会は，平成2年に開催された山本守之先生の「法人税ゼミナール」の受講生の有志により結成された自主勉強会として，平成3年からスタートしました。

　以来18年にわたり，月1回の例会を中心に，租税判例・裁決例や最新の税務及び会社法等の周辺領域をテーマとして研究を続け，その間，拙いながらも自費出版による論文集を12冊，市販本を6冊出版することもできました。これらの活動を行うにあたり，常に山本先生からは不肖の弟子たちに厳しい中にも暖かい叱咤激励をいただいてまいりました。その中でも特に先生が強調されたのは，税の実務家として，現場の納税者の視点に立って仕事や勉強に取り組む姿勢でした。

　会員の間で，この山本先生のご恩に報いる方法がないものか日頃考えておりましたが，先生の喜寿が間近いことからその記念で本を出したい旨お伝えしたところ，先生からは，「実務家としての，生きた経験から生み出された生の声が聞こえるような本」であれば出版してもよい，というお話を頂戴しました。そこで，通常の記念本ではなく，山本先生がもっとも力を注いでこられた法人税について実務家の視点から検証した本を出すこととなりました。

　先生のご期待に沿うべく，会員それぞれが自分の生きた経験も踏まえ，納税者や税理士の方々に役にたつような本を作ろうと，延べ2年近く四苦八苦しながら執筆作業に取り組み，なんとか発行にこぎつけることができました。もとより未熟な部分も多々見られるとは思いますが，類似の事案に悩む納税者のみならず，税理士を始めとした租税実務に携わる多くの方々に，少しでも参考になれば望外の喜びです。

　山本先生には，ご多忙な身にもかかわらず，原稿の検討会にも殆どご出席いただき，貴重なご指導とご示唆をくださったうえ，すべての原稿にコメントを書いてくださいました。ここに改めて深く御礼を申し上げます。

先生が，喜寿を迎えられましたことを心よりお祝い申し上げますとともに，今後益々のご活躍とご健勝をお祈り申し上げます。また，出版にあたってお世話になった株式会社税務経理協会取締役社長　大坪嘉春氏をはじめ，堀井裕一，小林規明，吉冨智子の三氏の方々にも併せて感謝申し上げます。

　2009年3月

　　　　　　　　　　　　　　　　　　　守之会　代表　木　島　裕　子

執筆者一覧

山 本 守 之（税理士）

守 之 会（五十音順）

朝 倉 洋 子	田 代 雅 之
遠 藤 み ち	田 代 行 孝
金 子 友 裕	田 中 久 喜
川 口 　 浩	中 西 良 彦
木 島 裕 子	中 村 雅 紀
久 乗 　 哲	服 部 惣太郎
熊 野 泰 之	林 　 紀 孝
小 林 磨寿美	平 沼 　 洋
親 泊 伸 明	藤 井 茂 男
鈴 木 政 昭	藤 曲 武 美
千 田 喜 造	古 矢 文 子
染 谷 多恵子	松 田 孝 志
竹 内 春 美	矢 頭 正 浩
武 田 喜 義	山 本 敬 三
	（税理士）

―― 凡　例 ――

1　本書中の法令通達は，原則として平成20年4月1日現在のものによっています。
2　本書中で使用される根拠法令通達の省略用語は，本文中に特に断りのない限り，次のとおりです。

　　　　民　　　　　民法
　　　　会社法　　　会社法
　　　　通法　　　　国税通則法
　　　　通令　　　　国税通則法施行令
　　　　所法　　　　所得税法
　　　　所令　　　　所得税法施行令
　　　　法法　　　　法人税法
　　　　法令　　　　法人税法施行令
　　　　相法　　　　相続税法
　　　　相令　　　　相続税法施行令
　　　　消法　　　　消費税法
　　　　消令　　　　消費税法施行令
　　　　措法　　　　租税特別措置法
　　　　措令　　　　租税特別措置法施行令
　　　　地法　　　　地方税法
　　　　地令　　　　地方税法施行令
　　　　所基通　　　所得税基本通達
　　　　法基通　　　法人税基本通達
　　　　相基通　　　相続税法基本通達
　　　　消基通　　　消費税法基本通達
　　　　措通　　　　租税特別措置法通達

3　引用・参照文献の省略用語は次のとおりです。

　　　　刑集　　　　最高裁判所刑事判例集
　　　　行集　　　　行政事件裁判例集
　　　　税資　　　　税務訴訟資料
　　　　訟月　　　　訟務月報
　　　　裁事　　　　裁決事例集
　　　　判時　　　　判例時報
　　　　判タ　　　　判例タイムズ
　　　　シュト　　　シュトイエル

4　裁決例，裁判例の出典の次に表記されている番号は，ＴＡＩＮＳ（税理士情報ネットワーク）のデータベースのコード番号を表わしています。

目　　次

序　　文
はしがき

I　費用・収益・原価とその認識

1. 商品等の販売における収益計上時期……………………………… 2
2. 輸出取引における収益計上時期…………………………………… 8
3. 検収基準とその問題点……………………………………………… 12
4. 機械設備の販売と据付工事の収益計上…………………………… 16
5. 補修工事とその補償金の認識基準………………………………… 20
6. 工事前受金に対する利子相当額…………………………………… 24
7. 未収利子計上省略をめぐる問題点………………………………… 28
8. 設計監理の収益と原価の計上時期………………………………… 32
9. 工業所有権の収益と原価の計上時期……………………………… 36
10. 過払電気料の返還額の収益計上時期……………………………… 40
11. 損害賠償金の収益と費用の計上時期……………………………… 46
12. 横領金に係る損害賠償金の収益計上時期………………………… 50
13. 逸失利益に対する補償金の収益計上時期………………………… 54
14. 砂利採取の跡地の埋戻し費用……………………………………… 58
15. 短期前払費用と重要性の原則……………………………………… 63
16. 在庫計上が省略できる消耗品等…………………………………… 67
17. 決算締切日…………………………………………………………… 73

1

II　棚卸資産・有価証券

- 18　棚卸資産の評価損（著しい陳腐化） ……………………80
- 19　製品開発初期の総平均法 ……………………84
- 20　有価証券の評価損（著しい低下） ……………………88
- 21　有価証券のクロス取引 ……………………92

III　固定資産・繰延資産

- 22　美術品の減価償却資産性 ……………………98
- 23　修繕費と資本的支出 ……………………103
- 24　均等償却中の資本的支出と償却限度額 ……………………109
- 25　耐用年数の短縮 ……………………115
- 26　事業の用に供するために支出した金額と資本的支出 ……………………121
- 27　残価設定リース契約と合意解除の処理 ……………………125
- 28　建物と建物附属設備の区分 ……………………130
- 29　遊休資産の評価損 ……………………136
- 30　減価償却費として損金経理した金額 ……………………142
- 31　旧設備の移設費用 ……………………147
- 32　旧式発電設備の有姿除却 ……………………152
- 33　未供用資産の評価減 ……………………158
- 34　権利金の償却の始期 ……………………162
- 35　少額減価償却資産の判定単位 ……………………166
- 36　土地付建物の除却損 ……………………172
- 37　建物及び機械装置の除却損 ……………………176

Ⅳ 役員給与

- 38 役員の範囲 …………………………………………182
- 39 使用人兼務役員の範囲 ……………………………186
- 40 法人税法34条は原則損金不算入か ………………192
- 41 複数回の給与改定と定期同額給与の判定 ………198
- 42 臨時改定事由による役員給与の期中改定 ………204
- 43 給与の減額と業績悪化改定事由 …………………208
- 44 経済的利益（豪華住宅）…………………………214
- 45 事前確定届出給与とは ……………………………218
- 46 届出額と支給額が異なる場合 ……………………223
- 47 非常勤役員の過大給与 ……………………………229
- 48 出向役員に係る給与負担金の取扱い ……………235
- 49 役員退職給与の経費処理と損金算入時期 ………241
- 50 分掌変更に伴う役員退職給与 ……………………246
- 51 使用人兼務役員の常務就任に伴う退職金の支給 …250
- 52 業務主宰役員の判定 ………………………………254
- 53 常務に従事する役員の範囲 ………………………258
- 54 特殊支配同族会社の判定 …………………………266
- 55 基準所得金額の計算 ………………………………272

Ⅴ 交際費・寄附金

- 56 旅行目的の売上割戻し預り金の払戻し …………278
- 57 売上割戻しを原資とする海外旅行招待 …………283
- 58 パーティー費用と祝金 ……………………………288
- 59 売上割戻しとして交付したテレビ ………………294

60	5,000円以下の飲食費用 ………………………………	298
61	リゾートホテルで行う特約店会議の費用 …………	303
62	ゴルフコンペの費用負担 ……………………………	308
63	英文添削費用の差額負担 ……………………………	313
64	抽選会の景品費用 ……………………………………	317
65	土地買収に伴う支払手数料 …………………………	321
66	社葬と結婚披露宴の費用 ……………………………	326
67	厨房設備施工業者がレストランに贈る花輪代 ……	331
68	採用内定者の囲い込み費用と交際費等 ……………	336
69	違法支出金の損金算入 ………………………………	342
70	自動車メーカーによる被災部品メーカーへの支援 …	347
71	信号機設置費用等と寄附金 …………………………	351
72	買戻しによって生じた損失と寄附金 ………………	356
73	解散を前提とした子会社支援 ………………………	361
74	子会社等の支援費用 …………………………………	367
75	従業員の海外慰安旅行費用 …………………………	373
76	観光を伴う海外渡航 …………………………………	377
77	下請企業の従業員に対する見舞金 …………………	383
78	商品券等の購入費用と使途秘匿金課税 ……………	387
79	給与か外注費か ………………………………………	391

Ⅵ 貸倒損失

80	売掛金と貸付金の貸倒損失 …………………………	398
81	貸倒損失と債権者の事情 ……………………………	402
82	損金経理しなかった貸倒損失 ………………………	407
83	債務超過の相当期間 …………………………………	411
84	ゴルフ場の預託金と貸倒損失 ………………………	415

85　仮装経理に基づく過大申告と前期損益修正 …………………419

Ⅶ　消　　費　　税

86　個人事業者の廃業と消費税 ………………………………426
87　海砂採取のために漁協に払った同意代金 ………………430
88　未成工事支出金と仕入税額控除の時期 …………………435
89　対価補償金における法人税との差異 ……………………440
90　原価見積りにおける法人税との差異 ……………………445

守之会会員名簿

I

費用・収益・原価とその認識

I　費用・収益・原価とその認識

1　商品等の販売における収益計上時期

1　事　　例

　当社は，百貨店Ａ店との取引において「売仕（消化仕入）」方式によって商品を納入しております。これまで，Ａ店に対する売上は店頭で商品が売れた日に計上しておりました。このたび，Ａ店の支払条件が変更になり，半月に1回の締切日が月1回の毎月15日締切りとなり，その1か月後に売上明細書である「支払案内書」が当社に到着することになりました。したがって，決算月についていえば，その月の16日から月末までの売上明細が翌々月の15日でなければ確認できなくなりました。
　当社では店員をＡ店に派遣して販売に当たらせ，日々の売上状況等の報告を受けておりますが，Ａ店の外商部扱いの中に売上日や売上金額が不突合となることが，わずかですが出てきます。この場合の売上の計上時期について教えてください。

2　問　題　点（争点）

　問題点は決算日の45日後に判明した売上の計上時期はいつであるかです。

3　検　　討

(1) 収益計上基準の考え方

　企業会計の中で収益計上基準を考えるとき，その指針となるものに，企業会計原則があります。企業会計の実務の中に慣習として発達したものの中から，一般に公正妥当と認められるところを要約したものとされています。この企業会計原則は，収益について未実現収益は計上してはならないとし，また，売上高は実現主義の原則に従い，商品・製品等の販売又は役務の給付によって実現したものに限るとしています。この場合の収益の実現とは，販売による財貨の

移転や役務の提供によって発生した価値が，会計的にその取引が仕訳記帳をなし得るような客観性と確実性を備えるに至ったことを指しています。

この商品・製品等の売上高の計上基準を特に販売基準ともいい，この販売基準によって収益計上を行う会計慣行は，すでに一般の経済社会に定着しています。また，会社法431条においても「株式会社の会計は，一般に公正妥当と認められる企業会計の慣行に従うものとする」と定めており，実現主義に基づく販売基準に法的な位置付けを与えているといえます。

一方，法人税法では，法人の課税所得は法人の事業年度の期間損益を対象としていることから，ある収益をどの事業年度に計上すべきかは，最も重要な課題であるにもかかわらず，収益の帰属年度について「当該事業年度の収益の額」とのみ規定し，一般原則的な基準について規定を置いておりません（法法22②）。ただ，法人税法22条4項において「一般に公正妥当と認められる会計処理の基準に従って計算されるものとする」としております（**公正処理基準**）。

したがって，法人税法上も企業会計と同じように，収益はその実現があった時の属する事業年度の益金の額に算入することになります。

(2) 商品・製品等の販売による収益計上基準

商品等の販売による収益の計上時期は，実務的には，国税庁が公正処理基準の解釈として公表している法人税基本通達によって処理することになります。この通達によれば，棚卸資産の販売による収益計上時期は，その引渡しがあった日の属する事業年度の益金の額に算入するとしています（法基通2－1－1）。企業会計でいうところの販売基準と同じ考え方で，引渡基準によることを定めています。

この法的根拠は，民法533条に定める「引渡又は対価の請求権に付き債務者が同時履行の抗弁権を失ったとき」にあるとされています。

そこで，「引渡し」の時期の判断が重要になってきますが，「引渡し」といっても商品の種類，性質，契約内容等によって，また，業界の慣習によっても，一概にその時期を決定することはできません。法律上の概念としての物の「引渡し」とは，「物の上に有する事実的支配（占有）を移転することをいう」と説

明されています。最も基本的な引渡しの方法は，現実の引渡し，すなわち，その物を直接「手から手に」渡すことです（民182①）。しかし，買主が，すでに直接占有している場合や，間接占有で満足している場合には，現実の引渡しを強制することは不便を増すばかりで現実的ではありません。そこで，民法は，物の移動を伴わず当事者だけの合意のみで占有を移転できる特殊な占有移転の方法を定めています。それは，簡易の引渡し（商品の販売でいえば委託販売等）（民182②），占有改定（競走馬の売買等）（民183），指図による占有移転（倉庫証券や船荷証券による売買等）（民184）です。

しかしながら，収益計上基準としての「引渡し」は，これらの法律上の引渡概念にとらわれることなく，その取引の商品の性質や契約内容等に照らし，その取引の実態に適合した合理的なものでなければなりません。例えば，遠隔地との取引においては，商品の発送時点と受領時点が異なり，厳密な意味においては，商品が相手方に到着し受領されて初めて引渡しが完了するのですが，正常な取引ではなんら不都合なく受領されますので，この発送時点で売上を計上する会計慣行があり，税務上もこれを出荷基準として認めています。このほか，商品等の性質，取引条件，契約内容等に応じ合理的であると認められる収益の計上基準を選択し，継続適用することを条件として，検収基準（相手方が検収した時に引渡しがあったとする方法），使用収益開始基準（土地等を相手方が使用収益することができることとなった日に引渡しがあったとする方法），検針日基準（検針等によって販売数量を確認した日に引渡しがあったとする方法）等を認めています（法基通2－1－2）。

(3) 特殊な販売形態

特殊な販売形態をとる場合は，その契約内容に応じて適切な収益計上基準を採用しなければなりません。次のような販売方式では，予約販売を除いて販売先に商品等の引渡し（占有権は移転しますが，契約で所有権は売主に留保されています）が済んでいるのに「引渡しの日」に販売が実現せず，例外的な取扱いとなります。

① **委託販売**

　委託販売とは，委託者が受託者に商品等を預託し，一定の手数料を支払う約束で受託者に販売を委託する販売方式をいいます。

　受託者の行った行為は，法的には委託者の行為とされますから，委託販売の収益計上時期は原則として受託者が受託商品等を販売した日になります。

　しかし，受託者が遠隔地にあるとか販売件数が多い等のため，逐一委託者に売上の報告をなし得ないような場合を想定し，実務的には，売上計算書が定期的に送付されることを条件に，委託者に到着した日に売上を計上することも認められています（売上計算書到達日基準）（法基通2－1－3）。

② **試用販売**

　試用販売とは，あらかじめ顧客に商品を試用させ，その買取りの意思表示を待って販売を確定させる販売方式をいいます。

　顧客がその商品の買取りの意思表示をした時に売上が実現したことになりますから，その意思表示を確認した日の売上に計上します。

③ **予約販売**

　予約販売とは，商品等を将来引き渡す約束で，あらかじめ予約金を受け取る販売方式です。決算日までに商品等の引渡し又は役務の給付が完了したものだけを完了した日の売上に計上します。

④ **割賦販売**

　原則として商品等を引き渡した日の売上に計上します。ただし，長期割賦販売等に該当する場合は，延払基準の方法によって収益及び費用の額を計上することが認められています（法法63，法令124〜128）。

⑤ **消化仕入販売**

　工場や小売店等は部品や商品等の引渡しを受けた時点では仕入を認識せず，製造工程に投入した時点や顧客に販売した時点で仕入を認識する方式です。納入業者はその時点で売上を計上します。

(4) **消化仕入方式による販売**

　消化仕入方式とは，①製造業界では，メーカーが納入業者から部品等を仕入

れる場合，部品はメーカーに到着し引渡しが完了しているにもかかわらず，その時点では仕入を計上せず，製造工程に投入した時点で仕入を認識し，②百貨店等の小売業界では，店頭に納入業者から商品を納入陳列させ，それを顧客に販売した時点で仕入を計上する，すなわち，消化した時点で仕入れるという方式です。なお，小売業界では製造業等と区別して，特に「売上仕入」とか「売仕」と呼ぶことがあります。

昔からある「越中富山の置薬」の販売方式をイメージすればよく理解できます。行商のセールスマンが顧客の家庭に常備薬を配っていきますが，商品を引き渡してもその時は代金を請求せず，一定期間をおいてから巡回して来て，使用した商品があればその使用した分だけ代金を請求します。そしてまた新しい商品を入れ替えていきます。これが「消化仕入」方式の原形ともなるもので，同じビジネスモデルといえます。

この販売方式は，委託販売とよく似たところもありますが，リスクの回避や計上すべき収益の額に違いがあります。委託販売では，受託者は商品の買取りをしないから，全てのリスク（売残り損失，棚卸減耗損，貸倒損失など）を免れ，販売収益の額は販売手数料のみの計上となります。「売上仕入」では，小売業者は顧客へ販売した時点で商品を買い取ることから，貸倒損失のリスクを負担することになり，収益の額は顧客への販売価額となります。

この方式による納入業者側での収益計上時期は，製造業等ではメーカーが部品等を製造工程に投入した時点であり，小売業では小売店が商品等を顧客に販売した時点となります。

(5) 販売代金が確定していない場合の取扱い

棚卸資産の販売では引渡基準によって収益を計上することになっていますが，何らかの事情によって引渡しが済んでいるのに金額が確定していない場合があります。このような場合を想定し，次のような通達を置いております。

「法人がその販売に係る棚卸資産を引き渡した場合において，その引渡しの日の属する事業年度終了の日までにその販売代金の額が確定していないときは，同日の現況によりその金額を適正に見積るものとする。この場合にお

いて，その後確定した販売代金の額が見積額と異なるときは，その差額は，その確定した日の属する事業年度（省略）の益金の額又は損金の額に算入する」というものです（法基通2－1－4）。

この場合の要件は売上金額を適正に見積もるということですから，その金額の算定過程を説明できるようにしておく必要があります。

4　当事例の検討

前記の「消化仕入方式による販売」で説明したとおり，A店が顧客に販売した日に売上を計上しなければなりません。A店が遠隔地でもなく，派遣店員が専ら貴社の商品を販売しておりますので，販売した日に売上を計上することに何ら支障がないように思われます。売上日や売上金額が不確かなものが若干あるようですが，これらは決算時に売上金額を適正に見積もって計上しておけば，支払案内書が到着した時点での修正が可能ですから，原則に則り処理することをお勧めします。なお，委託販売での「売上計算書到達日基準」は，業者が遠隔地にあり，店員も派遣していないような場合には準用できますが，貴社の場合は経営的にいっても販売した日に売上を計上することが望ましいと考えます。

(川口　浩)

　山本守之のコメント

デパート等では「消化仕入」等の特殊な取引が行われますが，税務上は取引慣行を尊重する取扱いとなっています。

I 費用・収益・原価とその認識

輸出取引における収益計上時期

1 事　　例

> 当社は電気部品の製造業を営む株式会社で，これまで製品の輸出は商社を通じて行っておりましたが，今期より当社で直接輸出を行うことにしました。
> 海外顧客との取引条件は，ＦＣＡ（運送人渡し），ＣＰＴ（輸送費込み），ＣＩＰ（輸送費，保険料込み）と，それぞれの顧客によってまちまちですが，代金決済はすべて輸出信用状（L/C）付の荷為替手形を通じて行っています。輸送手段はコンテナ船か航空機で，小口混載貨物によっています。
> 売上計上は，輸出貨物を混載業者の店頭に搬入し，運送人から船荷証券又は航空運送状の発行を受けた上，代金取立てのための為替手形を振り出して，これを当社の取引銀行で買い取ってもらう時点で行っています。
> このような売上計上は税務上も認められますか。

2 問 題 点（争点）

問題点は輸出取引における最も合理的な収益計上時期はいつであるかです。

3 検　　討

(1) 収益計上基準の考え方

法人税法は，収益について「当該事業年度の収益の額」とのみ定め，ある収益をどの事業年度に計上すべきかの基準については明文の規定を置いておりません。したがって，一般原則的な収益の計上基準は「一般に公正妥当と認められる会計処理の基準」によることになります（法法22④）。そこで国税庁では，この公正処理基準の解釈として，法人税基本通達を定めて取扱いの統一を図り，棚卸資産の販売による収益は「その引渡しがあった日の属する事業年度の益金

の額に算入する」としています（法基通2－1－1）。

　企業会計原則は、商品等の販売による収益計上について、「売上高は、実現主義の原則に従い、商品の販売によって実現したものに限る」として、販売基準による収益計上を定めており、基本通達の考え方と一致しているといえましょう。

(2) **輸出取引の取引条件について**

　輸出取引の価格条件は、輸出品がどこで引き渡されるかが基本で、輸出者はその物品を約定の場所で引き渡すまでの危険と費用を負担し、約定どおり引き渡せば以後の危険と費用の負担は輸入者に移転するというのが原則です。

　インコタームズ（国際商業会議所が制定した貿易用語の解釈に関する国際規則）2000年版の規定によれば、在来船積みのＦＯＢ，Ｃ＆Ｆ，ＣＩＦの各条件では、危険は積込みに当たり貨物が本船の舷側欄干を通過した時に輸入者に移るとし、在来船以外の輸送手段に積むときのＦＣＡ，ＣＰＴ，ＣＩＰの各条件では貨物を積地において運送人の管理下に引き渡した時に移るとしています（在来船以外の輸送手段とは、コンテナ船、航空機、鉄道、自動車などをいいます）。通常、船荷証券又は航空運送状の日付をもって船積みないし出荷された日とみなすことが輸出取引上の慣習となっています。

　今日の輸出取引においては、信用状の授受や輸出保険制度の利用により、売主は商品の船積みないし出荷を完了すれば、取引銀行において為替手形を買い取ってもらうことにより、安全に売買代金の回収ができる実情にあります。

(3) **輸出取引の収益計上基準について**

　輸出取引の収益計上基準には、「引渡しの日」の判断の相違により、「出庫基準」「通関基準」「船積日基準」「船荷証券等作成日基準」「船荷証券引渡基準」「為替取組日基準」「検収基準」などが考えられますが、これまでに税務上問題となった収益計上基準について検討します。

① **船積日基準と船荷証券等作成日基準**

　　船積日基準とは輸出品の船積みの日で、また、船荷証券等作成日基準とは船荷証券や航空運送状に記載された作成日で、売買契約に基づく売主の引渡

義務の履行は実質的に完了し、その取引によって収入すべき権利が確定したものとして、これを収益に計上するという会計処理です。

輸出取引も商品等の売買という点では国内売買と同じであり、売買の基本は商品等の提供（引渡し）と代金の支払が同時履行の関係にあることから、「引渡しの日」の事実認定が重要な事項となります。

貿易業界では、船荷証券又は航空運送状の日付をもって「引渡しの日」とすることが輸出取引上の慣習として認められており、この会計処理は商品等の販売による収益計上について合理的であり、公正処理基準に適合しているということができます。

② **為替取組日基準（船荷証券引渡基準）**

為替取組日基準とは、荷為替手形を取引銀行で買い取ってもらう際に船荷証券等を取引銀行に交付することによって、完全な商品等の引渡義務を履行したとして、収益を計上するもので船荷証券引渡基準ともいいます。

為替取組日基準については、収益計上時期を人為的に操作する余地があり、公正処理基準に適合しないとした次のような判例があります（最判 平5.11.25 税資199号944頁 Ｚ199－7233）。

最高裁判所は「為替取組日基準は、商品の船積みによって既に確定したものとみられる売買代金請求権を、為替手形を取引銀行に買い取ってもらうことにより現実に売買代金相当額を回収する時点まで待って、収益に計上するものであって、その収益計上時期を人為的に操作する余地を生じさせる点において、一般に公正妥当と認められる会計処理の基準に適合するものとはいえない」と判示しております。

しかしながら、この会計処理の利点は会計処理の簡素化で、輸出取引に係る仕訳が１回で済むことや為替差損益の計上を省略できることが挙げられます。

③ **検 収 基 準**

検収基準とは、相手方が商品等を検査し、引取りの意思表示をした時点で引渡しがあったとして収益を計上するものです。輸出取引についても次のよ

うな2つの要件が満たされていれば，合理的な会計処理として認められます。
イ　商品等の種類や性質，販売契約の内容等に照らして合理的であること
　　例えば，精密機器や相手先の特注品で性能等が特約されている製品等の輸出が挙げられます。
ロ　継続して適用すること
　　商社経由のプラント輸出取引について，本件プラント輸出の特質（ろ過装置の性能値達成義務を負っていた）から，収益計上基準は検収基準によることも合理的であるとした大阪地裁の裁判例があります（大阪地判　昭61.9.25 税資153号785頁　Z153－5794）。

4　当事例の検討

　貴社が採用している会計処理は，為替取組日基準によるもので，公正処理基準に適合するものとはいえないとされています。したがって，貴社の輸出は，コンテナ船や航空機で小口混載貨物によっていますので，船荷証券等作成日基準によって会計処理をすることが必要です。ただし，顧客からの特注品等で大阪地裁の裁判例のように性能達成義務を負っているような場合には，継続適用を条件に検収基準も認められます。

　なお，期中においては為替取組日基準で売上を計上し，期末になって，銀行による荷為替手形の買取りが翌期になるような場合にのみ，船荷証券等作成日基準によって会計処理をすることも可能です。その場合，売上金額を確定するため為替予約をすることをお勧めします。

（川口　浩）

山本守之のコメント

　「為替取組日基準」は訴訟でその合理性は否認されているが，会計上の利点をどのように考えるかが今後の問題です。

3 検収基準とその問題点

1 事　例

> 当社は家具の製造販売を営んでおり，注文により家具のデザインや規格が指定されている製品の販売のみ検収基準によって売上を計上しています。この注文製造販売については，取引先から検収通知書があったときに当社は売上があったものとしていますが，最近になって取引先のうちＡ社が，当社に検収通知を出す前に他社に製品を転売することもあることが分かりました。現在もＡ社に対する売上は検収基準を継続しています。
> 　また，来年には新規事業を立ち上げる予定ですが，売上の計上は今までと同様の検収基準によることになりますか。

2 問　題　点（争点）

問題点は，棚卸商品の種類，性質や販売に係る契約の内容からみて，検収基準を採用することが合理的か否かです。

3 検　討

(1) 棚卸資産の収益計上時期と検収基準

収益について法人税法22条2項では，「……当該事業年度の益金の額とする」として益金の額の範囲と収益の額の帰属年度を規定しているにすぎません。収益を認識する基準については法令上明らかでないため，一般に公正妥当と認められる会計処理基準（法法22④）により解釈することになります。税制の簡素化の観点から，税法において課税所得のすべてに規定を置くより会計慣行にゆだねることが適切であるとされ（昭和41年税制調査会「税制簡素化についての中間報告」），昭和42年の税制改正で法人税法22条4項が追加されました。

企業会計原則では，収益の計上を商品等の販売又は役務の給付によって実現

したものに限る（企業会計原則第二の三B）としており，この「実現」とは相手先への商品等の販売を意味しています。

　税務上ではこの会計慣行にならって棚卸資産の販売とは引渡しがあった日とする取扱いがあります（法基通2－1－1）。

　棚卸資産の引渡しの日については，出荷基準，検収基準，検針日基準，相手方使用収益可能日基準などがありますが，棚卸資産の種類，性質，契約内容に応じて合理的な基準を選択し，かつ継続適用を要件として収益計上を行うこととしています（法基通2－1－2）。これらは例示であって，企業会計における会計慣行により合理的と認められれば，上記以外の基準により収益を計上することも可能です。このうち検収基準は，相手先が商品等を検査して，引取りの意思を明確にした時点で引渡しがあったとする方法で，精密機械等の注文品や据付工事があるものなどが対象となります。ただし，検収通知は適切な時期になされることが前提条件となっています。

(2) 検収基準の問題点

　棚卸資産の収益計上基準は，法人税基本通達2－1－2において複数の基準が例示されていますが，法人が自由に選択できるわけではなく，その基準を選択することには，①継続適用されていること，②その棚卸資産の種類や性質，販売契約の内容に照らして合理的であることが条件となります。実務では，この合理性がしばしば問題になります。検収基準では，相手先の商品等の引取りの意思表示を確認してから収益の計上をすることから，検収通知がタイムリーに行われることが必要です。

　次図のように検収通知を受け取る前に相手先が転売をしていた場合，出荷側の法人では売上を計上する日が転売後となってしまいます。さらに検収通知が決算日後になると翌期に売上の計上をすることになりますが，このような場合では，収益計上時期として検収基準を適用することに合理性があるか否かが問題になります。出荷側では出荷した商品を相手先がいつ転売したかを把握するのは困難ですので，転売する前に検収通知書が届かないこの取引自体が検収基準になじまないといえます。

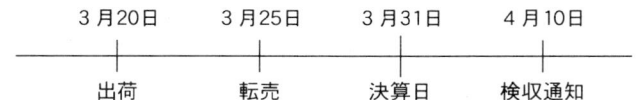

「1週間以内に検収通知がない場合は，検収があったとみなす」という契約や「返品がない限り取引先が自動的に商品を引き取る」という契約など，検収前に転売できるような契約は，検収基準を適用する合理性がありません。

これに対して，船積時点で収益を計上すべきか検収時で収益を計上するかを争った裁判例があります（大阪地判 昭61.9.25 税資153号785頁 Z153－5794）。行政庁は，船積みした時点で物件の所有権及び危険負担が買主に移転するため義務履行が完了しているとして，船積時点で収益を計上すべきと主張したことに対し，納税者は物件（ろ過装置）の据付後の性能値達成義務を負っており，契約期間が経過したことにより契約上の義務を免れるか又は義務履行を完了したときに収益計上をすべきであると主張しました。裁判所は，いずれの収益計上基準も合理的であるとした上で，納税者が船積基準と検収基準との選択可能性を有しており，収益実現の認識時期について複数の基準がある場合，継続適用を条件として選択適用することが可能であるとして，検収時の収益計上を認めています。

4 当事例の検討

検収基準は，取引の相手先が商品等を検収し，速やかにその検収通知をすることが必要です。A社は検収通知書を送付する前に転売していることもあるとのことですが，出荷側ではA社が転売した事実はわかりません。転売したときには検収は済んでいたのか検収通知のみを故意に遅らせたのかなど事実関係は不明ですので，貴社はA社から検収通知を受けるまで売上を計上することができません。検収通知前に転売することについてA社側に何らかの理由や必要性があったと考えられますが，いずれにせよ引取りの意思表示がなされないまま転売するということは，検収通知がタイムリーに出されているとはいい難く，貴社にとって収益計上時期が明らかに不合理となります。今後もこのような転

売される可能性があるならばA社との取引自体が検収基準に適していないといえますので、A社に対しては出荷基準を採用しなければなりません。なお、A社以外の取引先に対しては、種類、性質、販売契約の内容から検討して合理性があれば、取引先によって収益計上基準が異なっても問題はありません。

また、新規事業の収益計上基準は、必ずしもこれまでの基準にこだわる必要はなく、むしろ新規事業の種類や契約条件等から判断して、適切な基準を採用すべきこととなります。この場合に複数の基準の適用が可能であれば、会社は継続適用を要件として選択することができます。

(竹内　春美)

 山本守之のコメント

取引先が検収通知をする前に転売している場合は検収基準を適用できないのですが、当社にしてみれば、取引先が検収通知前に転売している事実を把握できないという問題は残ります。それでも検収基準が適正でないという判断は変わりません。

I　費用・収益・原価とその認識

　機械設備の販売と据付工事の収益計上

1　事　　例

> 当社は，部品製造会社等に大型の機械設備を販売する株式会社です。取扱商品の性質上，機械を納品すれば完了するということはなく，得意先の工場内で据付工事をし，試運転し，稼動できるようにするまでを一括して行う契約になります。据付工事は，販売部門でなく工事部門の専門の施工担当者が行います。現在，機械の引渡時と据付工事の完了時に区分して，それぞれの売上を計上しています。当期の決算でも機械設備本体の売上代金2億円を収益計上しています。据付工事の代金1千万円は，工事が完了していないため，来期に計上する予定になっています。
> この当社の処理について，注意すべきことがあったら教えてください。

2　問　題　点（争点）

問題点は，据付工事を伴う機械設備の販売において，販売と据付工事の収益を別々に計上することができるかという点です。

3　検　　討

(1)　**収益計上の時期の原則**

棚卸資産の販売に係る収益は，その資産の引渡しの日の属する事業年度に計上します。引渡しの日がいつであるかは，その棚卸資産の種類及び性質，販売契約の内容等に応じて合理的と認められる日のうち，継続して収益計上を行うこととしている日によるものとされています。具体的には，次のような基準によることとなります（法基通2－1－1，2）。

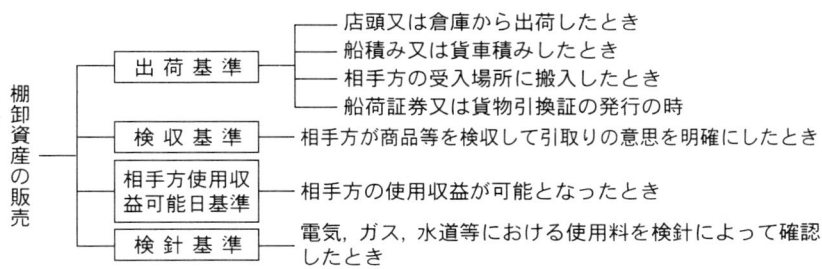

　この点については，裁判例でも，「原則として売買契約の効力の発生する日の属する事業年度の益金に算入すべきである（いわゆる権利発生主義）が，商品，製品等の販売にあっては，引渡しあるいは検収完了等，所得を生ずべき権利の所得実現の可能性が確実になったものと客観的に認められるに至った時期を含む事業年度の益金に算入すべきである（いわゆる権利確定主義）とするのが相当である。」（福岡高判宮崎支 昭55.9.29 税資114号961頁 Ｚ114－4676原審判決引用）と認められています。

　一方，請負に係る収益については，別に定めるものを除き，物の引渡しを要する請負契約はその目的物の全部が完成して相手方に引き渡した日，物の引渡しを要しない請負契約はその役務の全部を完了した日の属する事業年度に計上することを原則としています（法基通２－１－５）。据付工事のような場合は，請負の一種ですから，工事進行基準が適用されるような場合を除いて，その役務が完了し，引き渡した時点で計上することになります。その場合の引渡しについては，工事等の種類及び性質，契約の内容等に応じ，作業の結了，相手方の受入場所への搬入，検収の完了，管理権の移転，相手方の使用開始などの日のうち，継続して収益計上を行うこととしている日によるものとしています（法基通２－１－６）。

(2) 据付工事を伴う機械設備の販売

　据付工事を伴う機械設備の販売においては，これを一括して収益に計上すべきか，それとも，別々に計上するかの問題となります。

　機械設備等の販売については，棚卸資産に係る収益の計上基準により売上を

計上し，据付工事については物の引渡しを要する請負に係る収益の計上基準によって収益の計上をすることを認める次の取扱いがあります（法基通2－1－10）。

> 法人が機械設備等の販売（省略）をしたことに伴いその据付工事を行った場合において，その据付工事が相当の規模のものであり，その据付工事に係る対価の額を契約その他に基づいて合理的に区分することができるときは，機械設備等に係る販売代金の額と据付工事に係る対価の額とを区分して，それぞれにつき2－1－1又は2－1－5により収益計上を行うことができるものとする。
> **(注)** 法人がこの取扱いによらない場合には，据付工事に係る対価の額を含む全体の販売代金の額について2－1－1による。

これは，設備の据付けと試運転までを一括して売手が行い，ターン・キーするだけで稼働する状態で買手に引き渡すというフル・ターン・キー契約のような場合に，仮に据付工事を機械設備等の販売に伴う単なる附帯サービスと理解すれば，全体を1個の販売契約とみて，機械設備等の販売の場合の収益計上基準とすることになりますが，機械設備等本体の販売取引と据付の請負取引とが1つの契約に混在しているものであるとすれば，販売と請負とに区分することがむしろ合理的ではないかという考え方によります（窪田悟嗣編著『法人税基本通達逐条解説』（五訂版）91頁　税務研究会出版局　平20）。

(3) 収益の一括計上と区分計上の選択

事例の機械設備等の販売に伴い据付工事を行うような場合には，その据付工事が相当な規模であり，その対価を合理的に区分することができれば，上記取扱いにより，全体の収益を一括計上する方法によらないことができます。ただし，通達本文が「できるものとする」という表現をしているように，据付工事が完了して相手方に引き渡した時に一括計上することを原則としつつ，法人が区分経理を選択適用することを認めているに過ぎないのですから，法人が自ら一括経理をしているときは，当然，据付工事を含む全体の対価の額について引渡基準を適用するということになります。また，決算で一括計上したものを申告調整によって区分計上するというようなこともできません。

なお，法人税法64条1項に規定する「長期大規模工事」が製造を含むことと

されているため，機械設備等を製造販売し，併せて据付工事をしている場合に上記取扱いによることができるかどうかという点については，本取扱いが一定要件を付して区分計上を認めていることからして，長期大規模工事について，全体の販売収益を区分する考え方はなじまないと考えられており，上記の取扱いによることはできません（前掲書92頁）。原則どおり，工事進行基準により収益を計上することとなります（法法64①）。上記通達は，括弧書きで，これらの場合を除くことを明らかにしています。着工事業年度に引渡しが行われず，工事進行基準によって収益及び費用の額を計上している場合（法法64②）も同様です。

4 当事例の検討

事例の場合には，据付工事が「相当の規模」であるとすれば，機械設備の販売は販売部門，据付工事は工事部門が行っていますから，見積書及び請求書，契約書にこれらを区分して記載し，決算において両者の収益を区分して計上することができることになります。

なお，機械装置の販売に係る収益認識については，契約書等において，相手方の使用収益が可能になった日に機械設備の引渡しを行うことを明らかにしていれば，ターン・キーして稼働を開始する日に引渡書を交わすようにすることができます。

（平沼　洋）

山本守之のコメント

販売基準と工事請負基準を区分して適用する場合は，法人が自ら区分経理をし，据付けが相当規模であることを要件に認められるものです。

補修工事とその補償金の認識基準

❶ 事　例

> 当社は，焼肉レストランを営んでいます。期中に地下鉄の工事が行われ，地盤を掘削したために，当社の店舗の地盤が沈下し，建物に亀裂が生じてしまいました。このため，500万円を補修工事に充てるための補償金として工事を施工した業者から受け取りましたが，期末だったので，補修工事は翌期に行う予定であったため，受け取った補償金は仮受金として経理してありました。
> ところが税務調査で，調査官はこの補償金は支払を受けた事業年度の収益に計上すべきで，仮受金処理は認められないといいます。

❷ 問　題　点（争点）

問題点は，補修工事という将来の経費の発生に充てることを目的とするものであるとしても，既に受け取ってしまった補償金について，いつの事業年度の収益に計上すべきかということです。

❸ 検　討

法人が収受した補償金の性格は，多様ですが，法人税基本通達2－1－40は，将来の逸失利益等の補てんに充てるための補償金等の帰属の時期については，その支払を受けた日の属する事業年度の益金の額に算入するとしています。

(1) **将来の逸失利益等の補てんとする考え方**

例えば，公共工事の施工に伴って営業廃止のやむなきに至ったような場合とか，店舗を移転しなければならなくなったような場合には，将来得ることができるはずの営業上の利益が失われることによる損失（逸失利益）又は将来の経費発生の見込額を現時点で一括して受け取ることがあります。

このように数年分の補償金を一括して受け取った場合には、税務上は、その受け取った時点において、既に確定した金額であるという理由で、受け取った年度の収益に計上することになっています（法基通2－1－40）。

補修工事費の収入が先行し、これに対応する修繕費の支出が翌期となった場合、当期の補修工事費の収入金について課税されるおそれがあり、これを救済する特別な定めはないものの、収用等の場合には一定期間仮受経理を認める取扱いがあり、これに類似するものとして、翌期における修繕費の支出の時まで仮受金として経理することが認められるという考え方もあります（渡辺淑夫『精選法人税事例』）。

しかし、「複数年分の未経過分は前受経理することが妥当であるという考え方もないではないと思われるが、税務上から見る限りは、補償金は、算定基礎はともかくとして、その受領した時点において既に確定した収入であり、これを将来に繰り延べる理由はない」と、解説されています（窪田悟嗣編著『法人税基本通達逐条解説』（五訂版）164頁　税務研究会出版局　平20）。

(2) 公共的工事などの場合の原状回復費用とする考え方

原則的には収益の繰延経理は認められないのですが、補償金が補修工事費（原状回復費用）として合理的に算定され、その工事が地下鉄工事のような公的要素があれば、措置法通達の特例を拡張解釈する余地はあるのであって、弾力的な取扱いをする余地はあるように思われるとする見解があります（山本守之『調査事例からみた法人税の実務』（二訂版）37頁　税務研究会出版局）

また、将来の費用・損失の発生との対応関係は、別途、引当金制度等により解決すべきものであって、対応関係を口実に安易に収益を繰り延べるようなことは認められるべきではないとも、解説されています（前掲『法人税基本通達逐条解説』164頁）。

(3) 損害賠償金とする考え方

損害賠償金であっても、原則として、支払を受けることが確定した事業年度の収益に計上することになりますが、実際に支払を受けた事業年度の収益に計上することとしているときは、これも認められます。

法人が，他の者の不法行為又は債務不履行によって受けた損害について，当該他の者に賠償を請求し，損害賠償金の支払を受ける場合には，その収益計上時期については，2つの考え方があります。

　一つは，損害を受けた時点で自動的に民事上の損害賠償請求権を取得するので，その損失を計上するのと同時に，これに対応する損害賠償請求権を収益に計上するという考え方です。

　他の一つは，損失は損失の発生した時点で計上し，損害賠償金はこれと切り離してその支払を受けることが確定した時点で収益に計上すればよいという考え方です。

　このような場合には，実際問題として，相手方に損害賠償責任があるかどうかについて当事者の間に争いがあることが少なくなく，また，相手方に損害賠償責任のあることが明確であったとしても，具体的な金額については，当事者間の合意又は裁判の結果等を待たなければ確定しないのが普通です。

　さらに，仮にその損害賠償金の額について合意があったとしても，相手方の支払能力などからみて，実際に支払を受けることができるかどうかという問題のある場合が少なくありません。

　このような事情から，税務上は，損害賠償金については，原則としてその支払を受けることが確定した日の属する事業年度の益金の額に算入するのですが，法人がその損害賠償金について実際に支払を受けた日の属する事業年度の益金の額に算入している場合には，これを認めることとされています。

　なお，損害賠償の基因となった損害に係る損失の額については，保険金又は共済金により補てんされる部分の金額を除き，その損害の発生した日の属する事業年度の損金の額に算入することもできます。受け取った補償金は全額ではないとしても既に発生した損害に対する損害賠償金も含まれていますので，損害額の算定やいつの時点でその損害が回復されるのか等をきめ細かく検討して，収益計上時期を考えるべきです。また，補修工事を行っている期間，休業せざるを得ないような場合には，その営業補償金を含むという考え方も成り立ちます。

(4) 判例の考え方
① 同時両建説

　税務訴訟においては，車両の盗難損失と車両保険金収入の帰属時期について，車両の盗難による保険金請求権は，車両の盗難時に発生し，権利内容も確定しており，権利実現の可能性を客観的に認識し得る状態になっていたというべきであるから，保険金収入は盗難損失と同一時期に計上すべきであるという同時両建説に立つ判決があります（大阪地判　平16.4.20　税資254号順号9633　Z254－9633）。

② 異時両建説

　詐欺被害損失と損害賠償請求権の帰属時期については，詐取行為によって，取得することとなる損害賠償請求権の額は，その発生した事業年度の益金の額に算入すべきものではなく，被害者が損害及び加害者を知った事業年度の益金の額に算入すべきであるとする異時両建説に立つ判決もあります（東京地判　平20.2.15　判時2005号3頁　Z888－1314）。

4 当事例の検討

　原則として，収益の繰延経理は認められないのですが，補償金が補修工事費（原状回復費用）として，合理的に算定され，その工事が地下鉄工事のような公共性の強い工事であれば，租税特別措置法通達64(3)－15を拡張解釈するなど，弾力性があってもいいように思われます。原則的な考え方に対して公共性の要素が大きい場合の弾力的な取扱いについて柔軟な考え方も検討し，異時両建説にも立って主張したいところです。

（朝倉　洋子）

山本守之のコメント

　取扱通達の基準として収益の繰延経理は認めないとする原則的な考え方はそれなりに容認できますが，措通64(3)－15の拡張解釈のように弾力的に取り扱うのも「法解釈のあり方」として考えられます。

I　費用・収益・原価とその認識

6　工事前受金に対する利子相当額

1　事　例

　A社は建設業を営んでいますが，甲氏から建物の新築を1億2,000万円で請け負いました。A社では工事代金を通常は着手金（40％），中間金（30％），引渡時残金（30％）を収受することになっていますので，甲氏にもこのように支払うように説明しましたが，甲氏は建物の引渡しを受けた後，これを銀行に担保提供し，融資を受けた金額から支払うことにしたいと申し入れてきました。
　そこで，工事代金を次のように支払うことで話合いがつきました。
　（着手時）　1月20日
　（中間時）　6月末日
　（引渡時）　9月末日，「請負代金支払」　1億2,000万円
　なお，着手金，中間金は支払いませんが，利子相当額を毎月末日に利率年3％で支払ってくれます。
　この場合にA社の収益計上はどのようになるでしょうか。

2　問　題　点（争点）

　建設請負の場合に工事中途で（通常）受け入れる着手金，中間金に代えて収受する利子相当額を利子であると考えれば，法人税基本通達2－1－24における「……利子の額は，その利子の計算期間の経過に応じ当該事業年度に係る金額を当該事業年度の益金の額に算入する。」という取扱いを適用しますから，毎月収受する利子相当額は期間の経過に応じて益金の額に算入することになります。
　これに対して，「利子相当額」を工事値増金の一種だと考えれば，その利子相当額を工事中途で受け入れたときは仮受金とし，工事が完了して相手方に引

き渡した時点で収益に計上すればよいことになります。

3 検　　討

　建設会社等では，工事を請け負う場合に，契約によって着手金，中間金を収受する取引上の慣行があります。しかし，施主の資金繰りの都合から，これらを収受できないこともあるでしょう。

　事例の場合も施主が建設目的物の引渡しを受けてから，これを金融機関の担保に供し，融資を受けた金額から工事代金を払うことになっていますから，着手金，中間金を支払いません。

　このような場合に，通常ならば収受すべき着手金，中間金に利率を乗じた金額を毎月収受して，他の建築主との間の権衡を図るということが行われます。

　この場合の「利子相当額」の性格とは何かを考える前に着手金，中間金を収受する慣行がなぜ生じたかを考えてみましょう。

　まず，一般的に建築請負代金はどのように決まるのでしょうか。

（図1）

|建設会社の利益|
|工事原価の額|
|資材調達コスト|

　一般的に建設会社は工事を請け負うときには，その目的物の工事原価を算定し，これに請負会社の利益の額を上乗せして請負金額を決定するでしょう（図1）。

　ところで，建物を建設する場合には，材木，鉄筋，コンクリートなど建設資

材は建設会社が調達しなければなりませんから、工事原価の中には建設資材の資材調達コストが含まれます。

一方、工事着手金や中間金を収受する場合は、これらの金額で建設資材の購入に充てられますから、工事原価は資材調達コストだけ安くなります。これに対して、着手金や中間金を収受しない場合は、工事原価は資材調達コストだけ高くなるのです（図2）。

（図2）

（着手金・中間金の収受）	（着手金・中間金を収受しない）
工事原価の額	工事原価の額／資材調達コスト

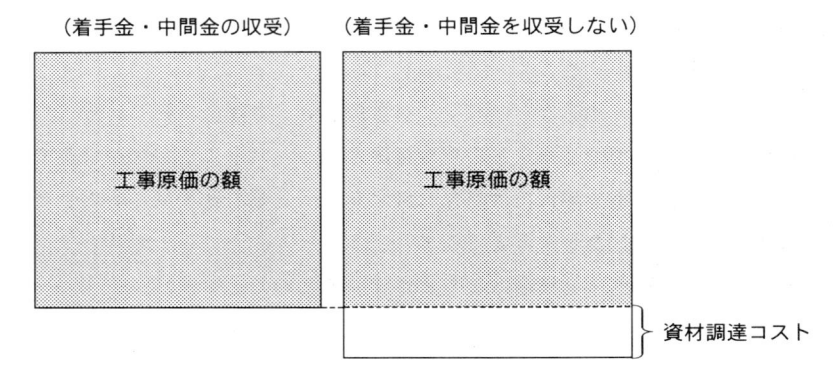

このように考えれば、着手金や中間金を収受しないことによる「利子相当額」は、資材調達コストを全体の工事原価の枠から外して、工事代金の外枠として請求しているだけのことであって、工事期間の資金不足額に見合う工事値増金と考えることができます。

事例のように「利子相当額」が期間の経過に伴って一定の利率によって計算されているとしても、これは工事値増金を算定する一つの手法に過ぎず、相手方から融資を受けたわけではないので、利子そのものとはいえないでしょう。

このため、利子相当額をたとえ工事の目的物の引渡し前に収受する場合であっても、仮受金等として経理しておき、引渡時に工事収入に振り替えるのが妥当な処理といえます。

つまり、債権に対する利子と、工事代金の一部を構成するものとは厳格に使い分けて収益を認識すべきでしょう。

税務の第一線では、「利子相当額」を「利子」として期間の経過に従って収益計上すべきだとする主張や税務指導が目立っています。

　しかし、「利子相当額」をどのような理由で収受するかを考え、さらに当事者間で融資が行われていないものに対して「利子額」を認定できないという租税法上の課税要件を中心とした思考をすれば、「利子相当額」は工事値増金の一種ですから、工事目的物の引渡しがあった段階で収益計上すべきだと理解できるでしょう。

4　当事例の検討

　税務では、課税庁によって利子等を認定するという処理がよく行われています。しかし、利子と利子相当額とは明らかに異なりますし、税実務で利子を認定するためには、その前提として融資が行われていなければなりません。

　事例の場合の「利子相当額」は取引の実態からみて、工事値増金で、その金額の算定手法として利率等を適用したに過ぎないと考えるべきです。

　もともと、税務において、課税庁が単純な発想で「認定」を行うことは課税要件を歪めることになりかねません。

　調査の立会いに当たっては、このようなことを調査官に説明すべきでしょう。

（山本　守之）

山本守之のコメント

　法人税基本通達2－1－24は利子の収益計上時期の取扱いを示したものですが、事例の場合は利子ではなく、利子相当額であり、性格は工事値増金です。

7 未収利子計上省略をめぐる問題点

1 事 例

> A社はB社に対して貸付金（1億円）を有していましたが，当期（平20.4.1〜平21.3.31）のうち後半の期間（平20.10.1〜平21.3.31）の利子が全額未収で，当期前半（平20.4.1〜平20.9.30）の分及び前期以前の分も当期に支払ってもらっていません。
>
> これは，B社が投資の失敗から債務超過となってしまったからです。ただ，B社の所有する土地（帳簿価額1,000万円，時価3億円）を簿価で計上すれば債務超過が2億9,000万円ですが，これを時価で計上すれば，1,000万円の資産超過となっています。

2 問題点（争点）

法人税基本通達2－1－25では，次の場合未収利子のうち当期に係る分については益金の額に算入しないことができるとしています。

① 債務者が債務超過に陥っていることその他相当の理由により，その支払を督促したにもかかわらず，貸付金から生ずる利子の額のうちその事業年度終了の日以前6月以内にその支払期日が到来したもの（最近発生利子）の全額がその事業年度終了の時において未収となっており，かつ，直近6月等以内に最近発生利子以外の利子について支払を受けた金額が全くないか又は極めて少額であること。

② 債務者につき会社更生法又は金融機関等の更生手続の特例等に関する法律の規定による更生手続が開始されたこと。

③ 債務者につき債務超過の状態が相当期間継続し，事業好転の見通しがないこと，その債務者が天災事故，経済事情の急変等により多大の損失を蒙ったことその他これらに類する事由が生じたため，当該貸付金の額の全

部又は相当部分についてその回収が危ぶまれるに至ったこと。
④ 会社更生法又は金融機関等の更生手続の特例等に関する法律の規定による更生計画認可の決定，債権者集会の協議決定等により当該貸付金の額の全部又は相当部分について相当期間（おおむね2年以上）棚上げされることとなったこと。

なお，④の「更生計画の認可決定，債権者集会の協議決定」には，行政機関のあっせんによる当事者間の協議も含まれます。また，一部債権者が棚上げ実施債権者から除かれたとしても，合理的な理由があれば特例の適用は認められます。

事例は，①に該当するようにも考えられますが，未収の理由となっている「債務超過……その他相当の理由」とは何か，簿価判定か，時価判定かが問題になります。

3 検 討

事例はいわゆる焦付き利子を意味していますが，未収利子計上省略の要件を図解してみると次のようになります。

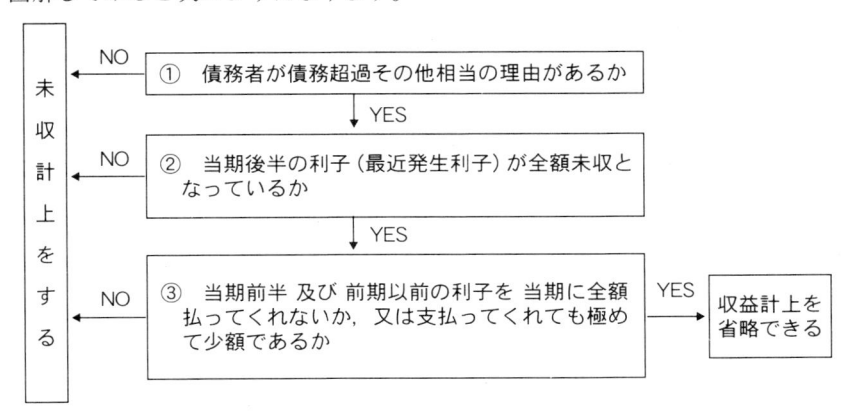

```
                NO
未  ←――――― ① 債務者が債務超過その他相当の理由があるか
収                          ↓ YES
計      NO
上  ←――――― ② 当期後半の利子（最近発生利子）が全額未収と
を                  なっているか
す                          ↓ YES
る      NO                                                  YES   ┌──────────┐
    ←――――― ③ 当期前半 及び 前期以前の利子を 当期に全額 ―――→│収益計上を│
                払ってくれないか，又は支払ってくれても極め      │省略できる│
                て少額であるか                                   └──────────┘
```

つまり，債務者が債務超過の状態にあることその他相当の理由があることによって，当期後半に支払期日が到来する利子が全額未収で，それ以前に支払期日の到来する利子について当期後半に全く支払を受けていないか，又は極めて

少額しか支払を受けていない場合をいいます。

　ここで問題になるのは，「債務者が債務超過その他相当の理由があるか」です。まず，「債務超過」は清算価値（時価）とみるか，簿価でみるかです。

　注意したいのは，「債務超過」は，利子収入が６か月以上にわたって焦げ付いた状態になった動機のひとつを示したものに過ぎず，債務超過自体が未収利子計上見合わせの直接的事由となっているわけではないのです。

　つまり，利子が６か月以上にわたって焦げ付くのは，よくよくの事情があるのでしょうが，その事実に恣意的なものはないか，客観的にみてやむを得ない事情があるかを総合的に判断する要素のひとつとして「債務者の債務超過」が書かれているのです。

　ただ，債務者の有する土地の含み益を考慮すると，債務者は実質的に債務超過とは認められないから，法人税基本通達２−１−25（相当期間未収が継続した場合等の貸付金利子等の帰属時期の特例）の適用をすることはできないとした裁判例（秋田地判　昭61.5.23　税資152号169頁　Ｚ152−5732）があります。

　しかし，この取扱いは，元本自体が不良債権化し，さらに具体的事情によっては元本自体の貸倒処理も考慮しなければならない場合に，未収利子の計上を強制することは実情に合致しないという考え方で定められたものです。

　この意味から課税庁の担当者も「一般的には，外形上認識できる財産状態の表示，すなわち財務諸表上の数値に基づいて債務超過かどうかを見ることになりますし，またそれでよいと思います。常に土地等の含み益を加味したいわゆる清算価値で債務超過かどうかの判断を行う必要はありません。」（渡辺淑夫『法人税事例』29頁　税務研究会出版局）としています。

　つまり，一般には，財務諸表上の数値によって債務超過を判断すべきですが，納税者がこの通達を利用して租税回避をもくろむような場合は，裁判例（前掲秋田地判　昭61．5．23）のような結果もでるということです。

　なお，債務超過の意義について次のように判示した裁判例（鹿児島地判　平11.11.29　税資245号422頁　Ｚ245−8536）があります。

　「『債務超過』とは，一般に，債務者の債務の総額が債務者の資産の総額を

超える状態をいうが、この通達が相当期間未収が継続した場合等の貸付金利子の帰属時期の特例を認める趣旨は、貸付金債権の元本自体が不良債権化し未収利子の計上を強制するのは著しく実態に合わないことから利子の未収計上を見合わせることを許したところにあるとうかがえ、法人税基本通達2－1－25における債務者の債務超過とは、要するに、債務者に支払能力の欠如が認められ、一般的かつ継続的に支払ができない客観的状態にある場合の一事例を指すと解される。」

この判決の控訴審でも小会社の中心的同族株主の債務超過の判断で基本通達9－1－15を適用することが容認されています（福岡高判 平13.1.12 税資250号順号8813 Z250-8813 原審判決引用）。

4　当事例の検討

法人税基本通達2－1－25の適用は、元本自体が不良債権化し、場合によっては貸倒れとなる場合の未収利子の計上省略を規定したもので、「債務超過」を清算価値に引き直して算定する必要はありませんが、租税回避に使われるおそれがあれば、清算価値で判断します。

（山本　守之）

山本守之のコメント

債務超過はB／S上の数値で判断しますが、租税回避に利用されるおそれがあるときには清算価値によるというように使い分けます。

I 費用・収益・原価とその認識

8 設計監理の収益と原価の計上時期

1 事 例

　当社は，建築の設計・監理を業とする株式会社です。建築設計と監理業務の報酬は，通常，契約時に総額の10％の着手金を受領し，その後，基本設計終了時，実施設計終了時，工事監理終了時に区分して計算することとしています。ただし，着手後の各金額の10％相当額は竣工まで担保的に支払が留保されることとなっており，また，業務の一部又は全部の中止等があった場合でも，終了した業務に係る報酬は支払われる契約としています。当社の収益計上は，作業段階に応じて収受すべき金額（留保分10％相当額控除後の金額）を計上し，着手金は竣工までは前受金処理をしています。
　一方，費用については，下記の設計等業務の直接人件費，特別経費は，収益との対応関係ではなく，発生の都度，損金に算入しております。これらの収益と原価の処理に問題はないでしょうか。

〔直接人件費〕　建築物の設計・監理業務に直接従事する者のそれぞれについて，当該業務に関する給与，諸手当，賞与，退職給与，法定保険料等の人件費の1日当たりの額に各業務に従事する延日数を乗じて得た額です。

〔特別経費〕　出張旅費，特許使用料その他の建築主の特別の依頼に基づいて必要となる費用の合計額です。

2 問題点（争点）

　問題点は，①着手金を検収完了時まで前受金処理することに問題はないか，②受託料のうち各段階で支払が留保される10％相当額は，収受すべき権利が確定したものとして各支払区分時に未収入金に計上すべきか，③受託料原価に相当する直接諸経費の損金算入時期はいつと考えるのか，の3点です。

3 検　　討
(1) 請負による収益・費用の計上時期

　本事例の設計・監理を始めとして、運送や原材料無償支給の加工、建設等のような役務の提供による業務は、請負に該当します。「請負」は、当事者の一方がある業務の完成を約し、その業務の結果に対して相手方が報酬を支払うという有償の双務・諾成契約に当たります（民632）。契約の当事者が、互いに契約内容の履行と対価の支払という債権・債務を負うものであり、依頼者と請負者のお互いの合意だけで成立する契約ということです。民法では、この請負の報酬の支払時期を、物の引渡しを要する場合は目的物の引渡しと同時、物の引渡しを要しない場合には請負業務の終了後としています（民633，624）。

　法人税法でも、上記の民法の考え方を原則としています。したがって、請負の報酬は、原則として、物の引渡しを要する請負契約では目的物の全部を完成して相手方に引き渡した日の属する事業年度、物の引渡しを要しない請負契約では約した役務の全部を完了した日の属する事業年度の益金の額に算入することになります（法法22②，法基通2-1-5）。そして、その収益に係る原価についても、請け負った業務が完了し収益に計上する事業年度の損金の額に算入することを原則としています（法法22③一，法基通2-2-9）。

(2) 収益計上時期の特例

　上記の原則的な考え方によれば、請負の報酬が業務の各段階に区分して計算され、支払を受けることが確定するにもかかわらず、すべての業務が完了するまで収益の計上と対応する原価が計上されないことになってしまい合理的ではないと考えられました。そこで、このような収益について、一定の場合には請負業務のすべての完了を待たずに収益が確定する各段階で収益の計上をし、その収益に対応する原価を損金の額に算入することとしています。このように業務の完了を待たず、請負業務完了部分を収益に計上することとしているのは、次の場合です（法基通2-1-12）。

　① 報酬の額が現地に派遣する技術者等の数及び滞在期間の日数等により算定され、かつ、一定の期間ごとにその金額を確定させて支払を受けること

となっている場合，すなわち，人月計算や人日計算といわれ業務に携わる人数や日数等の期間を基礎に定期的に報酬が計算され確定していく場合

② 例えば，基本設計に係る報酬の額と部分設計に係る報酬の額が区分されている場合のように，報酬の額が作業の段階ごとに区分され，かつ，それぞれの段階の作業が完了する都度その金額を確定させて支払を受けることとなっている場合，すなわち，役務の提供も報酬の確定及び支払も部分進行的に完了していく場合

ただし，役務提供が部分的に完了し支払金額が確定した場合であっても，役務全部の提供が完了するまで又は1年を超える相当の期間が経過するまで支払を受けられない部分の金額については，役務提供が完了する日と支払を受ける日とのいずれか早い日まで収益計上を見合わせることができるとされています。逆に技術役務の提供に係る契約をして，相手方からその着手費用に充当する目的で収受する仕度金，着手金等の額は，後日精算して剰余金を返還することとなっているものを除き，収受した日の属する事業年度の益金の額に算入します。

(3) 売上原価の計上時期の特例

売上原価の計上は，報酬を収益に計上する事業年度において，収益に対応するすべての費用を損金の額に算入することを原則とします。しかし，技術役務の提供については，その業務の内容から，原価となる費用が主として人件費等の一般管理費であることや同一の技術者が同時並行的に別の複数のプロジェクトに携わる場合のように，原価を受託報酬の内容に対応させることが困難なことが多いものです。

そこで，技術役務の提供に係る原価については，①一般管理費に属するものではなく原価の性質を持つもの，②一般管理費に属するもののうち支出額が大きいものは，収益との対応関係により損金に計上し，それら以外の固定費と変動費については個別具体的な対応関係によるのではなく，継続適用を要件として，支出の都度損金算入する取扱いを認めることとしています（法基通2－2－9）。この取扱いが認められるのは，

① 固定費（作業量の増減にかかわらず変化しない費用）の性質を有する費用，

すなわち，家賃や什器備品の保守費，人件費の固定部分，福利厚生費等
② 変動費（作業量に応じて増減する費用）の性質を有する費用のうち一般管理費に類するものでその額が多額でないもの及び後日の精算がないものとして収受時に益金に算入した仕度金，着手金等に係るもの，すなわち，記憶媒体等の消耗品・旅費，研究費等々や収受時に益金に計上した着手金を充当する着手費用です。これは，収益の計上において，すべての完了を待たずに収益が確定する各段階で部分完成的に収益の計上をすることとしているのに対応して，これらの費用については，厳密な対応計算を要求しないで，支出の日の属する事業年度の原価の額に算入することとしているのです。

4 当事例の検討

貴社の設計・監理に係る収益及び原価の計上については，次のように処理することになります。

① 着手金は，後日の精算を要するものではないようですから，前受金処理をしないで，収受をした日の属する事業年度で益金に計上するとともに，その着手金を充てた着手費用は金額の多寡にかかわらず原価に計上します。
② 受託報酬は，受託契約後の各段階で支払いが確定した金額を益金に計上し，留保される10％相当額は，竣工まで支払われないのですからすべての業務が完了し引渡しをする時点で益金の額に算入することができます。
③ 原価の計上は，前記のように設計・監理の原価に当たるものと一般管理費のうち金額の大きいものは収益の確定計上に対応させて計上します。そして，その他の固定費，変動費は支出の都度，損金の額に算入します。

（古矢　文子）

山本守之のコメント

技術役務提供の原価の計上時期は，一見すると納税者に甘いようですが，収益計上時期が少々厳しいので，それとのバランスを取っています。

I 費用・収益・原価とその認識

9 工業所有権の収益と原価の計上時期

1 事　例

> 当社は、その所有する特許権（取得価額2,500万円、未償却残高1,000万円）に係る専用実施権をA社に設定させる契約をしました。設定対価として3,000万円及びその後受ける使用料に充当される一時金500万円を収受します。専用実施権の契約日に1,500万円（設定対価3,000万円のうちの1,000万円と一時金500万円の合計額）を受領しました。残額は、翌期の専用実施権の登録日に1,000万円を、専用実施権の行使をして操業を開始する日に1,000万円を受け取る予定です。そこで、3,500万円全額を当期の収益として計上し、特許権の未償却残高1,000万円を譲渡原価として損金の額に算入しました。
>
> また、B社に対してノウハウを設定する契約の交渉中ですが、その契約に先立ってノウハウ設定の応諾決定までの期間について、いわゆるオプション・フィーを1,000万円収受しました。これを仮受金として処理しています。当社は、このノウハウの取得のために支出した金額は、既に期間費用としています。

2 問題点（争点）

問題点は、①特許権の専用実施権の設定の収益と原価の計上時期はいつか、②ノウハウの頭金等の収益と原価の計上時期はいつかの2点です。

3 検　討

(1) 工業所有権等の譲渡等の収益計上基準

工業所有権等の譲渡又は実施権の設定によって受ける対価（使用料を除きます）については、原則として、その譲渡又は設定に関する契約の効力の発生の

日の属する事業年度の益金の額に算入します（法基通2－1－16）。

　工業所有権等とは，特許権，実用新案権，意匠権及び商標権並びに，これらの権利に係る出願権及び実施権をいいます。実施権とは，特許発明等を実施するための権利（ライセンス）のことで，法的性質及び効力により，専用実施権と通常実施権に分類されます。特許権の専用実施権は，登録によりその効力が発生します（特許法98①）。一方の通常実施権では，登録は第三者に対する対抗要件ですが，効力発生の要件ではありません（特許法99①）。他の工業所有権の専用実施権（実用新案法26等）や工業所有権の移転（譲渡）についても，登録がその効力発生の要件とされています。そこで，その効力が登録によって生ずることになっている場合には，その登録の日の属する事業年度の益金の額に算入することができます（法基通2－1－16ただし書）。

　また，工業所有権等に係る実施権の設定契約等に際して，その設定の対価として収受した一時金の額がその後一定期間内に生産高ベース等により支払を受けるべき使用料の額に充当される旨の定めが置かれることがあります。このような定めを最低使用料条項といいますが，最小限度の使用料を一時金という形で受け取るものです。この一時金の額が一定期間内に支払を受けるべき使用料の額に充当しきれずに残額が生じた場合でも，その残額は返還する必要はないので，確定収入として扱い，たとえ使用料の計算上前受金となる部分があったとしても，一時金を収入した日の属する事業年度の益金の額に算入します（法基通2－1－16（注））。

(2) **工業所有権等の譲渡等の譲渡原価**

　工業所有権等の譲渡等があった場合には，費用収益対応の原則から，譲渡等による収益の対応関係が明らかなものは，その収益と同じ事業年度に費用として計上することになります（法法22③一）。この場合の譲渡原価の額は，この譲渡等の対象となった工業所有権の取得価額，つまり譲渡時の工業所有権の未償却残高となります。

　譲渡損益の計算上，譲渡原価の額の他に譲渡経費の額があれば控除します。

(3) ノーハウの頭金等の収益計上基準

法人税法には「ノーハウ」についての定義はありませんが、現在廃止されている技術等海外取引の所得の特別控除に関する租税特別措置法通達58－3に「ノーハウとは、特許権、実用新案権及び意匠権の目的にはなっていないが、生産その他事業に関し繰り返し使用し得るまでに形成された技術的な考案又は生産方式及び生産方式に至らない程度の秘訣、秘伝その他特別に技術的価値を有する知識等をいう……」とありました。法律で明確に保護されていない生産技術に関するノーハウを指しています。

ノーハウの設定契約に際して支払を受ける一時金又は頭金の額は、そのノーハウの開示を完了した日の属する事業年度の益金の額に算入するのが原則です（法基通2－1－17）。

また、ノーハウ設定契約の締結に先立って、いわゆるオプション料の支払を受ける場合があります。この場合のオプション料は、相手方にノーハウの設定の契約をするかどうかの選択権を付与するために支払を受けるもので、契約の締結をすれば一時金又は頭金に充当され、契約を締結しなかったときは、そのまま没収となってしまうものです。つまり、オプション料はいずれにしても相手方に返還されない確定収入といえますので、支払を受けた日の属する事業年度に益金算入します（法基通2－1－17（注）2）。

ノーハウの頭金等について、収益の計上基準をまとめると以下のようになります。

ノーハウの頭金等	損金算入時期
原　　則	ノーハウの開示を完了した日の属する事業年度（法基通2－1－17）
開示が2回以上で、一時金または頭金の支払もこれに見合って分割支払いされる場合	分割支払いされる事業年度（法基通2－1－17ただし書き）
現地に派遣する技術者等の数、滞在期間の日数等で算定される場合	支払が確定する事業年度（法基通2－1－17（注）1）
契約締結の選択権を付与するためのオプション料収入の場合	支払を受けた日の属する事業年度（法基通2－1－17（注）2）
最低使用料条項に基づき支払を受ける一時金の場合	一時金を収受した日の属する事業年度（法基通2－1－17（注）3）

(4) ノーハウの頭金等の譲渡原価

　ノーハウの譲渡等に対応する譲渡原価は，そのノーハウが繰延資産に計上されている場合には帳簿価額となります。前払費用として処理されている場合（法基通8－1－6）はその残高となります。各事業年度の期間費用として処理されている金額が多いと，譲渡原価の計上がない場合も考えられます。

4　当事例の検討

① 　特許権に係る専用実施権の設定対価3,000万円を契約効力の発生日の属する事業年度の益金の額に算入し，使用料に充当される一時金も確定収入として，一時金を収入した日の属する事業年度の益金の額に算入した当社の処理は正しいといえます。ただし，特許権に係る専用実施権の設定は登録しなければ効力が生じないこととされていますので，契約効力の日と登録日の属する事業年度が異なる場合には，登録日の属する事業年度での収益計上も認められます。この場合の譲渡原価は1,000万円ということになります。

② 　ノーハウの設定契約に先立って支払を受けるオプション・フィーは，契約の締結にかかわらず，相手先に返還されない確定収入ですから，支払を受けた日の属する事業年度の益金の額に算入します。仮受金で計上した当社の処理は誤りです。1,000万円を収益に計上します。ただし，ノーハウの取得のために支出した金額は，既に経過した事業年度の期間費用として処理されているため，譲渡原価としての計上はありません。

（矢頭　正浩）

山本守之のコメント

　特許権に係る専用実施権は登録が効力発生の要件となっている点を配慮すべきです。また，オプション・フィーは確定収入です。

10 過払電気料の返還額の収益計上時期

1 事　　例

　当社は自動車部品製造業を営み、決算日は12月末日です。平成19年12月に過去12年にわたって電気料を過払いしていたことがメーター交換に伴って発覚しました。12年前の高圧電力の種別変更時における電力会社のメーター設定ミスが原因でした。12年もの間、発覚しなかったのは、電気会社によるメーター設定そのものの再点検が行われなかったことと、偶々、その頃から新規取引が始まりフル操業が続いたことによります。電気会社と協議した結果、次のように平成20年3月に過払電気料等の返還が確認され、確認どおりに金銭の支払が行われました。処理について社内で検討した結果、①過払電気料により過去の各事業年度の所得が過少に申告されていたものとし、かつ「国税の徴収権の消滅時効」等を考慮して修正申告書を過去5事業年度について提出すればよい、②平成20年12月期法人税確定申告で、返還された過払電気料等の全額を収益に計上して申告すべきであるとの2つの意見が出されました。当社はどのような処理を行えばよいでしょうか。

＜過払電気料等の返還についての確認内容＞

　平成20年3月28日に下記内容の確認書を取り交わし、同日に金銭は振り込まれました。

① 　過払期間は平成7年4月から平成19年10月までの約12年7か月です。
② 　この間の過払電気料は残された資料によると1億5,000万円です。
　＊ 　7年4月から平成8年5月までの分は資料がなく、その後の実績金額から推定しました。
③ 　契約超過違約金等は440万円です。
④ 　過払電気料について年率6％による利息相当額4,000万円を支払います。

2 問　題　点（争点）

問題点は，メーター設定ミスの発覚による過払電気料の返還額について，返還時の属する事業年度の益金の額とするか，過去の各事業年度の過大損金計上額を訂正して修正申告するかのいずれによるべきかです。

3 検　　　討

(1) 問題の考え方について

まず本事案の問題点を検討するにあたっては，アプローチの仕方が2つ考えられます。1つは，過払電気料に係る返還額の収益の計上時期の問題であり，2つにはメーター設定ミスによる過大損金計上額の修正手続の問題です。

(2) 収益の計上時期の問題

収益の計上時期の問題としては，不当利得に対する返還請求権の収益計上時期の問題になります。過大電気料を支払った各事業年度に同時に電気会社に対する不法利得に対する返還請求権を計上するのか，それとも電気会社に対する返還請求権は，過払いが発覚し，具体的な返還額に対する合意が成立した事業年度に計上するのかの問題です。

この点については，損害賠償金等の収益計上時期に対する考え方が参考になり，2つの考え方があります。ひとつは，不法行為等により損失が生じた事業年度に損失額と同額の損害賠償請求権を計上すべきとする考え方（同時両建説）です。この考え方は，昭和43年10月17日最高裁判決（民集92号607頁，Z053－2283）の判示するところです。今ひとつは，不法行為等による損失の発生と損害賠償請求権による収益の計上とは別個の問題であり，収益，損失は同一原因により生じても各個独立して確定すべきであるとする考え方（異時両建説）です。この考え方は，昭和54年10月30日東京高裁判決（訟月26巻2号306頁，Z109－4483）で示されたものであり，法人税基本通達2－1－43の基本的考え方でもあります。同通達では「他の者から支払を受ける損害賠償金等の額は，その支払を受けるべきことが確定した日の属する事業年度の益金の額に算入する」としています（なお同通達は，法人が実際に収受した日の属する事業年度の益金に算

入することも認めています)。

　損害賠償金等の収益計上時期は，一般的には抽象的な損害賠償請求権を収益と認める同時両建説よりも，具体的にその支払を受けるべきことが確定した日の属する事業年度に収益計上すべきとする異時両建説によるのが妥当であると考えられます。損害賠償金等はその賠償責任の有無，損害賠償金額の多寡，実際の支払能力などが問題となる場合が多く，抽象的な損害賠償請求権の計上は実態とかけ離れた不合理な結果となることが多いからです。

　なお，役員や使用人が使込み，横領等により法人に損害を与えた場合については，それらの行為が全く個人的なものなのか，法人としてのものなのか峻別し難いことがあるので，同通達を適用せずに個々の事案の実態に即して検討することとされています。

(3) 過大損金計上の修正手続のあり方

　一般に各事業年度の所得金額が，税法の適用ミスや計算ミス等により誤った過少な金額により申告されていた場合には，会社は，その正しくないことが判明した時に過年度の当初申告を正しい所得金額・法人税額に修正申告により是正します。このように過年度に遡及して修正申告を行う場合は，「国税の徴収権の消滅時効」等を考慮して，通常は，過去5事業年度の修正申告が限度となります。

　このような修正手続とは異なり，過年度に遡及せずに是正が行われる場合もあります。例えば，過年度に締結した資産等の売買契約が契約の不履行などのために解除されて取り消された場合です。このような場合に民法上は，遡及して契約の効力が失われることになりますが，法人税においては国税通則法23条2項(後発的理由に基づく更正の請求)により過年度に遡って是正するのではなく，その契約解除等を行った事業年度の損失等として処理することになります(法基通2－2－16)。所得税の譲渡所得の是正のように過年度に遡及して更正の請求(所法152)を行うことはしません。この理由は，法人税の課税所得計算は「継続企業の原則」に従い，収益又は費用・損失については，その発生原因が何であるかを問わず，当期に生じたものであればすべて当期に属する損益とし

て認識するという考え方がとられているからです。この考え方は，過年度の収益の是正の場合だけでなく，過年度の費用・損失の是正の場合にも該当するものと考えられます。

(4) メーター設定ミスによる過払いの性格

電力会社のメーター設定ミスによる過払電気料の支払は，どのような性格と考えるべきかが問題となります。まず収益計上時期の観点から考えると，電力会社のメーター設定ミスという過失に基づく過払いであることから電力会社の不法利得になり，過払いした会社には，過払額の返還請求権が発生します。不法利得に伴う返還請求権であることから，上記(3)で検討した損害賠償請求権と同様な性格のものと考えられます。

次に過年度の過大損金計上の修正という観点から考えると，メーター設定ミスによる過払電気料を税法の適用ミスや計算ミスと同様な誤りと考えられるかということが問題になります。例えば会社の支払担当者が請求書の金額を見誤り，過大に仕入業者に支払い，かつそのミスが翌期まで発覚しなかった場合には，発覚した期の益金の額として処理するのでなく，原則として過大に支払った事業年度に遡って修正するのが適正な処理になると考えられます。ところでメーター設定ミスにより12年もの間，両者が正しい金額と誤信して処理してきた場合を上記のような支払誤りと同様に考えるべきかが問題です。

(5) 類似裁判例の検討

本事例の基になった裁判例に平成4年10月29日最高裁判決（民集166号525頁　Z193−7013）があります。最高裁判決は，会社は12年間余もの期間，電力会社による電気料金等の請求が正当なものであるとの認識の下でその支払を完了しており，その間，会社はもとより電力会社でさえ，過大に電気料金等を徴収している事実を発見することはできなかったのであるから，会社が過払電気料金等の返還を受けることは事実上不可能であつたというべきであり，そうであれば，電気料金等の過大支払日が属する各事業年度に過払電気料等の返還請求権が確定したものとして各事業年度の所得金額の計算をするのは相当ではないと判示しました。そして，電力会社に対する過払電気料等の返還請求権は，メーター

の設定ミスが発見されたという新たな事実の発生を受けて，当事者間の確認書により返還すべき金額について合意が成立したことによって確定したものとみるのが相当であるとし，合意が成立した日が属する事業年度の益金の額に算入すべきものであるとしました。判決の考え方は，収益の計上時期の観点から，具体的な返還請求権に係る収入すべき金額の確定した時期をもって益金の額に算入すべきとしています。両当事者とも設定ミスを認識できなかった時期において返還請求権を認識することは相当でないとして抽象的な返還請求権の計上を否定した異時両建説的な考え方によっていると考えられます。また，このように事実認定を行うことにより，過払電気料の支払という事実が，単なる計算ミスや勘違いによる過払いとは異なることをも判示していると考えられます。

なお，本最高裁判決には味村裁判官の反対意見が付されています。反対意見は，電気料の過払い期間中において原価の額ひいては損金の額の過大計上という違法があり，その結果所得金額が過少であったものと認められ，国税通則法等の定めるところにより修正申告することができるとしています。過大損金計上の修正手続という観点から，誤った所得金額の是正のために各事業年度に遡及して修正申告を行うべきであるとし，過払電気料の返還請求権は，各事業年度において計上することになるとしています。

⑹　ま　と　め

以上検討したように，過払電気料の返還額については収益の計上時期の観点と過大損金額計上による過少申告の修正による是正という２つの観点から検討することができますが，最高裁判決は，返還請求権が具体的に確定した日の属する事業年度の益金の額とすべきであるとし，メーターの設定ミスが発見されたという新たな事実の発生を受けて，当事者間の確認書により返還すべき金額について合意が成立したことによって確定したものとみるのが相当であるとして，合意が成立した日が属する事業年度の益金の額に算入すべきものであるとしました。両者とも認識し難いような原因により既成事実が積み重ねられたような場合は，各事業年度に不法利得に伴う返還請求権を計上することは困難であり，単純な税法の適用ミスや計算ミスと同様に考えることは適当でないと考

えられます。

4 当事例の検討

　長期間にわたって両当事者ともメーター設定ミスを認識せず，正当な支払と誤信して電気料の支払が行われてきたようなケースでは，電気料の過払いをした各事業年度に抽象的な不法利得の返還請求権を計上することは，実態とはかけ離れた処理であり妥当であるとはいえません。また，過年度の過大損金計上を修正する観点からしても，本事例のように長期間にわたって両当事者も正当な支払と認識して行われた過払電気料は，税法の適用ミスや単純な計算ミスと同様に考えることは相当でないと考えられます。

　以上のことから，収益が実現した時をもって益金の額に算入すべきであり，その実現の時は不当利得の返還請求権について電力会社と返還すべき金額について合意が成立したことによって確定した日と考えられます。過払電気料の返還額等の全額が，その合意が成立した日の属する事業年度の益金の額になります。

（藤曲　武美）

山本守之のコメント

　収益計上時期は，法的基準を中心に考えるべきですが，税務の適用では取引の経過やその環境等も配慮しなければならないでしょう。

11 損害賠償金の収益と費用の計上時期

1 事　例

> 当社（12月決算法人）は，本年5月にA社の不注意により当社の工場に損害を受けたため，損害を受けた建物の損壊費用1,500万円を当期の損金として処理しました。A社に対し同額の損害賠償を求めていたところ，当期末に示談が成立し，1,000万円の賠償額が確定しましたが，その時点での入金はありませんでした。今後も確実に入金されるかどうかわからないので，未収金に計上しないで決算を確定しようと思います。

2 問題点（争点）

問題点は，損害賠償金の収益計上と損害額の損金算入を，それぞれ異なった事業年度に行うことが可能であるかどうかです。

3 検　討

(1) 収益計上基準の考え方

法人税法22条2項は，「内国法人の各事業年度の所得の金額の計算上当該事業年度の益金の額に算入すべき金額は，別段の定めがあるものを除き，資産の販売，有償又は無償による資産の譲渡又は役務の提供，無償による資産の譲受けその他の取引で資本等取引以外のものに係る当該事業年度の収益の額とする。」とされています。また，同条4項は，当該事業年度の収益の額は，一般に公正妥当と認められる会計処理の基準に従って計算されるものとする旨規定していることから，収益はその実現があった時の属する事業年度の益金に計上するのが原則と考えられます。

(2) 損害賠償金の収益計上時期

法人が他の者から損害賠償金を受け取る場合に，いつの段階で収益を計上す

べきかについては次の2つの考え方があります。
　①　損害を受けると同時に，民法上の損害賠償請求権を取得するのであるから，損失計上と同時に損害賠償金の収益計上をすべきであるとする考え方（同時両建説）
　②　民法上の損害賠償請求権を取得したとしても，相手方に損害賠償責任があるか否かをめぐって裁判や交渉が行われることも少なくなく，仮に損害賠償責任が相手方にあることが明確であるとしても，その賠償金額については，当事者間の合意や判決等を待たなければ確定しないこともあり，損失計上と損害賠償金は切り離して考え，損害賠償金は受け取る金額が確定した事業年度に収益計上すべきであるとする考え方（異時両建説）

　この点について，法人税基本通達2－1－43では，「他の者から支払を受ける損害賠償金の額は，その支払を受けるべきことが確定した日の属する事業年度の益金の額に算入するのであるが，法人がその損害賠償金の額について実際に支払を受けた日の属する事業年度の益金の額に算入している場合には，これを認める。」とされているように，税務上の取扱いでは，②の収益計上を原則としつつ，損害賠償金の額が確定したとしても，加害者の支払能力やその他の事情によって必ずしも合意の条件どおり履行されるとは限らないことも考慮し，法人が実際に支払いを受けた時点で収益計上する場合には，現実に収受した段階で益金の額に算入する処理も認めています。

(3)　損害の損金計上時期

　法人税法22条3項に，「内国法人の各事業年度の所得の金額の計算上当該事業年度の損金の額に算入すべき金額は，別段の定めがあるものを除き，次に掲げる額」とされ，同3号に「当該事業年度の損失の額で資本等取引以外の取引に係るもの」とされていることから，損害賠償の基因となった損失（保険金等により補塡されることが明らかな部分の金額を除く）については，基本的に資産の滅失等があった事業年度の損金の額に算入することが原則であると考えられます。法人税基本通達2－1－43の(注)においても損害賠償の基因となった損害に係る損失については，その損害が生じた時点で損金算入することができることと

し，損害賠償請求との対応関係を切り離して処理することを認めています。

(4) 損害賠償金を支払う側の費用計上時期

　一方，損害賠償金を支払う側の費用計上時期について，法人税基本通達2－2－13では，「法人が，その業務の遂行に関連して他の者に与えた損害につき賠償をする場合において，当該事業年度終了の日までにその賠償すべき額が確定していないときであっても，同日までにその額として相手方に申し出た金額（相手方に対する申出に代えて第三者に寄託した額を含む。）に相当する金額（保険金等により補塡されることが明らかな部分の金額を除く。）を当該事業年度の未払金に計上したときは，これを認める。」とされています。原則は，支払額が確定した時としていますが，相手方に具体的な金額等を提示した場合には，その金額を未払金に計上することも認めています。

　なお，受取損害賠償金と支払損害賠償金の収益計上時期，費用計上時期をまとめてみますと次の表のようになります。

損害賠償金	受取損害賠償金	原則	合意等で賠償額が確定したとき
		例外	現実に支払を受けたとき
	支払損害賠償金	原則	支払額が確定したとき
		例外	相手方に具体的な金額を提示し，その金額を未払計上したとき

(5) 法人の役員又は使用人が損害を与えた場合

　前記法人税基本通達2－1－43における「他の者」に法人の役員や使用人が含まれるかどうかは，意見が分かれています。

　つまり，法人の役員又は使用人が使い込みや横領等により当該法人に損害を与えた場合に，その法人がその役員等に対して有する不当利得の返還請求権や損害賠償請求権について，同通達が適用できるか否かが問題となります。

　この点については，損害の発生と同じ事業年度に損害賠償請求権が確定したものとしてその事業年度の益金の額に算入すべきであるという判決（大阪高判平13.7.26 Z251－8954 税資251順号8954）もあるので，同通達の取扱いを単純に適用せず，個々の事案の事実に基づいて処理する必要があります。

4　当事例の検討

　当事例では，当社の役員等ではないＡ社が与えた損害について，当期末までに示談は成立し賠償額は決まっているものの，現実にはその損害賠償金の支払を受けていません。したがって，損害を受けた事業年度に損害賠償金の収益計上を行わず，損失額だけを損害を受けた事業年度の損金の額に算入しても，法人税基本通達２－１－43の規定にあるように，税務上問題はないものと考えられます。

（田中　久喜）

山本守之のコメント

　法人税基本通達２－１－43における「他の者から支払を受ける」の考え方は，法的基準と税務執行上の差異を配慮したものです。

I　費用・収益・原価とその認識

12　横領金に係る損害賠償金の収益計上時期

1　事　　例

> 当社は、機械設備を製造するメーカーです。当社では生産機械のパーツを一部外注加工業者に加工委託しています。当社の経理業務を任されていた経理部長が、経理業務の一環として作成する外注費の支払関係書類を改ざんし、外注費を架空計上し、会社から個人的に作成した架空外注先名義の口座に支払をさせるという横領事件が発生しました。
> 決算時点においては、このような事実が発覚していませんでしたので、当社では架空請求された外注加工費を損金の額に算入して確定申告しています。

2　問題点（争点）

問題点は、①外注費として計上された会社の使用人の横領による損失の算入時期、②その損失に係る損害賠償請求権の収益計上時期の2点です。

3　検　　討

(1)　**損害賠償請求権の発生時期**

従業員の不法行為等（横領）によって損害を受けたことにより損害賠償金を収受する場合、その損害賠償金に係る収益計上時期については次のような2つの考え方があります。

①　**同時両建説**

　　法人が他の者の行為によって損害・損失を受けた場合には、民事上の損害賠償請求権を取得することになりますが、その損害・損失の発生と同時に、その行為者に対する損害賠償請求権が発生するので、損害・損失についての損金計上と同時に損害賠償請求権を収益に計上すべきであるとする考え方で

す。

この考え方は，民法上の法的基準を重視するもので，最高裁判決において「横領行為によって法人の被った損害が，その法人の資産を減少せしめたものとして，右損害を生じた事業年度における損金を構成することは明らかであり，他面，横領者に対して法人がその被った損害に相当する金額の損害賠償請求権を取得するものである以上それが法人の資産を増加させたものとして，同じ事業年度における益金を構成するものであることも疑わない。」（最高判 昭43.10.17 訟月14巻12号1437頁 Z053－2283）としています。

② 異時両建説

これに対して，損失はその発生時点で計上し，損害賠償金は，損失の発生とは切り離してその支払を受けることが確定した時点で計上する考え方があります。この考え方は，損害賠償請求権の偶然性と１回性という債権の特質を考慮して，損失の発生とは別にその損害賠償請求権の行使が具体的に可能になったときに収益に計上する考え方です。また，損害賠償請求権はその存在自体若しくはその金額に争いがある場合が多く，当事者間の合意や裁判の結果をもってはじめて確定するという経済的実態を重視した考え方です。

法人税基本通達２－１－43においても，「他の者から支払を受ける損害賠償金（債務の履行遅滞による損害金を含む。以下２－１－43において同じ。）の額は，その支払を受けるべきことが確定した日の属する事業年度の益金の額に算入するのであるが，法人がその損害賠償金の額について実際に支払を受けた日の属する事業年度の益金の額に算入している場合には，これを認める。」としており，原則として，異時両建説の考え方を採用しています。

(2) 法人税基本通達２－１－43の「他の者」の意義

法人税基本通達２－１－43においては，「他の者から支払を受ける損害賠償金……」という限定が付されています。同通達が，このような限定を付したのは，「横領行為の隠ぺい等のために収益の圧縮や架空計上等が行われた場合，外形的には法人自身がなした脱税行為と識別がつかないためと解され」（大阪高判 平13.7.26 税資251号順号8954 Z251－8954），法人税基本通達逐条解説において

も「法人の役員や使用人に対する損害賠償請求については，本通達の取扱いを適用せず，個々の事案の実態に基づいて処理する。」(窪田悟嗣編著『法人税基本通達逐条解説』168頁　税務研究会出版局) こととされています。役員の場合，その行為が個人的なものなのか，それとも法人としてのものなのか峻別しにくい場面があり，役員や使用人を通達の枠外にしたものと思われます。また，「純然たる使用人の場合はともかくとして役員の場合には，その地位や法人との関係からみて，果たして法人が被害者なのかどうか（すなわち損害賠償請求権があるかどうか）が明確でない場合も少なくないし，また，一口に損害賠償といっても，例えば違法配当金に対する取締役の賠償責任に基づくものもあるなど，その内容が複雑多岐にわたるから本通達をそのまま適用することは問題が多い」(渡辺淑夫他著『コンメンタール法人税基本通達』80頁　税務研究会出版局) との意見もあります。判断は「個々の事案の実態」に基づくことが重要となります

(3) 従業員の横領金に基づく損金算入時期と損害賠償請求権の益金算入時期

　従業員の横領に基づく損害賠償請求の対象となった横領による損失をどの時点で損金の額に算入すべきか，また，横領による損失の計上時期と横領に基づく損害賠償請求権の計上時期について下記のような裁決，判決があります。

① **昭和54.12.12裁決** (裁決　昭54.12.12　裁事19集99頁　J19－3－05)

　「従業員等により外注加工賃として横領された金額を損金に算入する場合には，請求人は当該従業員に対して当該横領金相当額の損害賠償請求権を有しているのであるから，その債権の額を益金に算入すべきであって，その結果，請求人の所得金額は横領金の額を損金に算入しなかった場合と何ら異ならないこととなるから，原処分が当該横領金相当額を当該従業員等に対する仮払金として処理し，その損金算入を認めなかったことは相当である。」として，横領による損失については，その損失と同時に発生する横領被害に基づく損害賠償請求権を益金算入する，もしくは，仮払金として処理し，損害賠償請求権について一般債権同様に回収不能となった段階で損金とするとしています。

② **平成20. 2. 15東京地判**（判時2005号3頁　Z888-1314）

　従業員の不正経理による損害賠償請求権の益金算入時期が争点になった訴訟で，「不正行為による損害賠償請求権は，被害者である法人が損害及び加害者を知った時に，権利が確定したものとして，その時期の属する事業年度の益金に計上するべきものと解するのが相当である」として，不正行為による損害賠償請求権はその行使が事実上可能になったときに権利確定し，その時期の属する事業年度の益金に算入すべきと判示しています。

4　当事例の検討

　法人は，従業員に横領された額に対する損害を被ったのであるからその損失を損金の額に算入することが可能です。他方，その損害に対する損害賠償を請求する権利があり，損害賠償請求権に基づく額を益金の額に算入しなければなりません。本事例においては，申告時点において会社は横領の事実を知らずに横領部分を含めて外注費として損金算入しており，横領の事実を知らなかったために損害賠償請求権についても当然に益金算入していません。

　上記検討によると，本事例のような純然たる使用人の横領による損失の損金算入時期については，その行為が行われた時点で法人としては損失が発生しているのであるから，その事業年度において損金算入が認められます。他方，その損失に基づく損害賠償請求権の益金算入時期については，個々の事案の実態に基づいて判断することになりますが，法人がその事実を知った段階で権利が確定し，その事業年度に損害賠償請求権部分を益金として処理することが認められる場合があると考えられます。また，その損害賠償請求権については，一般の債権と同様に回収可能性を判断することになります。　　　（山本　敬三）

山本守之のコメント

　法人税基本通達は，法的基準を念頭に置きながらも，法人の実務も重視しています。

I 費用・収益・原価とその認識

13 逸失利益に対する補償金の収益計上時期

1 事　例

> 当社はうなぎの養殖業を営む，年1回3月末を決算期とする法人です。昨年9月の台風来襲時に，川上でメッキ業を営むA社の浄化槽が壊れ，当社の養殖池に未浄化水が大量に流れ込み，稚魚，成魚ともに全滅してしまいました。今後，養殖池を洗浄して，成魚として出荷できるまでには順調にいっても3年は必要と思われます。
> そこで，当社はA社との話合いを持ち，今年の3月20日に，今回の被害の損害賠償金10,000,000円，逸失利益に対する補償金18,000,000円（利益を過去3年間の月平均として，出荷できるまでの期間3年と見込み，期間の見込み違いがあっても精算はしない）の計28,000,000円をA社が支払うことで協議が成立し，翌日A社より全額を収受いたしました。
> 当社は，損害賠償金10,000,000円と逸失利益に対する補償金のうち経過月数6ヶ月分3,000,000円を当期の収益に計上し，未経過分15,000,000円を前受金として処理したいと考えておりますが，税務上この処理は認められますか。

2 問題点（争点）

問題点は，逸失利益に対する補償金を一括で収受した場合の収益計上時期はいつの時点であるかです。

3 検　討

(1) **逸失利益に対する補償金の収益計上時期**

逸失利益とは，本来得られたはずであるのにもかかわらず，不法行為や債務不履行などで得られなかった利益をいい，「得（う）べかりし利益」ともいわれ

ています。逸失利益に対する補償金とは，利益が失われたことによる損失又は将来の経費発生による損害を補償するもので，一種の損害賠償金という性質を持っています。

　例えば，交通事故等によって事故の被害者が，一定期間職を離れることによって失業したり，あるいは死亡した結果失われた収入をいい，もし事故がなかったら，将来にわたって得ることができたであろう利益を失うという意味で，逸失利益と呼ばれているのです。

　逸失利益の算定では，果たしてどこまでが本来得られるはずであった利益か，その確定は困難であり，訴訟などでもよく争点となっています。事例では両者の話合いによって円満に解決し，3年分の利益を補償することとし，一括で収受することで決着しています。

　このような将来の逸失利益に対する補償金を，その数年分を一括収受するとした場合，収益計上をどの時点で行うべきかという問題については，次のような考え方があります。

　① 受け取るべきことが確定した事業年度の収益に計上すべきである。
　② 現実に受け取った事業年度の収益に計上すべきである。
という2つの考え方にそれぞれ2つの計上すべき金額が考えられます。

　イ　全額で計上する考え方で，この考え方には収益と費用・損失の対応関係を重視する見地から，補償の目的に照らして不合理であるという批判があります。
　ロ　計算の基礎となった年度分に応じて分割して計上するという考え方で，この考え方にも，数年分の収益の補償といっても算定の基礎となった数額が必ずしも正しいものとはいえず，また確定金額であれば後になって精算されるという性質のものではないという批判があります。

(2) 税務上の収益計上時期

　企業会計では，収益はその実現があったときに計上するということを原則としています。税務上もこの実現主義を採用しており，法人税基本通達2－1－40において逸失利益の補填に充てるための補償金について，次のように定めて

おり，実務上はこの規定に従った処理をすることになります。

> **（将来の逸失利益等の補てんに充てるための補償金等の帰属の時期）**
> ２－１－40　法人が他の者から営業補償金，経費補償金等の名目で支払を受けた金額については，当該金額の支払がたとえ将来の逸失利益又は経費の発生等当該事業年度後の各事業年度（省略）において生ずることが見込まれる費用又は損失の補てんに充てることを目的するものであるとしても，その支払を受けた日の属する事業年度の益金の額に算入するのであるから留意する。

　このように，支払を受けた時点において確定した収入であり，返還の義務を負うものではない以上，将来に繰り延べる理由はなく，支払を受けた事業年度の収益にその全額を計上しなければならないとしています。

　上記で検討した収益計上時期に関する考え方からすれば，前記②のうちの「イ」の考え方が採用されていることになります。しかしながら，このように，支払を受けた日の属する事業年度の益金の額に全額算入することから，収益と費用や損失の対応関係が損なわれるのみならず，法人税等が一時的な負担増となり，せっかく取得した補償金が将来発生することが予想される費用又は損失の補填に充てることができないという批判があります。

　なお，一括収受するのではなく数年にわたって分割して収受する場合は，受け取るべき金額が確定した事業年度の収益に計上するのが原則ですが，実際に支払を受けた日の属する事業年度の益金の額に算入することも認められます（法基通２－１－43）。

(3)　**公共事業の施行に伴う経費補償金及び収益補償金について**

　公共事業の施行に伴う経費補償金及び収益補償金については，一定期間収益に計上しないで，仮勘定として経理することができるという特例的取扱いが置かれています。

　①　経費補償金，移転補償金，残地保全経費補償金及び地域外既存設備の付替えによる経費補償金については，これを収受した事業年度において取壊し，移転，修繕，取替え等の行為が行われるとは限らず，先行して補償金を収受することがあります。その場合，補償金交付の目的となった経費等

を支出することが明らかな部分に限って，収受した補償金については，収用等があってから2年を経過した日の前日まで，収益に計上しないで仮勘定として経理することができるとしています（ただし，中途で支出した経費等も仮勘定とします）（措通64(3)-15）。

② 収益補償金のうち対価補償金とされない部分については，その収用等があった日を含む事業年度の益金に算入しないで，収用等をされた土地又は建物から立ち退くべき日又は立ち退いた日のいずれか早い日まで仮受金としておく経理が認められています（措通64(3)-16）。

　これは公共事業に限っての特例で，私人間の事例では認められていませんが，お互いの合意の算定基礎がある以上，補償の目的に照らして収益の計上を猶予するなどの対応が望まれます。

4　当事例の検討

　当事例は，養殖池の洗浄が予想よりも早く済み短期に出荷体制が整っても，また，養殖池の洗浄に失敗して稚魚が全滅して補償金以上の損害を被ったとしても，今回の契約で収受した逸失利益に対する補償金18,000,000円は，受領した時点において確定した収入であって，返還の義務を負うものではない以上，当期の事業年度に全額益金の額に算入することになります。

　このように支払を受けた日の属する事業年度の益金の額に全額算入するもので，仮に，算定基礎の誤謬修正につき，当事者間に合意があった場合は，その合意が成立した事業年度で修正することになります。

（武田　喜義）

山本守之のコメント

補償金の算定基準に過ぎない期間と確定収益という法的基準の差異に配慮しなければなりません。

14 砂利採取の跡地の埋戻し費用

1 事　例

1. 当社は砂利採取業を営んでいますが，最近河川敷等からの砂利採取が条例で禁止されたので，甲氏所有の土地から砂利を採取して販売することにしました。甲氏との間で，砂利採取が完了したときは当社がその跡地を埋め戻して原状回復すべき旨を定めた契約書を交わしています。この場合の埋戻し費用を見積もって未払金に計上することは可能でしょうか。
2. また，当社所有の土地からも砂利を採取して販売しています。当社が所在するA市では，地下水の異常な低下及び水質汚濁などの障害を防止し，生活環境の保全を図ること等の目的のために，地下水及び砂利採取の規制に関する条例で砂利採取業者において砂利採取跡地を埋め戻す義務が課されています。この場合の埋戻し費用についても未払金計上は可能でしょうか。

2 問題点（争点）

問題点は，①他人の所有する土地についての砂利採取跡地の埋戻し費用については，砂利採取が完了し，埋め戻した年度の損金と考えるべきなのか，あるいは費用収益対応の原則から埋戻し費用の見積計上が可能なのか，②自己が所有する土地についても，他人の土地と同様な考えで埋戻し費用の見積計上が可能かの2点です。

3 検　討

(1) 他人が所有する土地の場合

事例のように，他人が所有する土地の場合は，土地所有者との間に砂利採取

の契約を締結し，採取の対価を支払うとともに，採取後の跡地については埋め戻し，土地を原状回復して返還するという合意がされていることが一般的でしょう。砂利採取と埋戻しを別個のものと考えれば，砂利採取・販売の段階では土地所有者に対する対価は損金の額に算入されますが，埋戻し費用は砂利採取が完了し，砂利の採取・販売が終了した後に事後的な費用として，実際に埋め戻す事業年度の損金の額に算入することになります。

法人税法22条3項2号では，事業年度終了の日までに販売費・一般管理費その他の費用につき債務が確定していることを求めていますが，同項1号の原価については債務確定の規定がありません。この点につき，「損金として計上するためには，少なくともその金額を見積もる必要があるから（中略）金額見積もりが可能な程度に債務の内容が特定していること」を要するとした判決があります（大阪地判 昭57.11.17 税資128号410頁 Z128－5100）。これは，販売費・一般管理費等の費用については必ずしも費用収益対応の因果関係が明確でないため，事業年度終了の日までに債務が確定しているという要件を求めたものですが，原価については費用収益対応の見地からその損金性が肯定されるべきものであり，法人税基本通達2－2－1（売上原価が確定していない場合の見積り）もこのような見地から理解すべきでしょう。

費用収益対応の見地からは，埋戻し費用を見積もって砂利採取原価とすることが合理的であるといえます。法人税基本通達2－2－4では，他人の所有する土地から砂利の採取を行う場合に，契約によりその跡地の埋戻しが義務付けられている場合には下記の算式により埋戻し費用を見積もり，これを砂利採取の原価に算入することを認めています。

> （砂利採取地にかかる埋戻し費用）
> 2－2－4　法人が他の者の有する土地から砂利その他の土石（以下2－2－4において「砂利等」という。）を採取して販売（原材料としての消費を含む。）する場合において，当該他の者との契約によりその採取後の跡地を埋め戻して土地を原状に復することを約しているため，その採取を開始した日の属する事業年度以後その埋戻しを行う日の属する事業年度の直前の事業年度までの各事業年度において，継続

I 費用・収益・原価とその認識

> して次の算式により計算した金額を未払金に計上するとともに当該事業年度において当該土地から採取した砂利等の取得価額に算入しているときは，その計算を認めるものとする。
> （算式）
> $$\left(\begin{array}{l}\text{埋戻しに要する費用}\\\text{の額の見積額}\end{array} - \begin{array}{l}\text{当該事業年度前の各事業年度において}\\\text{未払金に計上した金額の合計額}\end{array}\right)$$
> $$\times \frac{\text{当該事業年度において当該土地から採取した砂利等の数量}}{\begin{array}{l}\text{当該土地から採取する}\\\text{砂利等の予定数量}\end{array} - \begin{array}{l}\text{当該事業年度前の各事業年度におい}\\\text{て採取した砂利等の数量の合計}\end{array}}$$
>
> **(注)** 2 算式の「埋戻しに要する費用の額の見積額」及び「当該土地から採取する砂利等の予定数量」は，当該事業年度終了の時の現況により適正に見積るものとする。 （注1，注3は省略）

　この場合の毎期の砂利採取数量に応じる埋戻し費用の見積額は，毎期末の現況によって，既往の見積り違いを当期以降の採取数量にチャージする形でその都度修正しながら毎期の見積埋戻し費用を計上しようとするものです。
　また，上記通達は，民有地から砂利を採取する場合に限定されていませんので，河川敷等の公有地から砂利を採取する場合でも，埋戻しが契約上義務付けられている場合は同様の取扱いとなります。

(2) 自己が所有する土地の場合

　一方，自己所有の土地について砂利を採取し，跡地を埋め戻す場合においても埋戻し費用の見積り計上ができるのでしょうか。この点につき，昭和55年の通達制定時の課税庁担当者は，「他人の土地から採取する場合には，契約によりその埋戻し義務がきわめて明確であるが，自己の土地の埋戻し費用については，あらかじめ埋戻し義務が確定しているような関係にない」として「仮に法令その他の規定による規制に基づいて，砂利を採取した跡地をそのままの状態に放置できない事情があり，これに違反すれば罰則の適用があるとしても，この場合の埋戻し義務は公益に反する行為の禁止という国民の一般抽象的な義務の範囲にとどまり，罰則はこれを間接強制するための手段にすぎないから，他人の土地につき民事上の契約に基づいて具体的な埋戻し義務を負う場合とはもともと事情が異なるというべきである。しかして，自己の土地について専ら自

己の意思に基づいて跡地の埋戻しを行うとしても，その費用の見積り計上は，単なる引当金の計上にほかならないことであり，債務確定基準により法定外の引当金の計上を認めないこととしている現行税法の建前としては，その見積り計上は認められないといわざるをえないのである。」(『税経通信』昭55．9　57頁)と説明しています。

　また，「自己の土地の埋戻し費用については，あらかじめ埋戻義務が確定しているというような関係にはないから，これについての埋戻し費用の見積計上は認められないと解されている。」(窪田悟嗣編著『法人税基本通達逐条解説』(五訂版) 184頁　税務研究会出版局　平20) という課税庁側の解説があります。

　しかし，条例等で砂利採取跡地を埋め戻す義務が規定されている場合に，埋戻し義務の根拠が契約上のものであるか，公法上のものであるかによって取扱いを異にすべき合理的な根拠は見出せないでしょう。あるいは昨今の環境問題に対する国民の認識の高まり等を考慮すれば，公法上の各種規制の存在を無視して，例えば砂利採取地の跡地が放置され，水溜り等となって周囲に危険な状況をもたらすような場合に「国民の一般抽象的な義務の範囲」であるとするのはいかがであろうかと思います。自己所有の土地についても，公法上の埋戻し義務が存し，かつ，その費用につき合理的な見積り計算がなされている場合には未払金に計上することを認めてもよいのではないかと考えます。

4　当事例の検討

　埋戻し費用は，砂利の採取時には発生せず，採取が終了して初めて発生するものですが，費用収益対応の原則から，法人税基本通達2－2－4に定める算式により，埋戻し費用を見積もって砂利採取に係る収益の原価に算入することができます。

　他人の所有する土地ではなく，自己の所有地において砂利を採取する場合，同様に埋戻し費用を見積もって原価に算入できるかについて課税当局は否定的ですが，環境保全のため公法上の各種の規制により埋戻しが義務付けられている場合には，その所有関係にかかわらず，原価に算入すべきと考えてもよいの

ではないでしょうか。

(中村　雅紀)

山本守之のコメント

　自己の所有する土地の場合の法人税基本通達2－2－4の適用に関する国税庁の考え方は改正すべきだと思います。

15 短期前払費用と重要性の原則

1 事　例

　Y市のK社は，食料品を中心としたスーパー・マーケット業を営んでいますが，会社所有の土地が狭いことから，駐車場用土地は近隣農家から賃借しております。地代は，従来から月25万円を各月末に支払っていたのですが，地主からの要請により契約を変更し，年2回払いの前払いとするし，当期7月期の期末時に翌期分までの6か月（7月分から12月分まで）分の地代を現金で支払いました。
　そこで，法人税基本通達2－2－14（短期前払費用）の規定を適用し，支払った日の属する事業年度である当期に地代家賃として損金の額に算入する処理をしました。この処理は税務上認められますか。

2 問題点（争点）

　問題点は，本件地代の支払が「短期の前払費用」に該当するか否かです。

3 検　討

(1) 重要性の原則

　法人税基本通達2－2－14は短期の前払費用を次のように規定しています。
　「前払費用（一定の契約に基づき継続的に役務の提供を受けるために支出した費用のうち当該事業年度終了の時においてまだ提供を受けていない役務に対応するものをいう。）の額は当該事業年度の損金の額に算入されないのであるが，法人が，前払費用の額でその支払った日から1年以内に提供を受ける役務に係るものを支払った場合において，その支払った額に相当する金額を継続してその支払った日の属する事業年度の損金の額に算入しているときは，これを認める。
　（注）省略」

これは，1年以内の短期前払費用について，いわゆる期間対応による繰延経理をせずに，その支払った日の属する事業年度の損金算入を認めるとし，この取扱いは，企業会計上の重要性の原則がその背景になっています。

　この重要性の原則の適用は，企業会計の目的が，企業の財務内容を明らかにして企業の状況に関する利害関係者の判断を誤らせないようにすることにあるので，重要性の乏しいものについては，本来の厳密な会計処理によらないで他の簡便な方法によることも，企業会計原則の一般原則の1つである正規の簿記の原則に従った処理として認められるとしています（企業会計原則注解1）。

　また，基本通達の解説書では，「ただし，本通達は，短期の前払費用について，課税上弊害が生じない範囲内で費用計上の基準を緩和し，支払ベースでの費用計上を認めるというものである。したがって，この取扱いを悪用し，支払ベースにより一括損金算入することによって利益の繰延べ等を図ることがおよそ認められないことはいうまでもない。」と，この規定の乱用を戒めています(窪田悟嗣編著『法人税基本通達逐条解説』（五訂版）201頁　税務研究会出版局　平20）。

(2)　重要性が乏しいか否かの判断

　重要性が乏しいか否かを一律に判断する基準はなく，利益の額，総資産額等への影響等から個別的に判断すべきものですが，期末の前払費用としての計上額がほぼ毎期一定の額と理解することができます。これに対して，日本公認会計士協会の意見では，毎期末の計上額はほぼ一定のものであっても，その企業の経営の性質上重要な営業費用，例えば，海運業における借船料や船体保険料，百貨店業者等における店舗賃借料，自動車運送業者における車体保険料や賠償責任保険料，金融業における支払利息割引料などについては，原則どおり厳密な期間対応計算を要し重要性の原則は適用されないのが監査上ほぼ一致した見解のようです（日本公認会計士協会　監査委員会　昭43.5.13『期間損益通達の監査上の取扱いについて（案）』〈平14.1.17付で役割終了のため廃止〉参照）。すなわち，企業経営上重要な営業費用については重要性の原則が適用されないとしています。

　しかし，法人税基本通達2－2－14においては，必ずしも営業上重要な費用か否かを区別することはしていません。これについて，通達作成者は次のよう

にコメントしています。

「本通達では，支払ベースで損金算入することを認める短期の前払費用の範囲については，必ずしも営業上重要な費用かどうかで区別することはしていないので，その限りにおいては，税法上の取扱いの方がやや弾力的になっていると見る向きもある。

しかしながら，企業会計上は，もともと重要性の原則の適用される前払費用を短期のものに限ってないし，また，借入金による財テクの場合のように，収益と費用との対応計算を重視すべきものについては，税法上の取扱いの方がより厳格になっているともいえるので，両者を単純に比較してその表現上の違いを議論することは適当でないというべきであろう。」（渡辺淑夫『法人税解釈の実際』219頁 中央経済社）。

(3) 支払った日から1年以内とは

例えば7月末決算法人が8月分から向こう1年間の家賃を7月末に支払った場合に，「支払日から1年以内」の要件に当てはまらないので，この取扱いを適用できないのではないかの疑問があります。

これについて，ご質問の場合は，「翌1年分の家賃を当事業年度末日に支払うといっても，1年を超える期間は非常にわずかですから，期間対応の計算を省略しても税務上の弊害がないものと認められますので，支払った日の属する事業年度に全額損金算入できるものと思われます。」と回答しています（渡辺淑夫・山本清次編『法人税基本通達の疑問点』（三訂版（増補））146頁 ぎょうせい 平16）。

これは，法人税基本通達2－2－14は，上述のようにもともと重要性の原則を念頭に置いて設けられているので，機械的に取扱うことを予定していないからです。家賃は前月末までに支払うことが一般的で1年を1日超えたからといって，本通達を適用しても課税上弊害が生じないと考えられるからでしょう。

(4) 参考判例の紹介

船舶賃借料は重要性の原則から逸脱するため，「短期の前払費用」の適用はないとされた次のような事例があります。

浚渫業を営む法人が，厳密な期間帰属計算をせずに，支払った傭船料全額が

その属する事業年度の損金として処理したことについて,「重要性の原則で認められた範囲を逸脱するか否かの判断は,前払費用の金額だけでなく,当該法人の財務内容に占める割合や影響等も含めて総合的に考慮する必要がある」とし,その傭船料が5,000万円と高額なこと,前年比で250％ほど増加していること,売上高に占める割合が20％近いことなどから,財務内容に占める割合や影響が大きく,重要性が乏しいとはいえないこと,また以前から継続して傭船料を前払いし,支出日の属する事業年度の損金の額に算入する会計処理をしていなかったという継続性の点からも法人の処理を否認しました（長崎地判 平12.1.25 税資246号192頁 Z246－8566,福岡高判 平12.12.15 税資249号1133頁 Z249－8801,最判 平13.6.8 税資250号順号8918 Z250－8918）。

ここでは,重要性の原則の判断を,財務内容に占める割合や影響で判断しているところに注目すべき点があります。

4 当事例の検討

① 当期の7月期の期末時に7月分から12月分の6か月分の地代の支払いを当期で行い,損金の額に算入していること
② 地代家賃で処理している月額25万円の地代は,企業会計上も税務上も必ずしも営業上重要な費用とは考えられないこと

以上のことから,当期末に支払った翌期の8月分から12月分までの地代は短期の前払費用として,当期の損金の額に算入することが認められます。

(鈴木　政昭)

山本守之のコメント

スーパーマーケットにとって店舗の地代が重要な費用か否かは検討すべきでしょう。通達作成者の解説では重要性の原則を否定していますが,必ずしも適正とは考えられません。

16 在庫計上が省略できる消耗品等

1 事　　例

　当社は，原材料以外の消耗品等の在庫計上を省略し，収入印紙や郵便切手，会社の広告宣伝のための印刷物については，期末にある程度残っていれば在庫として計上しています。
　このたび，服装について，お客様からクレームが付いた女子社員がいたため，2種類のデザインの事務服を購入し支給しました。サイズ，デザイン，色別にまとめて購入しました。支給した残りは，在庫として計上すべきでしょうか。
　また，包装材料等は消耗品と同様に取り扱ってきましたが，これを機にこれらに限らず，在庫計上すべきものはしていきたいと思います。取扱いを教えてください。

2 問　題　点（争点）

　問題点は，①包装材料その他の消耗品等の在庫計上を省略できる基準は何か②事務服は作業服と同様に在庫計上が省略できる消耗品と同じ取扱いでよいかの2点です。

3 検　　討

(1) 企業会計上の取扱い

　企業会計では，費用収益対応の原則から消耗品等の未使用額を当期の費用等から除外することにしています。ただし，重要性の原則に基づき，消耗品，消耗工具器具備品その他の貯蔵品等のうち，重要性の乏しいものについては，その買入時又は払出時に費用として処理する方法を採用することができるとしています（『企業会計原則』注解　注1(1)）。

(2) 法人税法の取扱い

　法人税法でも，費用収益対応の原則から，本来，期末にその在庫数量を確認し，これにより払出部分の原価を当期の損金として計算するのが原則ですが，事務用消耗品，作業用消耗品，包装材料，広告宣伝用印刷物，見本品その他これらに準ずる棚卸資産については，次の要件のもとに，期末在庫計上の省略を容認しています（法基通2－2－15）。

① 事業年度ごとにおおむね一定数量を取得するものであること
② 経常的に消費するものであること
③ 法人が継続して取得をした日の属する事業年度において損金の額に算入していること

　この通達は，上記①及び②の要件に該当するような棚卸資産については，「期末ごとの在庫計上を省略して取得ベースで損金算入する経理処理を行ったとしても，その計算が継続する限り，毎期の所得計算がそれ程ゆがめられるとはいえない。むしろ毎期在庫計上することによる事務的な煩わしさを除くことにより，いわば重要性の原則に則った円滑な経理処理が可能となる」（窪田悟嗣『法人税基本通達逐条解説』（五訂版）202頁　税務研究会出版局　平20）という趣旨のもとに制定されています。このような考え方から，消耗品等の在庫計上の省略の可否については，下記のように区分されます。

(3) 在庫計上が省略できるもの，できないものもの

① 収入印紙・郵便切手・商品券等

　　収入印紙や郵便切手は，消耗品ではなく，その性質は，金銭と同一と考えられますので（金銭等価物），貯蔵品（在庫）として計上することが強制されています。また，商品券，ビール券等物品切手は，商品の引渡し又は役務の提供を約した商品引換等（法基通2－1－39）に分類され，金銭等価物とされますので，収入印紙等と同様に処理する必要があります。

　　なお，消費税の計算で，郵便切手は，継続して対価を支払った日の属する課税期間の課税仕入れとすることが認められています（消基通11－3－7）。

　　商品券，ビール券等物品切手の譲渡は，非課税とされています（消法6，別表

第一,四ハ)。

② **総合カタログ等**

　広告宣伝用印刷物は,ポスター,チラシ,カタログなどが典型的なもので,これらは無償で配布されるものです。ただし,設立等に際し,会社案内やチラシ等を,大量に作成した場合,期末の未配布分については,在庫として,資産に計上する必要があります。また,メーカーが特約店等に有償で支給するカタログや,保険会社等が外交員に有償で支給する保険商品の広告宣伝用物品は,一種の商品と考えられ,在庫計上が強制されます。

③ **包装材料等**

　包装材料として在庫計上が省略されるものは,製品や商品の販売に際して用いられる包装紙,紐,シールなどのほか,製品等を搬送又は保管するために行う詰箱,梱包などに用いられるダンボール,木枠なども含まれると解されています。

　これに対して,びん詰用のびん,缶詰用の缶,化粧箱入り製品の化粧箱,製品パック用のビニール袋,化粧ダンボール箱その他製品の最終形態の一部を構成する容器などは,製造原価を構成する補助原材料ですから包装材料には含まれません。したがって,在庫計上をすることが必要です。

④ **事務用消耗品・作業用消耗品**

　「事務用消耗品」とは,ノート,鉛筆,ボールペン,事務用用紙,印刷用カートリッジなど,これらに類するさまざまなものがあり,通常は各事業年度ごとにおおむね一定数量を取得し,かつ経常的に消費するものと考えられるため,在庫計上が省略できます。たとえ事務用に使用される物品であっても,器具備品に該当するものは事務用消耗品に含まれませんが,使用可能期間が1年未満の少額な物品,例えば,事務服,ペーパーホルダー,下敷き,ホッチキス,茶碗などは,事務用消耗品に準じて取り扱うことができます。

　「作業用消耗品」とは,手袋,タオル,ブラシなどこれらに類する多くのものが該当し,これらのものも,通常は各事業年度ごとにおおむね一定数量を取得し,かつ経常的に消費するものと考えられるため,在庫計上が省略で

きます。

　また，これらより多少長く使用されるが使用可能期間が１年未満とされる作業服，作業用靴，作業用帽子や，補助用資材（釘，針金，ボルト等）なども作業用消耗品に準じて判断し在庫計上が省略できます。

⑤ **見　本　品**

　専ら，広告宣伝を目的としてメーカーが小売店を通じて消費者に無償で配布するサンプル，試供品等は見本品に含まれ，在庫計上を省略できます。

　これに対して，例えば，医薬品メーカー等がいわゆる添付品として医師等に配布する試供薬のように実質的に有償で頒布することを目的としているものは，ここにいう見本品には含まれず，在庫計上を要します（窪田悟嗣『法人税基本通達逐条解説』（五訂版）202～203頁　税務研究会出版局　平20）。

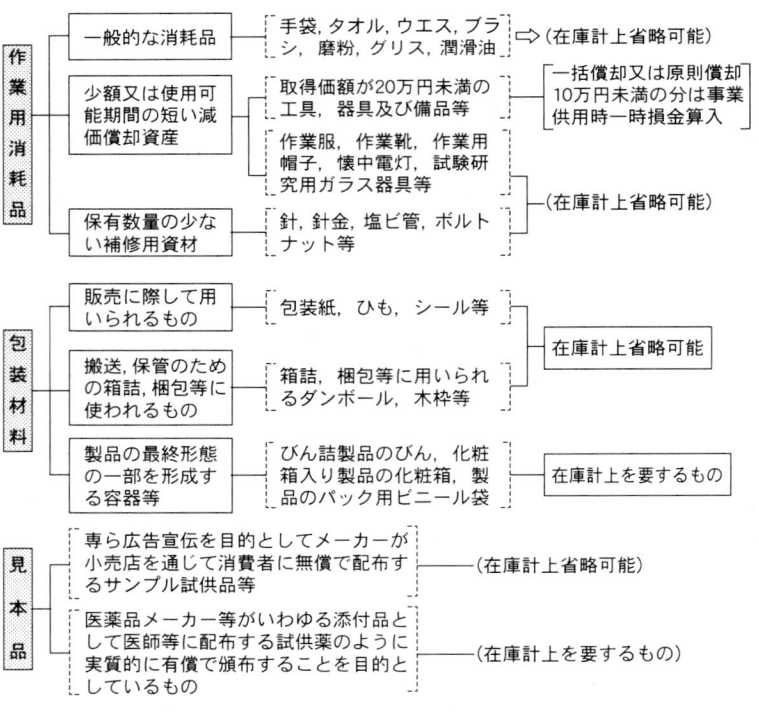

分類	区分	具体例	取扱い
作業用消耗品	一般的な消耗品	手袋，タオル，ウエス，ブラシ，磨粉，グリス，潤滑油	⇒（在庫計上省略可能）
	少額又は使用可能期間の短い減価償却資産	取得価額が20万円未満の工具，器具及び備品等	一括償却又は原則償却　10万円未満の分は事業供用時一時損金算入
		作業服，作業靴，作業用帽子，懐中電灯，試験研究用ガラス器具等	（在庫計上省略可能）
	保有数量の少ない補修用資材	針，針金，塩ビ管，ボルトナット等	
包装材料	販売に際して用いられるもの	包装紙，ひも，シール等	在庫計上省略可能
	搬送，保管のための箱詰，梱包等に使われるもの	箱詰，梱包等に用いられるダンボール，木枠等	
	製品の最終形態の一部を形成する容器等	びん詰製品のびん，化粧箱入り製品の化粧箱，製品のパック用ビニール袋	在庫計上を要するもの
見本品	専ら広告宣伝を目的としてメーカーが小売店を通じて消費者に無償で配布するサンプル試供品等		（在庫計上省略可能）
	医薬品メーカー等がいわゆる添付品として医師等に配布する試供薬のように実質的に有償で頒布することを目的としているもの		（在庫計上を要するもの）

出所：山本守之著『法人税の実務』80頁　税務研究会出版局　平成13年10月

(4) おおむね一定数量，経常的に消費

　消耗品等の在庫計上の省略処理は，事業年度ごとにおおむね一定数量を取得するものであることが要件ですから，何らかの理由から，ある事業年度について一時に大量に購入した場合については適用がないと考えられます。利益調整等の目的で不要不急の消耗品を大量に購入した場合なども，同様であることはいうまでもありません。

　また，消耗品等であっても，その額が相対的に多額で，しかも毎年度末の在庫数量に相当の増減があるため，在庫計上の省略により企業利益に与える影響が大きいと認められるものは，この処理の対象にならないと考えられます。

4 事例の検討

(1) 事務服について

　事務服は，作業用消耗品に準じた取扱いを受ける作業服と同様，事務用消耗品に準ずるものとして，通常は在庫計上が省略できるものと考えられます。しかし，近年，ファッション的なセンスが考慮に入れられ，有名デザイナーのデザインによるものや，素材もそれなりに考慮され，デザイン，色も選択できる場合もあります。このような事務服の場合は，シーズンごとに，サイズ，デザイン，色別等によりかなりの在庫を必要とします。昭和42年の旧通達では，当時の事務服の状況から作業服と同様に考えられていました。昭和55年の基本通達改正に際しては，議論もあったようですが，引き続き作業服とのバランスを考慮して，在庫計上を省略する取扱いが踏襲され今日に至っています。したがって，使用可能期間が1年未満で比較的単価が低い作業服の場合とは同様に取り扱えないような事務服については，単価，数量等から常識的に判断し，在庫計上すべき場合もあるでしょう。

(2) 包装材料について

　包装材料は，通常，在庫計上が省略されますが，化粧ダンボール箱など製品の最終形態の一部を構成する容器などは，包装材料に含まれず，製造原価を構成する補助材料と考えられる場合は在庫計上します。具体的な物品ごとに判断

I 費用・収益・原価とその認識

する必要があります。

(3) 広告用宣伝用印刷物

会社の通常の宣伝用印刷物については，無償配布のもので毎事業年度おおむね一定数量を取得し，経常的に消費するものであれば在庫計上を省略することができます。

（遠藤　みち）

山本守之のコメント

収入印紙や切手等については，法人税と消費税の取扱いに差異があります。広告用印刷物は経常的に消費するものという意味を軽視しないで下さい。

17 決算締切日

1 事　例

当社は，建設事業者に対する建設資材の販売を行っています。
　長い間，顧客の大部分及び仕入れ先の締切日を毎月20日とする請求書を発行していましたが，決算期日は定款に定めた3月31日としています。
　そこで，売上及び仕入については20日締切り，その他の取引は決算期日に締め切る旨の社内規程に改正したいのですが，売上及び仕入を20日の決算締切日とする取扱いを受けることができますか。

2 問題点（争点）

問題点は，①売上等請求書締切日である20日を従来の商慣習である決算締切日とすることができますか，②決算締切日の取扱いと法人税の事業年度末までの定めには矛盾しませんか，③消費税は，決算締切日の取扱いを援用することができますか。

3 検　討

(1) 決算期日の原則

① 会計の決算締切日

　決算期日は，会計制度における計算書類を作成すること（会社法435②）を定めることが求められ（会計規91②），各事業年度の開始日及び決算期日を定款で定めています。計算書類は，株主への提供（会社法437）及び計算書類の公告（会社法440）が求められ，一般に公正妥当と認められる企業会計の慣行に従うこと（会社法431）により事業年度の末日を締切日とすることが求められます。

② 法人税法の決算期日

　法人税法の定める会計期間は，法令又は定款に定めたものをいい（法法13①），その会計期間の締切日を決算期日といいます。

(2) 「商慣習その他相当の理由」の内容

① 取引慣行と会計処理

　法人が，商取引の必要から売上又は支出の基礎となる請求書等の締切日を月末ではなく，20日に繰り上げて発行する慣行があります。

　この請求書等の締切日に対応させるために，決算期日から5日又は10日程度繰り上げて，請求書等の締切日を決算の締切日とすることがあります。

② 税務の容認

　税務では，このような会計の慣行に対応するために，請求書等の締切日が決算期日よりおおむね5日又は10日以内の一定の日を決算期日としている場合には，継続適用を要件として，その取扱いを認めています（法基通2－6－1）。

　税務における一定の日を決算締切日とする取扱いは，会計の慣行を尊重することですが，次の取扱いに分けられます。

　イ　その事業年度のすべての取引の決算期日を一定の日とします。

　ロ　請求書等の締切日をもって，決算締切日とするのは売上及び仕入取引に限定して，その他の取引は定款に定める決算期日とします。

(3) 「決算締切日」の適用の範囲

① 会計の簡素化の要請

　決算締切日の取扱いは，会計及び税制の簡素化を目的とした，昭和40年度法人税法全文改正の解釈通達（直審（法）25（例規）昭和44年5月1日）を昭和55年に大幅に追加した際に，特定の期間損益の特例とされていた決算締切日に関する取扱い（昭42直法82）を基本通達として新設することにより，明確にしたものであって（昭55直法2－8），もともと，法人税法の規定の簡素化を求めた昭和40年度改正を背景とした，収益及び費用の弾力的な取扱いです。

② **売上及び仕入取引の簡素化**

　得意先及び仕入先の多くについて，請求書等の締切日を毎月20日又は25日等とされている商慣行がある場合には，その慣行に基づいて売上及び仕入締切日を決算期日とする記帳事務を簡素化することができます。

③ **会計取引及び税務を含む簡素化**

　前項の適用を受けることができる場合は，売上及び仕入取引に限定しないで，販売費及び一般管理費，その他損益の決算期日をおおむね10日以内の一定の日とする場合があります。

　法人税基本通達2－6－1は，決算期日からおおむね10日以内の一定の日とする決算を行うことを会計慣行として認めています。

④ **税務の決算期日に関する取扱い**

　請求書等の締切日に関する「商慣習その他相当の理由」に基づいて，決算期日とは異なった決算締切日が容認されていますが，法人税法等では，交際費等，寄附金及び減価償却費等の取扱いのように，商慣習等の会計処理にかかわらず，法人税法等の所定の期日（決算期日）をもって規定されています。

　法人が決算締切日の取扱いを受けている場合であっても，交際費等及び減価償却費等の適用は，決算期日に基づいて適用することになります。

⑤ **消費税に関する取扱い**

　消費税における「資産の譲渡等」は，事業として対価を得て行われる資産の譲渡及び貸付け並びに役務の提供をいい（消法2①八），事業者が，課税仕入れを行った場合には，その課税仕入れを行った日の属する課税期間の消費税額を控除することとされています（消法30①）。

　しかし，実務の取扱いでは，法人税の課税所得金額の計算における益金の額に算入すべき時期に関し，別に定めがある場合には，それによることができるものとする（消基通9－6－2）とされ，課税当局の審理事例においても，決算締切日による慣行が容認されています。

　そこで，法基通2－6－1（決算締切日）を適用している場合には，消費税においても，法人税法の決算締切日の取扱いと同様に扱われます。

(4) 「決算締切日」の適用を変更

売上請求書締切日を25日から20日に変更した場合について，決算締切日に関する取扱いが問題となりますが，もともと，決算締切日の取扱いを受ける前提として，一定の日を締切日とする商慣行がある場合に限られていることからすれば，商慣行は安易に変更することは予定されていません。

しかし，その変更に理由があって，その後も継続して行われるものであるならば，本取扱いの趣旨を逸脱したものでないとして，その一定の日の締切日を変更することができるものと考えます。

(5) 「決算締切日」の留意点

決算締切日の取扱いは，会計処理の簡素化からの簡便的な取扱いであり，商慣習に基づいて認められているものです。

本取扱いは，課税の繰り延べを目的として適用するものではありません。

この取扱いは，一般に公正妥当な会計処理基準の適正な適用であると理解されていることによります（法法22④）。

したがって，決算締切日の適用を受ける法人が，その適用を受けない法人と比較して課税所得に差がある場合であっても，本取扱いについて，課税の公平の原則に反したり，課税上弊害がある場合には該当しないと考えられています。

(6) 経理環境の変化

本取扱いがなされた，昭和50年代の会計処理の手法と，電子計算機による販売管理システムが普及した現在とは，決算締切日に対する感覚が異なります。

しかし，すべての法人が最新の会計環境を整えているわけではない事情を考慮すれば，決算締切日の取扱いは，適正な会計処理として容認されています。

4 当事例の検討

(1) 売上請求書等の変更と社内規定

これまで売上請求書等の締切日を20日としている商慣習があるならば，決算締切日の取扱いを受けることができます。

その適用に当たって，社内規程を変更して20日を決算締切日とすることは，

社内の処理を統一するためには望ましいことです。

(2) **再び社内規程を変更する場合**

　本規定の取扱いは，社内規程が変更された場合に適用されるのではなく，売上請求書等の締切日の商慣行によって取り扱われるものです。

　再び，社内規程を変更する場合でも，売上請求書等の締切日の商慣習を社内規程に反映することが求められることになります。

（藤井　茂男）

山本守之のコメント

　取扱いの基礎となっている「商慣習その他相当の理由」は，商慣習でもよし，その他相当の理由でもよいと解されます。つまり，商慣習も相当の理由と考えられます。

II

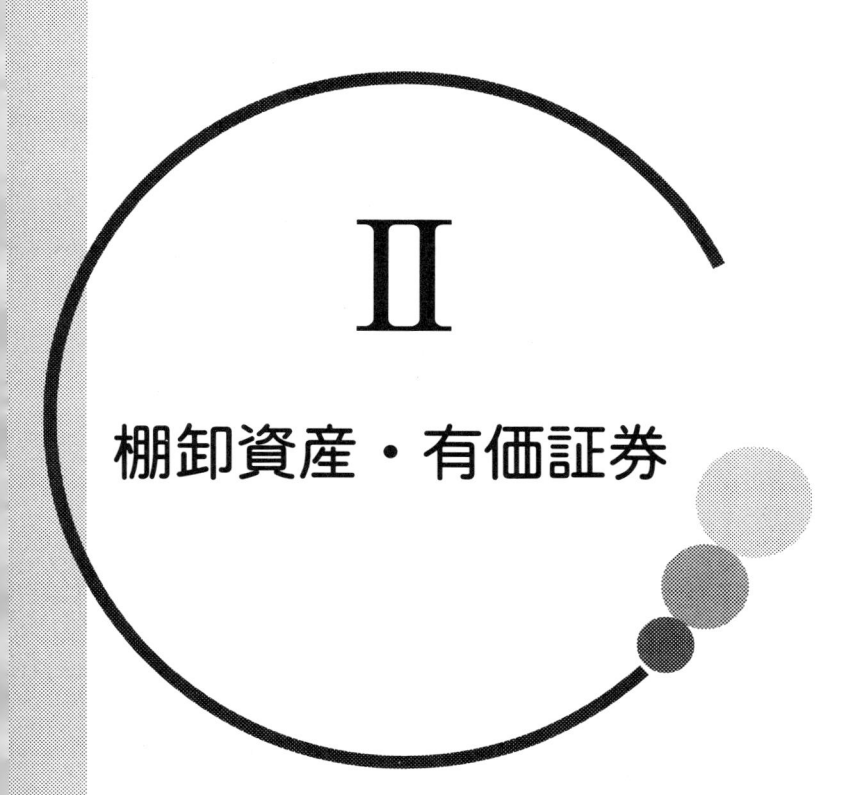

棚卸資産・有価証券

II 棚卸資産・有価証券

18 棚卸資産の評価損（著しい陳腐化）

1 事　例

> 当社は，テレビの販売を行っていますが，旧型のモデルの在庫（新品のもの，帳簿価額50万円分）があります。これは地上デジタル放送に対応していませんので，見切品として10万円でも販売は難しいと考えています。そこで当期末に，この旧型テレビを10万円に評価換えを行い，評価損を計上するつもりです。
> この評価損の計上に問題はないでしょうか。また，この評価損の計上を行うに当たり，用意すべき資料は何でしょうか。

2 問題点（争点）

この事例の問題点は，①旧型のテレビに著しい陳腐化が生じているかどうかの判定，②著しい陳腐化による評価損の計上の立証資料は何かの2点です。

3 検　討

(1) 棚卸資産の評価損の計上要件

法人税法では，資産の評価損は，原則として損金不算入としています（法法33①）。ただし，棚卸資産では①災害による著しい損傷その他の特定の事実が生じていること，②その資産の価額が帳簿価額を下回ることとなったこと，③損金経理によって帳簿価額を減額すること，④③のうち評価換え直前の帳簿価額と評価換えの日の属する事業年度末の時価との差額に達するまでの金額に限られていることの要件を満たす場合には損金の額に算入できます（法法33②）。

棚卸資産の評価損における特定の事実とは，その資産が災害により著しく損傷したことや著しく陳腐化したこと等が挙げられます（法令68①一）。なお，単に物価変動や過剰生産により価額が低下しただけでは，特別の事実には当たら

ず，棚卸資産の評価損の計上はできません（法基通9－1－6）。
(2) 著しい陳腐化
　著しい陳腐化とは，「棚卸資産そのものには物質的な欠陥がないにもかかわらず経済的な環境の変化に伴ってその価値が著しく減少し，その価額が今後回復しないと認められる状態にあること」をいうのですから，例えば，①いわゆる季節商品で売れ残ったものについて，今後通常の価額では販売することができないことが既往の実績その他の事情に照らして明らかであることや，②その商品と用途の面ではおおむね同様のものであっても，型式，性能，品質等が著しく異なる新製品が発売されたことにより，今後通常の方法により販売することができないようになったことなどの場合がこれに当たります（法基通9－1－4）。

① 季 節 商 品
　いわゆる季節商品とは，極めて流行性が強いため，その時期に販売しなければ今後流行遅れとなって，もはや通常の価額では販売できなくなるような性質の商品をいい，季節商品が「今後通常の価額で販売できるかどうかは，過去の経験則に照らして判断（窪田悟嗣編著『法人税基本通達逐条解説』（五訂版）677頁　税務研究会出版局　平20）されます。
　また，「通常の価額では販売することができない」とは，正札商品について店頭値崩れがあったことをいい，価額を引き下げて販売するしかないことを意味します。これは，「正札半値セール」等を行わなければ販売できない場合やリサイクル業者等に一括卸売りをするしかない場合等が考えられます。

② モデルチェンジ
　流行遅れが生じたか，モデルチェンジの内容はどの程度かということではなく，新製品の発売やモデルチェンジによって通常の方法では販売できないという事実が生じているかどうかです。流行遅れやモデルチェンジにより，見切販売等をしなければ処分できないという事実が生じているのであれば，その棚卸資産は評価損の計上ができます。
　なお，著しい陳腐化による棚卸資産の評価損の場合の時価は，処分可能価

額（使用収益を前提とした通常の譲渡対価）になります。これは販売実績を基準に見積もることになるので客観的な事実により証明できるかが大切になります。

(3) 棚卸資産の陳腐化に関する判決等

棚卸資産の陳腐化に関しては，次の裁判例があります。

① 経年劣化と「特別の事実」

「特別の事実」には，単なる経年劣化に基づく事実や，当該資産の性質上当初から当然予測される事実，取得後自ら行った加工や造成に基づく事実など，法人自ら負担することが相当と考えられる事実は，原則として含まれないというべきである（福岡地判 平16.6.24 Ｚ254－9679）。

② 経済的環境の変化と「著しい陳腐化」

法人税法施行令68条１号ロの「著しく陳腐化したこと」についての法人税基本通達９－１－４にいう「経済的環境の変化」には，いわゆるバブル経済の崩壊も含まれるという理解は，資産の陳腐化という文言に沿わないばかりか，結局は物価変動に伴う価額の下落をすべてこれに含めることとなり，法人税法33条１項の原則にも沿わないことになるのであって，「経済的環境の変化」という文言は，物価変動が生じた原因を限定する趣旨で付されたものであり，新製品の開発，新技術の開発，生活様式の変化，法的規制の変化，経済政策の重点の移行など当該資産をめぐる特殊な経済的需給環境の変化を指す趣旨で用いられたものと理解するのが相当である。

法人税法施行令68条１号ニにいう「特別の事実」とは，同通達９－１－５にその例示として破損，型崩れなどが挙げられていることからも明らかなように，通常の価格や通常の方法では販売ができなくなった場合をいうものと理解するのが相当であって，バブル経済の崩壊に伴う場合を含めて単なる物価変動に伴う価格の下落を含まないものと解するのが相当である（東京高判 平8.10.23 判例時報1612号141頁 Ｚ999－9009 刑事事件）。

これらの判決においては，棚卸資産の陳腐化についての事実の立証が重要になっています。この事実の立証に当たっては，(4)に示すような工夫や資料

(4) 著しい陳腐化を証する資料

　棚卸資産の評価損における著しい陳腐化の事実や処分可能価額等については，納税者の側において積極的に立証する必要があります。この立証のためには，例えば，見切品についてレジシートに特殊な記号を付す等の工夫をし，その資料を残しておく方法があります。

　また，①陳腐化の要因を立証するための新旧のカタログ，②陳腐化の事実を立証する単価修正前後の価格表，新商品発表前後の納品書，領収書控，値下げの事情説明書，稟議書，見切販売した時のレイアウト写真，翌期の旧商品販売伝票，過去に見切販売実績のある類似品の価格表等，③評価損計上の適正な処理を立証するための旧商品と新商品の実地棚卸表，旧商品の棚卸原票，品種ごとの簿価，時価，評価損失の計算明細書，棚卸資産の評価に関する社内取扱規定，損失処理に係る内部決裁書類等を用意しておくことも大事でしょう（清水謙一「古くなった棚卸資産の低価法の適用と評価損の計上」『税理』2005.7，147頁）。

4　当事例の検討

　この事例においては，旧型のモデルのテレビについては，モデルチェンジ等が生じたことにより，通常の方法で販売できるかが問題となります。

　通常の方法では販売できず，見切販売等により10万円でしか販売できないのであれば，評価損（40万円）は認められます。

　また，新旧製品のカタログや価格表等の資料も保存し，著しい陳腐化の事実についての説明に必要な資料を準備しておくべきでしょう。

（金子　友裕）

山本守之のコメント

　陳腐化は，モデルチェンジという物理的変化による場合だけではなく，「通常の方法，価額等では販売できないもの」をポイントに考えて下さい。

19 製品開発初期の総平均法

1 事　例

> 当社は電子部品の製造業を営んでおり，棚卸資産の評価方法として総平均法による原価法を選定して届け出ています。
>
> 当期に新製品の製造を開始しましたが，量産化に向けてのいわゆる「工業化研究」の費用が多額に発生しており，また，量産化開始後の初期段階においても，不具合等が発生したため多くのクレーム処理費用が発生しています。
>
> これを製造原価処理し，期末棚卸資産の評価方法に総平均法を適用すると，当期では利益が過大に計上され，反面翌期には利益が過少となって，適正な期間損益計算ができないと考え，生産が比較的安定した期末2か月間の総製造費用を同期間中の総製造数量で除した総平均法により期末棚卸資産の評価額を計算し，当期の決算を確定させ，これに基づいて法人税の申告を行いました。

2 問 題 点（争点）

問題点は，期末2か月間を対象期間とした総平均法が，棚卸資産の評価方法として認められる否かです。

3 検　討

(1) 法人税法における棚卸資産の評価

法人がその事業年度終了の時において有する棚卸資産の価額は，その法人が選定した評価の方法により評価しなければなりません。

評価方法を選定しなかった場合，又は選定した評価方法により評価しなかった場合には，最終仕入原価法により評価した取得価額による原価法によって期

末評価額を計算することとされています（法法29①，法令31①）。
(2) 選定した評価方法によっていないとする判断
　総平均法とは，原則として一事業年度を計算単位として，一事業年度を通じての取得価額及び購入数量を基礎として計算することを法人税法では規定しています（法令28①一ニ）。

　したがって，事例の場合には，期末2か月間のみを対象期間とした総平均法により期末棚卸資産の評価額を計算しているため，法人税法が規定する総平均法には該当せず，この評価額をもとに計算した所得金額は認められないことになります。法人が計算した期末直前2か月間の総平均法は，そのまま法人税法が規定する総平均法とは認められないといえます。

　次に，法人が計算した期末直前2か月間の総平均法は，自ら選定している評価方法（総平均法）とは全く別の評価方法なのか，総平均法ではあるけれど単に計算期間を誤って計算したものなのかが問題となります。

　この誤った評価方法が，法人税法の規定する総平均法には該当しないため，そもそも選定した評価方法により評価していないと考えられることから，法定評価方法である最終仕入原価法によって評価することになります。

　しかし，期末2か月間を対象期間としたのは単にその計算の基礎とした対象期間を誤っただけであって，これは総平均法であると考えると，選定した評価方法により評価していることになり，事業年度の全期間で引き直した総平均法により評価することになります。

(3) 裁判例の考え方
　棚卸資産の評価につき総平均法によることを選定していた法人が，期末直前2か月間の総平均法により製品及び仕掛品の期末棚卸額を算定する方法で評価したことが法人の選定した評価方法によって評価しているか否かが争点となった京都地裁判決とその控訴審判決を紹介します。

① 京都地裁判決
　　ファクシミリの印字等に使用する電子部品を製造する原告会社では，製品及び仕掛品の評価額を同期末直前2か月間の総製造費用を総数量で除した額

を基準とする方法で算定しましたが，これは次の理由によるものです。

　原告は，製造開始後3年目となる本年度においても，試作品，改良品，新製品の開発が激しく，そのための費用負担も大きくしかも製品の性質上歩留りが悪いということもあって，適正な原価計算が困難を極める状態となっていました。

　年度前半は殊に，この費用負担が過大であり，これに総平均法を適用すると製造原価が販売価格の平均約2倍にも及び，これでは，利益が過大に計上され，翌期においては，売上利益が過少となって，適正な期間損益を示すことが不可能となるので，原告は，期末2か月間は生産が比較的安定しており，しかも，期末在庫品種もほとんど期末2か月間に生産したものでしたので，このような評価方法を採ったものです。

　原告は棚卸資産の評価方法を総平均法として選定届け出ていましたが，確定申告において採った評価方法は明らかに総平均法とは異なる方法であって，原告は選定した評価の方法により評価しなかったことになります。

　被告は，原告の棚卸資産の評価は，総平均法に従ったものであって，その計算を誤ったものにすぎないと主張しましたが，原告の採った評価方法は総平均法とは全く異なるものであって，原告は申告に当たり総平均法を適用しながら，その加減乗除の計算を誤ったというものではないのですから，総平均法により評価したということはできず，最終仕入原価法により評価した金額となります。

　原告の棚卸資産を最終仕入原価法により評価した金額については，被告において何の主張，立証もしていないので，被告のした更正処分は，棚卸資産の評価方法を誤った違法があるとして，課税処分の一部を取り消しました（京都地判　昭61.8.8　税資153号492頁　Ｚ153－5777）。

② **大阪高裁控訴審判決**

　控訴審では，現実の評価方法と選定した評価方法に形式的に異なる部分があっても，両者が同一性を有すると認められる場合は，法の重視する継続性の原則を犠牲にする必要はないから，法人の採用した評価方法は，総平均法

と基本的考え方を同じくし，同一性を有するものであって，ただその計算の基礎とした対象期間を誤ったものといえます。したがって，この解釈からすると「選定した評価の方法により評価しなかった場合」に当たらないとして，地裁の一審判決と逆に総平均法により評価するという結論を導き出しています（大阪高判 昭63.3.31 税資163号1082頁 Z163－6088）。

4 当事例の検討

本事例では，期末2か月間を対象期間としていますが，その計算の基礎とした対象期間を誤っているだけであって，選定した評価方法により評価していることになり，計算期間を事業年度の全期間に引き直した総平均法により評価することが妥当であるといえるでしょう。仮に本事例のように異常に高い原価率となるにしても，総平均法により評価することになり，この評価額を基に翌期以降も継続して同一の評価方法により評価することになります。

ただし，「研究開発費等に係る会計基準（平成10年）」では，研究開発費は発生時費用として処理することとされており，法人税法でも，試験研究費のうち，基礎研究及び応用研究の費用の額並びに工業化研究に該当することが明らかでないものの費用の額は，製造原価に算入しないことができる（基通5－1－4）と規定されています。

したがって，事例のように新製品の製造開始当初のみ原価率が異常となり，期末近くには安定するのであれば，評価方法の選定は棚卸資産の種類ごとに行えるため，新製品については月別総平均法を選定することも考えられます。

(田代　雅之)

山本守之のコメント

京都地裁，大阪高裁の考え方の差異は興味あるものです。しかし，現実の対応としては月別総平均法などが適当でしょう。

Ⅱ 棚卸資産・有価証券

20 有価証券の評価損（著しい低下）

1 事　例

　当社は，売買目的有価証券10,000株を所有しています。その１株当たりの取得価額は，1,000円でしたが，決算期末日の時価は，下落して540円でした。さらに２か月後の時価は，560円です。たまたま，世界同時不況の影響で対象株式会社の直近の決算は，赤字決算のやむなきに至っています。このような状況のなかで，有価証券評価損を計上しても問題はないでしょうか。

2 問題点（争点）

　問題点は，①著しく低下の「著しく」とはどの程度をいうのか，②近い将来回復の見込みのないことというのは，どの程度の期間をいうのかの２点です。

3 検　討

(1) 有価証券の評価方法

　有価証券の評価方法は，平成12年の改正により，売買目的有価証券については，時価法（法法61の１①一）と，売買目的外有価証券については原価法（同項二）と定められています。

(2) 有価証券の評価損

　法人税法では，「内国法人がその有する資産の評価換えをしてその帳簿価額を減額した場合には，その減額した部分の金額は，その内国法人の各事業年度の所得の金額の計算上，損金の額に算入しない」（法法33①）として，資産の評価損は，原則として，損金不算入としています。

　有価証券について，評価損が認められるのは，次のような場合です（法令68の２）。

① 市場価格のあるもの（取引所売買有価証券・店頭売買有価証券，その他の価格公表有価証券をいいます）

　価額の著しい低下で近い将来回復の見込みがないこと
② ①以外の有価証券

　発行法人の資産状況が著しく悪化したため，価格が著しく低下したこと
③ すべての有価証券

　イ　会社更生法又は金融機関の更生手続の特例等に関する法律による更生計画認可決定により評価替えをする必要が生じたこと

　ロ　②又は③に準ずる特別の事実があること

本件の場合は，売買目的有価証券ですから，①が適用されます。

(3) 著しく低下した場合

　法人税基本通達では，有価証券の価額が著しく低下した場合とは「おおむね50％相当額を下回ることとなり，かつ，近い将来その価額の回復が見込まれないことをいう」（法基通9－1－7）として，2つの要件を必要としています。

　この2つの要件について，過去に，Ｎ銀行株及びＴ銀行株について評価損を計上したＸ社の申告に対して，税務署長がこれを否認して更正処分を行ったために，Ｘ社が審査請求を行ったという事件がありました。

　審判所は，次のように判断し，結果として評価損を認めませんでした（平8.6.25裁決　裁事51集324頁　J51－3－21）。

イ　Ｎ銀行株

　請求人の主張する本件事業年度末におけるＮ銀行株式の株価低下率は40.54パーセントと認められるところ，請求人は，株式の購入手数料を含めて計算していないため，これを含めたところで再計算すると，本件事業年度末の評価換え後の帳簿価額とすべき金額は6,691,489円となり，これを基礎として算定した株価低下率は40.21パーセントとなるものと認められることから，本件事業年度末の当該株式の価額が評価換え直前の帳簿価額に比較して，おおむね50パーセント相当額以上を下回っているとは認められない。

> したがって，N銀行株式の価額（株価）については，近い将来においてその価額の回復が見込まれないものであるかどうかについて判断するまでもなく，「有価証券の価額が著しく低下したこと」には該当しないものと認められる。
>
> ロ　T銀行株
>
> T銀行株式の株価は，事業年度末の7月における改定株価低下率は45.55パーセントと認められるところ，事業年度末における評価換え後の帳簿価額を基礎とした改定株価低下率は45.23パーセントと認められることから，事業年度末の株式の価額が評価換え直前の帳簿価額に比較して，おおむね50パーセント相当額以上を下回っていると認めることが相当である。
>
> しかしながら，近い将来においてその価額の回復が見込まれないものであるかどうかについては，その後9月30日までの間において改定株価低下率が39.05パーセントまで回復していることが認められること及び財務内容の一部が悪化している事実は認められるものの，預金残高，貸出金残高及び1株当たり純資産額はいずれも前期に比して増加し自己資本比率についても前期に比して増加していることに加え，平成X年3月期及び前期において債務超過となっているという事実は認められないことからみて，「有価証券の価額が著しく低下したこと」には該当しないと認められる。

この裁決を，本件と比較してみますと，次のようになります。

区　　分	期末（下落率）	決算確定日
裁　決　例	45.23％	39.05％
本　件　事　例	46.00％	44.00％

4　当事例の検討

当事例は，期末の下落率が，46％ですから，おおむね50％相当額に含まれると思われます。

「近い将来回復が見込まれない」という要件における回復可能性の判断は，過去の市場価格の推移，発行法人の業況等も踏まえ，その事業年度終了の時に行うという留意事項が平成12年課法2－7の通達改正により明らかにされました（法基通9－1－7（注）2）。「近い将来」とは，期末に将来の事柄を判断するのですから，絶対的な判断を要求されているわけではなく，その判断に合理性があるかどうかが，重要になります。「回復見込みに関する法人自身の合理的な判断については，税務上も尊重されるべきであろう」（窪田悟嗣編著「法人税基本通達逐条解説」691頁 平20）と考えられます。

裁決事例が絶対の基準ではありませんが，「おおむね50％」という不確定概念を解明する手がかりとはなると思われます。

(平沼　洋)

山本守之のコメント

「近い将来回収の見込みがない」については明文の判断基準がありません。争いを避けるためにも法令又は通達等を置くべきでしょう。

II 棚卸資産・有価証券

21 有価証券のクロス取引

1 事　例

> 当社（決算期3月）は不動産賃貸業を営んでいる同族会社です。売買目的有価証券ではない有価証券で，同一銘柄のものを売却した直後に同一の有価証券を購入した場合（いわゆるクロス取引）には，何か問題がありますか。
> 　当社は，この取引により，800万円の譲渡損失を計上しています。
> 　社長の甲は，以前，個人の同様な取引で損出しをしたことがあるので，問題はないと考えています。

2 問題点（争点）

問題点は，株式の譲渡と購入が，法人税基本通達2－1－23の4に規定するクロス取引に該当するかどうかという点です。

3 検　討

(1) 個人のクロス取引

個人が上場・店頭売買株式を売却するとともに直ちに再取得する場合のその売却に係る源泉分離課税の適用については，「個人が上場・店頭売買株式を売却するとともに直ちに再取得する場合の当該売却に係る源泉分離課税の適用について（法令解釈通達）」（平成12年3月17日，課資3－2）が，上場株式及び店頭売買株式について，税務上の取扱いを定めており，同年同月31日付の「趣旨説明」でも，「所得税法・租税特別措置法上，①証券会社への売委託により上場株式等を譲渡した場合又は証券会社に対して上場株式等を譲渡した場合には，納税者の選択により，源泉分離課税の方法によることが認められている（旧措法37の11）こと，②クロス取引を売買と認識せず収入すべき金額に計上しないという別段の規定は設けられていないことから，個人については，金融商品会計に

関する実務指針のようにクロス取引を売買として処理しないというような取扱いとはならない。」と解説されています。
(2) 法人のクロス取引
① 通達改正前の取扱い
　法人税については，その取引を行う前後において有価証券を保有する法人にとっては何ら実態が変わらないことから，税務上，その取引による譲渡損益の認識の妥当性が問題とされ，従来はその取引の実態に応じて取り扱われてきました。所得税のような取扱いがなく，クロス取引は認められないと考えられていたところ，情報公開法によって，開示された非公開裁決については，下記のように，これを認容した事案もありました。
イ　債券先物取引につき，相互に損益を担保し合っている売建て玉と買建て玉の損益の認識は，1組の売建て玉と買建て玉とが共々手仕舞いされたときに行うべきものとされた事例（裁決 平2.12.18 裁事40集104頁，J40－3－32）
ロ　上場有価証券のクロス取引につき，株式の値下りによる損失を現実の売却によって実現しているのであるから，これを評価損と同一視することはできないとして，課税処分の一部を取り消した事例（裁決 平4.6.30 非公開F0－2－012）
ハ　店頭銘柄のクロス取引につき，株式の値下がりによる損失を現実の売却により顕在化したものであり，現実に株券の受渡し及び売買代金の授受等も行っていることからしても，これを評価損と同一視することはできず，本件売却損は法人税法第22条に規定する損金の額に当たるというべきであるとして，課税処分の一部を取り消した事例（裁決 平8.6.28 非公開F0－2－011）
② 通達改正後の取扱い
　金融商品会計基準においてクロス取引の要件が明確にされたことに伴って，平成12年課法2－7により，税務上も，法人税基本通達2－1－23の4により，有価証券の売買契約が同時の契約でなく，売却と購入が別々の契約であっても，これらの契約があらかじめ予定されたものであり，売却価格と購入価格が同一に設定されている場合，又はこれらの価額が売却の決済日と購入の決済日との

II 棚卸資産・有価証券

間の金利調整のみを行った価額となるように設定されていると認められる場合には同時の契約があったとして取り扱われるなど，同一価額による実質的な買戻し等を前提とした場合には売買はなかったものとして取り扱うこととなりました（法基通2－1－23の4）。

③ **重要判決情報**

情報公開法により，開示された「重要判決情報」によれば，下記の判決が紹介されています（調査担当者のための「重要判決情報」平成17年1月～6月分 平成17年11月国税庁課税部審理室【情報公開法第9条第1項による開示情報】）。

> 【ポイント】 関連会社等と同時に行う売買逆取引は利益供与に当たる
> 判決日等（東京地判平17．1．13判決 判決結果 国側勝訴（控訴））

商品先物取引業を営む同族会社である甲社は，平成8年3月期及び平成9年3月期において，バイカイ付出しによる日計り取引(注)を通じて，甲社に売買損を，関連会社等に同額の売買益を生じさせた。課税庁は，甲社の手数料収入が急激に伸び利益の圧縮を図る目的から，欠損金を抱える関連会社に利益供与を図るため一連の取引を仮装したものであり，同取引は関連会社への寄附金に該当するとして，青色申告承認取消処分及び法人税更正処分，重加算税賦課決定処分（平成9年3月期のみ）を行ったという事案です。

(注)「バイカイ」とは，商品取引所の会員が，同一銘柄・同一受渡期限の物件について，取引所の立会時間中に売買同数量を売買同一値段で売り及び買いする市場での取引をいい，「付出し」とは，立会時間終了後に取引所で成立した値段で売り及び買いとして取引所の承認を得て取引所の帳簿に記載してもらうことをいいます。また，「日計り」とは，一日の内で新規の建玉（売り注文又は買い注文）をし，手仕舞い（決済）することをいいます。

この裁判の争点は，「自社に売却損，関連会社等に売却益を生じさせるバイカイ付出しによる日計り取引は，関連会社等に対する利益供与（寄附金）に該当するか」ということです。

国税庁課税部審理室がまとめた「裁判所の判断のポイント」によれば，甲社が関連会社等の取引委託者らから委託されたとして，商品取引所において行っ

た先物取引は，本件取引委託者ら名義の口座が帰属する関連会社等に対する利益供与を図るとともに，その反面で自己の利益を圧縮することを目的として，相対取引のいずれの当事者をも甲社として行われた自己取引であると認められる。甲社は，この自己取引によって売買差益を捻出し，これを自己名義の委託者別先物取引勘定元帳に記載せず，本件取引委託者ら名義の委託者別先物取引勘定元帳に付け替えることにより，これらの口座の帰属する関連会社等へ無償で利益供与をしたものと認めることができるとしています。この取引は，関連者が同一銘柄について，同時に売り・買いの逆取引を建てることにより，関連者間で利益移転を行ったものと認定され，処分行政庁の青色取消処分及び重加算税賦課決定処分も維持されていますので，実務上，参考となる事件であると思われます（控訴審も原審判断を維持しています。東京高判 平17.9.21 税資255号順号10140 Z255－10140）。

4 当事例の検討

売却と購入が別々の契約であっても，これらの契約があらかじめ予定されていたり，売却価格と購入価格が同一に設定されていたり，又はこれらの価額が売却の決済日と購入の決済日との間の金利調整のみを行った価額となるように設定されているような場合には通達に規定するクロス取引とされ，譲渡損失が否認されます。

事例の場合，否認されないためには，2つの取引が実質的に同時にされたものでないこと，価格の設定が市場価額等客観的な指標によったものであって恣意的でないことを証明する必要があります。

（朝倉　洋子）

山本守之のコメント

クロス取引とするか否かは「4　当事例の検討」の要件で判断します。つまり，取引の意味するところを観察すべきです。

Ⅲ
固定資産・繰延資産

22 美術品の減価償却資産性

1 事　例

> 当社では，店舗の壁に飾るポップアートのリトグラフ（エディションナンバー入り，購入価格200万円）を購入しましたが，流行のものであり，高く評価される期間は限られていると考え，耐用年数8年の減価償却資産としました。その他に，取引業者から頼まれて100万円で購入した横綱の手形の額があり，事務所の壁に飾り，書画骨とう等として計上しています。

2 問　題　点（争点）

問題点は，①高価な美術品であっても，一点ものとはいえないリトグラフは書画骨とう等に該当するか，②横綱の手形の額は，書画骨とう等に該当するかです。

3 検　討

(1) 減価償却資産の意義

法人税法では，減価償却資産の意義を，建物，構築物，機械及び装置，船舶，車両及び運搬具，工具，器具及び備品，鉱業権その他の資産で償却をすべきものとして政令で定めるものとしています（法法2二十三）。そして，事業の用に供していないもの及び時の経過によりその価値の減少しないものは，償却をすべきものから除かれています（法令13かっこ書）。

法人税基本通達では，「時の経過によりその価値の減少しないもの」の例示として，書画骨とう等と貴金属の素材の価額が大部分を占める固定資産をあげ，その範囲を示しています。減価償却資産とならない書画骨とう等は次のものとなります（法基通7-1-1）。

①　古美術品，古文書，出土品，遺物等のように歴史的価値又は希少価値を

有し，代替性のないもの
② 美術関係の年鑑等に登載されている作者の制作に係る書画，彫刻，工芸品等

逆に減価償却の可能なものは次のものになります。
① 複製のようなもので，単に装飾的目的にのみ使用されるもの
② 書画骨とうに該当するかどうかが明らかでない美術品等でその取得価額が1点20万円（絵画にあっては，号2万円）未満であるもの

(2) 時の経過によりその価値の減少しないもの

　書画骨とう等を「時の経過によりその価値の減少しないもの」としているのは，そのどういう性質に着目しているのでしょうか。このような資産の特性として，①再生産が不可能であるもの，すなわち歴史的価値を有していて代替性のないもの，②希少価値を有し，需要と供給の関係においても入手が容易でないものがあげられます（河手博・成松洋一『減価償却資産の取得費・修繕費』123頁税務研究会出版局）。確かに古美術品，古文書，出土品，遺物等のようなものや，著名な作家による作品については，価格が減少しないことも納得できます。しかし，現代アートの作品や，リトグラフのように再生産が可能なものはどのように考えるべきでしょうか。

(3) 美術関係の年鑑等による判定

　通達では，美術関係の年鑑等に登載されている作者の制作に係る書画，彫刻，工芸品等については，ある程度評価の固まったものであり，希少価値を有するものと考えるようです。ここで，美術関係の年鑑等とは，単なる美術館の作品集などは該当せず，『美術年鑑』（美術年鑑社），『美術名典』（芸術新聞社），『世界美術事典』（新潮社）などをいい，その作品の評価額（日本画・洋画なら一号あたり）などが記載されています。

　もっとも，実務的には，美術関係の年鑑等に登録されている作者であっても，そのすべての作品が，需要と供給の関係においても入手が容易でないものというわけではありませんから，一つの目安であると考えるべきでしょう。

Ⅲ　固定資産・繰延資産

(4) 書画骨とう等に該当しないもの

通達では，複製のようなもので，単に装飾的目的にのみ使用されるものは書画骨とう等から除くとしています。

この件に関して，外国のオークションを通じて1脚600〜1,800万円で購入したブロンズ製テーブル3脚及び200〜800万円で購入したブロンズ製電気スタンド8台が，減価償却資産に当たるとした裁決例（平3.12.18 裁事42集102頁　J42－3－03）があります。これらは美術年鑑等に登載されている作家がデザインし，その弟が制作したものです。裁決では，次の理由によりこれらの資産が減価償却資産に当たると判断しています。

① 限定して制作されたものでなく鋳造品であるため，同種のものを今後も制作することが可能であること
② 制作者自身は美術年鑑等に登載された作者に該当しないこと
③ 同種のものと比較してかなり高額であっても，現実にその用途に従って日常家具として使用されていること

書画骨とう等に該当するかどうかの判断に迷うものに，リトグラフがあります。リトグラフは，絵画と異なり，いわゆる一点ものではありません。また，作家が版に絵を起こし，印刷を行ったものから，既にある原画を工房が複製したものまであります。したがって，単にエディションナンバーが付されているかどうかでは，希少性の判断はできません。

上記裁決例を当てはめて考えてみると，美術年鑑等に登載された作家が版を起こし，刷数を少なく制限し，原版を破壊処分しているようなものについては，他の要因も合わせての個別判断となりますが，時の経過によりその価値が減少しないと考えられます。

(5) 取得価額が1点20万円（絵画にあっては，号2万円）未満であるもの

書画骨とう等に該当するかどうかが明らかでない美術品等については，取得価額基準により希少性，需要と供給の関係を判断することになります。通達では，その取得価額が1点20万円（絵画にあつては，号2万円）未満であるものは，書画骨とう等に該当しないとしています。なお，これは，あくまでも他の判断

基準では書画骨とう等であるかどうか判定できない場合の基準であって、上記裁決例をみるまでもなく、取得価額基準を超えれば、すべて書画骨とう等であるということではありません。

(6) **業務用資産であること**

葬祭業を営む会社が購入した江戸時代の美術刀剣について、歴史的価値を有し相当高額であること、葬儀の際に使用したとの事実や保管場所などが明確でないことなどにより、業務用の備品であると認められないとした裁判例（岡山地判 平14.7.23 税資252号順号9164 Z252－9164、広島高判 平15.6.5 税資253号順号9361 Z253・9361）があります。この事例のようにその資産が業務用資産としてなじまない性質のものであり、事業供用実態に疑問がある場合には、書画骨とう等に該当するかどうかの議論の前に、実質的に役員等の個人的支出でないかの確認も必要でしょう。

4 本件の検討

それぞれ次のように考えます。

(1) **リトグラフ**

美術年鑑に登載されている作者のエディションナンバー入りのリトグラフであっても、作家が版に絵を起こし原版を破壊処分したようなものでなければ、時の経過によってその価値が減少しないものとは認められないと思われます。減価償却資産に該当します。

(2) **横綱の手形の額**

横綱の手形の額は単なる装飾品であり、書画骨とう等には該当しないでしょう。また、一般に現役の人気力士の手形であっても、市場価額は5万円にも満たないようです。100万円という価額には別の要素が含まれていることも考えられます。

そのような場合には、適正な時価により取得価額を付け直して減価償却資産とする一方、取引対価との差額は、その実態を表す適切な科目、たとえば交際費などとして、計上し直す必要があります。

（小林　磨寿美）

山本守之のコメント

　事例は解釈というよりも事実認定上の問題と考えるべきもので，いずれも「書画骨とう」となるものではありません。

23 修繕費と資本的支出

1 事　　例

> 当社のビルは，雨漏りがするようになったので，屋上の防水工事をする必要が出てきました。築13年になりますので，同時に外装工事も行う予定です。外装工事にあたっては，外観上からこの際，従来の吹き付けから，煉瓦風のダイノックシートによる貼付けにしたいと思っています。

2 問 題 点（争点）

問題は，修繕費と資本的支出をどのように区分するかです。

3 検　　討

(1) 資本的支出について

内国法人が，修理，改良その他いずれの名義をもってするかを問わず，固定資産について支出する金額が次に掲げる金額に該当するものは，その支出する日の属する事業年度の所得の金額の計算上損金の額に算入されません（法令132）。

支出した金額が，次のいずれにも該当する場合は，いずれか多い金額が損金算入されない金額となります。

① 支出する金額のうち，その支出により，その資産の取得の時においてその資産につき通常の管理又は修理をするものとした場合に予測される当該資産の使用可能期間を延長させる部分に対応する金額

② 支出する金額のうち，その支出により，その資産の取得の時においてその資産につき通常の管理又は修理をするものとした場合に予測されるその支出の時における当該資産の価額を増加させる部分に対応する金額

法人税基本通達では，法人がその有する固定資産の価値を高め，又はその耐

久性を増すと認められる部分に対応する金額が、資本的支出に該当するとして、次のように例示しています（法基通7－8－1）。
① 建物の避難階段の取付等物理的に付加した部分に係る費用の額
② 用途変更のための模様替え等改良又は改造費用に直接要した費用の額
③ 機械の部分品を特に品質又は性能の高いものに取り替えた場合のその取替えに要した費用の額のうち通常の取替えの場合にその取替えに要すると認められる費用の額を超える部分の金額
　（注）　建物の増築，構築物の拡張，延長等は，建物等の取得に当たる。

(2) 資本的支出の基本的な計算

資本的支出の金額は，使用可能期間の延長と価額の増加させる金額で，算式で示すと次のようになります。

① 　支出金額 × $\dfrac{\text{支出直後の使用可能期間} - \text{支出直前の使用可能期間}}{\text{支出直後の使用可能期間}}$

　　＝使用可能期間の延長部分に対応する金額
② 　支出直後の価額－支出直前の価額＝価額増加部分の金額

①と②のいずれにも該当する場合には，①，②のいずれか多い金額が資本的支出の金額となります。

この場合の，「支出直前の使用可能期間」及び「支出直前の価額」は，現実の使用可能期間及び価額ではなく，通常の管理又は修理をしてきたと仮定した場合のものです。

(3) 修繕費に含まれる費用

通達では，修繕費の意義として，「固定資産の修理，改良のために支出した金額のうち，固定資産の通常の維持管理のため，又はき損した固定資産につきその原状を回復するために要したと認められる部分の金額」であるということを明らかにし，次のように例示しています（法基通7－8－2）。
① 　建物の移えい又は解体移築をした場合におけるその移えい又は移築に要した費用の額
　　ただし，移えい又は解体移築を予定して取得した建物についてした場合

を除きます。

　また，解体移築については，旧資材の70％以上がその性質上再使用できる場合で，旧資材をそのまま利用して従前の建物と同一の規模及び構造の建物を再建築するものに限ります。
② 　機械装置の移設に要した費用の額
　解体費を含み，集中生産を行う等のための機械装置の移設費を除きます。
③ 　地盤沈下した土地を沈下前の状態に回復するために行う地盛りに要した費用の額
　ただし，土地の取得後直ちに地盛りを行った場合，土地の利用目的の変更その他土地の効用を著しく増加するための地盛りを行った場合及び地盤沈下により評価損を計上した土地について地盛りを行った場合を除きます。
④ 　建物，機械装置等が地盤沈下により海水等の侵害を受けることとなったために行う床上げ，地上げ又は移設に要した費用の額
　ただし，その床上工事等が従来の床面の構造，材質等を改良するもの等明らかに改良工事であると認められる場合のその改良部分に対応する金額を除きます。
⑤ 　現に使用している土地の水はけを良くする等のために行う砂利，砕石等の敷設に要した費用の額及び砂利道又は砂利路面に砂利，砕石等を補充するために要した費用の額

　具体的な事例に当たっては，資本的支出の法令及び修繕費の意義を十分に踏まえ検討する必要がありますし，判例等も大いに参考になります。

(4) 資本的支出と修繕費の簡便判定

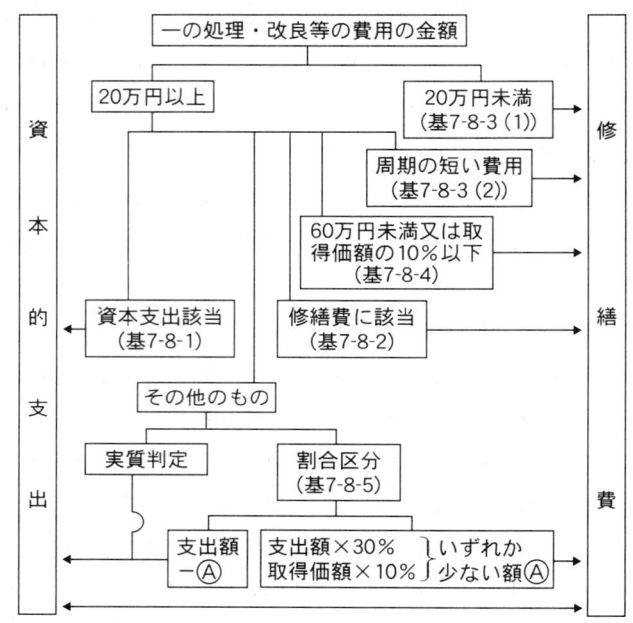

```
                    ┌─ 一の処理・改良等の費用の金額 ─┐
                    │                              │
              ┌─────┴─────┐              ┌─────────┴─────────┐
              │ 20万円以上 │              │ 20万円未満         │
              └─────┬─────┘              │ (基7-8-3(1))      │──→ 修
                    │                    └───────────────────┘
                    │                    ┌───────────────────┐
資                  │                    │ 周期の短い費用     │──→
                    │                    │ (基7-8-3(2))      │
本                  │                    └───────────────────┘
                    │                    ┌───────────────────┐
                    │                    │ 60万円未満又は取   │──→ 繕
的                  │                    │ 得価額の10%以下   │
                    │                    │ (基7-8-4)         │
                    │                    └───────────────────┘
支     ┌────────────┼────────────┐
       │ 資本支出該当 │ 修繕費に該当 │
       │ (基7-8-1)   │ (基7-8-2)    │──→
出     └─────────────┴──────────────┘
                    │
              ┌─────┴─────┐
              │ その他のもの │
              └─────┬─────┘
              ┌─────┴──────┐
              │            │
         ┌────┴────┐  ┌────┴────┐
         │ 実質判定 │  │ 割合区分 │
         │         │  │(基7-8-5)│
         └────┬────┘  └────┬────┘         費
              │            │
         ┌────┴───┐   ┌────┴────────┐  ┐
         │ 支出額  │   │ 支出額×30%   │  │ いずれか
         │  －Ⓐ   │   │ 取得価額×10%│  │ 少ない額 Ⓐ
         └────────┘   └─────────────┘  ┘
```

山本守之 『体系法人税法』（平成20年度版）605頁 税務経理協会

4 参考裁決例

(1) 資本的支出に該当するとされた事例

建物の屋根の亀裂による雨漏りに対し個別に修理できたにもかかわらず、材質を全面的に変更し、全体をカラートタンで覆い被せる「屋根カバー工法」、すなわち、古い屋根を壊さないで葺き重ねる工法は、耐用年数を延長し、価額を増加させると認められ、資本的支出とされました（非公開裁決 平13.9.20 F0－2－119）。

(2) 修繕費に該当するとされた事例

① 折板屋根工事に要した金額

陸屋根で雨漏りの箇所が特定できないため、屋根の上に鉄骨を組みアルミトタンで屋根を覆った折板屋根工事を応急的に行ったのは、過去何度となく

補修工事を行っていたが雨漏りが続いていることを考慮し，建物の維持管理のための修繕費とされました（非公開裁決 平13.9.20 FO-2-119）。

② **屋上全体の防水工事に要した金額**

　ビルの陸屋根で既に雨漏りが発生しており，建築から22年を経過して初めての防水工事であることを考慮すると，屋上全体に施工したことは，建物の維持，管理上やむをえない措置である。また，補修工法は公共建物等の一般的な工法であり，高価で特殊なものとは認められないとして，全額修繕費とされました（非公開裁決 平11.10.15 FO-1-054）。

③ **耐久性不明の外壁改修工事に要した金額**

　病院の建物はかなり老朽化しているため，アクリル弾性塗装であってもどの程度耐久性があるか不明であること等から外壁改修工事によって建物の使用可能期間を延長させると認めることはできない。工法も一般的なものにすぎないから，建物の価値が増加したとは認めることもできないとされました（非公開裁決 平17.4.26 FO-1-230）。

④ **部分的補修工事に要した金額**

　鉄筋コンクリート造り店舗共同住宅の外壁等の補修工事に要した金額について，資本的支出と修繕費の区分は支出金額の多寡によるのではなく，その実質によって判定するものである。したがって，補修工事は建物全体ではないこと，建物の通常の維持，管理の範疇に属するものであるから，修繕費とするのが相当であるとされました（裁決 平元.10.6 裁事38集46頁 J38-2-03）。

(3) **資本的支出と修繕費の区別**

　以上の裁決からみますと，ビルの陸屋根のように，毀損箇所の特定が難しく，毀損修復のための全面修理は，①建物の維持，管理上やむを得ない措置で，しかも，②一般的な防水工法で，③使用耐用年数の延長や価額の増加がなければ修繕費として損金の額に算入されています。

　木造家屋の屋根葺替えは，スレート葺きや瓦葺きで雨漏り原因が特定しやすく，建物の維持，管理上やむを得ない措置で部分的に修理が行われた場合は，使用耐用年数の延長や価額の増加がないので修繕費とされます。

家屋の外壁の塗替えは，旧法人税基本通達235（昭和45年廃止）では修繕費とされていました。当時は木造やモルタル造りが多く5～7年ぐらいの周期でペンキの塗替えや吹付けが行われていましたから，通常の場合は当然修繕費だったわけです。今日では，材質も多様化して外装工事に際して価額が増加する場合もありますので，一概に修繕費とはいえなくなりました。

5　当事例の検討

ビルの屋上の防水工事は，既に雨漏りが発生しており，毀損の修復部分が特定できず，全面的に修理する必要のある場合は，裁決例（4(2)①の事例）のように，①建物の維持，管理上やむを得ない修理であり，しかも，②一般的な防水工法で，③使用可能期間の延長や価値の増加がないと判断されますので，修繕費として処理することができます。

外装工事は，従来の吹付けから貼付けにしたいとのことですが，いずれの場合も耐用年数は一般的に10年からせいぜい15年と変わりませんので使用可能期間の延長はありません。しかし，吹付けに比べ，ダイノックシートは単価が6～7倍になりますので，価額の増加となり資本的支出となります。この場合，従来の工法による見積価額と今回の施工価額との差額を資本的支出として取得価額に加算するか，あるいは，新たな資産の取得とするか選択できます。

取得価額に加算する場合の耐用年数は，ビルの法定耐用年数です。

外装工事は，新たな資産の取得として資産計上する場合，特に法定耐用年数は定められていないので，経験則上の耐用年数（施工業者の意見も参考になります）で減価償却費の計算をすればよいと思われます。

（遠藤　みち）

山本守之のコメント

ビルの雨漏りは，どの部分にその原因があるかを特定できないため，全部をコーティング等する必要があることを理解すべきです。

24 均等償却中の資本的支出と償却限度額

1 事　例

　当社は平成19年3月31日以前に取得した資産のうち、既に償却限度額である取得価額の5％まで償却が済んでしまった機械を複数所有しています。当社は3月決算法人ですが、今期中の8月に、これらの機械に資本的支出を行いました。それぞれの機械の取得価額や資本的支出の金額は、以下のとおりですが、それぞれ今期の償却限度額の計算はどのようになりますか。
　なお、甲機械と丙機械は当社A工場に、乙機械は当社B工場に設置されており、A工場では定率法を、B工場では定額法を減価償却方法として選択し届出をしております。

① 甲　機　械（A工場所在）

　　取得価額　1,500万円

　　耐用年数　8年

　　採用していた減価償却方法　定率法

　　旧定率法による償却率　0.250

　　定率法による償却率　0.313

　　償却限度額に達した事業年度　前期

　　資本的支出の金額　60万円

② 乙　機　械（B工場所在）

　　取得価額　1,500万円

　　耐用年数　8年

　　採用していた減価償却方法　定額法

　　定額法による償却率　0.125

　　償却限度額に達した事業年度　前期

　　資本的支出の金額　60万円

③ 丙　機　械（Ａ工場所在）

　　取得価額　1,500万円

　　耐用年数　8年

　　採用していた減価償却方法　定率法

　　旧定率法による償却率　0.250

　　定率法による償却率　0.313

　　償却限度額に達した事業年度　5事業年度前

　　（均等償却を既に4事業年度継続している）

　　資本的支出の金額　60万円

2　問　題　点（争点）

　問題点は，償却可能限度額に達した機械に資本的支出を行った場合，機械本体部分と資本的支出部分の減価償却費はどのように算出され，償却限度額は幾らになるかです。

3　検　　討

(1) 税務上の資本的支出の考え方

　税務上の資本的支出は，専ら修繕費との区分の必要上設けられたものです。また，税務上は増築，増設，拡張等という量的拡大に伴う支出は「資産の取得」としています。そのため，税務上の資本的支出は質的支出として規定されているものと考えられます。つまり質的支出であるため，本体から独立した資産という考えがなく，本体の取得価額を構成すると考えられ，以前は資本的支出を一個の独立した資産とみる考え方はありませんでした。

　しかしながら，平成19年4月1日以後に既存の減価償却資産に対して資本的支出を行った場合には，その資本的支出は，原則として，その資本的支出の金額を固有の新規資産の取得価額として，既存の資産とは別に新たに取得したものとして取り扱われることになりました（法令55①）。

　ただし，この原則とは別に，平成19年3月31日以前に取得された資産に行わ

れた資本的支出については，その資本的支出の額を本体の資産の取得価額に加算して，本体資産に適用されている旧減価償却方法（旧定額法や旧定率法など）により償却できる特例があります（法令55②）。

(2) 平成10年4月1日前に取得した建物に資本的支出をした場合

原則的処理では，資本的支出について，既存の減価償却資産とは別個の新規の資産を取得したものとして取り扱われますので，建物の減価償却方法については，定率法の適用はなく，定額法によって減価償却を行うことになります。

ただし，特例の適用により，資本的支出の金額を既存の減価償却資産の取得価額に加算した場合には，その減価償却資産が建物であったとしても，平成10年4月1日前に取得されたものであり，旧定率法により減価償却が行われていた場合には，資本的支出により増加した取得価額についても旧定率法による減価償却方法が適用されます。

なお，建物の増階や増築のように量的な増加をもたらす支出は，資本的支出ではなく，資産の取得そのものとされていますので，資本的支出のように既存資産の取得価額とする特例の適用はありません。

4 当事例の検討

(1) 各機械の償却可能限度額の計算

① 甲 機 械

イ．原則を適用し，資本的支出部分を新規資産の取得とした場合

既存部分の償却限度額

〔15,000,000円－(15,000,000円×95％)－1円〕×12/60

＝149,999円……A

資本的支出部分の償却限度額

600,000円×0.313×8/12＝125,200円……B

償却限度額合計

149,999円(A)＋125,200円(B)＝275,199円

Ⅲ　固定資産・繰延資産

　　ロ．特例を適用し，資本的支出部分を本体の取得価額とした場合
　　　帳簿価額
　　　　（15,000,000円×5％）+600,000円=1,350,000円……A
　　　取得価額の5％相当額
　　　　（15,000,000円+600,000円）×5％=780,000円……B
　　　旧定率法の適用の有無
　　　　1,350,000円（A）＞780,000円（B）により適用あり
　　　償却限度額
　　　　750,000円×0.250+600,000円×0.250×8/12=287,500円

②　乙　機　械
　　イ．原則を適用し，資本的支出部分を新規資産の取得とした場合
　　　既存部分の償却限度額
　　　　〔15,000,000円−（15,000,000円×95％）−1円〕×12/60
　　　　　=149,999円……A
　　　資本的支出部分の償却限度額
　　　　600,000円×0.125×8/12=50,000円……B
　　　償却限度額合計
　　　　149,999円（A）+50,000円（B）=199,999円
　　ロ．特例を適用し，資本的支出部分を本体の取得価額とした場合
　　　帳簿価額
　　　　（15,000,000円×5％）+600,000円=1,350,000円……A
　　　取得価額の5％相当額
　　　　（15,000,000円+600,000円）×5％=780,000円……B
　　　旧定額法の適用の有無
　　　　1,350,000円（A）＞780,000円（B）により適用あり
　　　償却限度額
　　　　（15,000,000円×0.9×0.125）+（600,000円×0.9×0.125×8/12）
　　　　　=1,732,500円

1,350,000円－780,000円＝570,000円

したがって,570,000円

③ 丙 機 械

イ．原則を適用し，資本的支出部分を新規資産の取得とした場合

既存部分の償却限度額

〔15,000,000円－(15,000,000円×95％)－1円〕×12/60

＝149,999円……A

資本的支出部分の償却限度額

600,000円×0.313×8/12＝125,200円……B

償却限度額合計

149,999円(A)＋125,200円(B)＝275,199円

ロ．特例を適用し，資本的支出部分を本体の取得価額とした場合

帳簿価額

(15,000,000円×5％)－149,999円×4年間＋600,000円

＝750,004円……A

取得価額の5％相当額

(15,000,000円＋600,000円)×5％＝780,000円……B

旧定率法の適用の有無

750,004円(A)＜780,000円(B)により適用なし

償却限度額

149,999円＋(600,000円－1円)×12/60×8/12＝229,998円

(2) 結 論

以上のように，資本的支出を行った各機械について，原則の償却方法を適用した場合と特例の償却方法を適用した場合の償却可能限度額を計算したところ，甲機械と乙機械については特例償却方法を適用し，丙機械については原則償却方法を適用することが，償却可能限度額を最大にすることになります。

(親泊　伸明)

III 固定資産・繰延資産

資本的支出がある場合の償却限度額の計算

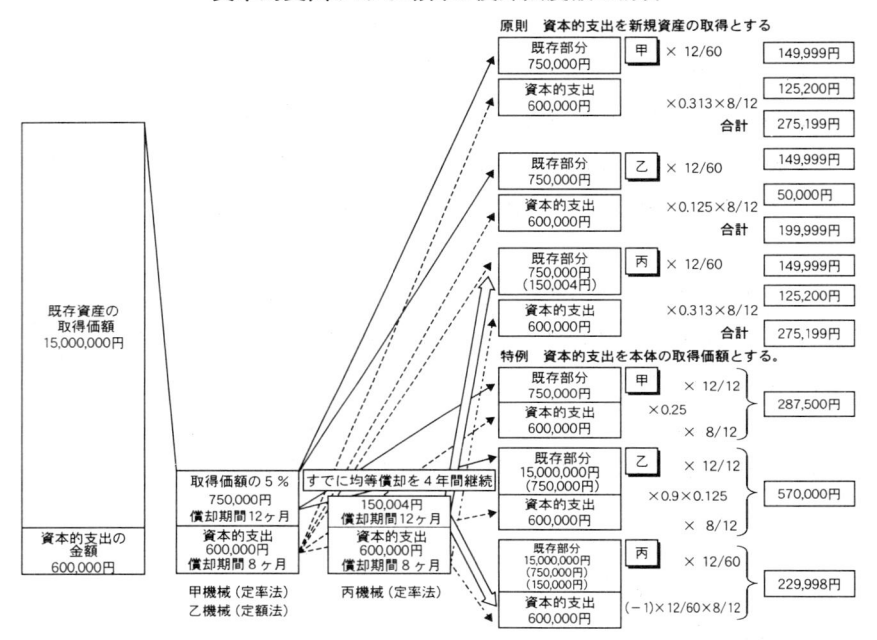

原則　資本的支出を新規資産の取得とする

既存部分 750,000円　甲 × 12/60　149,999円
資本的支出 600,000円　× 0.313 × 8/12　125,200円
合計　275,199円

既存部分 750,000円　乙 × 12/60　149,999円
資本的支出 600,000円　× 0.125 × 8/12　50,000円
合計　199,999円

既存部分 750,000円 (150,004円)　丙 × 12/60　149,999円
資本的支出 600,000円　× 0.313 × 8/12　125,200円
合計　275,199円

特例　資本的支出を本体の取得価額とする。

既存部分 750,000円　甲 × 12/12
資本的支出 600,000円　× 0.25
× 8/12　287,500円

既存部分 15,000,000円 (750,000円)　乙 × 12/12
資本的支出 600,000円　× 0.9 × 0.125
× 8/12　570,000円

既存部分 15,000,000円 (750,000円) (150,004円)　丙 × 12/60
資本的支出 600,000円
(−1) × 12/60 × 8/12　229,998円

既存資産の取得価額 15,000,000円

資本的支出の金額 600,000円

取得価額の5% 750,000円　償却期間12ヶ月
すでに均等償却を4年間継続 150,004円 償却期間12ヶ月
資本的支出 600,000円 償却期間8ヶ月
資本的支出 600,000円 償却期間8ヶ月

甲機械（定率法）
乙機械（定額法）
丙機械（定率法）

山本守之のコメント

　資本的支出を資産の取得と考えるのか，資産の加算分と考えるのかを分析するとともに取扱いの原則と特例を区分します。

25 耐用年数の短縮

1 事　例

> 当社は，建物を建築し事業の用に供しました。
> 本件建物の構造様式等は耐力壁が鉄筋コンクリート造であり，柱及び梁が無く壁面が荷重を支える壁式構造です。また，屋根は瓦葺き，外壁はアクリル系塗料の吹き付け，窓はアルミサッシを使用し，床は板張り又は畳敷で，室内の階段は木造です。
> 本件建物について，耐用年数省令別表一における「鉄骨鉄筋コンクリート造又は鉄筋コンクリート造のもの」の法定耐用年数47年を適用せず，耐用年数40年として「耐用年数の短縮の承認申請書」を提出しました。

2 問　題　点（争点）

問題点は，この建物が，鉄筋コンクリート造と木造との折衷様式になっていることを理由に，耐用年数を40年に短縮できるかです。

3 検　討

(1) 耐用年数の短縮制度

減価償却制度では，法定耐用年数を基礎として償却が行われています。法定耐用年数は，標準的な資産を対象とし，通常の維持，補修をしながら通常に使用した場合の効用持続年数を基礎として定められています。しかし，資産によっては，その材質，設置場所等の特別な事由により，その使用可能期間が法定耐用年数よりも短くなる場合があり，法定耐用年数が実態に合わないことがあります。

そこで，法人の有する減価償却資産が，法令で定められた短縮事由のいずれかの事由に該当し，その資産の使用可能期間が法定耐用年数に比しておおむね

10％以上短くなる場合で（法基通7－3－18），あらかじめ「耐用年数の短縮の承認申請書」を納税地の所轄税務署長を経由して所轄国税局長に提出し，所轄国税局長より承認を受けておくことにより，その短縮した耐用年数によって減価償却限度額を計算することができます（法令57①）。

(2) 耐用年数の短縮の対象となる資産の単位

耐用年数の短縮の対象となる資産の単位は，減価償却資産の種類ごと，かつ，耐用年数の異なるごとに適用します。なお，減価償却資産の種類につき構造若しくは用途，細目又は設備の種類の区分が定められているものについては，その構造若しくは用途，細目又は設備の種類の区分ごとになります。ただし，次に掲げる減価償却資産については，次によることができます（一の設備を構成する機械及び装置の中に他から貸与を受けている資産があるときはその資産は含めません）。

① 機械及び装置については，二以上の工場に同一の設備の種類に属する設備を有するときは，その工場ごと（二以上の工場の機械及び装置を合わせて一の設備の種類が構成されているときは，除かれます）

② 建物，建物附属設備，構築物，船舶，航空機又は無形減価償却資産は，その個々の資産ごと

③ 他に貸与している減価償却資産は，その貸与している個々の資産ごと（その個々の資産が借主における一の設備を構成する機械及び装置の中に二以上含まれているときは，その二以上の資産ごと）（法基通7－3－19）

(3) 減価償却資産の短縮の承認申請ができる事由

次に掲げる事由により耐用年数の短縮の申請ができます。

① 種類等を同じくする他の減価償却資産の通常の材質等と著しく異なること（法令57①一）

事務所等として定着的に使用をする建物を，通常とは異なる簡易な材質と製作方法により建設した場合などです。

② 減価償却資産の存する地盤が隆起し又は沈下したこと（法令57①二）

地下水を大量に採取したことにより地盤沈下したため，建物，構築物等

に特別な減損を生じた場合などです。
③ 減価償却資産が陳腐化したこと（法令57①三）
　事業に供していた従来の製造設備が旧式化し，その設備ではコスト高，生産性の低下等により経済的に採算が悪化した場合などです。
④ 減価償却資産がその使用される場所の状況に基因して著しく腐食したこと（法令57①四）
　汚濁された水域を常時運行する専用の船舶について，船体の腐食が著しい場合や，潮風の影響で建物の腐食が著しい場合などです。
⑤ 減価償却資産が通常の修理又は手入れをしなかったことに基因して著しく損耗したこと（法令57①五）
　レンタル用の建設機械等で，多数の建設業者の需要に応じることから，著しく損耗した場合などです。
⑥ 同一種類の他の減価償却資産の通常の構成と著しく異なること（法令57①六，法規16一）
　取得した製造設備で，その製造設備のモデルプラントにはない資産が組み込まれており，その全体の構成が通常の構成に比して著しく異なる場合などです。
⑦ 減価償却資産が機械及び装置である場合において，その資産の属する設備が耐用年数省令別表第二（機械及び装置の耐用年数表）に特掲された設備以外のものであること（法令57①六，法規16一二）
　ドライビングシミュレータ（模擬運転装置）のように耐用年数省令別表第二に特掲されていない設備で，その使用可能期間が，同省令別表第二の「55　前掲の機械及び装置以外のもの」の法定耐用年数に比して著しく短くなる場合などです。
⑧ 上記①から⑦までの事由以外の，それらの事由に準じる場合も，耐用年数の短縮の承認申請をすることができます。
　例えば，オートロック式パーキング装置（無人駐車管理装置）のように構造及び機能の主要部分が電子計算機であり，屋外等の温度差のある場所に

おいて使用されるため，その使用可能期間が法定耐用年数に比して著しく短くなる場合などです。

平成20年度の改正により耐用年数の短縮の特例制度が簡素化され，短縮特例の承認を受けた減価償却資産についてその減価償却資産を構成する一部の資産の取替えを行った場合（法令57⑦），また，短縮特例の承認を受けた減価償却資産と同じ減価償却資産を取得した場合に，同一の承認事由で，再度，承認を受ける必要はなくなりました（法令57⑧）。

(4) 使用可能期間の計算方法

次の2つの算定方式があります。

① 個別償却資産の場合（総合償却資産以外の資産）

$$使用可能期間 = 短縮事由に該当することとなった資産の取得後の経過年数 + 短縮事由に該当することとなった後の見積年数$$

上記算式中の見積年数は，使用可能期間を計算しようとする時から通常の維持補修を加え，通常の条件で使用するものとした場合に，通常予定される効果をあげることができなくなり，更新又は廃棄されると見込まれる時期までの年数によります（法基通7－3－20）。

② 総合償却資産の場合

総合償却資産とは，主に機械及び装置で，その資産に属する個々の資産の全部につき，その償却の基礎となる価額を個々の資産の全部を総合して定められた耐用年数により償却するものをいいます。

総合償却資産の使用可能期間は，その資産に属する個々の資産の償却基礎価額（個々の資産の取得価額，また，再評価を行った資産はその再評価額，なお，短縮申請の短縮事由が法令の「特掲されていない設備の耐用年数の短縮（法規16二）」に掲げる事由又はこれに準ずる事由に該当するものである場合には，その再取得価額）の合計額を個々の資産の年要償却額（償却基礎価額を個々の資産の実際の個別耐用年数で除した額をいいます）の合計額で除して得た年数によります（加重平均方式・法基通7－3－21）。

(5) **参　考　例**

① **短縮申請が認められた事例**

　　自走式立体駐車場の法定耐用年数は45年とされていました（平成20年改正前）。しかし，屋外露天式で自動車の排気ガスと空気中の浮遊じんにさらされて劣化が進み，その使用可能期間が法定耐用年数に比べて著しく短くなることから，耐用年数を15年とする短縮承認申請が認められています（参考裁決　平10. 10. 8　裁事56集251頁　J 56－ 3 －15　この裁決は自走式立体駐車場の耐用年数を15年に短縮することは認めたものの，期末までに耐用年数の短縮承認申請が行われていないことを理由に納税者の請求を棄却したものです）。

② **短縮申請が認められなかった事例**

　　鉄筋コンクリート造の社宅用建物の法定耐用年数は60年とされていました（平成20年改正前）。しかし，裁決事例の社宅用建物は壁式鉄筋コンクリート造りでしたが，内部造作が木造であることを理由に耐用年数の見積り計算を行い，耐用年数を40年として短縮承認を申請しましたが認められませんでした。

　　審判所は，上記の判断の中で「本件建物の耐用年数の短縮の承認を得るには，科学的な実験の結果又は過去の経験に基づく資料により，その個別的，特殊的条件等を反映した使用可能期間を算定した上で，この使用可能期間が法定耐用年数に比して著しく短いことを明らかにしなければならない。」としています（裁決　平11.8.27　裁事58集161頁　J 58－ 3 －13）。

4　当事例の検討

　建物を構造により区分する場合において，どの構造に属するかは，その主要柱，耐力壁又ははり等その建物の主要部分により判定するとされています（耐基通 1 － 2 － 1 ）。したがって，建物の法定耐用年数の算定は，その主要部分の構造体に着目して判定することになります。

　当事例の事業用建物は，屋根を含め内部造作は，木造が主体となって構成されていますが，主要構造体である耐力壁は鉄筋コンクリートで造られています。

建物の構造区分は，主要構造部により判定されることから，主要構造体である耐力壁が鉄筋コンクリート造である場合には，耐用年数省令別表一に掲げられている「鉄筋コンクリート造のもの」に該当することになります。

したがって，耐用年数の短縮は認められず法定耐用年数47年により減価償却費を計算することになります。

(林　紀孝)

山本守之のコメント

壁構造は鉄筋コンクリート造の建物について柱部分を多くとらない方法として普及していますが，これが鉄筋コンクリート造の一種とみるか特殊な構造とみるかです。

26 事業の用に供するために支出した金額と資本的支出

1 事　　例

　当社は製造業を営む同族会社ですが，このたび事業の拡張に伴い，業務を廃止していた近隣の中古工場を買い取りました。そのままでは使用に耐えないので，外壁を全面塗装し，床も補強するなどの大改修を行ってから，新設備を導入して操業を開始しました。
　この一連の改修工事について，塗装等の改修工事費及び金額の僅少な工事費については修繕費として床の補強等，工場の使用価値が増加したと思われる工事費については資本的支出として区分経理を行うつもりですが，注意することはありますか。
　また，このほかに，平屋の既存事務所（平成10年3月に取得しており，旧定率法で償却しています）を2階建てとし，2階部分は従業員の食堂と更衣室として使用しています。この増築部分については，資本的支出として，既存建物に加算して償却を行っています。

2 問題点（争点）

　問題点は，新たに取得した建物について，事業の用に供するために支出した金額と，平屋の建物に2階部分を増築するために支出した金額が，税法上の資本的支出に該当するかどうか，です。

3 検　　討

(1) **会計上の「資本的支出」の考え方**

　会計における「資本的支出」は，複会計制度における「収益的支出」に対応する概念として説明されており，資産の取得を含むすべての費用支出で，期間費用として処理することが適切でない金額をすべて含むこととなっています。

121

したがって，事例のような支出も会計上の「資本的支出」に該当することになります。

(2) 税務上の「資本的支出」の考え方
① 意　義
　法人税法上の「資本的支出」は，法人が有する固定資産について支出する次のような金額をいうものとされています（法令132）。
　イ　その支出により，その資産の取得の時において通常の管理又は修理をするものとした場合に予測される当該資産の使用可能期間を延長させる部分に対応する金額
　ロ　その支出により，その資産の取得の時において通常の管理又は修理をするものとした場合に予測されるその支出の時における当該資産の価額を増加させる部分に対応する金額

　税法上の「資本的支出」は，専ら修繕費との区分の必要上から規定されている概念であり，条文で「その有する固定資産について支出する」としているように，当初から新たな資産の取得に当たるような支出は考えていないようで，会計の考え方と比較すると，かなり狭いということになります。

　したがって，建物の増築，構築物の拡張，延長等の量的支出は，その定義を持ち出すまでもなく，当然に税法上の資本的支出の範囲から除外されます。

② 平成19年度改正の内容
　既存の減価償却資産に対して平成19年4月1日以後に資本的支出（固定資産の使用可能期間を延長又は価額を増加させる部分の支出（法令132））を行った場合，その資本的支出は，その支出金額を固有の取得価額として，既存の減価償却資産と種類及び耐用年数を同じくする減価償却資産を新たに取得したものとされました（法令55①）。

　つまり，資本的支出は，既存の減価償却資産とは種類及び耐用年数を同じくする別個の資産を新規に取得したものとして，その種類と耐用年数に応じて償却を行っていくことになります。なお，既存の減価償却資産本体については，この資本的支出を行った後においても，現に採用されている償却方法

により，償却を継続して行うこととなります。

(3) 事業供用のために支出した金額

　法人税法施行令54条においては，減価償却資産の取得の態様にかかわらず，「当該資産を事業の用に供するために直接要した費用の額」は取得価額を構成するものと規定しています。

　したがって，あらたに固定資産を取得して，事業の用に供するために支出した費用は，その固定資産の取得価額を構成し，資本的支出や修繕費にはなりません。金額が僅少なものであっても，損金算入するのではなく，すべて取得価額に含めることになります。

(4) 取得価額とすることの意義

　事業供用時においては，支出した金額を取得価額とするか，資本的支出とするかによって，所得計算上大きな影響がありますが，事業供用後は，どちらにしても損金には算入されないので，あまり意味がない，と考えがちです。しかし，次の２点について違いが生じますので，やはり両者の区分は重要であり，その相違について正確に把握する必要があります。

① **平成19年度改正前取得資産についての償却方法の選択適用の可否**

　　上記(2)②の平成19年度改正において述べたように，資本的支出については原則として別個の資産を新たに取得したものとして，その種類と耐用年数に応じて償却していくことになりました。

　　ただし，特例として，平成19年３月31日以前に取得した減価償却資産に資本的支出を行った場合は，支出事業年度において，既存の減価償却資産の取得価額に資本的支出を加算できることとされています（法令55②）。この場合に適用すべき償却方法は，たとえば事例のような旧定率法を採用している建物は，そのまま旧定率法となり，定率法によることはできません。

　　なお，この特例を適用した場合には，その翌事業年度以降に，資本的支出を切り離して別々に償却することはできません（法基通７－３－15の４）。

② **買換特例の適用の可否**

　　特定資産の買換え特例の適用を受ける場合には，「資本的支出」は買換取

得資産の対象にはならないのに対し、実質的に新たな資産を取得したと認められる場合にはその対象になります（措通65の7(1)－12）。

4　当事例の検討

中古工場を事業の用に供するために支出した改修のための金額は、「当該資産を事業の用に供するために直接要した費用の額」であり、税法上は資本的支出でなく、資産の取得に該当します。したがって、金額の多寡、支出内容の如何にかかわらず、すべて建物の取得価額に含める必要があります。

また平屋建の建物に2階部分を増築するのは、物理的な資産の増加であり、新たな資産の取得に該当しますので、償却方法は、既存建物の償却方法と同じ旧定率法によることはできず、定額法によることになります。

（木島　裕子）

山本守之のコメント

資産の取得のための費用と資本的支出は異なる概念です。これ（事例）は事業の用に供するために支出したものですから、取得価額であって資本的支出ではありません。

27 残価設定リース契約と合意解除の処理

1 事 例

当社は資本金1,000万円の3月決算の株式会社です。平成21年4月1日付で360万円(取得のために通常要する価額360万円,残価保証額60万円)のA機械設備のリース契約(引渡し同日)を締結しました。A機械設備のリース契約の内容は,月額5万円でリース期間5年,中途解約ができない契約になっています。また,同日に3年前にリース契約をしたBコピー機を中途解約し,機能に大幅なレベルアップがあったCコピー機のリース契約(引渡し同日)を締結しました。その際にBコピー機のリース契約の規定損害金48万円をCコピー機のリース料(総額84万円)に含めて,合計132万円,5年リースで契約しました。

2 問 題 点(争点)

問題点は,①A機械設備の取得の処理と償却限度額の計算,②Cコピー機の取得の処理の2点についてです。

3 検 討

(1) 平成19年度税制改正

平成19年度の税制改正において,平成20年4月1日以降に締結されるリース契約について,リース会計基準の変更に伴い,一定の取引を売買とみなした上で,減価償却の方法についても整備されました。すなわち,改正前は賃貸借取引として扱われていた所有権移転外ファイナンスリースについて,改正後は売買取引として取り扱うこととされました。

(2) 税務上のリース取引の意義

リース取引の種類は,①ファイナンスリースと②オペレーティングリース

（賃貸借取引）に区分することができます。そして，①ファイナンスリースは，③所有権移転リース（売買取引）と④所有権移転外リース（売買取引）と⑤セールアンドリースバック取引（金融取引）に区分することができます。

　改正された所有権移転外ファイナンスリースについては，法人税法64条の2第3項において，「当該賃貸借に係る契約が，賃貸借期間の中途においてその解除をすることができないものであること又はこれに準ずるものであること。」と「当該賃貸借に係る賃借人が当該賃貸借に係る資産からもたらされる経済的な利益を実質的に享受することができ，かつ，当該資産の使用に伴って生ずる費用を実質的に負担すべきこととされているものであること。」という2つの要件を満たす資産の賃貸借であるとしています。いわゆる「ノンキャンセラブル（中途解約不能）」と「フルペイアウト」と呼ばれる要件です。

　ノンキャンセラブルについては，リース契約に解約禁止条項が明示してあるものはもちろんのこと，リース契約に解約禁止条項が明示されていなくても，実質的には解約禁止条項が付されている契約と同様の効果が生じるものとして，例えば，①解約する場合には賃借人がリース期間のうちの未経過期間に対応するリース料総額の概ね全部（原則として90％以上）を支払うこととされている契約の場合や，②リース資産を更新するための解約で，解約に伴い，より性能の高い機種や概ね同一の機種を同一リース会社からリースする場合は，解約金が発生しませんが，それ以外の場合には，未経過期間に対応するリース料総額相当額を解約金とする条項が付されているような契約の場合も，ノンキャンセラブルとして取り扱われます。①の場合の原則として90％以上とは，たとえ90％未満であっても，その契約条項の内容，商慣習等を総合的に勘案した結果，事実上中途解約不能と認められる場合も含まれることになります。

　また，フルペイアウトの「その資産の使用に伴って生ずる費用を実質的に負担すべきこと」とは，リース期間中に賃借人が支払うリース料の合計額が，賃貸人におけるリース資産の取得価額及びその取引に係る付随費用の合計額の概ね全部（原則として90％以上）を弁済することとされています。ここでいう付随費用とは，リース資産の取得に要する資金の利子，固定資産税，保険料等その

取引に関連して賃貸人が支出する費用のことをいいます。また，フルペイアウトにおいても，原則として90％以上とは，ノンキャンセラブルと同様に，たとえ90％未満であっても，その契約条項の内容，商慣習等を総合的に勘案した結果，事実上中途解約不能と認められる場合も含まれることになります。

(3) 残価保証額設定リース契約の取得価額

　法人税基本通達7－6の2－9では，リース資産の取得価額について，「賃借人におけるリース資産の取得価額は，原則としてそのリース期間中に支払うべきリース料の額の合計額による。」としています。ここで問題になるのが，残価保証額設定部分の金額が「そのリース期間中に支払うべきリース料の合計額」に含まれるのか否かです。この点について，残価保証額設定リース契約の場合，リース契約終了時において，残価保証額にて購入するか，残価保証額の支払いに代えてリース物件を返却するか等になり，これらは実質的には「そのリース期間中に支払うべきリース料」に該当することとなります。したがって，残価保証額も「そのリース期間中に支払うべきリース料の額の合計額」に含まれることとなり取得価額として処理することとなります。

(4) リース期間定額法

　所有権移転外ファイナンスリース取引が税務上売買取引とみなされることに変更されたことに伴い，減価償却方法についてもリース資産については，リース期間定額法という新たな償却方法が規定されました。リース期間定額法とは，リース資産の取得価額をリース期間の月数で除して計算した金額に，当該事業年度におけるリース期間の月数を乗じて計算した金額を各事業年度の償却限度額として償却する方法です。なお，取得価額に残価保証額が含まれている場合には，当該残価保証額は取得価額から控除することとされています。

　また，リース期間定額法が規定されたことにより，所有権移転外リース取引について，リース料や賃借料の勘定科目で経理処理していた金額は，償却費として損金経理した金額に含まれるものとされました。

(5) 残価保証額設定リース契約における消費税

　所有権移転外ファイナンスリースにおける消費税の処理については，リース

資産の引渡しの時に資産の譲渡があったこととなります(消基通5－1－9)。この場合の資産の譲渡の対価の額は，リース取引に係る契約において定められたリース資産のリース期間中に支払うべきリース料の額の合計額となります。したがって，残価保証額設定リース契約については，前述したように残価保証額もそのリース期間中に支払うべきリース料の額の合計額に含まれることになるため，資産の譲渡の対価の額にも含まれるように思われます。しかし，「リース資産の譲渡等の対価の額とは，リース契約書等において『リース料総額』又は『月額リース料及びリース期間における月数』を記載してリース資産の譲渡に係る当事者間で授受することとした対価の額をいいますから，リース資産に係るリース契約の残価保証額の定めが付されたリース取引であっても，リース資産の引渡し時には，リース契約書等で収受することとしたリース料総額を対価としてリース譲渡が行われたこととなります。」(国税庁ホームページ「消費税関係質疑応答集」)

このように，残価保証額は，資産の譲渡等の対価の額には含まれません。

(6) 規定損害金

所有権移転外ファイナンスリースは，原則として中途解約はできません。しかし実際には，①ユーザーからの依頼による合意に基づく途中解約（合意解約），②リース会社からの強制的な中途解約（強制解約）があります。このいずれの中途解約であっても，リース会社が残存リース期間に見合うリース料相当額を，ユーザーに請求することになります。このリース料相当額のことを規定損害金といいます。

合意解約をして新たにリース契約を締結する場合，合意解約をした場合に支払う規定損害金を，新しいリース契約に上乗せして分割して支払う場合があります。この場合，ユーザーは規定損害金を合意解約した事業年度の損金として処理する必要があります。なお，規定損額金の消費税における取扱いは不課税取引となります。

4 当事例の検討

① A機械装置の取得時の処理は，

(借) リース資産　360万円　　(貸) リース債務　360万円
　　　(A機械装置)

という処理になります。また，A機械装置の減価償却限度額は，(リース資産の取得価額360万円－残価保証額60万円)÷60か月分×12か月＝60万円となります。

② Bコピー機の規定損害金48万円は，Cコピー機の取得価額に含めるのではなく，規定損害金として全額，当期の損金の額に算入することとなります。したがって，

(借) 規定損害金　48万円　　(貸) 長期未払金　48万円

として，Cコピー機のリース料の支払とともに，Bコピー機の規定損害金の未払金を分割で支払う処理をすることとなります。

(借) 長期未払金　0.8万円　　(貸) 預　金　2.2万円
　　　リース債務　1.4万円

(久乗　哲)

山本守之のコメント

リース取引は会計でも税務でもその取扱いが大きく変わったところです。また，規定損害金の考え方も念査する必要があります。

28 建物と建物附属設備の区分

1 事　例

当社は，新社屋を建築しました。建築のために支出した金額の項目別明細は，建築会社の建築見積書に基づいて集計すると次のとおりです。

(単位：円)

仮設工事	2,500,000	基礎工事	3,000,000	コンクリート工事	15,000,000
鉄筋工事	12,000,000	木工事	10,000,000	建具工事	8,000,000
その他工事	3,300,000	建物共通費	7,600,000	電気設備	9,000,000
給排水設備	6,500,000	冷暖房設備	2,300,000	その他設備	6,000,000
設備共通費	1,800,000	諸経費	7,500,000	設計監理費	5,500,000
消費税	5,000,000			合計金額	105,000,000

この場合の建物及び建物附属設備の取得価額はいくらですか。

2 問題点（争点）

問題点は，①建物と建物附属設備を区分する根拠，②建物と建物附属設備を区分する計算，③会計と税務における建物と建物附属設備の処理です。

3 検　討

(1) 期間損益計算と建物の減価償却

会社は継続して存在することが前提とされていますが，1年又は四半期毎に株主への成果報告が求められています。会社の経営資産は，短期的に費消される支出だけではなく，建物のように数十年にわたり会社の経営に寄与する資産は，その資産の原価配分又は資金回収が求められます。

建物及び建物附属設備については，その区分，耐用年数及び償却方法が期間損益計算の課題となります。

(2) 建　　　物
① **税法における建物**

　会社法では，建物及び暖房，照明，通風等の附属設備とされ（会計規106③二イ），税法では，建物及びその附属設備（暖冷房設備，照明設備，通風設備，昇降機その他建物に附属する設備をいう）（法令13一）とされ，税法の建物に関する定義は社会通念に委ねられています。

　例えば，不動産登記法規則では，建物とは，屋根及び周壁又はこれらに類するものを有し，土地に定着した建造物であって，その目的とする用途に供し得る状態にあるもの（不登規111），土地に定着した建造物として，屋根と壁を有し，それらを支える構造を有し，居住，作業場，倉庫，店舗，工場等の用途に利用されるものをいいます（「狭義の建物」という）。

　税法における建物は，その構造及び用途の区分に基づいて，建物の耐用年数を適用することになります。実際に使用する建物は，狭義の建物として掲げた骨格を有する建造物に，使用を目的とした内部造作が施されたものをいいます（「広義の建物」という）。

② **建物の耐用年数**

　建物の耐用年数は，建物の構造，用途，利用実態に区分され，建物の構造は，鉄骨鉄筋又は鉄筋コンクリート造，れんが・石・ブロック造，金属造，木造又は合成樹脂造，木造モルタル造，簡易建物に，その用途は，事務所，住宅，飲食店，旅館，店舗，病院，変電所，公衆浴場，工場等に区分されています。

　具体的には，「防水」，「床」，「外装」，「窓」，「構造体その他」をそれぞれ区分した個別耐用年数を算定し，その総合耐用年数であるとされ（平5.3.23　広島地裁　税資194号867頁），建物附属設備の要素は含まれていません。

③ **建物の償却方法**

　平成10年3月31日以前に取得した建物は，旧定率法と旧定額法の選択適用できるのに対して，平成10年4月1日以降に取得した建物は旧定額法又は定額法を強制適用されることになりますが，旧定率法を選択する建物に対する

資本的支出の日が，平成10年4月1日以降であっても，旧定率法を選択することができます（法令55②）。

(3) **建物附属設備**

① **建物附属設備の定義**

建物附属設備は，建物と区分して（(2)①参照），建物の構造や用途による区分を行いません。耐用年数省令では，①電気設備，②給排水又は衛生設備及びガス設備，③冷房，暖房，通風又はボイラー設備，④昇降機設備，⑤消火，排煙又は災害報知器及び格納式避難設備，⑥エアーカーテン又はドア自動開閉装置，⑦アーケード又は日よけ設備，⑧店用簡易装備，⑨可動間仕切りに区分します（別表一）。しかし，建物の内部に敷設されたデータ通信役務，デジタルデータ伝送役務等は電気通信施設利用権として，無形固定資産に該当します（法令13八ソ，法基通7－1－9）。

② **償却方法**

平成10年4月1日以降に取得した建物附属設備は，建物と異なって償却方法の制限がありません。

(4) **新築建物を取得した場合**

一般には，工事見積書等を参照して，例えば，設例に基づいて算定すると，「建物・建物附属設備の取得価額計算表」のとおりです。

なお，建物を新築するために，その準備費用及び附随費用を支出することがあります。例えば，建築するための準備や交渉費用，地元への交際費及び寄附金その他の支出が含まれます。

しかし，マンションのような区分所有建物を取得する場合には，建築工種毎の取得価額を算定することができないので，次項の「中古資産を取得した場合の区分」と同様な方法によります。

建物・建物附属設備の取得価額計算表　　　（単位：円）

工事区分	見積書金額	個別費配賦	共通費配賦	取得価額
仮 設 工 事	2,500,000	353,160	418,814	3,271,914
基 礎 工 事	3,000,000	423,792	502,577	3,926,369
コンクリート工事	15,000,000	2,118,959	2,512,887	19,631,846
鉄 筋 工 事	12,000,000	1,695,167	2,010,309	15,705,476
木 工 事	10,000,000	1,412,639	1,675,258	13,087,897
建 具 工 事	8,000,000	1,130,112	1,340,206	10,470,318
そ の 他 工 事	3,300,000	466,171	552,836	4,319,007
建 築 共 通 費	7,600,000	△7,600,000		0
建 物 計	61,400,000	0	9,012,887	70,412,887
電 気 設 備	9,000,000	680,672	1,507,732	11,188,404
給 排 水 設 備	6,500,000	491,597	1,088,918	8,080,515
冷 暖 房 設 備	2,300,000	173,950	385,309	2,859,259
そ の 他 設 備	6,000,000	453,781	1,005,154	7,458,935
設 備 共 通 費	1,800,000	△1,800,000		
建物附属設備計	25,600,000	0	3,987,113	29,587,113
諸 経 費	7,500,000		△7,500,000	
設 計 監 理 費	5,500,000		△5,500,000	
経 費 計	13,000,000	0	△13,000,000	
消 費 税	5,000,000			5,000,000
合 計	105,000,000	0	0	105,000,000

(5) **中古資産を取得した場合の区分**

　中古資産を取得する場合には，新築とは異なって建物と建物附属設備を一括した契約金額に基づいて売買契約が行われますので，次の方法に基づいて，その一括契約金額を建物と建物附属設備に区分します。

① **再取得価額に準拠する方法**

　その中古資産の計算の根拠となる見積再取得価額を算定し，新築資産と同様な方法で，中古資産の取得価額を算定する方法。

② 前所有者の処理に準拠する方法

　　中古資産の前所有者が建物と建物附属設備を適正に区分している場合には，その帳簿価額比に基づいて中古資産の取得価額を算定する方法。

　　この類例として，その中古資産の当初販売会社に対して，当初の建築工種別取得費割合を照会することにより，算定資料を入手することができます。

③ 売買契約に準拠する方法

　　中古資産の売主と買主が，それぞれの妥当な資産区分について合意している場合に，売買契約書に明細を添付して，その明細により算定する方法。

④ 統計数値比準法

　　公開されている「建築費指数」等の合理的な統計数値を利用して当時の取得価額を推計し，取得した中古資産の区分を行う方法。

　これらの①から④の方法は，いずれも，中古資産の取得のために直接支出した費用に基づいていないために，推計やある前提を伴うことになります。

　以上の方法又は併用して，実態に適合した方法を選択する必要があります。

　しかし，事務の煩雑を理由に建物だけに区分すべきではありません。

(6) 他人の建物に行う内装費

　建物については，その造作の材質等による総合耐用年数等の合理的な耐用年数によることを求められ，建物附属設備については個別に法定耐用年数を適用することが原則ですが(耐通1－1－3)，ここで他人の建物の内装費に総合耐用年数を用いるのは，同一の建物に行った内装費は一つの資産として取り扱うことによるためです（耐通1－1－3（注））。

(7) 建物及び建物附属設備の区分経理

① 会計と税務の差異

　　会計では，計算書類の明瞭性から有形固定資産の建物及び建物附属設備を区分して表示することが求められていますが（会計規106③二イ），税法では，建物及び建物附属設備とされているものの（法令13一），勘定科目の処理を指定するのではなく，耐用年数省令に適合させるための区分となっています。

　　法人税法では，期末に有する減価償却資産に対して，損金経理によりその償

却費を計算することとされ（法法31），耐用年数省令に基づいた耐用年数の適用によって，減価償却資産の資産区分の意思表示を判定します（そこで，償却費として損金経理することと，建物及び建物附属設備として定められている耐用年数の適用が求められることになります）。

② **取得価額の変更**

不動産取得税や登録免許税のように，選択により損金の額に算入できる費用を，過年度において，法人の選択で資産計上した場合に，翌期において，改めて費用処理を選択し直すことは，禁反言の法則に従ってできません。

4 当事例の検討

事例に対する回答は，(4)**新築建物を取得した場合**の区分の「建物・建物附属設備の取得価額計算表」に掲げてあります。

建物附属設備については，法人税法施行令の定義及び耐用年数省令の区分に基づいて区分されていますが，建物については，狭義の建物の概念については争いがないものの，それに追加される内装工事等については，建物附属設備に該当しない部分を除いた部分を以て，建物とする以外に方法がありません。

しかし，実務では，建物と建物附属設備との区分を行っていない事例も多く，自ら減価償却費を過少に算定することがあります。

そこで，まず，事例のように，建物と建物附属設備の個別共通費と全体共通費の順に配賦して，建物附属設備を区分して，残額を建物とします。

（藤井　茂男）

山本守之のコメント

建物や建物附属設備の定義はあまり意味がありませんが，税法では，この2つの耐用年数上の区分とその内容など償却計算上の適用に関係あるものを明確にする効用があります。

Ⅲ 固定資産・繰延資産

29 遊休資産の評価損

1 事　例

> 当社は産業機械の製造業を営んでいます。年々増大してきていた国内における工賃や原材料費等の生産コスト削減の対策として，国内生産拠点の再編の一環で，前々期に不採算の国内工場を閉鎖して海外に移転させました。
> 　当期末において，閉鎖工場内に放置されている機械等の設備が稼働停止から2年が経過し，その設備及び工場用地の時価が帳簿価額の半分を下回ることとなっています。
> 　これらの資産については，遊休資産としての評価損を計上しています。このような評価損の計上は，税務上も認められるのでしょうか。

2 問題点（争点）

　問題点は，これらの資産について法人税法33条2項により評価損を計上できる特別の事実が認められるかです。

3 検　討

　法人税法上の評価損と，固定資産の減損に係る会計基準（以下，「減損会計基準」という）上の減損損失を対比させて，検討していきます。

(1) 基本的考え方

法人税法の考え方	減損会計基準の考え方
その所有する資産の評価換えをしてその帳簿価額を減額しても，企業会計と同じ取得原価主義を採用しているため，原則として損金の額に算入できません（法法33①）。しかし，特別の事実が生じた場合には，一定の要件のもとに例外的に評価損の損金算入を認めています（法法33②）。	事業用固定資産への投資により，それに見合ったキャッシュ・フロー（ここでは現金の増加をいう）を想定していたが，市場価値の下落等の状況の変化によって，将来的に当初の見込みを下回るキャッシュ・フローしか生み出せない等の一定の条件を満たした場合に，帳簿価額から回収できない投資部分を臨時的に減額するというものです（「固定資産の減損に係る会計基準の設定に関する意見書」三 1）。

(2) 法人税法における評価損について

① 評価損を計上できる場合

預貯金・債権以外の資産につき特別の事実が生じたことにより，その資産の価額がその帳簿価額を下回ることとなった場合において，評価換えを行い損金経理により帳簿価額を減額したときは，その事業年度末時の資産の価額との差額に達するまでの金額の範囲内で評価損を計上することができます（法法33②）。

固定資産の場合の「特別の事実」とは，次のような場合です（法令68①三）。

> イ　災害により著しく損傷したこと
> ロ　1年以上にわたり遊休状態にあること
> ハ　その本来の用途に使用することができないため他の用途に使用されたこと
> ニ　所在する場所の状況が著しく変化したこと
> ホ　会社更生法等の規定により評価換えをする必要が生じたこと
> ヘ　イ～ホに準ずる特別の事実

上記ロの「1年以上にわたり遊休状態にあること」とは，いったん事業の

用に供された資産が，その後の何らかの事情によって1年以上にわたる遊休状態になったことを意味しており，減価償却が認められない状態をいいます。これは，当該資産を将来的に事業の用に供する可能性があると認められることが前提となります。

② **未供用資産の場合**

上記①の特別の事実に該当しないような「未供用資産」については，やむを得ない事情により取得時から1年以上事業の用に供されない場合において，その資産の価額が低下したと認められるときは，それに準ずる特別の事実に該当するものとして評価損を計上することが認められています（法基通9－1－16(1)）。資産が事業の用に供されないで放置されている場合において，物理的・経済的損耗の進行により，その価額が低下した事実が認められるときは，評価損の計上が認められることを明らかにしています。

③ **評価損の計上が認められない場合**

計上した資産の評価損の全部若しくは一部が否認されたような場合でも，その損金不算入額については，「償却費として損金経理した金額」に含まれるため（法基通7－5－1(5)），その償却限度額の範囲内で損金として認められます。

また，廃棄等に相当の費用が見込まれることにより処分していない資産がある場合において，将来的に通常の方法で事業の用に供する見込みがないことを客観的に立証できる稟議書等の書類を整備することができるときに限り，有姿状態のまま除却損失として損金の額に算入することが認められます（法基通7－7－2）。この場合は，その資産につき「有姿除却」の対象となる状態が確認された事業年度において，取引単位毎に備忘価額を付して除却損を計算することになります。

④ **減価償却資産の状態による区分**

以上を要約すると，減価償却資産についての法人税法上の取扱いは，その資産の状態によって，次のように区分することができます。

減価償却資産の状態					償却　等
未供用資産	原　則				×減価償却
	1年以上の遊休状態かつ資産の簿価＞資産の時価				○評価損
稼働資産					
稼働休止資産	保守等を行い，直ぐに稼働可能	法基通7－1－3（稼働休止資産）　その休止期間中必要な維持補修が行われ，いつでも稼働し得る状態にあるものは，減価償却資産に該当する。			○減価償却
	保守等を行わず，直ぐに稼働不可	将来的に使用する可能性あり	原　則		×減価償却
			1年以上の遊休状態かつ簿価＞時価		○評価損
			1年未満の遊休状態又は簿価＜時価		×評価損
		将来的に通常の方法で使用する見込みなし			○有姿除却

（注）　○：適用可能，×：適用不可

(3) 「特別の事実」の発生と資産の価額の下落との関係について

　遊休状態にあった土地の評価損の計上が争われた事例において，「資産の評価損の額を損金の額に算入するためには，政令で定める事実が生じたことのみでは足りず，当該事実が生じたことにより当該資産の価額が帳簿価額を下ることとなったことが必要である」（裁決　平15.1.28　裁事65集401頁　J65－3－29）として，特別の事実の発生と当該資産の価額の下落との因果関係が必要であるとしています。すなわち，「その土地自体に，災害や地盤沈下等により形状・状況に著しく明確な変化があり，それが原因で客観的に土地の価額が低下した」ような場合でなければ，評価損の計上は認められないことになります。例えば，「地すべり防止区域に指定された地域にある」場合（裁決　平15.4.24　裁事65号387頁　J65－3－28）や，「土壌の特定有害物質による汚染の除去命令（土壌汚染対策法7②）がある」場合において，その土地の価額の低下との因果関係がないときは，通常は認められないことになります。

(4) 減損会計基準における減損損失について
① 減損会計及び減損損失の性格

　減損会計基準の適用は，他の会計基準で減損処理の定めがない固定資産に限定され（減損会計基準一），減損会計は，取得原価主義の下で行われる帳簿価額の臨時的な減額ですので，固定資産の取得原価を各期間に割当て費用化するという減価償却とは，その本質において異なります。また，減損損失は，一定の減損の兆候を示す資産について，帳簿価額を回収可能額まで減額した場合における当該減少額をいいます（減損会計基準二3）。しかし，一度減損処理を行った場合には，その回収可能額が回復しても帳簿価額を切り上げる戻入れ処理は認められていません（減損会計基準三2）。

② 遊休資産の取扱い

　一定の減損の兆候を示す事象は，対象資産に係る次の事象（減損会計基準二1）の発生です。物理的要因ばかりでなく経済的要因も含まれており，事象ロの「変化」には「遊休資産になったこと」が含まれます（「固定資産の減損に係る会計基準注解」(注2））。

> イ　その営業損益が継続してマイナスになったこと（見込みを含む）
> ロ　その回収可能価額を著しく低下させる変化が生じたこと（見込みを含む）
> ハ　その事業に関連して，経営環境が著しく悪化したこと（見込みを含む）
> ニ　その市場価格が著しく下落したこと

　この場合の「遊休資産になったこと」とは，資産が遊休状態となり将来の用途が定まっていないこと（「固定資産の減損に係る会計基準の適用指針」，(以下，「適用指針」という）13(4)）をいい，例えば，設備の操業を停止し開始の目途が立っていない場合等が含まれています。なお，この遊休状態には，分解検査（オーバーホール）のために一時的に稼働を停止しているような状態にある場合は除かれています（適用指針85）。

③ 法人税法における取扱い

現行法には減損会計についての規定は設けられておらず，取扱通達において，評価損には減損損失が含まれる（法基通7－5－1(5)注書）とされているだけです。減損損失については，資産の評価損と同様に，一定の例外を除き，原則として損金算入は認められていません（法法33①）。

なお，国税庁発表の「平成15年12月16日付課法2－22ほか1課共同「法人税基本通達等の一部改正について」（法令解釈通達）の趣旨説明について，第1法人税基本通達関係【改正】7－5－1」において，「税務上，固定資産について評価損による損金算入ができる場合は，災害による損傷など一定の場合に限定されていることから（法令68三），減損損失が会計上計上されても，その全部又は一部が税法上否認されるときがある」ことを明示しています。

4 当事例の検討

工場内の設備については，法人税法上の評価損を計上できる特別の事実に該当するため，遊休資産としての評価損の計上が認められます。さらに，減損の兆候を示す事象にも該当するため，減損損失を計上できる可能性があります。

しかし，工場用地については，遊休状態とその土地の価額の低下との直接関連性が認められず，単に経済状況により取引価格が低下していると判断できるため，評価損の計上は認められません。したがって申告調整が必要となります。

(服部 惣太郎)

山本守之のコメント

土地については，一般的に評価損の計上は認められません。また，税の問題と減損会計との関係を検討すべきです。

30 減価償却費として損金経理した金額

1 事　例

> 当社は，製造業を営む法人ですが，当期に取得した減価償却資産について次のような処理をしました。
> (1) 取得価額50万円の甲資産（耐用年数5年）及び取得価額80万円の乙資産（耐用年数3年）について，消耗品費として費用処理しています。
>   （注） 当期首に取得したものとし，選定償却方法は新定率法とします（以下同じ）。
> (2) 親会社（B社）から時価150万円の丙資産（耐用年数6年）を贈与によって取得したため決算上は資産計上しませんでした。ただし，確定申告書に添付した「減価償却に関する明細書」に記載して申告調整をしています。

2 問題点（争点）

　問題点は，当事例の甲，乙，丙資産について損金の額に計上した金額が，償却費として損金経理した金額に含まれるものとして取り扱われるか否かです。

3 検　討

(1) 減価償却費計上の要件

　各事業年度終了の時において有する減価償却資産の償却費として法人税法22条3項（各事業年度の損金の額に算入する金額）の規定により当該事業年度の所得の金額の計算上損金の額に算入する金額は，内国法人が当該事業年度においてその償却費として損金経理をした金額のうち，その取得をした日及び種類の区分に応じ政令で定める償却の方法の中から法人が選定した償却の方法（償却の方法を選定しなかった場合には，償却の方法のうち政令で定める方法）に基づき償却限度額に達するまでの金額とする（法法31①）とされています。

このように，法人が減価償却費を損金の額に計上するには，「損金経理」することが要件とされています。損金経理とは，法人がその確定した決算において費用又は損失処理することをいいます。したがって，確定した決算がない場合（最高判 昭50.12.16 税資83号745頁 Ｚ083－3680），簿外処理されている場合（福岡地判 昭46.1.29 税資62号136頁 Ｚ062－2681）等の場合は，その損金算入は認められません。

　この場合の損金経理した金額とは，形式的に考えれば，「減価償却費」という科目を用いて経理処理をした場合に限られてしまいます。しかし，企業実務では，重要性の原則を考慮する等の理由から，一定金額以下の資産については資産に計上しないといった税法基準とは異なった経理規程を有している場合もあります。このような経理基準を，ただ使用した科目が異なるという理由だけで償却費の損金算入を認めないのは実情とそぐわないことになります。

　そこで，税法と企業会計で減価償却資産の取得価額の範囲について若干の考え方の相違があることも考慮して，両者間の調整を図るために，税法では減価償却費以外の科目で処理したもののうち一定のものを「償却費として損金経理した金額」として認めることとしています。

(2) 消耗品費等処理について

　法人税基本通達７－５－１では，法人税法31条１項に規定する「減価償却として損金経理した金額」には，法人が減価償却費として経理した金額のほか，損金経理をした次に掲げる金額が含まれるとしています（窪田悟嗣編『法人税基本通達逐条解説』（五訂版）559頁 税務研究会出版局 平20）。

① 減価償却資産の取得価額（法令54①）の規定により減価償却資産の取得価額に算入すべき付随費用のうち原価外処理をした金額

② 減価償却資産について法又は措置法の規定による圧縮限度額を超えてその帳簿価額を減額した場合のその超える部分の金額

　　圧縮記帳は税法独自の制度ですから，過大に圧縮損を計上したとしても，圧縮限度超過額は償却費として損金経理をした金額として認められます。

③ 減価償却資産について支出した金額で修繕費として経理した金額のうち

資本的支出（法令132）の規定により損金の額に算入されなかった金額
④ 無償又は低い価額で取得した減価償却資産につきその取得価額として法人の経理した金額が減価償却資産の取得価額（法令54①）の規定による取得価額に満たない場合のその満たない金額
⑤ 減価償却資産について計上した除却損又は評価損のうち損金の額に算入されなかった金額

税務上，固定資産について評価損による損金算入ができる場合は，災害による著しい損傷等特定の事実が生じた場合に限定されて（令68三）（窪田悟嗣編『法人税基本通達逐条解説』（五訂版）554～555頁　税務研究会出版局）います。

減損損失又は評価損の計上をした場合において，その損金算入が税務上は認められない場合であっても，当期の償却限度内であれば，その減損損失及び評価損の金額は償却費として認容されます。

⑥ 少額な減価償却資産（おおむね60万円以下）又は耐用年数が3年以下の減価償却資産の取得価額を消耗品費等として損金経理した金額
⑦ ソフトウエアの取得価額（法令54①）に算入すべき金額を研究開発費として損金経理した場合その損金経理した金額

ソフトウエアについては，税法上は取得価額に含めるべき費用でも企業会計上費用処理することが要請されるため，ソフトウエアの取得価額に算入すべき金額を会計上費用処理した場合には，その金額を償却費として損金経理したものとして取り扱います。

(3) **贈与により取得した資産**
① **原則的取扱い**

減価償却資産を贈与，交換，代物弁済等によって取得した場合（法令54①）は，次のイ，ロの合計額が取得価額とされます。

イ　その資産の取得のために通常要する価額
ロ　その資産を事業の用に供するために直接要した費用の額

本事例の丙資産のように贈与によって受け入れた資産の全額を計上しな

かった場合は，法人が損金経理した金額がないのですから，法人税基本通達7－5－1によって償却費として損金経理した金額とすることはできません。

そこで，法人税基本通達7－5－2では，次のイ，ロの場合には，申告調整をすることによって償却費として損金経理した金額に含むこととして取り扱っています。

イ　減価償却資産の取得価額の全部又は一部を資産に計上しないで損金経理した場合で，法人税基本通達7－5－1によって償却費として損金経理をしたものとして認められないとき

ロ　贈与により取得した減価償却資産の価額の全部を資産に計上しなかった場合（山本守之『調査事例からみた－法人税の実務』（二訂増補版）税務研究会出版局，229頁）

② 少額減価償却資産の場合

次に，贈与により減価償却資産を取得した場合において，その減価償却資産の価額が10万円未満のいわゆる少額減価償却資産で，事業の用に供していれば（法令133），その減価償却資産について何らの経理をしない場合でも損金経理をしたものとして取り扱います（法基通7－5－2（注））。この場合，確定申告書による申告調整も要しません。

償却費以外で損金経理した場合や贈与等で取得した場合，確定申告書では申告調整をしていない場合であっても，修正申告書の提出の際に申告調整をした場合には適用があります（前掲『法人税基本通達逐条解説』）。

4　当事例の検討

本事例における甲資産は取得価額がおおむね60万円以下，乙資産は耐用年数が3年以下に該当しますので，⑥の少額な減価償却資産に該当します。消耗品費として処理していますので，損金経理した金額に含まれます。

したがって，事例の場合は次のように償却超過額を計算します。

① 甲資産　500,000円×0.5＝250,000円

　　　　　500,000円－250,000円＝償却超過額250,000円

② 乙資産　800,000円×0.833＝666,400円
　　800,000円－666,400円＝償却超過額133,600円

　丙資産については申告調整を行うということは償却の意思を表示したと考えることができますので，その記載金額を償却費として損金経理した金額に該当するものとして取り扱います。

　したがって，丙資産の償却超過額は次のようになります。

③ 丙資産　1,500,000円×0.417＝625,500円
　　1,500,000円－625,500円＝償却超過額874,500円

(染谷　多恵子)

山本守之のコメント

　償却費として損金経理した金額の意味とその理由等を整理する必要があります。特に法人税基本通達７－５－１は減損会計との関連も含めて検討します。

31 旧設備の移設費用

1 事　例

　当社は食品加工業を営んでいますが，最近新性能の機械設備を購入し，工場に据え付けました。

　新規設備を生産ラインに組み込むにあたっては，生産ラインの一部の変更を行う必要があり，もともと工場内にあった機械設備（帳簿価額600万円）を別の場所に移設しており，その移設の際には，既存の機械設備が効果的に作動するように配置換えを行っています。

　この移設には，移設費として100万円かかりましたが，移設に要した費用の全額を修繕費として損金経理しています。

2 問題点（争点）

　問題点は，移設費が税法上の資本的支出に該当し資産計上しなければならないかどうかです。

3 検　討

(1) 修繕費と資本的支出

　修繕費の金額は，その支出した事業年度の損金の額に算入されますが，資本的支出の金額は，その支出の対象となった固定資産の取得価額に加算されます。修繕費の意義は，法人税関係法令においては積極的には規定されていませんが，法人税基本通達で，「固定資産の通常の維持管理のため，又は災害等によりき損した固定資産につきその原状を回復するために要したと認められる」金額は修繕費になるとして，5種類の費用を例示しています（法基通7－8－2）。

　一方，資本的支出については，修繕費との区分の必要から法人税法132条で，固定資産に支出された金額のうち，使用可能期間の延長に対応する部分及び資

産の価額の増加に対応する部分という2つの基準により判定された金額が，資本的支出として損金の額に算入されないことを規定しています。更に，法人税基本通達7－8－1本文においては，「固定資産の価値を高め，又はその耐久性を増すこととなると認められる部分に対応する金額が資本的支出となる」と説明されています。

したがって，移設の形態によりその処理が異なることになりますので，具体的にどのような移設かの判断が重要となります。

(2) 機械装置を移設する場合の移設費

機械装置の移設に伴っては一般的には，運賃，据付費等の移設費と解体費が発生します。移設を行っても，通常の場合はその機械装置の価値を何ら高めるものではありませんから，機械装置の移設費は解体費とともに修繕費として処理することができます（法基通7－8－2(2)）。

(3) 集中生産を行う等のための機械装置の移設費

しかしながら，機械装置の移設が集中生産又はよりよい立地条件において生産を行う等のために他の事業場に移設するような場合やガスタンク，鍛圧プレスのように多額の据付費を必要とする移設を行ったような場合には，移設費を損金の額に算入するのではなく，これを資本的支出として取り扱い，その移設費は機械装置の取得価額に加算することになります。

もっとも同時に，解体費やその機械装置の取得価額に算入されていた当初の据付費（付随費用）の移設直前の帳簿価額に相当する金額は，損金の額に算入することが可能です。

ただし，移設費の額の合計額が，その機械装置の移設直前の帳簿価額の10％以下であるときは，移設費を支出時の損金の額に算入することが認められており，この場合には旧据付費に相当する金額を，帳簿価額から減額することはできないことになります（法基通7－3－12本文）。

(4) 新規の設備導入に伴う既存設備の配置換えのための移設

新規の生産設備を導入する際に，既存の生産ラインが邪魔になり，うまくレイアウトができないということがあります。この場合には，既存設備の配置換

えを検討するわけですが，当然のことながら，少しでも生産が効率的に行えるように配置換えを行うものと思われます。しかしながら，結果的にはこのような新規設備の導入に伴う既存の設備の移設は，外形的には集中生産又は立地条件の改善と同視されることになってしまいます。

そこで，このケースのように，もともと主たる目的が新規設備の導入であって，付随的に既存設備の配置換えが行われるような場合には，上記(2)の集中生産等として取り扱わない旨が明らかにされており，このような移設費については，移設時に修繕費として損金の額に算入されることになります（法基通7－3－12（注））。

(5) **移設費を資本的支出とする場合**

ここで，いかなる場合が本通達でいう「集中生産又はよりよい立地条件」に該当するのかという疑問が生じます。この判断基準が具体的に示されていないため，実務上のトラブルは少なくありません。

前述のとおり集中生産等の移設の場合は，生産設備全体に対して資本的支出をしたように捉えることになります。したがって，資本的支出の基本的考え方からすると，生産設備全体としての価値に着目して，機械装置を移設することによりこれら生産設備全体の価値が高められる場合に限り，その移設費が資本的支出に該当することになると考えられます。

つまり，分散している工場を一カ所に集約する場合に，集中生産を行うことによって生産力の増加をもたらす場合や，無駄のない生産ラインに配置変更することにより効率性を上げ，更に経費の節減を図るという場合など，積極的な設備計画が前提となります。そして，この結果として究極的には利益の増加に繋がることが，生産設備全体の価値を高める場合に当てはまり，「集中生産又はよりよい立地条件において生産を行う等のため」の機械装置の移設に該当するものと考えられます。

逆に，たとえ工場を一か所に集約する場合であっても，事業の縮小による工場の閉鎖に伴いやむを得ず他の事業場に生産設備を移設するような，いわば消極的な移設は，本通達の趣旨からすると，この適用から除かれるものと解され

ます。

　ところで，移設費の合計額が，機械装置の移設直前帳簿価額の10％以下であるときは損金処理が認められるということから，これを超えた場合には，すべてが集中生産等に該当し，資本的支出として資産計上しなければならないというような指摘もあるようです。しかし，移設費が移設直前の帳簿価額の10％を超えるときは，その移設の形態によって判断して，集中生産等のための移設であれば資本的支出となり，集中生産等に該当しない場合は当然のことながら修繕費として処理することになります。

　この関係を図示してみますと，次のようになります。

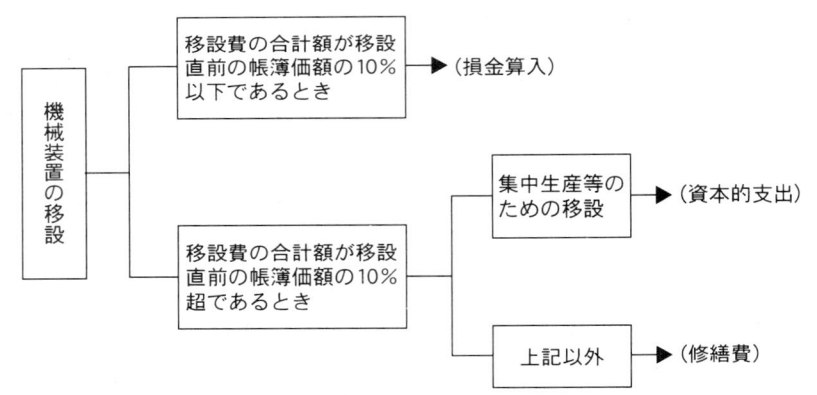

```
                    ┌─ 移設費の合計額が移設
                    │   直前の帳簿価額の10％ ──▶（損金算入）
                    │   以下であるとき
機械装置の移設 ──┤
                    │                              ┌─ 集中生産等の ──▶（資本的支出）
                    │                              │   ための移設
                    └─ 移設費の合計額が移設 ──┤
                        直前の帳簿価額の10％       │
                        超であるとき              └─ 上記以外 ──▶（修繕費）
```

　　　山本守之『調査事例からみた法人税の実務』（二訂増補版）209頁　税務研究会出版局
　　　　平13

　また，「集中生産」については，法人税基本通達7－3－12本文で，「一の事業場の機械装置を他の事業場に移設した場合」についてその取扱いを明示していることから，同一の事業場内における機械装置の移設については，その移設によって生産力がアップする等効率的なものであっても，その移設費は，すべて損金の額に算入することができるとされます（TAINS法事例1834）。

4　本事例の検討

　本事例の場合の既存設備の移設については，新規設備の導入のために，付随

的に行われた旧設備の移設と考えられますので，生産効率を上げるものであっても，その移設費については，修繕費として処理することが可能なものと判断されます。

　このような取扱いは，上述した趣旨により付随的に行われる既存設備の配置換えについて認められるものであって，新規設備の取得を機会として関係のない生産ラインについて配置換えを行った場合に適用できるものではないことに注意が必要です。

（田代　雅之）

山本守之のコメント

　既存設備の移設は何のために行ったという原因を追及すれば，「新規設備を導入するため」という要素が出てくるので，一種の玉突的支出ですから修繕費となります。

32 旧式発電設備の有姿除却

1 事 例

　電気事業者であるＡ電力会社は，保有する5基の火力発電設備（以下「本設備」という）について有姿除却を検討しています。除却を検討する理由，状況は次のとおりです。

(1) 5年～6年前から発電効率が極めて高い最新鋭の大規模発電設備が順次稼動し始めたところ，最大電力需要に比較し供給力が過大になり，最近は設備余剰の状態が顕著になってきました。

(2) 本設備は，比較的単価が高い石油を燃料とし，最新設備に比較し効率が悪く，経済性が劣っています。また，法定耐用年数（15年）を大幅に超えて25年以上使用してきました。

(3) 電力の小売部分自由化等の最近の経営環境の変化を受け，経年火力発電設備対策が重要な経営課題とされていたことから，経営計画において廃止ユニット候補として本件火力発電設備が選定されました。

(4) 当社は今期中に本設備について，電気事業法等に基づき，本設備を廃止する電気工作物変更届出書を経済産業局長に提出し，これらの発電設備について遮断器の投入・遮断回路の配線が切断され，廃止する予定です。

(5) 本設備を再稼働するには，電気事業法に基づき通常の定期点検費用（最低でも1基当たり10億円程度）に，廃止後の腐食の進行に応じた費用が追加して必要になります。また，本設備は建設当時の技術水準に応じて，独自に設計・建設されたもので，現在稼働している電力設備への転用などは困難と見込まれます。

　当社としては，今期決算において有姿除却損失を計上する予定ですが，どのような点に留意すべきでしょうか。

2 問題点（争点）

問題点は，本設備が有姿除却の対象になるかどうかで，有姿除却を計上するに際して，判断する基準は何かです。

3 検討

(1) 有姿除却の意義

使用を廃止していますが，解撤，廃棄，破砕等を行っていない資産についても，既に固定資産としての命数や使用価値が尽きていることが明確なものについて，現状有姿のまま除却処理を認めようとするのが「有姿除却」です。

除却損失等は原則として，現実に除却等があって初めて適用されるものです。しかし，除却等するために多額の費用を要する場合などは，現実の除却等がないことだけをもって，除却損の計上が認められずに，実際には収益になんら貢献していない資産の帳簿価額を貸借対照表に計上し続けることは，現実的でなく不合理です。そこで次のような資産については，その帳簿価格からその処分見込価額を控除した金額を有姿のまま除却損として損金の額に算入することとしています（法基通7－7－2）。有姿除却に関するこの通達は，昭和55年5月の通達改正により新設されたものです。

通達は，次に掲げるような固定資産について，たとえその資産につき解撤，廃棄，破砕等をしていない場合であっても資産の帳簿価額からその処分見込価額を控除した金額を除却損として損金の額に算入することができるものとしています。

① その使用を廃止し，今後通常の方法により事業の用に供する可能性がないと認められる固定資産

② 特定の製品の生産のために専用されていた金型等で製品の生産を中止したことにより将来使用される可能性のほとんどないことがその後の状況等からみて明らかなもの

(2) 通常の方法により事業の用に供する可能性の有無

① 通常の方法により事業の用に供する可能性の判断

通達があげている2つのケースのうち上記(1)①は，次のように「今後通常の方法により事業の用に供する可能性がない」ことをあげています。

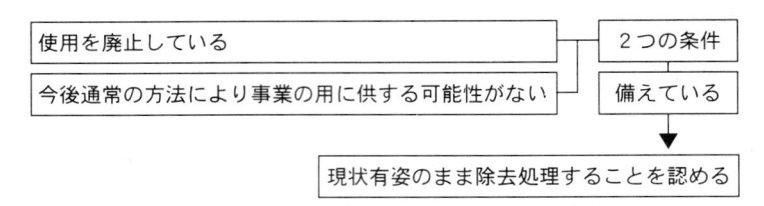

```
┌─────────────────────────────┐      ┌─────────┐
│ 使用を廃止している           │──┐   │ 2つの条件 │
├─────────────────────────────┤  ├──│         │
│ 今後通常の方法により事業の用 │──┘   │ 備えている│
│ に供する可能性がない         │      └────┬────┘
└─────────────────────────────┘           │
                                          ▼
                        ┌──────────────────────────────────┐
                        │ 現状有姿のまま除去処理することを認める│
                        └──────────────────────────────────┘
```

この「通常の方法により事業の用に供する可能性」をどのように判断するのかが問題になります。この点については，使用を廃止した時点における事後処理の方法，客観的な経済情勢その他の状況の変化を見極めた上で，その可能性を判断することになります。例えば，新技術や新設備の開発，普及により，使用していた設備が不要になってしまったケースなどの場合は，再度，事業の用に供される可能性はないと考えられます

② 転用・流用の可能性について

一旦，使用廃止された設備等がその後に他の用途に転用・流用される可能性も考えられます。転用・流用が，「通常の方法により事業の用に供する可能性」に含まれるかどうかが問題になります。この点については，他に転用等する可能性はあるとしても転用後の使用方法がその設備等の本来の用途・用法と全く異なるものであり経済性が維持できないような極端な用途変更の場合は，通常の方法による事業の用に供する可能性に該当しないと解されます。

(3) 金型等のケースについて

通達があげているもうひとつのケースである上記(1)②は，金型のケースです。金型の法定耐用年数は2年であり，生産を中止したあとの帳簿価額は少額で，かつ将来使用する可能性が少ないことがほとんどです。この取扱いは，わずかな可能性である再使用に際して，その時点で再び金型を作り直すロスを配慮し

て使用済みの金型の多数がデッドストックされている現状に着目した取扱いです。

ところで，通達では，「その後の状況等からみて明らかなもの」とされています。この点は，将来使用される可能性の有無は，生産中止後ある程度の期間その推移を見た上でなければ判断できないと考えられるためです。ところで，平成19年度税制改正により，減価償却制度について残存価額がゼロになり，償却限度額が廃止されたことから，耐用年数経過時点では帳簿価額は備忘価額になります。そうすると，金型のように耐用年数の短いものは，有姿除却の必要性はなくなってきます。平成19年度改正後の減価償却制度を考慮すると，有姿除却の実際的意義は，耐用年数がある程度長期間で，耐用年数の中途で有姿除却の要件を満たした場合の取扱いに限定されてきます。

(4) **除却損として損金算入できる金額**

有姿除却に際して除却損として計上できる金額は次により計算します。

| その除却の対象となった資産の帳簿価格 | − | 処分見込価額 | ＝ | 除却損計上額 |

実際に廃棄等するについては，解撤等の費用が生じますが，除却損計上額を算定するにあたっては，この解撤等の費用を見越し計上することはできません。債務が確定していない費用の見越し計上はできないからです。

(5) **類似裁判例について**

質問事例の基になった裁判例があります。電気事業者である電力会社が，保有する数基の火力発電設備について，有姿除却にかかる除却損を計上し，損金の額に算入して確定申告をしたところ，税務署長から，損金算入を否定され，増額更正処分等を受けたため，その取消しを求めた事案です（東京地判 平19.1.31確定 判例集未登載 Z888−1215 中部電力事件）。

東京地裁は，次のように判示して有姿除却損の計上を認め更正処分等を取り消しました。

① 仮に，火力発電設備を再稼働させるとすると，新規に火力発電所を建設

する場合と同様に，多大の費用と時間を投じて，電気事業法に基づく手続を経なければならない上，廃止した設備及び機器の全面的な点検，修理必要箇所の工事，検査，試運転等を行う必要が生じます。再稼働には，正確な推計は困難であるが，約10億円を超える通常の点検を大幅に超える費用と時間が必要になると想定されます。しかも，このような費用と時間をかけて再稼働したとしても，低効率で経済性が劣る経年火力発電設備が再稼働されるにすぎないから，原告がこのような選択をするはずがないことは，社会通念上明らかということができます。

② 火力発電設備を構成する機器等を流用するには，他の火力発電設備で使用している機器等とその型式及び規格が合致することが大前提となるところ，火力発電設備の仕様は画一的なものではなく，建設の都度設計が行われて決定されるものであって，特に火力発電設備は，大容量化による高度成長時代の需要増への対応，熱効率の向上，環境対策等の様々な課題に対応するため，火力発電技術の革新が著しかった昭和40年から50年代にかけて建設されたもので，その建設の都度，最新技術が反映された設備として設計されていたことから，同一仕様の設備や機器はほとんど存在せず，このため，本件火力発電設備を構成する部品等を流用することは，当初から極めて困難であったことが認められます。

これらの点を総合すれば，本件火力発電設備の廃止の時点で，各発電設備を構成する個々の資産は，そのほとんどが，社会通念上，その本来の用法に従って事業の用に供される可能性がなかったもの，すなわち，再使用が不可能であったものと認めるのが相当です。

4 当事例の検討

当事例については，既に大幅に旧式化した発電設備を有姿除却するとのことですから，以下の点に留意すれば，有姿除却に係る除却損の計上は可能です。

(1) 再使用の可能性について

本設備を廃止して，今後通常の方法により事業の用に供する可能性がないこ

とを設備廃止に至った経緯，理由，経済的環境の変化，設備の旧式化の程度，再使用することの経済的不合理性などを客観的に示す資料を整備しておくこと。

(2) **転用・流用の可能性について**

本設備の設計・建設段階の技術や仕様・構造などから他設備への転用・流用が，本来の用法に従ったものとしては，不可能な設備であることを明らかにする資料を整えておくこと。

(3) **処分見込額の控除**

本設備に係る物品のうち他の発電所や発電設備へ流用する見込みが明らかな物品については廃止時の帳簿価額，発電設備の全面撤去後に社外へスクラップとして売却する見込みの物品についてはスクラップ価額を参考にしてこれらの処分見込額を算定し，これらの額を帳簿価額から控除して除却損を算定すること。

(松田　孝志)

山本守之のコメント

有姿除却については，中部電力事件（平19.1.31，東京地裁）を検討すると，その考え方，社会通念等の整理ができます。

33 未供用資産の評価減

1 事　例

(1) **未供用資産の評価減**

Ａ株式会社は，石油精製を業としています。将来における重油の需要を予測し，重油を精製する施設（ローサルファプラント）を新設しましたが，一般企業では脱硫装置が普及し，このプラントが不採算化したため，未使用のまま放置し，ハイサルファプラントに切り換えました。

そこで，ローサルファプラントについて評価損を計上することにしましたが，これが認められるでしょうか。

(2) **減価償却しない資産の時価**

Ｂ株式会社では，未供用資産について減価償却を行っていなかったのですが，その期間が１年以上になったので，法人税基本通達９－１－16を適用して評価損を計上することを予定しています。

この場合の評価損計上の基礎となる減価償却資産の時価はどのように計算したらよいでしょう。

2 問題点（争点）

(1) 固定資産につき評価損が認められる事由について，法人税法施行令68条１項３号では，①災害による著しい損傷，②１年以上の遊休状態，③他の用途への転用，④所在場所の著しい状況の変化，⑤会社更生法等の法律の規定による評価換え，⑥①から⑤までに準ずる特別の事実が規定されています。

このうち②の「１年以上の遊休状態」とは，いったん事業の用に供された固定資産が何らかの事情によって１年以上の遊休状態になったことを示しており，事例のように事業の用に供していない「未供用資産」を含まないのです。

(2) 評価減を計上する場合の減価償却資産の期末時価は法人税基本通達9－1－19により「資産の再取得価額を基礎としてその取得の時から期末時まで旧定率法により償却を行ったものとした場合に計算される未償却残額に相当する金額によっているときは，これを認める」としています。

3 検　　　討

(1) 未供用資産の評価減

未供用資産については減価償却は認められませんが，未使用なものなど物理的又は経済的減額は大きいのが実状です。これについて減価償却も評価損も認めず，全く費用化の途を閉ざしてしまうのは問題です。

このため，法人税基本通達9－1－16(1)では次の場合は同令68条1項3号の「イからホまでに準ずる特別の事実」に該当するものとして評価損の計上を認めることにしています。

> 法人の有する固定資産がやむを得ない事情によりその取得の時から1年以上事業の用に供されないため，当該固定資産の価額が低下したと認められること。

この通達では，事業の用に供さないまま放置されている固定資産であっても，現に物理的又は経済的減耗が進行して，その価額が低下したと認められる事実がある場合には，評価損の計上が認められることを明らかにしたのです。

かつて，通達を適用して評価損の計上を認めた例としては，成田国際空港の開港が遅れたため，長期にわたって放置された空港施設の事例や，ユーザーにおける脱硫装置の普及により石油精製業者におけるいわゆるローサルファプラントが不採算化し，せっかく設置した同プラントを未使用のまま放置して，ハイサルファプラントに切り換えた事例などがあります。

(2) 減価償却資産の時価

固定資産の時価といっても，土地のように取引価額が客観的に明らかである場合はともかくとして，減価償却資産について通常付されるべき譲渡価額がいかなる金額であるかについては，その具体的判定にかなりの困難を伴うと考え

III 固定資産・繰延資産

られます。

　そこで，減価償却資産について評価損を計上する場合における期末時価については，当該資産の再取得価額（新品としての取得価額）を基礎として，その取得の時から当期末までの期間にわたって旧定率法による減価償却を行ったものと仮定した場合に計算される未償却残額（旧定率法法定未償却残額）に相当する金額を時価として計算した場合には，税務上これを認めることにしています。

　この方法は実務界では「複成価格法」として古くから用いられていますが，再取得価額が取得価額に近いときにこの方法によるときは，評価損によって減価償却費を取り戻すという効果が生じます。

　未供用のため，減価償却しなかった資産を３年後に評価減した場合は次のようになります。

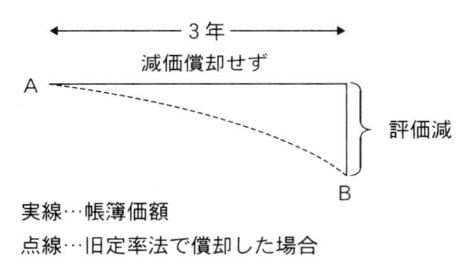

```
        ←――― 3年 ―――→
           減価償却せず
        A┌──────────┐
         │          ╲   │ 評価減
         │           ╲  │
         │            ╲ │
         │             ╲B

   実線…帳簿価額
   点線…旧定率法で償却した場合
```

　ここでは，評価減後のＢの金額は，対象資産の再取得価額を３年間旧定率法で減価償却をしたと仮定した場合の帳簿価額ですから，３年間未償却であった金額を取り戻したのと同じ効果が生ずるのです。

　気になるのは，未償却資産の償却費を取り戻したい時期を選んで評価減を計上するという節税手法に利用されないかということです。

4　当事例の検討

　原則として複成価格法の計算は，旧定率法によりますが，法人税基本通達９－１－19(注)では，「定率法による未償却残額の方が旧定率法による未償却残額よりも適切に時価を反映するものである場合には，定率法によって差し支えない。」としています。

平成19年度税制改正で新定率法が設けられ，計算した償却費が償却保証額に満たない場合には，その償却費がその後毎年同一となるようにその資産の耐用年数に応じて計算した金額を各事業年度の償却限度額として償却する方法としています（令48の2①二ロ）。

　通達では複成価格が旧定率法と新定率法のいずれか適正な時価になるかを判定手法が示されていませんが，いずれによるかは法人に判断が委ねられていると考えるべきでしょう。

（山本　守之）

山本守之のコメント

　未供用資産は遊休状態とは異なるのですが，法人税基本通達9－1－16(1)で評価損を認めています。この場合に法人税基本通達9－1－19を利用する租税回避には注意して下さい。

Ⅲ　固定資産・繰延資産

34　権利金の償却の始期

1　事　例

> 当社は、3月決算法人ですが、平成21年3月中（当期）に近隣のマンションAの1階部分を社宅として使用するために賃貸借契約を結び、権利金（返還されないもの）200万円を支払いました。なお、マンションAは、当期に建設を着工したもので、翌期に完成予定であり、当社は完成後すぐに入居する予定でいます。また、この契約を結ぶに当たり、不動産業者に対し仲介手数料50万円を支払っています。仲介手数料は当期の費用として経理し、権利金は繰延資産として経理したうえで建設着手時から償却を開始することを考えています。
> また、社宅Bを3年前に賃借して権利金300万円を支払いました。契約期間は3年でしたが、契約更新に際して再び権利金の支払いをするか否か契約書上明らかでなかったため5年で償却してきました。
> 4年目である当期に更新して更新料200万円を支払ったので、その更新料を資産として計上するとともに償却し、権利金の未償却残額を損金の額に算入しようと考えています。
> これらの処理に問題はないでしょうか。

2　問　題　点（争点）

　この事例の問題点は、①権利金繰延資産の該当性、②建物を賃借するための権利金の償却の始期、③更新時の未償却残高の処理の3点です。

3　検　討

(1)　**法人税法における繰延資産**

　法人税法上、「繰延資産は、法人が支出する費用のうち支出の効果がその支

出の日以後1年以上に及ぶもので政令で定めるもの」（法法2二十四）と定義されています。

具体的には，①創立費，②開業費，③開発費，④株式交付費，⑤社債等発行費という会計上においても繰延資産と扱われるもの（企業会計基準委員会「繰延資産の会計処理に関する当面の取扱い」，2(2)）と，⑥次に掲げる費用で支出の効果がその支出の日以後1年以上に及ぶものという税法独自の繰延資産とされるものがあり，次のように定められています（法令14）。

　イ　自己が便益を受ける公共的施設又は共同的施設の設置又は改良のために支出する費用
　ロ　資産を賃借し又は使用するために支出する権利金，立退き料その他の費用
　ハ　役務の提供を受けるために支出する権利金その他の費用
　ニ　製品等の広告宣伝の用に供する資産を贈与したことにより生ずる費用
　ホ　イからニまでに掲げる費用のほか，自己が便益を受けるために支出する費用

(2)　**資産を賃借するための権利金等**

会計学では，繰延資産を，費用配分の原則により生ずる資産項目と捉えています。つまり，期間損益計算の観点から，支出した費用であっても，支出の効果に応じた期間に合理的に配分を行い，次期以降に対応する費用を資産として扱うというものです。基本的に，法人税法においても同様の考え方をとっていると思われます。

マンションA及び社宅Bについての権利金は，すでに支出した費用が将来のマンションの利用という支出の効果に対応するため，繰延資産に該当します。なお，仲介手数料は，宅地建物取引業法の規定により，わずか1か月に相当する賃料にすぎないという理由から，「建物の賃借に際して支払った仲介手数料の額は，その支払った日の属する事業年度の損金の額に算入することができる」（法基通8－1－5（注））としており，マンションAに係る仲介手数料は，繰延資産としないで，支払をした当期の損金の額に算入することができます。

このため，仲介手数料を当期の費用として経理したのであれば，当期の損金の額に算入することができます。

(3) 建物を賃借するための権利金の償却の始期

マンションAは建物が完成する前に権利金を支払っていますので，その償却の始期が問題となります。

繰延資産の償却の始期については，「法人が繰延資産となるべき費用を支出した場合において，当該費用が固定資産を利用するためのものであり，かつ，当該固定資産の建設等に着手されていないときは，その固定資産の建設等に着手した時から償却する」（法基通8－3－5）とされています。しかし，「固定資産を利用するための繰延資産」というのは，公共的施設や共同的施設の負担金のことを想定していると考えられています。

これは，公共的施設や共同的施設の負担金の場合は，「その施設の利用と負担金の支出との関係が必ずしも個別的に明確に対応しているわけではありませんので，償却開始の時期もややあいまいであるため，建設着手したときから支出の効果が生ずるものとして取り扱うこととされている」（渡辺淑夫・山本清次『法人税基本通達の疑問点』（三訂版）ぎょうせい，379頁）ためです。

この取扱いを設けた趣旨は，公共的施設や共同的施設に係る負担金については，現にその施設が完成していないとしても，支出の経緯からみて返還されることはないでしょうし，半ば強制的な性格を持つ支出からみても施設の完成時を償却始期とすることは実情に反するという考え方によったものです。

これに対し，マンションA等の建物を賃借するための権利金の場合は，建物賃貸借契約によって，権利金と役務提供の関係が明確になっており，支出の効果はその建物を利用したときから発生すると考えられます。このため，マンションAの権利金についての繰延資産の償却の始期は，着手した当月ではなく，建物が完成し入居した時からとなります。

(4) 更新時の未償却残高の処理

権利金の未償却残高については，「繰延資産とされた費用の支出の対象となった固定資産又は契約について滅失又は解約等があった場合には，その滅失

又は解約等があった日の属する事業年度において当該繰延資産の未償却残額を損金の額に算入する」(法基通8－3－6)とされており，契約の解約等の場合には，未償却残高を一時損金にすることとされています。

しかし，この事例においては，賃貸借契約は継続しており，当初支出した権利金の支出の効果は，契約更新後にも及んでいます。このため，賃貸借契約を更新したとしてもその原契約の効果が消滅したわけではなく，契約更新時に未償却残高のある権利金は，更新に際して一時に損金の額に算入することはできず，更新後も償却を継続させなければなりません。

4 当事例の検討

この事例のうち，マンションA権利金の200万円については，繰延資産として計上されますが，その償却は工事に着工した時からではなく，建物が完成し入居した時からとなります。

なお，仲介手数料の50万円については，当期に損金経理をしていますので，当期の損金の額に算入することができます。

また，社宅Bの権利金については，その原契約が消滅したわけではないので，繰延資産の残高を一時に損金の額に算入することはできず，そのまま5年での償却を継続する必要があります。このため，当期の償却額は，300万円の5分の1である60万円のみとなります。

(金子　友裕)

山本守之のコメント

償却の始期については，公共的施設や共同的施設と借家権利金とは異なり，前者は施設の利用と負担金の支出が明確に対応していないので建設着手のときから償却することにしています。

35 少額減価償却資産の判定単位

1 事　例

　当社は衣料品販売のチェーンストアを営む会社で、数百店舗を有しています。防犯のために次のような監視用カメラ等を購入し、各店舗ごとに設置しました。各資産の単価はいずれも10万円未満であることから、購入時にその全額を費用処理しました。今年度におけるこれらの資産の購入価額は、全社で総額3,200万円程度でした。会社としては少額減価償却資産として全額費用処理しましたが、税務上も認められるでしょうか。

＜購入資産＞各店舗ごとで購入した資産の内訳

		1台当たり単価	店単位での設置台数
①	テレビ	2万5千円	1台
②	ビデオデッキ	2万円	1台
③	監視用カメラ	5万円	5台程度
④	コントローラー	3万5千円	1台
⑤	特注接続ケーブル（20メートル）	2千円	1セット

＊　監視用カメラは、店舗によって4台又は5台をセットで購入し、ビデオ、テレビと接続し、全体として店舗における防犯用として使用している。
＊　テレビ、ビデオデッキはいずれも普通の家庭用の安価なものを代用している。

2 問題点（争点）

　問題点は、これらの購入資産がすべて法人税法施行令133条に規定する少額減価償却資産に該当するかどうかであり、その判定単位が、各資産単位か店舗単位等かにあります。

3 検　　討
(1) 少額減価償却資産の取得価額の損金算入
　法人税法施行令133条は，取得価額が10万円未満である減価償却資産については，事業の用に供した日の属する事業年度においてその取得価額相当額を損金経理したときは，損金の額に算入する旨を規定しています。この規定は，企業会計における重要性の原則を背景としていますが，昭和42年，49年の改正により少額重要資産等についても適用除外としないで一律に本規定の適用対象としていること，さらに短期前払費用や消耗品の取扱いと異なり10万円の金額基準を政令で明記していることからすれば，「企業経理等の簡素化」に重点を置いた制度であるということができます。

(2) 少額減価償却資産の判定単位
　減価償却資産の取得価額が10万円未満であるがどうかの判定にあたっては，何をもってその判定の単位とするかが問題です。この点について法令では直接には規定していませんが，法人税基本通達7－1－11では，「通常1単位として取引される単位，例えば，機械及び装置については1台又は1基ごとに，工具，器具及び備品については1個，1組又は1そろいごとに判定」するとしています。これは，法人税法の耐用年数表が通常の取引単位を考慮した品名で細目を定めていることとも整合性が取れており，かつ，「企業経理等の簡素化」に重点を置いた本制度の趣旨とも合致するものと考えられます。

(3) 単体で機能を発揮できない資産
　法人税基本通達7－1－11では，「構築物のうち例えば枕木，電柱等単体では機能を発揮できないものについては一の工事等ごとに判定する。」としています。これは，枕木等は1本を単位として取引されるが，単体では機能を発揮できないことから，一の工事等をもって通常の取引される単位とするというものです。

(4) 通常1単位として取引される単位
　通常1単位として取引される単位は，単純に1個の資産という意味ではありません。例えば，応接セットなどは，通常の取引単位がテーブル，椅子のセッ

トで取引されます。したがって，テーブルや椅子をそれぞれ単体で10万円未満であるかどうかを判断するのではなく，1組のセット価額で判定することになります。同様な事例として賃貸マンションのカーテンなどがあります。カーテンは，1枚単位で取引されますが，1枚ではカーテンとしての本来の機能を発揮できず，通常の取引単位は部屋ごとの1そろいが単位になります。

(5) **防犯用システム・店舗単位という見解について**

事例に類似した裁判例に平成16年2月4日さいたま地裁判決（税資254号順号9549 Z254-9549，一審で確定）があります。

この裁判例において処分行政庁は，テレビ，ビデオ，監視用カメラの各機器が単体で機能していたものではなく，営業活動上，営業店舗に「防犯用ビデオカメラ等として一体で設置され，防犯用として機能」していたもので一体不可分なものであり，店舗単位で防犯用ビデオカメラ等（防犯用システム）として判定すべきであると主張しています。判定単位として，実際の営業活動上の用途や機能を重視した見解といえます。同様の見解は，工場内等に設置された防犯用テレビ送受信装置の耐用年数について国税局職員が著した書物においても「防犯用システムとして機能的に一体性があることなどから，省令別表第一の『器具及び備品』の『2 事務機器及び通信機器』の『インターホン及び放送用設備』の耐用年数6年を適用することになります」と記載されていたところです（千葉雄二編『減価償却質疑応答集（平15刊）』422頁 大蔵財務協会，……なお，小畑孝雄編『減価償却質疑応答集（平17刊）』大蔵財務協会では，この事例の項目が削除されています）。

この点について上記さいたま地裁判決は，「ビデオカメラ等について，一体として一つの償却資産と扱うことは必ずしも合理的とはいえず，カメラ，ビデオ，テレビはそれぞれを器具備品として取り扱っても差し支えないというべき」と判断し，例え営業活動上他の器具等と一体で使用されていても，普通のテレビ，ビデオデッキについては単体でその機能を発揮し，通常の取引単位も単体であることから，通常の取引単位により判定することを明らかにしています。

ただし，監視用カメラ（4台又は5台），コントローラー，ケーブルについては，

さいたま地裁判決は「一店舗ごとにカメラ４，５台，コントローラー１台をセットとして購入，設置されたと認められ，これらの設置の経緯や本件監視カメラの使用状況等からみて監視カメラ等についてはその取得価額は設置された各店舗ごとの単位で判定するのが相当である」として店舗単位での判定を行い，少額減価償却資産に該当しないと判断しました。なお，耐用年数については，処分行政庁の主張を採用せずに「光学機器及び写真制作機器・カメラ」の５年を採用しています。さいたま地裁判決はテレビ，ビデオについての考え方と監視用カメラについての考え方とで，その論理において一貫性に欠けるようにも思えますが，監視用カメラは４台から５台をコントローラーとセットで販売されているものを購入していることに着目しているように思われます。

⑹　ＮＴＴドコモ事件について

　少額減価償却資産の判定単位をめぐる裁判例にＮＴＴドコモ事件（最判　平20.9.16, 裁判所時報1468号１頁　Ｚ888－1351）があります。

　携帯電話会社が譲り受けた電気通信施設利用権（エントランス回線に関するもの）約15万３千回線の取得価額（１回線当たり72,800円，合計で約111億円）が少額減価償却資産に該当するかどうかが争われた事件です。

　処分行政庁の接続協定上の地位そのものが全体としてひとつの資産であるとの主張に対して，最高裁は，「エントランス回線利用権は，エントランス回線１回線に係る権利一つを１単位として取引されているということができる。」とし，一つではＰＨＳ事業において収益を生み出す源泉としての機能を発揮することができない旨の処分行政庁の主張に対して次のように判示しています。

　　「減価償却資産は法人の事業に供され，その用途に応じた本来の機能を発揮することによって収益の獲得に寄与するものと解されるところ」，「回線が１回線あれば，当該基地局のエリア内のＰＨＳ端末から……固定電話又は携帯電話への通話等，……エリア内のＰＨＳ端末への通話等が可能であるというのであるから，本件権利は，エントランス回線１回線に係る権利一つでもって……ＰＨＳ事業において，上記の機能を発揮することができ」るとしています。

169

最高裁判決は，エントランス回線1回線に係る権利一つをもって，一つの減価償却資産と見るのが相当であるとして，その全額が損金の額に算入されると判断しました。この裁判例においても，単体でその機能を発揮している資産については通常の取引単位で判定するという考え方が前提となっているといえます。

(7) ま と め

　少額減価償却資産の取得価額判定の単位は，単体でその機能を発揮できるものについては，「通常1単位として取引される単位，例えば，機械及び装置については1台又は1基ごとに，工具，器具及び備品については1個，1組又は1そろいごとに判定」します。この場合の通常1単位として取引される単位とは，単純に1個の資産という意味ではなく，例えば応接セットなどは通常の取引単位がテーブル，椅子のセットで取引されるので，1組のセット価額で判定します。

　また営業活動上，他の器具等と組み合わされ一体に利用される場合にも，単体としてのその用途に応じた本来の機能を発揮しているのであれば，他の器具等と併せて一体で判定するのでなく，通常1単位として取引される単位で判定します。

4　当事例の検討

　当事例については，普通の家庭用テレビ，ビデオデッキを購入し，営業活動上は監視用カメラ等と接続して一体として利用されています。テレビ，ビデオの単体としての機能は，通常の機能と変わりなく発揮されていることから，通常1単位として取引される単位で判定します。

　したがって，通常の取引単位である1台を単位として10万円未満であるかどうかを判定すればよく，損金経理することにより，いずれも少額減価償却資産として損金の額に算入することができます。監視用カメラ（4台又は5台），コントローラー，ケーブルについては，類似裁判例のように「一店舗ごとにカメラ4，5台，コントローラー1台をセットとして購入，設置された」と認めら

れる場合は，その取得価額は設置された店舗ごとの単位で判定するものと思われます。店舗単位で判定を行うと20数万円になることから少額減価償却資産に該当しません。しかし，監視用カメラは1台でも機能を発揮し，複数台での取引が通常での取引単位であるともいい難いことから，個別の事実関係によっては，単体の1台を判定単位とするケースも考えられなくもありませんが，そのためには会社の側で取引単位としてセットで購入したものではないことの客観的な説明を行う必要があります。

(藤曲　武美)

山本守之のコメント

少額資産の判定単位の考え方は，調査官の認識と判決例で異なることがありますが，租税法律主義の立場から裁判例を勉強して下さい。

Ⅲ　固定資産・繰延資産

36　土地付建物の除却損

1　事　　例

> A社は旅館，ホテル等を経営していますが，このほど甲駅から徒歩3分のところにある中古の旅館用建物とその敷地を平成X年6月に取得しました。売主は現に旅館を経営しており，相当数の顧客の利用があると説明しました。
>
> A社は取得した建物を直ちに旅館の用に供しましたが，取得後10か月を経過するまでは相当数の客の利用はありました。しかし，10か月経過後に客足はパタリと止まってしまいました。事情を調べてみると，甲駅からの反対方向（徒歩5分）に鉄筋コンクリート造りのビジネスホテルが開業したためであると判明しました。
>
> （注）　売主はこのような事情を知っていたために旅館用建物の売却を急いだのでしょう。
>
> A社は取締役会で対応を検討し，このままでは赤字が累積することになるので，木造の旅館用建物を取り壊し，新たに鉄筋コンクリート造のホテルを新築することにしました。
>
> この場合，旧木造建物の帳簿価額を除却損として計上することができるでしょうか。

2　問　題　点（争点）

法人税基本通達7－3－6では，法人が建物等の存する土地を建物等とともに取得した場合に，「その取得後おおむね1年以内に当該建物等の取壊しに着手する等，当初からその建物等を取り壊して土地を利用する目的であることが明らかであると認められるときは，当該建物等の取壊しの時における帳簿価額及び取壊費用の合計額（廃材等の処分によって得た金額がある場合は，当該金額を控

除した金額）は，当該土地の取得価額に算入する。」としています。

この取扱いは，「1年以内の取壊し」としていますが，これが土地の取得価額算入の要件なのか，それとも「当初から建物を取り壊して土地を利用する目的であった」ことが要件なのかの判定が必要でしょう。

3 検　　討

法人が建物等の存する土地をその建物等とともに取得した場合に，その建物等を利用する意思がなく，その土地に建物を新築する計画があった場合は，その法人が必要としていたのは土地だけです。

このため，法人税基本通達7－3－6では次のような事案があるときには，土地を利用するために建物を取得したものとみて，取壊し時の建物の帳簿価額と取壊費用の合計額（廃材等の処分によって得た金額は控除する）を土地の取得価額に算入することとしています。

① 取得後直ちに取り壊したとき
② 取得後おおむね1年以内に取壊しに着手したとき

このうち，①は「当初から土地だけを利用する目的」と解されるでしょうが，検討すべきは②の場合です。

重要なことは，②の「おおむね1年以内に取壊し」を1つの課税要件として租税法の解釈とすべきか，又は「おおむね1年以内に取壊し」は法人の取得目的を判定する場合の簡易な形式基準として置かれたものに過ぎないと考えるかです。

例えば，建物自体を利用する目的で取得し，現に建物を利用していたところ後発的理由によって1年以内に建物を取り壊さなければならなくなった場合は，当初から土地だけを利用する目的で取得したものではありませんから，ストレートにこの取扱いは適用すべきでないでしょう。

逆にいえば，1年経過後に建物を取り壊したとしても，当初から土地だけを利用することが明らかであれば，法人税基本通達7－3－6の取扱い（土地の取得価額に加算）が適用されるでしょう。

法人税基本通達7－3－6の適用要件は，「……当初からその建物を取り壊して土地を利用する目的であることが明らかであると認められるときは」ということであって，「1年以内の取壊し」は土地の利用目的を判定するに当たって，仮に置かれている形式基準に過ぎません。また，この場合の形式基準も課税要件として置かれているのではなく，土地の利用目的を判定する場合の便宜的な基準に過ぎません。

ところで，問題にしたいのは，市販されている質疑応答集であたかも「1年以内」が課税要件のように書かれていることです。

また，課税庁の担当者の解説書でも，「……その建物が1年以内に災害の発生その他後発的な理由により取り壊されたときは，その使用実態をふまえ，その除却損を土地の取得価額に算入しないことができると解されます。」（渡辺淑夫著『法人税基本通達の疑問点』（三訂版）294頁　ぎょうせい）としています。

災害の発生という予測できない原因によって取り壊す場合には，もちろん後発的理由になるでしょうが，事例のように，当初は建物を旅館として利用するために取得し，現にその目的で利用した後に，ビジネスホテルの開業という予期しない事態が出現し，このままでは経済的に割りが合わないため，やむを得ず取り壊さなければならなくなった場合には，それが1年以内の取壊しであったとしても，土地等を利用するために取得したとして法人税基本通達7－3－6の適用をすることはありません。

4　当事例の検討

通達で法解釈の基準となるべき数値－税務形式基準－（事例では「1年以内の取壊し」）を定めることが許されるかという問題があります。

形式基準は実務や調査担当者にとっては真に便利なもので，「この基準に従ってさえいれば税務調査において否認がされることはない」と受け取られています。また，このような基準が存在することが税務執行の公正を維持することに役立っていると説く者もいます。

しかし，これらの基準はいずれも法令によって定められたものではなく，一

方的に通達に書かれたものである場合は,「課税要件法定主義」に反します。

通達に示された「1年以内」は課税要件ではありません。あくまで,土地を利用するために取得したのか否かによって解釈すべきでしょう。

(山本　守之)

山本守之のコメント

法人税基本通達7－3－6の「1年以内」は,法規定のように考える必要はなく,当初から土地を利用するためであったか否かを判断する場合の単なる割切りに過ぎません。

III 固定資産・繰延資産

37 建物及び機械装置の除却損

1 事　例

(1) 木造建物の除却

　A社は木造の従業員宿舎用建物を所有しています。この建物は新築してから10年しか経過しておらず，法定耐用年数（20年）を経過していません。しかし，建物の耐震基準も変わっているため，使用に耐え得ることは承知していましたが，この建物（帳簿価額300万円）を取り壊し，鉄筋コンクリート造の建物を新築することになりました。この場合に，旧建物の帳簿価額及び取壊し損を新建物の取得価額に含めなくてよいでしょうか。

(2) 大型設備の除却

　B社は製品製造に当たって大型設備を保有していましたが，技術の進歩により小型の設備の使用によって製品の製造が可能となりました。

　そこで，旧設備を除却処理したいのですが，旧設備の保持費用だけで1基当たり10億円は要するので，使用廃止に伴う必要な保安措置をしただけで放置してあります。

　この場合に有姿除却を適用できるでしょうか。

2 問　題　点（争点）

(1) 木造建物の除却

　木造建物は鉄筋コンクリート造の建物を取得するために取り壊したという視点からみれば，旧建物の帳簿価額及び取壊し損は新建物の取得価額に含めるという考え方ができないでもありません。

　しかし，建物の取得価額を規定した法人税法施行令54条はどのように規定しているか検討してみる必要があります。

(2) 装置の有姿除却

　固定資産を解撤，破砕，廃棄をしなくても次の場合は有姿除却として処理することが認められています（法基通7－7－2）。

① その使用を廃止し，今後通常の方法により事業の用に供する可能性がないと認められる固定資産

② 特定の製品の生産のために専用されていた金型等で，その製品の生産を中止したことにより将来使用される可能性のほとんどないことがその後の状況等からみて明らかなもの

　事例の場合は，①に該当するものとして差し支えないか否かの検討が必要です。

3 検　　討

(1) 木造建物の除却

　木造の建物を取り壊し，その跡地に新築した鉄筋コンクリート造の建物の取得価額は，次の①と②の合計額です（令54①一，二）。

（購入の場合）

① その資産の購入の代価（引取運賃，荷役費，運送保険料，購入手数料，関税その他その資産の購入のために要した費用がある場合には，その費用の額を加算した金額）

② その資産を事業の用に供するために直接要した費用の額

（自己の建設等の場合）

① その資産の建設等のために要した原材料費，労務費及び経費の額

② その資産を事業の用に供するために直接要した費用の額

　　（注）　法人が計算した建設原価の額が，上記の合計額と異なる場合において，その原価の額が適正な原価計算に基づいて算定されているときは，その法人が計算した建設原価の額を取得価額とみなすことになっています（法令54②）。

　木造の建物を取り壊したのは，鉄筋コンクリート造の建物を建築するためという意図であることは事実ですが，その取壊し損を鉄筋建物の取得価額に算入

177

すべきであるというのはやや法解釈を拡張しすぎるとの考え方があります。

現に，法人税法施行令54条の規定（取得価額を定めた）からは取壊し損や旧建物の帳簿価額を新建物の取得価額に含めると読み取ることはできません。

このため，法人税基本通達では，次のような取扱いを置いて，取り壊した建物の帳簿価額及び取壊し損を損金の額に算入することを容認しています。

（取り壊した建物等の帳簿価額の損金算入）
7－7－1　法人がその有する建物，構築物等でまだ使用に耐え得るものを取り壊し新たにこれに代わる建物，構築物等を取得した場合（7－3－6《土地とともに取得した建物等の取壊し費等》に該当する場合を除く。）には，その取り壊した資産の取壊し直前の帳簿価額（取り壊した時における廃材等の見積額を除く。）は，その取り壊した日の属する事業年度の損金の額に算入する。

取壊し建物の除却損等は，土地を利用するためのものでない限りは損金の額に算入されます。

(2) 有姿除却

B社が適用しようとしているのは，使用を廃止していること，今後通常の方法によって事業の用に供する可能性がないという2つの条件を満足すれば，現実に廃棄等をしないときでも除却損の計上を認めるという取扱いです。

企業が使用を廃止した資産を解撤，破砕，廃棄等をしないのは，これらに多額の費用を要する場合や将来再使用の可能性がごく僅かではあっても残っている場合です。

ところで，有姿除却をめぐる裁判例で，有姿除却資産を「今後通常の方法により事業の用に供する可能性がない」ということを納税者側が立証するように求められたようです。

例えば，中部電力事件の国税不服審判所の裁決では，「（有姿除却が適用される）固定資産が，今後通常の方法により事業の用に供する可能性がないことについては，その適用を主張する者において，主張・立証することが必要である。」（裁決 平17.6.14 非公開 F0－2－270）としています。

一般的に法人がその固定資産の使用を廃止し，今後通常の方法により事業の

用に供する可能性がないことが客観的に明らかであると認められることを立証することは困難です。

このため，中部電力事件では，有姿除却をした固定資産について，次の経済的観察からみて再稼動の可能性がないことを立証し，納税者側が勝訴したという事例があります（東京地判 平19.1.31 Z888-1215）。
① 有姿除却資産（発電設備）は，通常の点検に要する費用だけでも1ユニット当たり10億円を要すること
② 使用廃止後，保守又は保全の措置が執られていないために腐食が進行していることを考慮すると，再稼働には通常の点検を大幅に超える費用と時間が必要になると想定されること
③ 多額の費用と時間をかけて再稼働したとしても，低効率で経済性が劣る経年火力発電設備が再稼動されるにすぎないから，納税者がこのような選択をするはずがないことは，社会通念上明らかであること

4 当事例の検討

B社の場合は，中部電力の裁判例と同様に大型設備の有姿除却をする場合に，その設備が使用を廃止し，今後通常の方法により事業の用に供される可能性がほとんどないことを立証しなければなりませんが，その立証方法は物理的な方法だけでなく，経済的な理由も考慮すべきです。

税務では，物理的な意味の除却損を中心として会計学的思考により判断することが少なくありません。しかし，資産の使用廃止という決断は，専ら経済的観察から経営者が判断するものです。訴訟のような具体的事例については，ソフトに理解を示す必要があるでしょう。

（山本　守之）

山本守之のコメント

　新建物を建築するために旧建物を取り壊した場合に取壊し損を新建物の取得価額に入れるというのは法解釈を拡張しすぎています。有姿除却は，経済的観察から判断すべきです。

IV

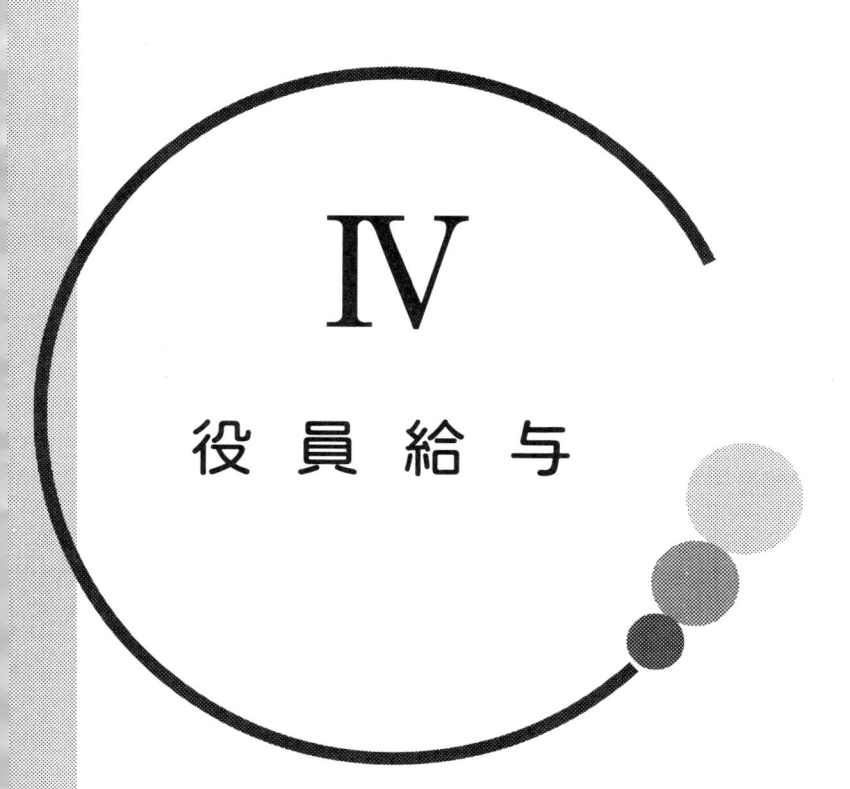

役員給与

38 役員の範囲

1 事 例

> 当社は婦人靴の製造業を営んでいる株式会社で従業員は10名です。
> 使用人賞与として、代表者Aの妻Bに1,000,000円、Aの妹Cに800,000円、Cの夫Dに700,000円、合計2,500,000円を支給しました。B、C、Dに支給した賞与2,500,000円は全額損金の額に算入できるでしょうか。なお、当社は事前確定給与に関する届出書を提出していません。
>
> | | 親族関係 | 持株割合 | 職制上の地位 | 職務内容 |
> |---|---|---|---|---|
> | A | | 60% | 代表取締役 | 主要取引先選定、重要な契約締結、資金調達、人事の決定、経営上重要な案件の最終決定 |
> | B | Aの妻 | 15% | 製造部門の責任者
(使用人) | 材料、機械等の購入の決定、職人の採用、給与額の決定 |
> | C | Bの妹 | 10% | 製造部門担当
(使用人) | 製造部門で、Bの指揮監督のもとデザイン担当 |
> | D | Cの夫 | 4% | 経理事務担当
(使用人) | 日常の経理事務担当、資金調達、資金計画とは無関係 |

2 問題点(争点)

問題点は、B、C、Dが法人税法上のみなし役員に該当するかどうかです。

3 検 討

(1) 法人税法上の役員

役員とは、法人の取締役、執行役、会計参与、監査役、理事、監事及び清算人をいいます。法人税法では、これらに加え、次の(2)のように「みなし役員」について規定されています。

(2) みなし役員の要件

法人の使用人（職制上使用人としての地位のみを有する者に限ります）以外の者でその法人の経営に従事している者及び，同族会社の使用人のうち，下記(3)の特定株主等に該当し，かつ，その法人の経営に従事している者は，法人税法において，役員とみなされます（法法2二十五）。

(3) 特定株主等の判定 (法令7①二, 71①五)

区分	判　定　方　法			
①	イ　第1順位の所有割合が50％超である場合	第1順位	いずれかに属している	いずれにも該当する
	ロ　第1および第2順位の所有割合を合計してはじめて50％超となる場合	第1順位		
		第2順位		
	ハ　第1〜第3順位までの所有割合を合計してはじめて50％超となる場合	第1順位		
		第2順位		
		第3順位		
②	属する株主グループの所有割合が10％を超えている			
③	イ　その者	合計で所有割合が5％を超えている		
	ロ　配偶者			
	ハ　その者と配偶者の所有割合が50％超となる他の会社			

→ 特定株主等

(4) 「経営に従事」が争点となった裁決例

経営に従事しているかどうかが争われた裁決例により，どのような事実認定がなされたかを検討します。

① 木材の製材及び販売を営む同族会社H社の特定株主に該当する使用人であるK（H社の代表者Iの三男），J（Iの四男）に支給した賞与が役員賞与に当たるとして行政庁が損金算入を否認した事例（裁決 昭46.7.17 裁事3集13頁，J03−3−04）

Kは製材工場の現場，Jは木材の加工現場で働く一方，請求書等の作成事務を担当していました。K，J両者は給料の支給状況等が一般使用人と

異なっているものの、その勤務につき、常に代表者Ｉの指揮監督を受けていたことから、経営に従事しているという事実は認められないとされました。

② 撮影用照明機材の貸出し、技術者派遣を業とする同族会社Ｌ社の使用人Ｐ（代表取締役Ｍの妻）、Ｑ（Ｐの妹）、Ｒ（Ｑの夫）に支給した賞与が役員賞与に該当するかどうかについて争われた事例（裁決 昭47.10.23 裁事6集21頁，Ｊ06-3-05）

　Ｐは、機械等の貸出し、引取り、整備等のほか、法人の全体的な管理事務を担当しており、Ｌ社の経営方針、貸出機械等の料金の決定、資金計画、基本的資材購入の決定、従業員等の採用、給与等の額の決定等、重要事項の決定に参画しているので、経営に従事していると認められました。

　Ｑは照明技師として作業現場で勤務することが多く、Ｒは売掛、買掛帳の整理、請求書の発行、労務者の賃金計算等経理事務を担当していました。Ｑ、Ｒ両者の職務内容はもっぱら使用人としての性格を持つもので、経営に従事しているとは認められないとされました。

(5) **経営に従事しているかどうかの判定**

(4)の裁決例から、経営に従事しているかどうかの判定にあたって考慮すべき点として、次の点が重要であるといえます。

① 経営上の重要な案件の決定に関与しているか
② 従業員の採用や、給与の額等、人事の決定権限があるか
③ 主要な取引先の選定、重要な契約締結の決定権があるか
④ 資金調達の決定、資金計画立案を行っているか
⑤ 業務遂行にあたり、他の者の指揮監督を受けているか

(6) **経営に従事していることの立証**

小規模の法人では、職制上の地位が不明確であるケースが多く見られます。そこで、誰が経営に従事し、誰が経営に従事していないかを明確にするため、指揮命令系統、業務分担を明らかにすることが必要です。

具体的な立証方法としては、組織図等を作成しておいたり、経営上の重要事

項の決定にあたっては、稟議と決裁が必要であることを証する稟議書を保存しておくことにより、業務遂行にあたって誰が決定権を持っていたかを、明らかにすることができます。

小規模の法人では、組織図や稟議書等の形式にこだわらず、決定事項を記したメモ、業務日誌、担当者への指示書のようなものも、証拠資料として役立つことがありますので、経理資料と一緒に保存しておくとよいでしょう。

(7) みなし役員に支給する給与の損金算入要件

みなし役員に対して支給する給与の額は、定期同額給与、事前確定届出給与などの要件に該当するものを除き、損金の額に算入することができません。

4　当事例の検討

A（60％）、B（15％）、C（10％）、D（4％）の持株割合は、合計すると50％を超えているので、B、C、Dは第1順位の株主グループに属することになり、この株主グループの持株割合は10％を超えます。また、AとBの持株割合の合計及びBとCの持株割合の合計は、それぞれ5％を超えています。

このうち、Bは経営に従事していると認められますので、みなし役員とされ、支給した賞与の額を損金の額に算入することはできません。それに対し、C、Dは、いずれも経営に従事しているとは認められませんので、C及びDに支給した賞与の額は、使用人に対する給与として、全額を損金の額に算入することができます。

（熊野　泰之）

山本守之のコメント

「経営従事」をどのような基準で制定し、それをどのように説明するかが大切です。法解釈とともに具体的な事実認定の問題と考えてもよいでしょう。

IV 役員給与〔通常の役員給与〕

39 使用人兼務役員の範囲

1 事　例

> 同族会社である当社の株式の所有割合は，第1順位の株主グループ（社長とその同族関係者）55％，第2順位の株主グループ（取締役工場長）6％，第3順位の株主グループ（取締役総務部長）5％です。また，取締役営業部長は，株式を所有していませんが，社長の妻の弟です。これらの取締役工場長，取締役総務部長及び取締役営業部長は，それぞれ使用人としての職制上の地位を有し，かつ，常時使用人としての職務に従事しています。この3人は使用人兼務役員になれますか。

2 問題点（争点）

問題点は，①使用人としての職制上の地位とは具体的には何か，②同族会社の判定株主等であっても，使用人兼務役員になれる場合とはどういう場合かの2点です。

3 検　討

(1) 法人税法における使用人兼務役員の要件

法人税法では，役員の範囲を登記上の役員に限定せずに，役員として取扱うべき者であるみなし役員を含めています。また，役員であっても，使用人としての職務を有する役員については，使用人兼務役員として，その給与に関して，他の一般役員とは区別して扱うこととなっています。

使用人兼務役員というのは，具体的には，次の①～③のすべての要件を充たす者が該当します（法法34⑤，法令71）。

①　使用人としての職制上の地位を有すること
②　常時使用人としての職務に従事すること

③ 社長，理事長その他の特定の役員ではないこと
(2) **使用人としての職制上の地位を有することとは**

　使用人としての職制上の地位とは，法人の機構上定められている使用人としての職務上の地位をいい，法人の役員としての職制上の地位ではありません。つまり，支店長，工場長，営業所長，支配人，主任等というように日常的にどのような職務を務めているかということです。したがって，総務担当取締役や経理担当取締役といった法人の特定の部門の職務を統轄している者は，使用人兼務役員には該当しません（法基通9－2－5）。

　なお，事業内容が単純で使用人が少数であるの小規模法人等で，法人がその使用人について特に機構としてその職務上の地位を定めていない場合には，例外があります。特定部門を統括する役員であっても，その役員が特定の役員（後掲(4)参照）に該当せず，常時従事している職務が他の使用人の職務の内容と同質であると認められるときは，使用人兼務役員として取り扱われることとなっています（法基通9－2－6）。

(3) **常時使用人としての職務に従事**

　常時使用人としての職務に従事していることとは，他の使用人同様の状況で常勤していることが前提となります。したがって，いわゆる非常勤役員は，使用人兼務役員には該当しません。

(4) **社長，理事長その他の特定の役員ではないこと**

　特定の役員とは，次の①～⑤に該当するものをいいます（法法34⑤，法令71①）。なお，この特定の役員は，その勤務の実態が他の使用人と同様であっても使用人兼務役員には該当しません。

① 代表取締役，代表執行役，代表理事及び清算人

　　代表取締役等は，法人の代表者として，役員の職務を執行していると考えられます。したがって，民法法人の理事が定款若しくは寄附行為の規定又は総会の決議により代表権を有しないこととされている場合や，民法法人以外の法人の理事で同様の事情にある者についても，使用人兼務役員にはなれません（法基通9－2－3）。

② 副社長，専務，常務その他これらに準ずる職制上の地位を有する役員

　副社長等とは，定款等の規定又は総会若しくは取締役会の決議等によりその職制上の地位が付与された役員をいいます（法基通9－2－4）。

③ 合名会社，合資会社及び合同会社の業務を執行する社員

　会社法施行により，持分会社の社員は，有限責任・無限責任社員の区別に関係なく業務執行権を有することとなりました。よって，定款等において別段の定めがない限り，社員は業務を執行する社員に該当することになります（会社法590，591②，会社法整備法70④）。

④ 取締役（委員会設置会社に限る），会計参与及び監査役並びに監事

　これらは，会社法上，会社の支配人その他の使用人になることができません（会社法331，333，335）。したがって，使用人兼務役員にもなれません。

⑤ 同族会社の役員のうち次に掲げる要件の全てを充たしている者

　同族会社の役員のうち，次の(イ)～(ハ)の三要件のいずれかに該当する株主は，使用人兼務役員には該当しません。これらのものは，その株式所有割合から，その会社を所有するものと認められるからです。

　株主グループ等の判定における株主等グループとは，持株数等で同族会社と判定される場合には発行済株式数に占める持株数の割合，議決権数で同族会社と判定される場合には議決権数の割合，社員又は業務執行役員の数によって判定される場合には社員数の割合によって同族会社と判定される場合には社員数の割合によって区分するグループをいいます（法令7，71）。ここで，発行済株式数には自己株式を含まず，発行済株式数及び持株数には議決権のない株式数を含みません。

　なお，みなし役員の判定においては，役員を使用人と読み替えて判定を行うことになっているので，結局，両者は同様の判定基準によることになります。

　イ　50％超株主等グループに属していること

　　その会社の株主グループにのうちその所有割合が最も大きいものから順に，第一順位，第二順位，第三順位の各株主等グループ（同順位の株主等グ

ループが 2 以上ある場合には，そのすべての株主等グループ）の所有割合を加算した場合において，その役員が次に掲げる株主等グループのいずれかに属していること
- (イ) 第一順位の株主グループの所有割合が50％超である場合におけるその株主グループ
- (ロ) 第一順位と第二順位の株主等グループの所有割合を合計した場合に，50％超となるときのそれらの株主等グループ
- (ハ) 第一順位から第三順位までの株主等グループの所有割合を合計した場合に50％超となるときのそれらの株主等グループ

ロ 所有割合10％超の株主等グループに属していること
ハ 本人が 5 ％超の所有者であること
　その役員本人（その配偶者及びこれらの者の所有割合が50％超の他の会社を含みます）所有割合が 5 ％超であること
　なお，さらに，使用人兼務役員とされない同族会社の役員には以下のものが含まれます（法基通 9 － 2 － 7 ）。
- (イ) 自らはその会社の株式又は出資を有しなくても，その役員と特殊の関係のある個人又は法人（同族関係者）がその会社の株式又は出資を有している場合におけるその役員
- (ロ) 自らはその会社の議決権を有しないが，その役員の同族関係者がその会社のその議決権を有している場合におけるその役員
- (ハ) 自らはその会社の社員又は業務執行社員ではないが，その役員の同族関係者がその会社の社員又は業務執行社員である場合におけるその役員

上記の判断については，次頁の図表を参照してください。

(5) 参考裁決例

専務取締役に選任されていない取締役が専務取締役の名称を付した名刺を使用しているとしても使用人兼務役員に該当するとされた事例（裁決 昭56.1.29，裁事21巻107頁 J21－ 3 －03）

この事例においては，「専務取締役の名称を付した名刺を使用して営業活動

Ⅳ 役員給与〔通常の役員給与〕

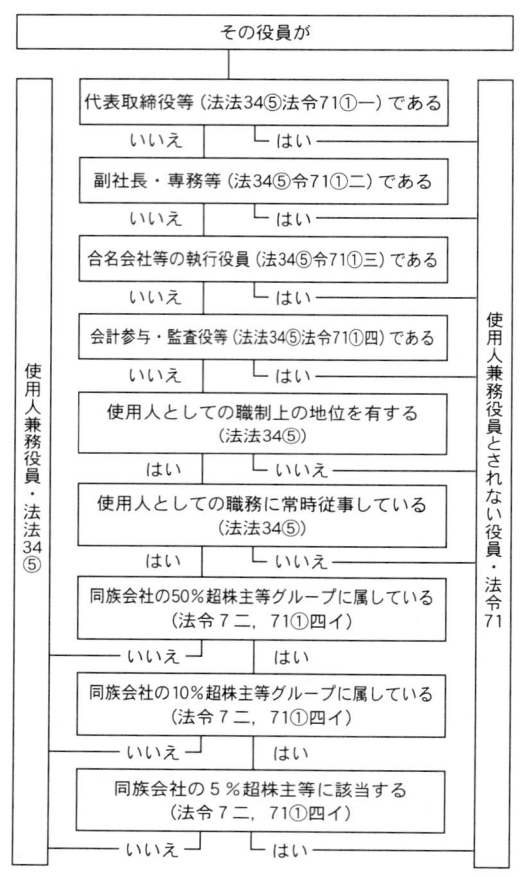

```
                        その役員が
                            │
          ┌─────────────────┴─────────────────┐
          │      代表取締役等（法法34⑤法令71①一）である      │
          │      いいえ        はい                          │
          │      ┌─────────────┴─────────┐                  │
          │      │  副社長・専務等（法34⑤令71①二）である  │
          │      │  いいえ        はい                        │
          │      ┌─────────────┴─────────┐                  │
          │      │ 合名会社等の執行役員（法34⑤令71①三）である │
          │      │  いいえ        はい                        │
          │      ┌─────────────┴─────────┐                  │
  使      │      │ 会計参与・監査役等（法法34⑤法令71①四）である │   使
  用      │      │  いいえ        はい                        │   用
  人      │      ┌─────────────┴─────────┐                  │   人
  兼      │      │  使用人としての職制上の地位を有する        │   兼
  務      │      │          （法法34⑤）                      │   務
  役      │      │  はい          いいえ                     │   役
  員      │      ┌─────────────┴─────────┐                  │   員
  ・      │      │  使用人としての職務に常時従事している      │   と
  法      │      │          （法法34⑤）                      │   さ
  法      │      │  はい          いいえ                     │   れ
  34      │      ┌─────────────┴─────────┐                  │   な
  ⑤      │      │  同族会社の50％超株主等グループに属している │   い
          │      │    （法令７二，71①四イ）                   │   役
          │      │  いいえ        はい                        │   員
          │      ┌─────────────┴─────────┐                  │   ・
          │      │  同族会社の10％超株主等グループに属している │   法
          │      │    （法令７二，71①四イ）                   │   令
          │      │  いいえ        はい                        │   71
          │      ┌─────────────┴─────────┐                  │
          │      │  同族会社の５％超株主等に該当する          │
          │      │    （法令７二，71①四イ）                   │
          │      │  いいえ        はい                        │
          └──────┴───────────────┴───────────────────────────┘
```

山本守之監修『最新　同族会社の税務』153頁　中央経済社

を行っている取締役であっても，取締役会等により，専務取締役に選任された事実はなく，また，確定決算書，各種議事録等においても，専務取締役の名称を付したものはない。更に，取締役に就任する前から当該名刺を使用していたことから，単なる通称としてこの名称が冠されていることが認められるので，当該名刺を使用していたことのみをもって，法人税法上の専務取締役とみなすことは適当ではない。そして，その常時従事している職務は，他の使用人の職務と何ら異なるものではないから，使用人兼務役員と認めるのが相当である。」

と判断されています。

通称として専務と呼ばれているに過ぎない取締役は，その職務実態によっては使用人兼務役員となる場合があるということです。

4　事例の検討

取締役工場長，取締役総務部長，取締役営業部長の3人は，みな使用人としての職制上の地位を有し，かつ常時使用人としての職務に従事しています。また，3人とも，同族会社の判定株主等です。

しかし，①取締役工場長は，その属する株主等グループの所有割合が10％以下であること，②取締役総務部長は，本人の所有割合が5％以下であることにより，いずれも，使用人兼務役員に該当することになります。

それに対し，取締役営業部長は，社長の義理の弟なので，自らは会社の株式を所有していなくても同族関係者である社長が50％超の株式を所有しているので，同族会社の50％超株主等グループに属していますが，10％要件，5％要件に該当しません。したがって，使用人兼務役員には該当しません。

（中西　良彦）

山本守之のコメント

使用人兼務役員については，実質基準のほかに形式基準がありますから，まず，形式基準の判定を行います。

Ⅳ 役員給与〔通常の役員給与〕

40 法人税法34条は原則損金不算入か

1 事　例

> 　当社（事務機販売業，3月末決算，資本金1,000万円）は，専務取締役Aに対して月額50万円の報酬の外に，新規に開拓した顧客に対する売上金額の1％を歩合給として支給しています。この歩合給は，少ない人員で売上をカバーするために，営業部門も統括しているA及び営業部門の使用人全員に対して，創業以来同一の基準により支給しているものであり過去数回の税務調査においても指摘されたことはありません。
> 　平成18年度の改正で，役員給与は，一定の要件を満たすもの以外は，損金不算入となり，上記の報酬についても損金不算入となる部分があると指摘されましたが，どのような考え方によるものなのでしょうか？

2 問　題　点（争点）

　問題点は，従前は損金の額に算入されていた役員に対する歩合給が，本当に損金不算入になるのか，また損金不算入になるとしたら，その理由は何にあるのかです。

3 検　　　討

(1) 平成18年度改正後の役員給与税制

① 改正の背景

　会社法制定前は，役員賞与は，利益処分によるものであることを根拠にして損金不算入とされていました。しかし，制定された会社法361条では，役員に対する賞与を報酬と同様，職務執行の対価とし，企業会計においても「役員賞与に関する会計基準」では役員賞与を発生した会計期間の費用として処理することになりました。これらの改正に対応して，法人税においても，

「役員給与」という一括の概念を用い，法人税法34条を中心として役員給与税制の全面的な改正が行われました。

② 「あらかじめの定め」という判断基準

改正前は，役員報酬について，「定期」か「臨時」かという基準により損金性の判断がなされていましたが，18年改正後の役員給与税制では「あらかじめ」の定めに基づいているか否かという判断基準が導入されています（国税庁「平成19年3月13日付『法人税基本通達等の一部改正について』の趣旨説明について」，法基通9－2－46の解説部分）。この「あらかじめの定め」は，会社法等の改正により，役員賞与も費用として認識されることとなったため，恣意性の排除，言い換えれば，利益操作の防止という観点から導入された判断基準と思われます。

(2) 別段の定めとしての法人税法34条

企業会計上の役員給与は，会社の収益を獲得するための「費用」（コスト）であることから，別段の定めがなければ，法人税法上も22条3項，4項から，役員給与は，原則的に損金の額に算入されることは当然です。

ただし，別段の定めとして法人税法34条1項（役員給与の損金不算入）は次のように規定しています（2号，3号の内容及び本文かっこ書きは省略します）。

第34条 内国法人がその役員に対して支給する給与のうち次に掲げる給与のいずれにも該当しないものの額は，その内国法人の各事業年度の所得の金額の計算上，損金の額に算入しない。
一 その支給時期が1月以下の一定の期間ごとである給与で当該事業年度の各支給時期における支給額が同額であるものその他これに準ずるものとして政令で定める給与（省略。）（以下「定期同額給与」といいます。）
二 （省略…事前確定届出給与）
三 （省略…一定の利益連動給与）
（2項以下省略）

つまり，1号「定期同額給与」，2号「事前確定届出給与」，3号「一定の利益連動給与」に掲げられた給与のいずれにも該当しないものの額は，損金不算入ということです。この構成を，図にすると次のようになります。

IV　役員給与〔通常の役員給与〕

【役員給与の条文構造の簡略イメージ図】

<改正前>　　　　　　　　<改正後>

（臨時的なもの）　　　　（定期同額／利益連動／事前確定）

藤曲武美「役員給与税制の検証」『税務事例』2008年6月　30頁）

　本来の役員給与の支給方法を全体の大枠とすると，その中の3つの支給形態のみが損金算入（白枠の箇所）となり，それ以外（黒塗りの箇所）はすべて損金不算入となります。

　平成18年改正前法人税法における役員給与制度では，法人税法22条を受けて，原則損金算入で，臨時的なもの，不相当高額のものをターゲットにあて，損金不算入としていました。これに対して改正後の法人税法34条の主語は，「いずれにも該当しないものの額は」であり，その動詞は「算入しない」ですから，文理的に解釈すれば，原則的には損金不算入であり，限定列挙されたもののみが損金算入されるという条文構成になっているといえます。

(3)　問　題　点
① 限　定　列　挙

　問題は，日本に存在する約280万を超える法人のほとんどが支給していると思われ，それゆえ様々な支給形態が考えられるにもかかわらず，損金の額に算入される役員給与の支給形態がわずか3つのパターンに限定されてしまったことです。そのため平成18年改正により，実務上様々な疑問，不合理が発生し，翌年において，臨時改定事由による給与改定などを施行令を改正して手当せざるを得なくなりました。

　翌年直ちに大幅にその内容を補充・補修せざるを得なかったことは，損金

算入される役員給与を3つのパターンに限定してしまったこの法律の欠陥を物語っているといえるでしょう。ただし，いくら施行令で補充・補修しても，それは小手先の修正に過ぎず，限定列挙されたもの以外を損金不算入とした現状の法律構成では，その欠陥を全て補えるとは思えません。実務では，立法者が想定した支給形態よりも，はるかに多種多様の支給慣行・支給形態があると考えられるからです。

② **支給慣行の無視**

改正前の法人税基本通達は，会社が事業年度単位で役員報酬額を決定する慣行を踏まえて，定時株主総会等の決議に基づき期首に遡及して増額した場合の一括支給額を役員報酬として損金算入を認めていました（改正前法基通9－2－9の2）。

しかし，18年改正後においては，この増額支給分は職務執行前のあらかじめの定めに基づくものでないとして，旧通達は廃止されてしまいました。このことは，改正後の役員給与税制が，いかに実際の支給慣行を無視したものであるかを如実に示していることといえます。

③ **「あらかじめの定め」という基準**

法人税法34条に「あらかじめの定め」という課税要件が用いられたということは，事前確定届出給与や利益連動給与については法文上も解釈可能でしょう。

しかしながら，最も多くの支給形態が予想される定期同額給与については，「あらかじめの定め」が課税要件となっているとは解釈できません。定期同額給与の要件は，あくまで「各支給時期における支給額が同額である」ことです。定期同額給与についてまで「あらかじめの定め」を要件として付加することは文理に反します。

④ **中立性（税法の逆基準性）**

役員給与に関しては，業種，業態，規模，地域等の様々な要因により，本来，法律に列挙できない位の多様な支給形態・実態があると思われますが，現状では，法律でピックアップされたもののみが損金算入です。会社法，企

業会計においては，職務執行の対価であり，当然「費用」として認められるものであっても，納税者にとっては，税法基準がそれらよりも優先し，そのため，やむを得ず税法に適合した支給形態を新たに模索するか，そうでなければ，税負担を覚悟しなければならないというような状態になる可能性があるということです。税法は経済取引に対しては中立であるべきで，逆に税が経済取引を制限し，一定の取引を強制することは好ましいことではありません。

(5) 条文構成のあり方

役員給与の支給の恣意性排除，利益操作の防止という観点から，役員給与税制を規定する場合，本当に現行税制のような構成内容にならざるを得ないのでしょうか。上記のような問題点を考慮すれば，別段の定めとしての損金不算入の規定の条文構成は，恣意性や利益操作性のある支給形態そのものを直接的に損金不算入の対象として規定するような立法技術を検討すべきです。

4 当事例の検討

(1) 会社法における取締役の報酬

会社法361条では，取締役の報酬等について，定款または株主総会の決議により，①報酬等のうち額が確定しているものについては，その額，②報酬等のうち額が確定していないものについては，その具体的な算定方法，③報酬等のうち金銭でないものについては，その具体的な内容を明確にしておくように定めています。

このうち，歩合給等を支給する場合は，②に該当することになると思われますが，報酬等の具体的な計算方法が株主総会の決議等で定められていれば，職務執行の対価として，疑う余地はないと考えられます。

(2) 改正前法人税基本通達9－2－15と「役員給与に関するQ＆A」

平成18年の改正前では，役員に対する歩合給等は，損金算入が認められていました（改正前法基通9－2－15）。しかしながら，国税庁は，「役員給与に関するQ＆A」問6（平成18年12月）において，「たとえ一定の基準に基づき，規則

的に継続して支給されるものであっても，その支給額が同額でない給与は定期同額給与には該当しないこととなります（法法34①一）。」とし，経過措置で手当された平成18年4月以後の一定期間内に支給される歩合給を除き，役員に対する歩合給は一定の利益連動給与に該当するものを除き損金の額に算入されないとしました。したがって，専務取締役Aに支給する給与のうち，歩合給部分相当額は損金不算入となります。

なお，固定給部分は定期同額給与の要件を満たせば損金の額に算入されます。

(3) あらかじめの定めに基づく「歩合給等」

一般的な中小企業には利益連動給与の適用はあり得ませんから，役員に対する歩合給・能率給などは，損金不算入となりました。売上成績等に応じた歩合があらかじめ定められており，その役員の職務執行の対価として相当な給与の額は，会社の規模等を問わず，費用であり，恣意性も排除されていることから，税務でも，損金算入されて当然と考えられます。しかし，中小企業では一定の利益連動給与には該当しないことから損金の額に算入されません。法人税法34条の目的が「恣意性の排除」であり，そのための「あらかじめの定め」であれば，それを満たす定めにより歩合給等が支払われている場合，その目的とする「恣意性の排除」は十分に担保されるものと考えられます。

会社法では，近年，役員に対する給与（報酬）の支給形態が多様化・複雑化したことに対応する改正が行われたのに対して，税務においては，中小企業に対する「恣意性の排除」という観点だけから，損金算入になる役員給与の範囲を限定的に定め，それ以外は損金不算入とする現状は問題であり，立法的措置も含めて検討が必要であると思われます。　　　　　　　　　　　（千田　喜造）

山本守之のコメント

平成18年度に改正された役員給与に関する規定は，支給による租税回避を恐れるあまり，別段の定めとしては合理性のないものとなってしまいました。少し時間をかけても是正されるべきでしょう。

IV 役員給与〔通常の役員給与〕

41 複数回の給与改定と定期同額給与の判定

1 事　例

> 当社は（年1回3月決算，給与の支給時期毎月25日）は，平成20年5月20日に開催した定時株主総会において，取締役Aに対する役員給与を月額60万円から月額80万円に増額することを決議し，同年6月支給分から増額支給していました。その後，当社のAが統括する販売部門の業績が好調であることから，平成20年12月27日に臨時株主総会を開催し，平成21年1月支給分から月額100万円に増額して支給することを決議しました。このように，定期給与の額を事業年度の中途で改定した場合には，定期同額給与の判定はどうなりますか。なお，当社は，事前確定届出給与の届出は行っていません。

2 問　題　点（争点）

問題点は，複数回の給与改定が行われた場合における，定期同額給与の判定をどのようにするか，損金不算入になる金額はどう計算するかです。

3 検　討

(1) 定期同額給与の意義

定期同額給与とは，「その支給時期が1月以下の一定の期間ごとである給与で，その事業年度の各支給時期における支給額が同額であるもの」をいいます（法法34①一）。また，「支給時期が1月以下の期間の一定の期間ごと」である定期給与とは，あらかじめ定められた支給基準（慣習によるものを含む）に基づいて，毎日，毎週，毎月のように月以下の期間を単位として規則的に反復継続して支給されるものをいいます。

したがって，例えば，非常勤役員に対する年俸や事業年度の期間俸を年1回

又は年2回所定の時期に支給するようなものは，たとえ支給額が各月ごとの一定の金額を基礎として算定されているものであっても，定期同額給与には該当しないことになります（法基通9－2－12）。

なお，定期同額給与には，継続的に供与される経済的な利益のうち，その供与される利益の額が毎月おおむね一定であるものを含むとしています（法令69①二）。

(2) **給与改定が認められる場合**

事業年度の中途での給与改定は，以下の①～④の場合に限り認められています。

① **通常改定**（法令69①一イ）

その事業年度開始の日の属する会計期間の開始の日から3月を経過する日（3月経過日等）までにされた定期給与の額の改定

② **特別の事情による改定**（同号イ）

定期給与の額の改定が毎年所定の時期にされ，かつ，その改定が3月経過日等後にされることについて特別の事情がある場合は，その改定の時期にされた定期給与の額の改定

③ **臨時改定事由による改定**（同号ロ）

その事業年度で，その内国法人の役員の職制上の地位の変更，その役員の職務の内容の重大な変更その他これらに類するやむを得ない事情（臨時改定事由）によりされたこれらの役員に係る定期給与の額の改定（①，②の改定を除く）

④ **業績悪化改定事由による減額改定**（同号ハ）

その事業年度において，その内国法人の経営の状況が著しく悪化したことその他これに類する理由（業績悪化改定事由）によりされた定期給与の額の減額改定（①から③の改定を除く）

ただし，給与改定があった場合の定期同額給与の判定は，次のⅰ～ⅳの期間における各支給時期における支給額が同額かどうかにより判定します（法令69①一）。

なお，この場合の給与改定は複数回の給与改定も想定したものになっています。

　i　その事業年度開始の日から給与改定後の最初の支給時期の前日まで
　ii　給与改定前の最後の支給時期の翌日から給与改定後の最初の支給時期の前日まで
　iii　給与改定前の最後の支給時期の翌日からその事業年度の終了の日まで
　iv　その事業年度開始の日からその事業年度終了の日まで

(3) 増額改定した給与の支給開始の時期

増額改定した給与の支給開始の時期について，たとえば，給与の支払日が毎月25日である3月決算法人が，6月20日定時株主総会で増額改定の決議をした場合に，決議直後の6月25日支給分から改定後の給与を支払わなければならないかという疑問が生じます。この点については，次のように2つの解釈が考えられます。

① 「給与改定を決議した株主総会等の決議日前（後）の最後（最初）の支給時期」と解する考え方である。上記のケースであるならば，「給与改定前（後）の最後（最初）の支給時期」の日を給与改定の株主総会等の決議日（6月20日）の前（後）の最後（最初）の支給時期と解するものです。毎月25日を定期同額給与の支給時期とすると，「給与改定前の最後の支給時期」，「給与改定後の最初の支給時期」を，それぞれ，5月25日，6月25日と解します。

　この解釈によれば，6月25日支給時期から支給額を改定しないと，文理解釈上は定期同額給与に該当しないことになります（植田卓『税務明解　法人税』397頁　清文社など）。

② 「給与改定前（後）の（給与の）最後（最初）の支給時期」と解する考え方です。すなわち「改定される前の給与の最後の支給時期」，「改定された後の給与の最初の支給時期」と読むものです。6月20日の株主総会等の決議で7月25日支給分から増額する決議を行ったケースで，毎月25日を定期同額給与の支給時期とすると，「給与改定前の最後の支給時期」，「給与改定後の最初の支給時期」は，それぞれ，6月25日，7月25日と解することになり，7月25日支

給分から支給額を改定すればよいことになります（藤曲武美・古矢文子『役員給与税制の実務』33頁　中央経済社）。

①の解釈は、文理解釈としては素直なように思われますが、改定の決議日と給与の支給時期により不合理な結果をもたらします。上記ケースのように決議直後の6月25日支給分から増額しないと定期同額給与に該当しないことになってしまいます。支給実務の慣行は、決議翌月の7月25日支給分から増額するのが多いと思われます。恣意性排除という規定の趣旨からしても、決議直後の支給日から増額すること又は株主総会等の決議を25日支給日後に開催することを想定（強制）しているとは考えられません。

②の解釈は、上記①の解釈のような不合理な結果をもたらしません。文理解釈としては、「(給与の)」を補って読む点で①の解釈に比し、やや難点はありますが文理解釈から逸脱するほどのものではありません。

なお、②の解釈によると改定決議日とかけ離れて実際の給与改定後の最初の支給時期を任意に決定する弊害が生ずるのではという疑問・批判がありますが、改定決議日と実際の給与改定後の最初の支給時期との間に合理的な関係が求められるのは当然であり、任意に定められることを意味しません。この規定は、判定期間を区分することに主要な趣旨があることからすれば、改定後の初回の支給時期に拘泥するような解釈を採るべきものではないと考えられます。

※　「役員給与に関するＱ＆Ａ（平成20年12月・国税庁）」の「Ｑ2」は役員の職務執行期間との関係で給与改定後の最初の支給時期を合理的に判断することとし、株主総会等の決議日直後の支給時期に限定する解釈をとっていません。

(4)　複数回改定と定期同額の判定期間

複数回改定があった場合の定期同額給与か否かの判定期間は、上記(2)で述べたiからivの期間で判定します。

したがって、仮に事業年度中に2回の改定事由が発生した場合の判定期間は下図のとおりになります。

Ⅳ　役員給与〔通常の役員給与〕

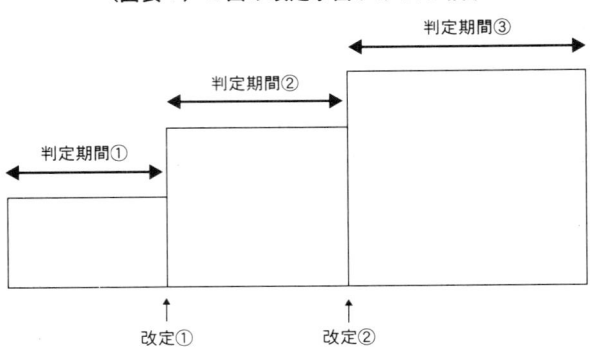

（図表１）２回の改定事由があった場合

[図：判定期間①、改定①、判定期間②、改定②、判定期間③を示す階段状のグラフ]

　上記図表の場合で２回目の改定②が所定の改定事由に該当しない場合の判定期間はどうなるかが問題です。この場合は，下図のような期間で定期同額かを判定することになります。

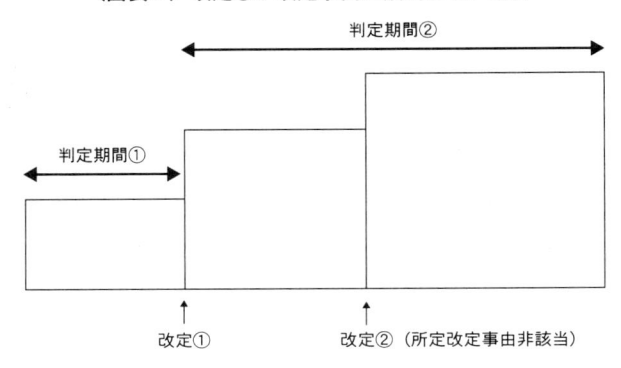

（図表２）改定②が改定事由に該当しない場合

[図：判定期間①、改定①、判定期間②（改定②以降も含む）、改定②（所定改定事由非該当）を示す階段状のグラフ]

(5) 損金不算入となる金額

　上記(4)の**（図表２）**の場合に判定期間②における損金不算入額がどうなるかが問題になります。これについても２つの考え方が存在します。

① 判定期間②の期間内において定期同額でないので支給額の全額が損金の額に算入されないとする見解です。

② 判定期間②の期間内の支給額のうち，増額された金額部分だけが損金の額に算入されないとする見解です。ベース部分は定期同額であるとするもので

す（下図参照）。

「役員給与に関するＱ＆Ａ（平成20年12月・国税庁）」は，後者の考え方を採用しています。

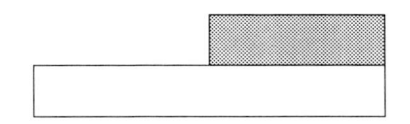

4　当事例の検討

本事例の場合，5月20日決議の改定は，通常改定に該当しますが，12月27日決議の改定は，単に統轄部門の業績好調を理由としていますので臨時改定事由に該当しません。したがって，定期同額給与の判定期間は，12月27日改定決議分が所定の改定事由に該当しないことから次のとおりになります。

① 4月，5月支給分（「役員給与に関するＱ＆Ａ（平成20年12月・国税庁）」のＱ2回答の考え方によれば，6月25日が給与改定後の最初の支給時期になります。）

② 6月支給分から翌年3月支給分まで

①の期間は60万円で同額ですが，②の期間は80万円と100万円の支給額があり定期同額に該当しないことになります。この場合の損金不算入額については，②の期間に支給した給与の全額との考え方もありますが，「役員給与に関するＱ＆Ａ・Ｑ3（平成20年12月　国税庁）」で明らかにされている考え方によれば，上積み分（(100万円－80万円)×3ヶ月＝60万円）だけになります。**（田代　行孝）**

山本守之のコメント

増額改定した給与の「給与改定後の最初の支給時期」は，単なる文理解釈とそれを補って読む手法がありますが，「役員給与に関するＱ＆Ａ（平成20年12月・国税庁）」は，職務執行期間との関係で合理的に判断するとの考え方を明らかにしています。また損金不算入分を増額部分だけとする考えは納税者有利ですから異論がでていませんが，法解釈として必ずしも正しいとはいえません。

42 臨時改定事由による役員給与の期中改定

1 事　例

> 当社の役員Aは特定健康診査（メタボ健診）で疾病が見つかり，手術のため入院しました。順調に回復し2か月で復帰しましたが，この間十分な職務執行ができなかったため，給与の60％を減額し，社会保険の傷病手当金を請求しました。
> また，当社は法令違反により行政処分を受けました。そこで，処分を真摯に受け止め，反省と責任の観点から，役員全員その給与を3か月間20％減給することとしました。

2 問 題 点（争点）

問題点は，病気等のため職務執行ができない場合や不祥事に伴う役員給与の一定期間の減額が，臨時改定事由による改定に該当するかです。

3 検　討

(1) 定期同額給与の意義

定期同額給与は，その支給時期が1月以下の一定の期間ごとである給与で，その事業年度の各支給時期における支給額が同額であるものその他これに準ずるものとして一定のものをいいます（法法34①一）。「その他これに準ずるもの」は以下のとおりです。

期中に給与改定があった場合に，その改定が，①会計期間の開始の日から3月を経過する日等までにされたもの，②臨時改定事由によるもの，③業績悪化改定事由によるもので，その事業年度開始の日又は給与改定前の最後の支給時期の翌日から給与改定後の最初の支給時期の前日又はその事業年度終了の日までの間の各支給時期における支給額が同額であるものをいいます（法令69①一）。

さらに，継続的に供与される経済的な利益のうち，その供与される利益の額が毎月おおむね一定であるものも定期同額給与となります（法令69①二）。

(2) **臨時改定事由による改定**
① **臨時改定事由**

臨時改定事由とは，役員の職制上の地位の変更，その役員の職務の内容の重大な変更その他これらに類するやむを得ない事情をいいます（法令69①一ロ）。臨時改定事由に該当する具体例として，社長の退任に伴い副社長が社長に就任するような役員の分掌変更の場合や，組織再編成により合併法人の取締役が合併後も引き続き同じ地位に留まるものの，その職務内容に大幅な変更がある場合などが挙げられます（法基通9－2－12の3）。

平成18年度改正法にこの臨時改定事由の規定はなく，「役員給与に関する質疑応答事例」（国税庁 平18.12）において，役員の分掌変更や合併・分割に伴う定期給与の改定であっても，会計期間3月経過日までに行われたものではない場合は原則定期同額給与に該当しないとした上で，代表取締役の急逝のようなやむを得ない事情により，役員としての職務内容，地位が激変し，実質的に新たに役員に就任したのと同様の状況にあると認められる場合や，合併・分割前後において実質的にその役員の職務内容に変更がなく，その役員の職務に対する役員給与の支給額が何ら変更されていない場合には，その役員給与の額は定期同額給与として取り扱って差し支えないものとしていました。

もともと定期同額給与というのは，一人の役員がある地位にあり，同一の職務執行を続ける限り，同額の給与を支給することを要求するものと考えるべきであって，その給与の前提となっている地位や職務に変更があれば，支給額の改定は当然あることです。この規定は，そのことが読み取れない平成18年度改正法の条文の不足を補うために19年度改正で明確化したものです。

② **臨時改定事由の「やむを得ない事情」**

臨時改定事由の該当性については，個々の実態に即し，役員給与の額を改定せざるを得ない「やむを得ない事情」が存在するかどうかにより判定しま

す。この「やむを得ない事情」について，「3月経過日等までに予測しがたい偶発的な事情によるもので，利益調整等の恣意性があるとは必ずしもいえないもの」との説明があります（青木孝徳『改正税法のすべて』平成19年度，大蔵財務協会，331頁）。通常，税法にいう「やむを得ない事情」はかなり限定的なものですが，役員給与については，条文上明確でなく，かつ，認められるべきものを，このやむを得ない事情によって解決しようとしているように思います。

③ **病気のため職務執行ができないことによる役員給与の一時的な減額**

病気による入院や療養等のため，予定していた職務執行ができない場合は，その役員の職務の内容の重大な変更に該当する可能性があります。この場合，職務の内容は変更していますが，それが重大な変更といえるかどうかは不明です。そこで，「やむを得ない事情」に該当するか否かの判断となりましょう。平成20年12月国税庁が公表した「役員給与に関するQ＆A」においては，同様のケースが紹介され，臨時改定事由による改定として定期同額給与に該当すると判断しています。

④ **不祥事による役員給与の一時的な減額**

不祥事による一時的な給与カットが，臨時改定事由に該当するかどうかも，「やむを得ない事情」の存在の有無の判断となります。不祥事による役員給与の一時的な減額理由が，定期同額給与に該当する場合として，「企業秩序を維持して円滑な企業運営を図るため，あるいは法人の社会的評価への悪影響を避けるために，やむを得ず行われたものであり，かつ，その処分の内容が，その役員の行為に照らして社会通念上相当のものであると認められる場合」とあります（前掲「役員給与に関する質疑応答事例」）。また，平成19年12月7日「法人税基本通達等の一部改正について」（法令解釈通達）の趣旨説明では，不祥事等を起こした場合の一定期間減額について，社会通念上相当と認められる範囲のものであるときは，その減額改定及び増額改定についても臨時改定事由に該当するとしています。

不祥事による減額といっても，会社や役員がした法令違反や業務命令違反

等（例えば，業務妨害，私生活上の非行等，職場規律違反，職務懈怠，信用失墜行為等）の内容や程度，懲戒処分として給与を減額する場合の因果関係等，様々なケースがあります。これらのケースについて，個々の実態に即して「やむを得ない事情」を判断することになりますが，3月経過日等までに予測しがたい偶発的な事情で，恣意性がなく，改定することに合理性があるかどうかが判断基準となりましょう。

4　当事例の検討

役員が病気で職務執行ができない場合に行う役員給与の減額は，3月経過日等までに予測しがたい偶発的な事情であり，利益調整等の恣意性によるものでもありません。よって，臨時改定事由の「その役員の職務の内容の重大な変更その他これらに類するやむを得ない事情」に該当します。

法令違反による行政処分を受けたことによる役員給与の3か月減給は，会社の社会的信用失墜による責任を取り，企業秩序を維持して円滑な企業運営を図るため，また会社に対する社会的評価への悪影響を避けるためにやむを得ず行ったものです。そして，その処分内容もその役員の行為や責任に照らして社会通念上相当と認められるものであれば，臨時改定事由の「やむを得ない事情」に該当するものと考えられます。

以上のことから，それぞれの理由による一時的な減額とその後の増額改定は，臨時改定事由による改定に当たり，改定の前後を通して定期給与の全額が定期同額給与となります。

（矢頭　正浩）

山本守之のコメント

役員給与に定額性を要求するのは，利益操作を防止するためです。改定の場合のやむを得ない事情もこの意味から判断します。

43 給与の減額と業績悪化改定事由

1 事　例

> 当社は電気機械器具製造業を営んでいます。最近の経済環境の著しい悪化に伴い，得意先からの受注が急激に減少しています。この状況では今期の決算は前年に比し大幅な減益，場合によっては赤字転落が見込まれます。経営者としては早急に対策を取らなければならないことから，仕入コスト，諸経費の削減はもちろんのこと，従業員の希望退職を募ることや賞与，賃金の一部カットなどを検討しています。これらの対策の前提としてまず，役員給与の減額を行わなければならないと考えています。これらの対策の効果次第では，当期も結果としてはある程度の利益が計上できるようになるかもしれません。仮に結果においてある程度の当期利益が生ずることになった場合には，業績悪化改定事由に該当しないことになるのでしょうか。

2 問　題　点（争点）

問題点は，業績悪化に伴う役員給与の減額を前提とした諸対策により，結果的にある程度の利益を確保できた場合でも，その役員給与の減額は，業績悪化改定事由に該当するかどうかです。

3 検　討

(1) 役員給与の減額改定が認められる場合

法人税法上，役員給与の減額改定が認められるケースとしては，①通常改定により減額する場合，②臨時改定事由により減額する場合，③業績悪化改定事由により減額する場合の3つがあります（法法34①，法令69①）。また，事前確定届出給与については，臨時改定事由若しくは業績悪化改定事由に該当したことにより減額した場合には，所定の期日までに変更の届出が必要となります（法

令69③，法規22の3②）。

① **通常改定により減額する場合**

　通常改定とは，その事業年度開始の日の属する会計期間の開始の日から3月を経過する日（3月経過日等）までにされた定期給与の額の改定をいいます（法令69①一イ）。したがって，会計期間から3か月以内に役員給与の減額改定をした場合には，その事業年度のその改定前後のそれぞれの期間における支給額が同額であるという要件を満たせば，定期同額給与に該当し損金の額に算入されることになります。

　なお，通常改定には，継続して毎年所定の時期にされる定期給与の額の改定で，3月経過日等後にされることについて特別の事情があると認められる場合が追加されています。この特別の事情とは，例えば，法人の役員給与の額がその親会社の役員給与の額を参酌して決定されるなどの常況にあるため，親会社の定時株主総会の終了後でなければ，その法人の役員給与の改定に係る決議ができない場合などが該当するとしています（法基通9－2－12の2）。

② **臨時改定事由により減額する場合**

　臨時改定事由とは，その事業年度で，その内国法人の役員の職制上の地位の変更，その役員の職務の内容の重大な変更その他これらに類するやむを得ない事情（以下，「臨時改定事由」という）によりされたこれらの役員に係る定期給与の額の改定をいいます（法令69①一ロ）。この臨時改定事由については，3月経過後等までには予測しがたい偶発的な事情等が生じた場合において，当初予定されていた職務の一部又は全部の執行ができないこととなったときは，その役員の職務内容等の個々の実態に即し，事前に定められていた役員給与の額を改定せざるを得ないやむを得ない事情が存するかどうかにより判定することになります（窪田悟嗣『法人税基本通達逐条解説』（五訂版）740頁　税務研究会出版局）。

　具体的には，定時株主総会後，次の定時株主総会までの間において社長が退任したことに伴い臨時株主総会の決議により副社長が社長に就任する場合や，合併に伴いその役員の職務の内容が大幅に変更される場合をいいます

（法基通9－2－12の3）。そのほか，会社やその役員が不祥事等を起こした場合に役員給与の額を一定期間減額する場合がありますが，このような役員給与の一定期間の減額が社会通念上相当と認められる範囲のものであるときは，その減額改定についても臨時改定事由によるものに該当します。臨時改定事由により役員給与を減額改定した場合には，その事業年度のその改定前後のそれぞれの期間における支給額が同額であるという要件を満たせば，定期同額給与に該当し損金の額に算入されることになります。

③ 業績悪化改定事由により減額する場合

業績悪化改定事由とは，その事業年度において，その内国法人の経営の状況が著しく悪化したことその他これに類する理由（以下，「業績悪化改定事由」という）によりされた定期給与の額の減額改定（①及び②の改定を除く）をいいます（法令69①一ハ）。

「経営の状況が著しく悪化したことその他これに類する理由」については，経営状況が著しく悪化したことなどやむを得ず役員給与を減額せざるを得ない事情があることをいい，法人の一時的な資金繰りの都合や単に業績目標値に達しなかったことなどはこれに含まれません（法基通9－2－13）。この場合において，どのような事情が生じたときが「その他これに類する理由」に該当するのかについては，事柄の性質上，個々の実態に即して判断するほかなく，いずれにしても事前に定められていた役員給与の額を減額せざるを得ないやむを得ない事情が存するかどうかにより判定することになります（窪田悟嗣　前掲書，741頁）。したがって，例えば，経営の状況の悪化により従業員の賞与を一律カットせざるを得ないような状況にある場合は，これに該当することになります。

また，業績悪化改定事由については「役員給与に関するＱ＆Ａ（平成20年12月　国税庁）」によれば，財務諸表の数値が相当程度悪化したことや倒産の危機に瀕したことだけではなく，経営状況の悪化に伴い，利害関係者（株主，債権者，取引先等）との関係上，役員給与の額を減額せざるを得ない客観的な事情等が生じていれば，これも含まれるとしています。例えば，次のような場合

の減額改定は，通常，業績悪化改定事由による改定に該当するとしています。

イ 株主との関係上，業績や財政状況の悪化についての役員としての経営上の責任から，役員給与の額を減額せざるを得ない場合
ロ 取引銀行との間で行われる借入金返済のリスケジュールの協議において，役員給与の額を減額せざるを得ない場合
ハ 業績や財政状況又は資金繰りが悪化したため，取引先等の利害関係者からの信用を維持・確保する必要性から，経営状況の改善を図るための計画が策定され，これに役員給与の額の減額が盛り込まれた場合

　いずれにしても，業績悪化改定事由により，役員給与の減額改定がされた場合において，その事業年度のその改定前後のそれぞれの期間における支給額が同額であるという要件を満たせば，定期同額給与に該当し損金の額に算入されることになります。

(2) **改定事由の適用順序**

　役員給与の減額改定事由についての適用法令の順序は，通常改定事由，臨時改定事由，業績悪化改定事由の順序になっています（法令69①一ロ，ハかっこ書き）。通常改定事由，臨時改定事由に該当しない場合は，業績悪化改定事由の適用が可能かどうかを判定することになります。

(3) **「第三者との関係上，役員給与の額を減額せざるを得ない事情」について**

　「役員給与に関するＱ＆Ａ（平成20年12月　国税庁）」の［Ｑ１］では，「第三者である利害関係者との関係上，役員給与の額を減額せざるを得ない事情が生じている」場合も業績悪化改定事由に含まれると例示しています。このＱ＆Ａの趣旨は，業績悪化改定事由は財務諸表の数値が相当程度悪化したことや倒産の危機に瀕した場合だけでなく，事由の範囲を柔軟化，拡大したものと思われます。しかし，経営の悪化に際して経営者は，第三者の利害関係者に対して業績悪化が問題として顕在化する前に何とか改善を図ることにあります。「取引銀行との間で行われる借入金返済のリスケジュールの協議」とか「(改善計画について) 利害関係者からの開示等の求めがあればこれに応じられるもの」などという例示ケースは，業績悪化に対する対応策の中でも最終段階に近い状況下のも

(4) なぜ減額まで制限するのか

なぜ役員給与の減額まで制限するのか，この点について合理的理由があるのかは疑問です。期中増額を厳格に制限するならば，当然に期中減額も制限しなければならないという意見があります。期中増額による否認を避けるため当初支給額を高額に設定し，利益の状況を見ながら減額するような規制回避策を防止するというのです。そのようなことも考えられなくはないのでしょうが，利益調整のための恣意性排除の観点から制限を加えることだけに終始するのもいかがなものかと考えます。経営上，役員給与を減額せざるを得ない場合は，利益調整以外にも様々なケースが考えられ，臨時改定事由や業績悪化改定事由に限定することは無理があると考えられます。

4 当事例の検討

事例における疑問として，結果的にある程度の当期利益を計上することになった場合に業績悪化改定事由の適用があるかどうかということですが，業績悪化改定事由とは，役員給与改定における改定の理由に関する定めです。業績悪化改定事由に該当するかどうかは，改定時に事前に定められていた役員給与の額を減額せざるを得ないやむを得ない事情が存するかどうかにより判断します。したがって，結果的にある程度の当期利益が生じたことをもって，直ちに業績悪化改定事由に該当しないとされることはありません。

国税庁は，財務諸表の数値が相当程度悪化したことや倒産の危機に瀕したことだけではなく，経営状況の悪化に伴い，第三者である利害関係者（株主，債権者，取引先等）との関係上，役員給与の額を減額せざるを得ない事情が生じていれば，これも含まれるとしています（「役員給与に関するＱ＆Ａ（平成20年12月 国税庁）」）。しかし，経営者としては第三者である利害関係者との関係で改善計画の協議をするなど問題が顕在化する前に，まず会社内部での対策を尽くすのが通常の判断です。会社内部の対策との関係では「経営の状況の悪化により従業員の賞与を一律カットせざるを得ないような状況にある場合」は，通常は，「経

営状況が著しく悪化したことなどやむを得ず役員給与を減額せざるを得ない事情がある」場合に当たると考えられます（平成19年3月13日付課法2-3ほか1課共同「法人税基本通達等の一部改正について」（法令解釈通達）の趣旨説明）。本事例の場合も，得意先からの受注が急激に減少するなど業績の悪化が著しく，従業員の希望退職を募り，賃金等の一部カットも含めた全社的な対応策の一環として役員給与の減額が行われることからすれば，会社の経営上，役員給与を減額せざるを得ない客観的な事情があると考えられます。したがって，事例の場合の役員給与の減額改定は，業績悪化改定事由に該当するものと考えられます。なお，業績や財務状況，資金繰りの悪化といった事実が生じていたとしても，利益調整のみを目的として減額改定を行う場合には，やむを得ず役員給与の額を減額したとはいえないことから，業績悪化改定事由に該当しないことはいうまでもありません。

（服部　惣太郎）

山本守之のコメント

　役員給与の減額事由は，個々の実態から判断すべきもので，結果的に役員給与を減額せざるを得ない場合をいいます。

Ⅳ 役員給与〔通常の役員給与〕

44 経済的利益（豪華住宅）

1 事　例

> 当社は食品卸業を営んでいますが、代表取締役に社宅として一軒家を貸与しています。貸与している一軒家は、木造2階建てで、延床面積は195㎡、敷地面積は200㎡で、その固定資産税の課税標準額は、家屋1,500万円、敷地2,000万円です。代表取締役からは、社宅賃貸料として所得税基本通達36－40に記載されている計算式に基づき計算された金額250,000円（＊）を収受しています。なお、代表取締役に賃貸している住宅は、格別に趣向を凝らしたつくりのものではありません。
>
> （＊） $(1,500万円 \times 12\% + 2,000万円 \times 6\%) \times \dfrac{1}{12}$

2 問　題　点（争点）

本事例における問題点は、①役員に賃貸している事例の社宅が豪華な社宅に該当するか、②「通常の賃貸料の額」はどのように算定されるのか、③「通常の賃貸料の額」と実際に収受している賃借料の金額との差額はどのように取り扱われるのかの3点です。

3 検　討

(1) 経済的利益

所得税法36条1項において、所得の収入金額は、「その年において収入すべき金額（金銭以外の物又は権利その他経済的な利益をもって収入する場合には、その金銭以外の物又は権利その他経済的な利益の価額）とする。」と規定されています。他方、所得税法9条において所得税を課さない非課税所得を規定しています。また、さまざまな内容や範囲の経済的利益については、所得税基本通達等において定めがなされていますが、経済的利益に対する課税の適否はその基準等を法

令によって明確に定めることが望ましく，租税法律主義の観点から問題となっています。また，経済的利益は，それを受けることができる者とできない者において課税の公平性を害するという点からも問題にする向きもあります。

会社が，その役員に対して社宅を貸与する場合に係る経済的利益については，社宅の内容等に関係なく所得税基本通達36－40（役員に貸与した住宅等に係る通常の賃貸料の額の計算）もしくは36－41（小規模社宅に係る通常の賃貸料の額の計算）により一律に評価されていましたが，役員に賃貸する社宅の中には，通常の社宅と異なり，いわゆる豪邸といわれる広大なものやプールなどの趣味嗜好設備を有するものが散見され，このような役員社宅の貸与における経済的利益を通常の役員社宅と同様に評価することについて問題となりました。そこで，平成7年に，経済的利益の供与実態を踏まえて，豪華な役員社宅については，上記通達とは区別して，第三者間取引における賃貸料の時価をもって「通常の賃貸料の額」とすることに改正されました（「使用者が役員に貸与した住宅等に係る通常の賃貸料の額の計算に当たっての取扱いについて」課法8－1他 平7.4.3）。

(2) 役員に貸与する社宅

役員に対して社宅を貸す場合には，その役員から一定額の家賃を収受していれば，経済的利益（給与）として課税を受けることはありません。一定額の家賃の基準となる1か月あたりの家賃は，賃貸する社宅の床面積により小規模な社宅とそれ以外の社宅とに分け，以下のように計算します（所基通36－40，36－41）。

① **小規模社宅**（床面積が132㎡以下（木造家屋以外の家屋（＊）の場合は99㎡以下））

$$\text{その年度の家屋の固定資産税の課税標準額} \times 0.2\% + 12\text{円} \times \frac{\text{当該家屋の総床面積（㎡）}}{3.3(\text{㎡})} + \text{その年度の敷地の固定資産税の課税標準額} \times 0.22\%$$

  ＊ 木造家屋以外の家屋とは，その家屋の耐用年数が30年を超える住宅用の建物をいいます。

② **小規模社宅以外**

$$\left\{ \text{その年度の家屋の固定資産税の課税標準額} \times 12\% \begin{pmatrix} \text{木造家屋以外}\\ \text{の家屋につい}\\ \text{ては10\%} \end{pmatrix} + \text{その年度の敷地の固定資産税の課税標準額} \times 6\% \right\} \times \frac{1}{12}$$

* 借り上げ社宅の場合で，その賃借料の額の50％に相当する金額が上記の算式により算定された金額を超える場合は，その50％に相当する金額

(3) 豪華社宅

　前述したように，豪華社宅に該当する場合は，上記(2)にかかわらず時価（実勢価額）により賃借料を算定することとなります。豪華社宅であるかどうかについては，床面積が240㎡を超えるもののうち，当該住宅等の取得価額，支払賃貸料の額，内外装その他の設備の状況等各種の要素を総合勘案して判定します。また，床面積が240㎡以下のものであっても原則として一般に貸与されている住宅等に設置されていないプール等の設備等があるものや役員個人の嗜好等を著しく反映した設備等を有する場合は豪華社宅に該当します。

　豪華社宅の賃貸料の計算方法が争点となった判例としては，「原告が主張した，不動産鑑定士による鑑定価格をもとにして，土地の期待利回りを3.5％，建物の期待利回りを6％とし，賃貸市場の動向を考慮した比準賃料で修正した月額147万3,000円の賃貸料が排斥され，上記平成7年4月3日発遣の通達に基づく具体的賃貸料相当額の算定方法として税務署長が採用した積算式評価法によった月額369万4,160円が合理的である」と判示したものがあります（松山地判 平15.2.13 税資253順号9280 Z253−9280，高松高判 平16.2.26 税資254号順号9576 Z254−9576）。

4　当事例の検討

　本事例の場合の代表者に対する社宅の貸与については，床面積が240㎡以下であり，一般に貸与されている住宅等に設置されていないプール等の設備等があるものではなく，役員個人の嗜好を凝らしたつくりではないことから，豪華な役員社宅に該当するとは解されませんので，一般の役員社宅として所得税法基本通達36−40により小規模社宅以外の社宅としての賃貸料を計算し，その金額を収受していることから経済的利益として給与課税されることはないものと思われます。また，徴収している賃貸料の額が，上記(2)の賃貸料（豪華社宅に該当する場合は時価）に満たない場合には，その差額が給与として課税されること

になります。なお，その支給を受けたとされる者が役員である場合，定期同額給与として損金算入できるか否かが問題となりますが，その支給を受けた金額が，継続的に供される経済的利益で毎月概ね一定であることから，定期同額給与として損金の額に算入されることになります（法法34①，法令69①）。

　なお，経済的利益の課税のあり方について考えると，本事例においても，社宅制度がある場合とない場合では，社宅制度により少額で賃貸できる家賃（上記通達の算式により算定される家賃は，現在の家賃相場から考えるとあまりにも低い数値が算定されるケースが多い）と本来支払うべき家賃との差額に対しては課税されないことになります。前述したように，租税法律主義や租税の公平性の観点から経済的利益の課税のあり方，適正家賃の算定の方法について，再考する必要があるのではないでしょうか。

（山本　敬三）

山本守之のコメント

　時価で賃料を算定する「豪華住宅」は，単に一定の床面積以上で判定するのではなく，その住宅の内容により実質判断すべきものです。これらの内容は，一種の課税要件と考えるものでしょう。

45 事前確定届出給与とは

1 事　例

> 当社はビルメンテナンス業を営む3月決算の同族会社です。これまで役員に対しては決算時に利益処分として賞与を支払ってきましたが、平成18年度の法人税法の改正により「事前確定届出給与」の制度が導入されたときいたため、所定の届出をして、今期より使用人と同じ時期に賞与を支払うことにしました。なお、当社には年1回給与を支給する非常勤監査役1名がおりますが、その者に対しては賞与を支払う予定はありません。
> 具体的にはどうすればいいのでしょうか。

2 問　題　点

問題点は、事前確定届出給与の意義、届出の期限、記載事項、変更ができる事由がどのようなものであるか、です。

3 検　討

(1) 「事前確定届出給与」の意義

「事前確定届出給与」は、法人税法34条1項2号において、「その役員の職務につき所定の時期に確定額を支給する旨の定めに基づいて支給する給与（定期同額給与及び利益連動給与を除く）」と規定されており、所定の期限までに定めの内容に関する届出をすることが要件とされています（法令69②）。また、この確定額には、現物資産により支給するもの、支給の上限のみを定めたもの及び一定の条件を付すことにより支給額が変動するようなものは含まれません（法基通9-2-16）。

平成18年度改正前の役員給与については、その支給方法が定期であるか臨時であるかによって損金算入の可否を定めていましたが、改正後は「役員給与が

その職務執行前にあらかじめ支給時期・支給額が定められていたものに基づくものであるか否か」（北村義実「法人税法・租税特別措置法の改正について」140頁『税経通信』2006.4）が損金算入の判断基準となったとされています。事前確定届出給与はこの判断基準を背景として創設された制度で，事前確定届出給与の要件に該当する役員賞与については損金算入が可能になったことになります。

(2) 事前確定届出給与の届出期限

① 原　　則

「事前確定届出給与」に係る届出書は，下記のいずれか早い日までに提出しなければなりません（法令69②）。

　イ　株主総会等の決議により役員の職務につきその定めをした場合における決議をした日（同日がその職務の執行を開始する日後である場合にあっては，その開始する日）から1月を経過する日

　ロ　その事業年度開始の日の属する会計期間開始の日から4月を経過する日

そこで，ここに規定する「職務の執行を開始する日」がいつかということが問題になりますが，通達では「その役員がいつから就任するかなど個々の事情によるのであるが，例えば，定時株主総会において役員に選任されその日に就任した者及び定時株主総会の開催日に現に役員である者（同日に退任する者を除く）にあっては，当該定時株主総会の開催日となる。」（法基通9－2－16）としています。

ただし，新たに設立した法人がその役員のその設立の時に開始する職務につき「定め」をした場合には，その設立日以後2月を経過する日がその届出期限とされています。

② 臨時改定事由により新たに事前確定届出給与の定めをした場合

臨時改定事由が生じた日から1か月を経過する日（法令69③一）

臨時改訂事由とは，役員の職制上の地位の変更，その役員の職務の内容の重大な変更その他これらに類するやむを得ない事情のことをいいます（法令69①一ロ）。この「やむを得ない事情」については，例示として「定時株主総

会後，次の定時株主総会までの間において社長が退任したことに伴い臨時株主総会の決議により副社長が社長に就任する場合や，合併に伴いその役員の職務の内容が大幅に変更される場合」（法人税基本通達9－2－12の3）が挙げられています。また，課税庁の解説によれば，「事業年度開始の日から3月経過日等までには予測しがたい偶発的な事情等によるもので，利益調整等の恣意性があるとは必ずしもいえないもの」（財務省ホームページ「平成19年税制改正の解説」331頁）とされており，これが判断基準になるものと思われます。

③ 業績悪化改訂事由により新たに事前確定届出給与の定めをした場合

業績悪化改定事由によりその定めの内容の変更に関する株主総会等の決議をした日から1月を経過する日（その変更前の給与の支給の日が1月を経過する日前にある場合には，その支給の日の前日）（法令69③二）

業績悪化改定事由とは，経営の状況が著しく悪化したことその他これに類する理由をいいます（法令69①一ハ）。したがって，法人の一時的な資金繰りの都合や単に業績目標値に達しなかったことなどは含まれない（法基通9－2－13）とされています。

「その他これに類する理由」の例示としては，国税庁が，HP上に発表した「役員給与Q＆A平成20年12月」によれば，「財務諸表の数値が相当程度悪化したことや倒産の危機に瀕したことだけではなく，経営状況の悪化に伴い，第三者である利害関係者（株主，債権者，取引先等）との関係上，役員給与の額を減額せざるを得ない事情」が挙げられています。しかし，同族会社については，少数株主に支配されていることや，役員と株主が親族関係にあることが多いことから，その減額に至った事情を具体的に説明できるよう要請されており，事実認定においてはかなりの困難性があることが予想されます。また，法人の経営計画上，業績が悪化していなくても役員給与を減額する合理的理由がある場合もありますが，減額事由には業績悪化以外のものは認められていません。

(3) 届出事項

事前確定届出給与の届出書の記載事項は下記のとおりです（法規22の3）。

① 事前確定届出給与の支給の対象となる者の氏名及び役職名
② 事前確定届出給与の支給時期及び各支給時期ごとの支給金額
③ 支給時期及び支給金額を定めた日並びにその定めを行った機関等
④ 事前確定届出給与に係る職務の執行を開始する日
⑤ 事前確定届出給与につき定期同額給与による支給としない理由及び事前確定届出給与の支給時期を上記②の支給時期とした理由
⑥ その事業年度開始の日の属する事業年度に規定する会計期間において事前確定届出給与対象者に対して事前確定届出給与と事前確定届出給与以外の給与とを支給する場合における事前確定届出給与以外の給与の支給時期及び各支給時期における支給金額
⑦ 6号の会計期間の直前の会計期間において事前確定届出給与対象者に対して支給した給与がある場合における給与の支給時期及び各支給時期における支給金額
⑧ その事業年度における他の役員に対する給与の支給時期及び各支給時期における支給金額
⑨ その他参考となるべき事項

(4) **年棒制の役員給与**

　非常勤役員に対し，毎月給与が支払われるのではなく，年1回とか半年に1回といった支給方法により役員給与が支払われる場合，改正前は「定期の給与」として損金算入されていましたが，改正後は「事前確定届出給与」に係る届出書を提出することが損金算入の要件となりました（法法34①）。このうち，非同族会社については，平成19年度の改正により，この要件がなくなりましたが，同族会社については，依然として届出書の提出が要求されています（法基通9－2－12（注））。

4　当事例の検討

　貴社の事前確定届出給与に係る届出書の提出期限は，原則として定時株主総会の開催日から1月を経過する日ですので，その日までに所定の事項を記載し

Ⅳ 役員給与〔通常の役員給与〕

た届出書を提出してください。また，非常勤監査役に対して支給する年払給与は事前確定届出給与に該当しますので，これについても届出が必要です。

なお，事前に届け出た金額と実際に支給した金額が異なる場合の取扱いについては，*46*を参照してください。

(木島　裕子)

山本守之のコメント

従来は支給形態によって取扱いが定められていた役員給与は，あらかじめ支給時期，支給額が定められていたか否かで損金性が判断されることになってしまいました。このような区分がよいか否かは実務家を含めて考えるべきことでしょう。

46 届出額と支給額が異なる場合

1 事　例

　当社は、役員給与について、事前確定届出給与を採用し、所定の届出を済ませております。事前確定届出給与の支給に関する定めの主な内容は、次のとおりです。なお、当社は、3月末を決算日とし、1年間を事業年度とする法人です。

役員氏名	当年12月支給の届出額	翌年6月支給の届出額
社　長	300万円	300万円
専　務	200万円	200万円

　次の＜ケース①＞及び＜ケース②＞の場合、法人税法上の取扱いは、それぞれどうなりますか。

＜ケース①＞

　当社は、届け出た12月の支給日には、一時的な資金繰りの都合から社長に対し、100万円しか支払えませんでした。なお、差額の200万円については、未払金として計上し、翌月の1月に支払いました。なお、翌年6月の支給は、届出額のとおりに支給しています。

＜ケース②＞

　当社は、12月の支給ついては届出額のとおりに支給しました。しかし、翌年6月の支給については、専務担当部署の業績目標と実績を考慮し、専務に対しては6月の支給額を100万円に減額しました。なお、社長に対するものは、届出額のとおりに支給しました。

　（注）　各ケースは相互に関係のない別ケースです。

223

Ⅳ　役員給与〔通常の役員給与〕

2　問　題　点（争点）

問題点は，次の3点です。

① 複数の役員に対して事前確定届出給与を支給している場合，定めのとおりに支給されたかどうかは個々の役員単位又は全役員単位のどちらで判定するのか。

② 届出支給日に届出額の一部を支払い，残額を未払金計上する処理は，支給日に定めのとおりに支給したことになるのか。

③ 複数回の支給を予定している場合において，定めのとおりに支給されたかどうかの判定はどのように行なうのか。

3　検　　　討

(1)　届出額と支給額が異なる場合の原則的取扱い

　法人税法では，役員給与について，定期同額給与，事前確定届出給与，及び利益連動給与を除き，原則損金不算入の規定を設けています（法法34①）。

　事前確定届出給与とは，「その役員の職務につき所定の時期に確定額を支給する旨の定めに基づいて支給する給与（定期同額給与及び利益連動給与を除くものとし，定期給与を支給しない役員に対して支給する給与（同族会社に該当しない内国法人が支給するものに限る）以外の給与にあっては政令で定めるところにより納税地の所轄税務署長にその定めの内容に関する届出をしている場合における当該給与に限る）」（法法34①二）としています。

　このように，役員給与のうち事前確定届出給与は損金の額に算入するとされています。つまり，所定の時期に届け出た確定額どおりに支給する役員給与は損金の額に算入されます。しかし，届出額と支給額が異なる場合には，その支給した役員給与は損金の額に算入できないことになります。これは，事前に支給額が確定したものとはいえないため事前確定届出給与に該当しないと考えられるためです。なお，このような届出額と支給額が異なる場合には，原則として，その支給額の全額が損金不算入となる取扱いがされます（法基通9－2－14）。

(2) 複数の役員に支給される場合の支給額と届出額の異同の判定単位

　事前確定届出給与につき届出額と支給額が異なる場合は，原則として支給金額の全額が損金不算入とされます。しかし，複数の役員に対して事前確定届出給与の支給をしている場合に，そのうちの一人の役員に対する支給額だけが届出額と異なるときの，他の役員に支給した事前確定届出給与の取扱いが問題となります。

　この点については，法人税法34条1項2号が「その役員の職務につき……支給する給与（下線は筆者挿入）」というように個々の役員に係る給与について規定されていることから明らかなように，個々の役員単位で届出額との異同を判定することになります。国税庁ホームページの質疑応答事例（「事前確定届出給与に関する届出書」を提出している法人が特定の役員に当該届出書の記載額と異なる支給をした場合の取扱い）においても，そのことが念のために明らかにされています。このため，複数の役員に事前確定届出給与が支給される場合には，個々の役員毎に判定することになります。

(3) 未払金計上の取扱い

　事前確定届出給与については，未払金の取扱いが問題となります。事前確定届出給与が債務として確定したものであれば，他の費用と取扱いを違える必要はないと考え，未払金であっても支給した金額に含む取扱いがされます。このため，未払金であっても，それだけで損金不算入になるものではありません。しかし，事前確定届出給与とは，「その役員の職務につき所定の時期に確定額を支給する旨の定めに基づいて支給する給与」であり，その届出の時点において未払いとなることが見込まれるような場合には，そもそも事前確定届出給与に該当するかが問題となります。

　この点については，事前確定届出給与は，会社法上，委任の対価であり，「未払いとなることを前提にその対価の支給を決定しておくことはあり得ないと考えられ」，このような観点からすれば，「事前確定届出給与の『確定額』には未払いが見込まれる金額が含まれることはなく，未払いが見込まれる金額が含まれている場合のその金額は『確定額』とは言えないこととなろう」（「法人税基本

225

通達等の一部改正について」(法令解釈通達)の趣旨説明)と説明されています。つまり、あらかじめ未払いになることを前提とした届出であるようなものを除き、未払金として計上した事前確定届出給与の金額は、損金の額に算入されます。

(4) **複数回支給される場合に定めのとおりに支給されたかどうかの判定方法**

事前確定届出給与では、複数回支給される場合で、その内の1回だけが届出額と支給額が異なるときの取扱いも問題になります。

この点について、次のような3つの判定方法が考えられます。

① 役員給与は、定時株主総会から次の定時株主総会までの間の職務執行の対価であるから、この職務執行期間を判定期間とする判定方法。

② 役員給与は、事業年度単位で対価額を決定することも少なからずあるので、事業年度単位を判定期間とする判定方法。

③ 役員給与は、会社によって様々な対価の決定方法があるので支給の都度を単位とする判定方法。

国税庁は次のような見解を明らかにしています(「法人税基本通達等の一部改正について」(法令解釈通達)の趣旨説明について…9-2-12の3の解説部分)。

ⅰ 役員給与は、一般的に定時株主総会から次の定時株主総会までの間の職務執行の対価であると解されます。したがって、原則としてその職務執行期間にかかるすべての期間をひとつの単位として判定すべきであり、複数回支給のすべての支給が定めどおりに行われたかどうかによって判定することになります。

ⅱ ただし、当初事業年度中の支給分は届出額どおりに支給したものの、翌事業年度中の支給分については届出額どおりに支給しなかった場合は、その支給しなかったことにより直前の事業年度の課税所得に影響を与えるようなものではないことから、翌事業年度に支給した給与額のみについて損金不算入と取り扱っても差し支えありません。

この考え方については、次の点で疑問が残ります。

役員給与は、一般的に定時株主総会から次の株主総会までの職務執行の対価であるとし、この職務執行期間が判定単位として一般的であるとしていますが、

事業年度単位や会社独自の期間を判定単位としている例も少なからずあります。上記国税庁の見解は，一般的なケースを上げているだけで，それ以外のケースを排除する理由が明らかではありません。また，例外的処理の理由として事業年度の課税所得への影響を挙げています。しかし，当初事業年度に係る支給額が届出額と異なる支給を行い，翌事業年度に係る支給額が届出額どおりの支給をした場合で翌事業年度の課税所得には影響を及ぼさないケースについては，なぜ損金算入されないのかの理由は明らかではありません。職務執行期間全体で判定するのが原則で，上記 ii の処理は，申告業務，申告時期との関係で翌事業年度中の支給分について確認できないための便宜的処理であるという意見もありますが，国税庁により明言にされたものではありません。

国税庁の執行上の取扱いは，一応は明らかにされましたが，その根拠となる考え方については，今一つ明らかでなく，今後，より一層の検討が必要と思われます。

4 当事例の検討

事前確定届出給与は，各人毎に届出額と支給額との異同を判定することになります。したがって，本事例の＜ケース①＞及び＜ケース②＞ともに，社長，専務それぞれ毎に事前確定届出給与の該当性を判定します。

＜ケース①＞では，一時的な資金繰りの都合から未払いが生じ，支給時期に未払金計上し，翌月にその未払金を支払っています。支給時期に計上した未払金は債務として確定していることから，支給時期における支給額は，未払金を含めた支給額になり，あらかじめの届出額どおりに支給されたものとなります。

＜ケース②＞については，社長に対する支給額は，12月，6月の支給額のいずれもが届出額どおりになっています。したがって，社長については事前確定届出給与に該当することに疑いがありません。しかし，専務については，当初事業年度の12月は届出額どおりの支給額ですが，翌事業年度の6月の支給額は届出額と異なっています。この点については，職務執行期間の全体を通して判定し，原則としては12月，6月の2回分のいずれもが事前確定届出給与に該当

しないということも考えられます。しかし，当初事業年度の12月分支給額は届出額どおりに支給されていることから，国税庁の通達解説の考え方によれば当初事業年度の課税所得金額に影響を及ぼさないことから，12月分支給額は事前確定届出給与に該当し損金の額に算入されます。翌事業年度の6月分支給額の100万円だけが事前確定届出給与に該当しないこととされ，損金の額に算入されないことになります。なお，臨時改定事由や業績悪化改定事由に該当する場合は，変更届出を行うことにより事前確定届出給与の支給額の変更を行うことができますが，事例のケースは，担当部署の業績目標に達しないことによる減額ですから，これらの事由には該当しません。

(金子　友裕)

山本守之のコメント

役員給与の届出に伴う税務は，規定も実務もなじんでおらず，具体的には今後の問題ですが，実務家として問題点の指摘だけはしておく必要があります。

47 非常勤役員の過大給与

1 事　　例

　当社は不動産賃貸業を営む同族会社ですが，取締役3名の役員給与（各々月額10万円）を来期より各々月額30万円に増額したいと考えております。その際の留意点をご教示ください。
　取締役達は社長の姉妹で，兄弟姉妹仲良く会社を経営するようにとの先代社長（社長の父親）の遺言で取締役に就任し，現在に至ったものです。
　これまでの各取締役の職務は，月1回の取締役会に出席して，会社の経営状況等の報告を受け，懸案事項について意見を述べ合議に参画するというもので，3名とも他に仕事を持っていることもあり，会社の特別の行事の日以外は出社しません。
　なお，過去の税務調査で役員給与について指摘を受けたことはありません。

2 問 題 点（争点）

　問題点は，取締役3名は非常勤役員とされ，その役員の給与は職務執行の対価として適正であるか否かが問われることにあります。

3 検　　討

(1) 平成18年度の改正税法における過大役員給与の考え方

　平成18年度の役員給与に関する規定の改正では，一定の要件のもと，①定期同額給与，②事前確定届出給与，③利益連動給与に該当するものに限って損金算入を認め，役員に対する給与は原則損金不算入としています（法法34①）。また，損金算入を認めている給与についても「不相当に高額」な部分の金額は損金不算入とし（法法34②），役員給与の損金算入について厳しい規制を設けまし

た。

　改正前の過大役員報酬の規定の趣旨を裁判所は、「役員の職務行為に対する相当額の報酬は、当該法人が経済活動を行うために必要な経費として、これを損金に算入するが、職務行為の対価として相当な額をこえる額はたとえ報酬という名目であろうと実質的には利益処分である賞与に該当するものとしてこれを損金に算入しないというにある」と判示しています（岐阜地判　昭56.7.1　税資120号1頁　Z120－4823）。

　しかしながら、平成17年に制定された会社法（平成18年5月施行）によって、役員賞与は役員報酬とともに職務執行の対価という位置付けになり、役員賞与を利益処分で支給することが禁止され、企業会計においても役員賞与を費用として処理するとしています。そして、今回の役員給与の改正の趣旨は、法人税において損金算入される役員給与の範囲を職務執行の対価として相当とされる範囲内に制限することにあると説明されております。そのため役員に支給した給与のうち上記①～③の3つの要件に該当するもの、すなわち、予め定められた基準のとおり支給される給与に限り損金算入を認め、損金算入を認める給与についても職務執行の対価として相当とされる給与の額を超える「不相当に高額」な部分の金額は損金不算入としているのです（法令70一）。

　そのほか、改正前は、使用人兼務役員の使用人分の賞与のうち、使用人に対する賞与支給時期と異なる支給日に支給した賞与は役員賞与として損金不算入としていましたが、この改正では異質な取扱いながら過大役員給与とすると定められました（法令70三）。

(2) 過大役員給与の認定基準

　不相当に高額な部分の金額（過大役員給与）として政令で定める金額は、次の①及び②に掲げる金額の合計額としています（法令70）。

　　①　次のイ及びロによって算定した金額のうちいずれか多い方の金額
　　　　イ　実質基準により算定した適正額を超える金額
　　　　ロ　形式基準により算定した限度額を超える金額

図表　過大役員給与の判定

実質基準	①役員の職務内容 ②法人の収益 ③使用人に対する給与の支給状況 ④類似法人の役員給与の支給状況 ⑤その他 上記の状況に照らし，役員の職務に対する対価として適正額を算定し基準とするもの	適正額を超える金額	いずれか多い方の金額が過大役員給与として損金不算入となる
形式基準	定款の定め又は株主総会等の決議によって定められた役員給与支給の限度額を基準とするもの	限度額を超える金額	

②　使用人兼務役員の使用人分賞与で，他の使用人に対する支給時期と異なる時期に支給した賞与の額

(3)　**実質基準による判定**

　政令で定める実質基準は，改正前の過大報酬の判定と基本的に同じ取扱いとなっています。すなわち，法人が役員に対して支給した「給与」の額が，①その役員の職務の内容，②その内国法人の収益の状況，③使用人に対する給与の支給の状況，④類似法人の役員給与の支給状況等に照らし，その役員の職務に対する対価として相当であると認められる金額を超える場合におけるその超える部分の金額としています（役員が２人以上である場合には役員ごとに判定し，これらの役員の過大部分の合計額です）（法令70一イ）。ここでの「給与」とは，前記３つの要件に該当して損金算入を認められるもの及び新株予約権によるものや損金算入を認められる経済的利益を含み，使用人兼務役員については使用人分給与（過大役員給与とされる賞与を除きます）を含めたものをいいます。

　また，ここでの「役員」とはすべての役員が対象となりますので，「みなし役員」も含まれます。

(4)　**形式基準による判定**

　形式基準は，法人が定款の規定又は株主総会等の決議によって役員給与の支給限度額を定めている場合に適用されます。平成18年度改正は，会社法の制定に伴って整備されたもので，次の３つの合計額が限度額となり，役員に対して

支給した「給与」の額がこれを超える場合，その超える部分の金額が過大役員給与となります（法令70一ロ）。すなわち，定められた，①確定支給限度額，②算定方法により算定された金額，③金銭以外の給与による場合はその支給時の時価の合計額が限度額となります。ただし，ここでの「役員」とは，支給限度額が定められている役員だけですので「みなし役員」は対象外となります。

なお，法人に支給限度額の定めがない場合，実質基準のみによる判定となります（ただし，支給額の定めなく役員に給与を支給した場合は会社法違反となりますので注意が必要です（会361））。

(5) 過去の判例からみた実質基準による認定事例

実質基準を定めた政令は，改正前と全く同じ文言でその要件を規定していますから，役員給与の適正額は，過去の裁決や裁判例と同じく，次のような事実認定によって判断されると思われます。

① 「その役員の職務の内容」……役員の地位は会長か社長か，勤務状況は常勤か非常勤か，経営に対する関与状況はどの程度かなど（裁決 平14.6.13 裁事63号309頁 J63－3－21など）

② 「その内国法人の収益の状況」……売上高やその伸び率，利益の状況等（名古屋高判 平7.3.30 税資208号1081頁 Z208－7492など）

③ 「使用人に対する給与の支給の状況」……使用人のうち最高給を受けている者との比較（上記②名古屋高判）

④ 「類似法人の役員給与の支給状況」……同一あるいは周辺の税務署管内で同種の事業を営む，いわゆる同業者で事業規模，収益状況が類似するような法人（類似法人）の役員で地位や勤続年数等を同じくする者に対する役員給与額との比較（岐阜地判 昭56.7.1 税資120号1頁 Z120－4823など）

⑤ 「その他」……利益処分（役員賞与や配当の支払い）の状況（類似法人との比較）（上記④岐阜地判）

これまでの争訟事件の中で最も重要視され不可欠要件とされたのは，④の類似法人との比較です。しかしながら，①～③までは，法人内の状況ですから主張立証ができますが，④及び⑤の状況は，立証が困難ないし不可能であり問題

のあるところです。また，⑤の役員賞与は利益処分ではなくなりましたので，配当の支払状況が判断要素となるでしょう。

(6) 参考裁決例

　非常勤の取締役3名に対して支給した役員報酬額は，その取締役の職務の内容等に照らし不相当に高額であるので，その取締役の職務の対価として相当であると認められる金額を超える部分の金額は，損金の額に算入することはできないとした事例があります（裁決 平9.9.29 裁事54号306頁 J54－3－16）。

　代表者の妻ら3名の取締役に対して支払われた役員報酬額は，①取締役達は業務執行権を有しておらず，具体的な職務執行の内容も不明確であり，請求人の経営に深くかかわるものとは認められないこと，②請求人の各事業年度の売上高・売上総利益の伸び率に比較すると，取締役達の支給額は，相当高い伸び率であること，③取締役達の役員報酬額は，いずれも請求人の類似法人で職務内容が類似する非常勤の取締役に対する役員報酬額の平均額と比較すると極めて高額であることなどから，類似法人の平均的な役員報酬額を超える部分の金額は，不相当に高額な部分の金額であって損金の額に算入されないと判断しています。

　なお，ほかの非常勤役員の過大報酬についての裁決や裁判例では，未成年で就学中の取締役の報酬額について，支払われた報酬が父親である社長が実質的に支配し管理していることから，社長に対する報酬であると認定された事例（裁決 平2.4.6 裁事39号237頁 J39－3－07）や，海外に留学中の取締役は業務遂行の事実がなく，報酬額の全額が過大報酬であるとされた事例（最判 平11.1.29 税資240号407頁 Z240－8327）があります。

4　当事例の検討

(1) 形式基準について

　形式基準は，会社が定款の規定又は株主総会等の決議によって役員給与の支給限度額を定めている場合に適用されます。定款と過去の株主総会の決議事項を点検し，支給限度額に不足が生ずるような場合には，株主総会で役員に対す

る支給限度額（取締役全員の総額）を決議し，各取締役の支給額については取締役会に一任する旨を決議しておく必要があります。その後の取締役会で具体的な各自の支給額及び支給方法についても決議しておきます。

(2) **実質基準について**

　実質基準は，その役員の職務執行の対価として相当額か否かが問われることになります。非常勤役員ということから，租税回避のための給与支給ではないかと疑われやすいという点に注意が必要です。事例からは前期比3倍と大幅に増額する理由が見当たりません。過去の判例等を参考にして検討してみましょう。

① 「職務の内容」については、今までの月1回の取締役会出席以外に実質的な経営参画の状況等の事実がなければなりません。例えば、従業員の昇格等の人事について関与するとかが考えられます。

② 「法人の収益の状況」については、売上高や利益の状況等が3倍以上に伸びておれば、1つの指標になります。

③ 「使用人に対する給与の支給の状況」については、最高給を受けている従業員と比較してみることです。

④ 「類似法人の役員給与の支給状況」については、類似法人の同じような立場の取締役の給与との比較が大きな判断材料になります。できれば同じぐらいの規模の同業者の給与について調べてみることです。

　以上4項目について比較検討して大きな差があるときは考え直すことも必要でしょう。

（川口　浩）

山本守之のコメント

　役員給与の額が適正か否かは，あくまで職務執行の対価としての判断ですから，実質的には多様な要素で考えるべきものです。裁決例，判決例も参考になるでしょう。

48　出向役員に係る給与負担金の取扱い

1　事　　例

　当社（年1回3月決算）の専務取締役であるA氏は，親会社（年1回3月決算）からの出向者（親会社においては使用人）です。A氏に対する給与は，親会社で本人に支払われ，当社は親会社に対して給与負担金を支払っています。支払状況は次のとおりです（下図参照）。

図　給与の支払状況

＜親会社＞A氏本人への給与支払

4月	5月	6月	7月	8月	9月	10月	11月	12月	1月	2月	3月
		120万円						120万円			
60万円	〃	〃	〃	〃	〃	〃	〃	〃	〃	〃	60万円

＜当社＞親会社への給与負担金

4月	5月	6月	7月	8月	9月	10月	11月	12月	1月	2月	3月
80万円	〃	〃	〃	〃	〃	〃	〃	〃	〃	〃	80万円

(1)　親会社での支払状況……毎月の給与60万円，6月と12月に賞与120万円が支払われ，年間合計で960万円である。

(2)　当社での給与負担金の支払状況……毎月80万円を親会社に支払い，年間合計で960万円を負担している。

Ⅳ 役員給与〔通常の役員給与〕

> なお当社は，この給与負担金について，予め親会社との間で出向契約を取り交わしており，出向期間及び給与負担金額を定めています。当社は，これまで出向役員の給与負担金について特に株主総会での決議を行っていませんが，問題があるでしょうか。
> また，A氏の役員給与改定は親会社の決定に基づくため会計期間開始の日から3月経過日までに改定することができませんが，A氏に関する給与改定はどうすればよいでしょうか。

2 問 題 点（争点）

問題点は，①当社が支払う毎月80万円の給与負担金は，定期同額給与に該当するか。②親会社の都合により会計期間開始の日から3月経過日までに給与改定が行なえない場合は，通常改定に該当する改定は不可能なのかの2点です。

3 検 討

(1) 平成18年度税制改正前の取扱い

平成18年度税制改正前の役員給与税制においては，事例の場合は，出向先法人の給与負担金のうち60万円は役員報酬として損金の額に算入され，残額の20万円は，役員賞与として損金不算入とされていました（平18改正前法基通9－2－34）。給与負担金の役員報酬，役員賞与の区分を出向元法人の支給形態により判断していたからです。

(2) 平成18年度改正後の役員給与税制の取扱い

出向役員の給与負担金について平成18年改正後の法人税基本通達9－2－46は，「出向者が出向先法人において役員となっている場合において，次のいずれにも該当するときは，出向先法人が支出する当該役員に係る給与負担金の支出を出向先法人における当該役員に対する給与の支給として，法第34条（役員給与の損金不算入）の規定が適用される」として，次の形式的要件を掲げています。

① 役員に係る給与負担金の額につき役員に対する給与として出向先法人の株主総会等の決議がされていること
② 出向契約等において出向者に係る出向期間及び給与負担金の額があらかじめ定められていること

この場合の「株主総会等の決議」には，株主総会の決議のほか，例えば，株主総会では役員給与の総額を決議し，各人別の具体的金額は取締役会に委任することを決議している場合のその決議などが含まれます。

(3) 2つの形式的要件を付す理由

行政庁の解説によれば，「平成18年改正後の法人税法により損金算入の対象とされる役員給与は，定期同額給与，事前確定届出給与及び利益連動給与とされ，いずれもその役員給与があらかじめ定められているかどうかを重要な判断基準として整理されたものであり，あらかじめ定められたところに従い支給される給与については，法人税法第34条第1項各号の要件を満たせば損金算入されるという制度であるといえる。こうした制度の趣旨に鑑みれば，あらかじめ定められたところに従い支出される給与負担金については，給与負担金の支出を出向先法人における役員給与の支給として法令上の要件をあてはめることが相当である」と上記2要件を付す理由を説明しています（国税庁「平成19年3月13日付「法人税基本通達等の一部改正について」の趣旨説明について」）。

(4) 形式的要件の問題点と通達の趣旨

法人税法の条文上は，「あらかじめ定められたところに従い支給される」ものであることが，定期同額給与の要件とはされていません。条文では，「各支給時期における支給額」が同額であるかどうかが要件とされています。出向役員に関する上記通達は，条文にない要件を通達で新たに付しているように思われ，疑問が残るところです。

本通達は，2つの形式的要件を満たすものは法人税法34条を適用するが，形式的要件を満たさないものについては同規定を適用せずに直ちに損金不算入とするという趣旨ではなく，個別にその支出の性格を事実認定したうえで同規定の適用を検討する趣旨と考えられます。したがって，通達の2つの形式的要件

を満たしていなくとも出向先法人の支出額が役員に対する給与負担金であることが事実認定でき，各支給時期における支給額が同額であるならば定期同額給与に該当する余地はあると考えられます。

(5) 3月経過日後の給与改定

会計期間開始の日から3月を経過する日後にされた定期給与の改定については，つぎの事由のものについては，同額支給の要件を満たせば定期同額給与に認められます。

① **特別の事情がある場合**

平成19年度税制改正により，定期同額給与とされる通常改定の範囲に，「継続して毎年所定の時期にされる定期給与の額の改定で，その改定が3月経過日等後にされることについて特別の事情があると認められるもの」が追加されました（法令69一イ）。この特別の事情がある場合には，「法人の役員給与の額がその親会社の役員給与の額を参酌して決定されるなどの常況にあるため，当該親会社の定時株主総会の終了後でなければ当該法人の役員の定期給与の額の改定に係る決議ができないこと」が含まれます（法基通9－2－12の2）。

② **臨時改定事由**

役員の「職制上の地位の変更，その役員の職務の内容の重大な変更その他これらに類するやむを得ない事情」による改定も認められます。この臨時改定事由には，例えば親会社における労使交渉の妥結に連動して子会社の出向役員の給与改定が行われた場合で，予め出向契約で親会社における労使交渉の妥結に連動して改定が行われることが定められているときは，その改定も含まれると考えられます（森文人「法人税Q＆A」『租税研究』2008.7月号，215頁）。

(6) **給与負担金と事前確定届出給与等**

本事例は，出向先法人が給与負担金を各支給時期に同額ずつ支払うケースですが，出向元法人の支給形態を考慮して事前確定届出給与のパターンで支給することも考えられます。上記2つの形式的要件を満たすなどして，出向先法人

が支出する給与負担金がその役員に対する給与の支給であると認められるものについては，所定の要件に基づいて事前確定届出給与の適用を受けることができます。この場合には，出向先法人がその納税地の所轄税務署長にその出向契約等に基づき支出する給与負担金に係る定めの内容に関する届出を行うことになります（法基通9－2－46（注）1）。

また，出向先法人が給与負担金として支出した金額が，出向元法人が出向者に支給する給与額を超える場合には，その超える部分の金額については，出向先法人にとって給与負担金としての性格はないことになります。その超える部分の金額については，支給実態に応じて個別にその性格を判断することになります（法基通9－2－46（注）2）。

4 当事例の検討

まず本事例の給与負担金が，定期同額給与に該当するかどうかですが，本事例の給与負担金は，親会社との間の出向契約で出向期間，給与負担金額が定められておりますが，株主総会等での決議が行われていません。通達の2つの形式的要件のうちひとつしか満たしていないことになります。このような場合には，直ちにその給与負担金の額が損金不算入となるのではなく，その親会社へ支出の内容，性格について改めて検討し，事実上も役員A氏に対する給与負担金であることが明らかとなれば，法人税法34条を適用することになります。事例の子会社が支払う給与負担金は，出向契約によりA氏にかかる給与負担金であることは明らかであり，毎月支給の定期給与でその支給額は同額であることから，定期同額給与と認められる余地は充分にあると考えられます。

なお，税務調査等においてその都度，事実関係を説明する手間を省くためには，今後は株主総会や取締役会等での決議を行なうのがよいかと考えられます。

つぎに親会社の事情で出向役員に対する改定が会計期間開始の日から3月経過日までにできない件については，上記の法人税基本通達9－2－12の2であげられている「親会社の役員給与の額を参酌して決定されるなどの常況にあるため，当該親会社の定時株主総会の終了後でなければ当該法人の役員の定期給

与の額の改定に係る決議ができない」特別の事情に該当する場合で，「継続して毎年所定の時期」に行われる改定は通常改定に該当します。

　たまたま，当期だけの事情によるようなケースでは通常改定とは認められないことになりますが，例えば親会社における労使交渉の妥結に連動して子会社の出向役員の給与改定が行われた場合で，予め出向契約で親会社における労使交渉の妥結に連動して改定が行われることが定められているときは，「臨時改定事由」に該当するケースも考えられます。

　以上のように出向役員の給与改定については，改定時期，改定事由が課税要件上の主要な問題となりますので，株主総会等の改定決議，決議等に関する書面上の整備が重要です。

(藤曲　武美)

山本守之のコメント

　平成18年改正から，出向役員の給与負担金は株主総合の決議（具体的金額は取締役会に委任）が必要となりましたが，その負担金が定期同額になるか否か等も配慮しなければなりません。

49 役員退職給与の経理処理と損金算入時期

1 事　　例

当社の役員が不慮の事故により死亡しました。会社契約の生命保険金の支払通知を受けたので，株主総会等の決議前ですが，役員退職給与規程に基づいて遺族に現金で退職給与の額の半額である6,000万円を支給し損金経理しました。その後，株主総会等の決議を経て，社宅として役員が家族と居住している会社所有の土地，建物を役員退職給与として支給し，下記のように経理処理を行いました。
　　役員退職給与　　1,000万円　／　土　地・建　物　　1,000万円（帳簿価額）
なお，この土地・建物の時価は6,000万円です。

2 問　題　点（争点）

株主総会等の決議前に支給した退職給与の金額を損金の額に算入できるかということと，含み益のある資産を退職給与として現物支給した場合の経理処理の方法が問題となります。

3 検　　討

(1) 取締役の報酬等と会社法

会社法制定前においては，役員に対する賞与を剰余金の処分の形で支給する方法が多く採られており，役員退職給与についても同様の方法が採られることがありました。しかし，一定の要件を満たせば，剰余金の配当等は取締役会で定めることができるため（会459①），会社法では，取締役の報酬，賞与その他の職務執行の対価として株式会社から受ける財産上の利益（報酬等）について，定款に次の事項を定めていないときは，株主総会の決議によって定めることとする一方（会361①），剰余金の処分として賞与等を支給することを認めないこ

Ⅳ　役員給与〔特殊支配同族会社の役員給与〕

とになりました（会452，453）。
① 報酬等のうち額が確定しているものについては，その額
② 報酬等のうち額が確定していないものについては，その具体的な算定方法
③ 報酬等のうち金銭でないものについては，その具体的な内容

　なお，この取締役の報酬等の額等の決定についての規制の目的は，高額の報酬が，株主の利益を害する危険を排除することにあるので，定款または株主総会では，取締役全員に支給する総額等のみを定め，各取締役に対する具体的配分は取締役の協議等に委ねていいと解されています（江頭憲治郎『株式会社法』（第2版）411頁 有斐閣 平20）。

　役員退職給与についても，在職中の職務執行の対価として支給される限り報酬等に該当し，その額等は，定款又は株主総会の決議において定めることになります。なお，退職する役員が1人である場合も多いため，定款又は株主総会の決議では，具体的な算定方法のみを定めて，実際の金額は取締役会等に一任する方法を採用することも多く見受けられます。判例でも，具体的な基準が内規として存在し，それが株主総会に黙示又は明示されている場合には，具体的な金額の決定を取締役会に一任できるとしています（最判昭48.11.26 判時722-94他）。

(2)　**役員退職給与の株主総会等決議要件**

　平成18年度税制改正では，会社法制や会計制度などの改革のタイミングを捉えて，役員給与の損金算入のあり方の見直しが行われました。役員退職給与についても，役員の職務執行の対価としての性質を有する点で役員給与と同様であり，会社法において利益処分による支給ができないこととされたこと等も踏まえ，損金経理要件が廃止されました。つまり，法人が役員に支給する退職給与は，その経理の方法を問わず，適正な額であるならば，損金の額に算入されることとなりました（法法34②，法令70二）。

　損金経理要件が廃止されたことを受け，役員退職給与の損金算入時期は，原則として，株主総会の決議等によって退職給与の額が具体的に確定した日の属

する事業年度となります（法基通9－2－28前段）。この場合の「株主総会の決議等」とは株主総会，社員総会その他これに準ずるものの決議又はその委任を受けた取締役会の決議をいいます。

したがって，退職給与の額が具体的に確定する事業年度より前の事業年度において，取締役会で内定した金額を損金経理により未払金に計上した場合，未払金に計上した時点での損金の額に算入することはできません。その一方，役員退職給与の支給額が確定した後の仮払金処理であるとか，役員退職給与引当金の取崩しであるとかの従来損金算入が認められなかった方法による退職給与の支給であっても，支給額が具体的に確定した日の属する事業年度において申告調整による損金算入が認められます。

(3) **株主総会等決議要件の例外**

役員退職給与の損金算入時期を，株主総会の決議等によって退職給与の額が具体的に確定した日の属する事業年度とした場合，次のような場合はどのように取り扱われるのでしょうか。

① 定款により役員退職給与の金額や算定方法等を定めている場合
② 期中に病気又は死亡等により役員が退職したため取締役会等で内定した退職給与を支払う場合

法人税基本通達9－2－28後段では，「ただし，法人がその退職給与の額を支払った日の属する事業年度においてその支払った額につき損金経理をした場合には，これを認める。」として，株主総会等決議要件の例外を，損金経理要件を付して認めています。

上記①については，その支給について株主総会等の決議を必要としませんので，この後段規定により損金算入時期が明確になります。

上記②について，その退職給与に関する株主総会の決議等が翌期になるときは，原則的な取扱いによれば，当期においてはその支払った退職給与の額を損金の額に算入することができないこととなります。これについて『法人税基本通達逐条解説』(五訂版)（窪田悟嗣，税務研究会出版局，754頁）では，「例えば，社内的に役員退職給与規程等の内規を有する法人が，取締役会等の決議によりそ

243

の規程等に基づいて退職給与を支払い、これを費用として計上しているような場合を考えると、原則的な取扱いにより支払時の損金算入を認めないとすることは、役員に対する退職給与の支給の実態から見て余りにも頑なであるといわざるを得ない」と解説しています。これは、先に挙げた判例の「具体的な基準が内規として存在し、それが株主総会に黙示又は明示されている場合」に該当し、法人の実態を鑑みて、税務上もこれに合わせた考え方をとるとしたものと思われます。

さらに、同解説では、「退職給与の支払時に所得税の源泉徴収又はみなし相続財産としての相続税課税がされているにもかかわらず、株主総会の決議等を経ていないというのみをもって、法人税法上、支払時の損金算入を認めないとすることについては、会社法上はともかく、税務上は必ずしも実態に即していない」と考えられるとしています。

つまり、会社法上の制約を満たしているかどうかが必ずしも明確でない場合であっても、その退職給与の額が不相当に高額な場合やその確定自体に疑義があるときを除き、実際に支払った日の属する事業年度で損金経理した場合は、税務上もこれを認めるとして、退職給与に対する所得税等の課税時期と支払った法人側の損金算入時期の一致を図ったものとしています。

4 当事例の検討

生命保険金の受取額は支払通知があった事業年度の益金の額に算入されます。しかし、その支払通知のあった事業年度において総会等の決議を経ずに支給された退職給与であっても、①不慮の事故による死亡であり、遺族の当面の生活に充てるものであること、②退職給与規定に基づいたものであることという状況から、退職給与として不相当に高額でない限り、課税上の弊害があると認められませんので、支払時に損金経理をしたならば、その事業年度の損金の額に算入されることになります。

また、事例の役員退職給与の現物支給について正しく仕訳すると次のようになります。

（借）役員退職給与　6,000万円　　（貸）土　地・建　物　1,000万円
　　　　　　　　　　　　　　　　　　　　固定資産譲渡益　5,000万円

　しかし，平成18年度税制改正により，その支給が株主総会等の決議を経たものであり，時価で評価した土地・建物の価額が，役員退職給与として適正な金額であるならば，損金経理の有無を問わず，原則として損金の額に算入されることになりました。したがって，次のように現物支給した資産の簿価により役員退職給与を計上した場合であっても，法人税法上は認められることとなっています。

（借）役員退職給与　1,000万円　　（貸）土　地・建　物　1,000万円

（小林　磨寿美）

山本守之のコメント

　役員退職給与の損金経理要件が削除されたので，社宅を給付した場合の時価と損金経理額の差額に対する問題点はなくなりました。

50 分掌変更に伴う役員退職給与

1 事　　例

> 当社の代表取締役甲は，高血圧症により治療中でしたが，入浴中に脳出血を起こし，急遽，入院することとなりました。
> 意識ははっきりしているので，取締役には留まるものの代表取締役は辞任し，代わって長男の乙を代表取締役に就任させることになりました。
> 代表取締役の辞任に伴う役員退職給与の支給について，何か問題があるでしょうか。

2 問　題　点（争点）

問題点は，実質的に退職したと同様の事情にあるか否かということです。

3 検　　討

役員の退職給与は，本来，退職という事実があって初めて損金の額に算入することができるのであって，通常，退職したか否かは，辞任・解任・死亡などの事実によって，明らかになります。しかし，退職しない場合であっても，役員の分掌変更に伴ってその地位が激変したような場合には，実質的に退職したと同様な事情にあるものと認められるので，現実に支給することを前提に退職給与として扱われてきました（平成19年改正前法基通9－2－23）。

しかし，地位の激変が，給与の激減というこの通達の例示に形式的には適合していても，実質的に退職したと同様な事実関係であったか否かをめぐって，争いが多発していたところ，平成19年3月13日の通達改正で，次のように改められ，本文に(注)を加えて，給与の激減という要件に加え，経営上主要な地位を占めている場合を除き，未払いの場合には，この通達の適用がないことも明らかになりました。

> **（役員の分掌変更等の場合の退職給与）　法基通９－２－32**
> (3) 分掌変更等の後におけるその役員（その分掌変更等の後においてもその法人の経営上主要な地位を占めていると認められる者を除く。）の給与が激減（おおむね50％以上の減少）したこと。
> **(注)** 本文の「退職給与として支給した給与」には，原則として，法人が未払金等に計上した場合の当該未払金等の額は含まれない。

　ここで，問題になるのは，実質的に退職したと同様の事情にあると認められること，による場合には，退職給与とすることができるのであって，実質的に退職したと同様の事情にあるか否かの事実認定が重要になります。

(1) 重要判決情報としての位置付け

　分掌変更の場合の役員退職給与については，平成18年２月10日，京都地裁判決が税務雑誌等に大きく紹介され，各地での税務調査において，分掌変更に伴う役員退職給与が否認されるという事態が相次ぎました。

　国税庁課税部審理室から情報発信されている「調査担当者のための重要判決情報（平成19年３月号）」に京都地裁判決が取り上げられたのに続き，その控訴審である大阪高裁判決が「重要判決情報」の同年10月号に，取り上げられたことから，この判決は，税務調査の現場における重要な判決という位置づけが鮮明になりました。

> **【備　考】**
> 　本件通達は，実質的に退職したと同様の事情にある場合の例示として３つの基準を挙げているが，これらの基準を形式的に満たしても，他の事情から実質的に退職したと同様の事情にあるとはいえない場合にまで，退職給与として取り扱う趣旨ではない。したがって，役員の分掌変更等により退職金が支払われた場合には，本件通達を形式的に適用するのではなく，当該役員の勤務状況，法人の経営への関与の状況等から，実質的に退職したと同様の事情にあるか否かを検討する必要がある。
> 　なお，本判決の判断は，控訴審判決（大阪高裁18.10.25）でも維持されている（調査担当者のための「重要判決情報」平成18年１月～６月分　平成19年３月

IV 役員給与〔特殊支配同族会社の役員給与〕

国税庁課税部審理室)。

(2) 実質的に退職したか否か
① 京都地裁判決

実質的に退職したと同様の事情にあったか否かをめぐって、京都地裁判決は、役員甲は、平成14年4月1日以降も原告の取締役であり、報酬も減少したものの受け取っている上、取引先との対応などの原告の業務にも従事しており、原告を退職したということはできない。また、役員乙も、同日以後、監査役として法的な責任を負う立場にあって、原告との委任関係は続いており、報酬も減少したものの受領しているのであるから、原告を退職したということもできない。

確かに、工場の閉鎖、従業員の解雇などの経過からすれば、少なくとも、形式的には役員が退任する意味があることは理解できるものの、そのことは、実質的にも退職することまでも必要とした事情とまではいうことができない。むしろ、本件事業年度には、保険金等の雑収入があり、本件金員の支払いがない場合には、法人税額が多額になるのに対し、本件金員の支払いがされ、それが損金として認められた場合には、法人税額が減少すること、本件退職給与の支給が本件事業年度の最終日の株主総会及び取締役会で決議されたとされていることを考慮すると、上記の雑収入があったことに伴う法人税額の増額を避けるために、役員甲・乙が原告を退職したものとして、本件金員の支払いをしたという疑いも生じる。したがって、本件金員については損金の額に算入することはできない（京都地判 平18.2.10 判例集未登載 Z888−1177)。

② 非公開裁決

では、分掌変更の場合には、すべて「実質的に退職したと同様の事情にある」かの判断が難しくなるのでしょうか。そんなことはありません。退職の事実をめぐっては、下記の非公開裁決があります。

前代表者は、取締役の辞任を契機として、その地位を追われ、経営の第一線からの引退を余儀なくされたものであり、その辞任後は、過去の功績に報いるために与えられた名誉職である会長として、単に名義上存しているにすぎず、

同人が請求人の経営に従事しているということはできないから、請求人の役員を退職したものと認めるのが相当であると判断されています（裁決 平18.11.28 非公開 F0-2-277）。

③ 学校法人理事長への退職給与

学校法人の理事長への分掌変更に伴う役員退職給与の所得区分をめぐって大阪地裁の判決があります。この裁判は、原告である学校法人の設置する学校の校長であった甲が退職し、同じ学校法人の設置する大学の学長に就任するに当たり、原告が就業規則及び退職給与規程に基づき支払った退職金4,802万1,353円につき退職所得として所得税の源泉徴収を行ったところ、これを給与所得として納税の告知処分等を受けたため、その取消しを求めて提訴し、退職所得に該当するとして認められた事案です（大阪地判 平20.2.29 判例集未登載 Z888-1319（確定））。

4 当事例の検討

分掌変更に伴う役員退職給与の支給に関しては、法人税基本通達にいう給与の激減という文言のみにとらわれることなく、実質的に退職したと同様な事情にあるという事実を立証することが重要です。

また、分掌変更に伴う役員退職給与は退職をしていないのに、退職給与として認めるのですから、現実に支払ったことが要件となります。新たに通達に加えられた「原則として未払いの額が除かれる」ことにも留意します。

（朝倉　洋子）

山本守之のコメント

法人税基本通達9-2-32はあくまで通達であり、課税要件を示したものではありません。したがって、通達の要件にこだわらず、「実質的に退職」したか否かで判断すべきでしょう。

51 使用人兼務役員の常務就任に伴う退職金の支給

1 事　例

> 当社の取締役であるAは、長年、工場の技術者として勤務した後、取締役工場長の任に就き使用人兼務役員として働いてきました。今回の株主総会で、Aは常務取締役に就任し、これによって使用人としての職務を離れて「使用人兼務役員とされない役員」（法令71①二）に該当することになりました。Aに対しては、使用人兼務役員になったときに退職金の支給をしておりませんので、今回は使用人であった期間に対する退職金を支給することになりました。このAの退職金について、損金の額に算入するために注意すべきことはありますか。
>
> なお、退職金の額の計算は、他の社員と同様に使用人としての退職給与規程に従って計算することになります。

2 問題点（争点）

問題点は、使用人兼務役員が常務取締役等に就任したことにより使用人兼務役員に該当しなくなった場合に、その者に使用人としての退職金を支給して、それを損金の額に算入することができるかどうかです。

3 検　討

(1) 役員としての地位の変動か、退職か

退職金は、過去の労務に対する後払いの対価として、退職を機に支払われるものといわれます。したがって、使用人兼務役員が、常務取締役等就任により使用人兼務役員とされない役員となった場合に、退職金の支給が退職金として認められるかどうかは、これを使用人としての退職とみることができるかどうかという問題になります。

法人税法34条は、役員に対する給与のうち、退職金、新株予約権によるもの、左記以外で使用人兼務職務役員に対する使用人分給与、そして、隠ぺい仮装によるものを除いて、定期同額給与・事前確定届出給与・利益連動給与について規定し、退職金については、不相当に高額な部分の損金不算入のみを規定しています（法令70二）。使用人兼務役員に対する給与のうち退職金については、使用人分と役員分とを区別していないのです。これは、法人税法においては、使用人兼務役員であっても、使用人兼務役員とされない役員であっても、役員であることには変わりがなく、その間の異動は役員としての職制上の地位の変動に過ぎず、退職には当たらないと解していることによります。

一方、法人税法に規定する使用人兼務役員とは、①使用人としての職制上の地位にあり、②常時使用人としての職務に従事し、③特定の役員に該当しない役員をいいます（**38**参照）。つまり、使用人としての地位と実態を保持したまま、会社法にいう役員としての地位に就いている者で、実態として役員といえない場合も多いといわれます。これは、例えば、労働基準法の運用において、役員であっても、業務執行権を持たず、工場長や部長等の職にあり賃金を受ける場合には兼務役員という労働者として取り扱うのと同様に、使用人としての実態に着目した法人税法上の区分です。

使用人兼務役員から常務取締役等に就任し、使用人兼務役員とされない役員になるということは、この使用人としての地位を失うことといえます。そして、この機を捉えて使用人としての退職金を支給することは、上記のような法人税法の区分と矛盾するものではありません。また、一般的な社会感覚からしても、使用人としての職務を離れたことで退職金を受給することは、極めて自然なことと思われます。

(2) 法人税法における常務取締役就任に伴う退職金

使用人兼務役員を区分する定義規定をしているにもかかわらず、法人税法では、常務取締役等への就任を役員としての職制上の地位の変動に過ぎないと考えることから、退職金を支給したとしても、役員に対する退職金以外の給与として処理することが原則となります。

平成18年度改正前の取扱いでは，使用人兼務役員であった期間に対応して支給された退職金は，たとえ使用人としての職務に対する退職金の額として計算されているときであっても，役員賞与として損金の額には算入しないものとしていました（平19改正前法基通9－2－25注2）。また，現行法人税法でも，役員給与のうち定期同額給与・事前確定届出給与・利益連動給与のいずれにも当たらない給与の支給として，損金の額に算入することはできないことになります（法法34①）。

(3) 法人税基本通達の改正

　使用人兼務役員が常務取締役等に就任することが，使用人の退職と解されることはありません。しかし，それまで使用人兼務役員として使用人分給与を認め，専任役員と区別して取り扱ってきた者への退職金を退職金として認めないというのもおかしなことです。この点について，法人税基本通達は，平成19年の改正により，使用人退職金として認めないという従来の考え方を維持したまま，使用人としての職務に対する退職金であること，使用人の退職金として相当であることを担保する下記の2要件を定めて，これを備えている退職金については，使用人の退職給与として損金算入することを認める取扱いが追加されました（法基通9－2－37　平19　課法2－3）。

① その給与の支給の対象となった者が既往に使用人から使用人兼務役員に昇格した者（その使用人であった期間が相当の期間であるものに限る）であり，かつ，その者に対しその昇格をした時にその使用人であった期間に係る退職給与の支給をしていないこと

② その給与の額が，使用人としての退職給与規程に基づき，その使用人であった期間及び使用人兼務役員であった期間を通算してその使用人としての職務に対する退職給与として計算されており，かつ，退職給与として相当であると認められる金額であること

　これは，解釈の変更ではなく，このように取り扱っても特に課税上の弊害もなく，差し支えないというものです（『法人税基本通達逐条解説』（五訂版）763頁）。これを実態に即した変更がされたと評価する考え方もありますが，法人税法に

おける使用人兼務役員の要件，使用人分給与を認める規定等と併せて考えると，なぜ退職金として認めることを法令上の原則とし，相当でないものを除外する考え方ができないのかという疑問は残ります。

なお，連結納税基本通達においても，同様の改正が行われています（連基通8－2－36 平20.7.2 課法2－5，課審5－181）。

(4) **従来からの取扱いであったということ**

通達の改正による上記取扱いは，既に昭和57年当時に東京国税局調査部で定めていた損金算入基準と同一内容であること（山本守之『体系法人税法』747頁），国税庁内部でも，通達に示された要件を満たしていることを条件に従来から使用人時代への打切支給を認めていたこと（山本守之・大淵博義「特別対談 ここが疑問 役員給与の徹底検証」『税経通信』2008.6, 68頁）が指摘されています。従来の法人税基本通達は，実際の取扱いとは逆の実務を示していたことになります。

4 当事例の検討

A氏に対する退職金は，貴社の説明による限り，上記通達が定める要件を満たしていることから，退職給与として損金の額に算入することができます。

（古矢　文子）

山本守之のコメント

事例の場合は国税庁の考え方と東京局調査部の取扱いが異なっていたところです。しかし，平成19年度通達改正で東京局の考え方が追認されました。

Ⅳ 役員給与〔特殊支配同族会社の役員給与〕

52 業務主宰役員の判定

1 事 例

　当社は、製造業を営む法人です。役員は代表取締役である兄（持株50％）、取締役である母と弟（それぞれ持株25％）の3人です。兄が営業など対外的な折衝全般を担当し、特殊技術を有する弟は、工場の責任者として工場内の人事権を有し、労働管理を任されています。経営上重要な事項に関する最終的な決定については、すべて母に報告し、承諾を得ています。また、法人の経理は、役員でない兄の妻が担当しています。

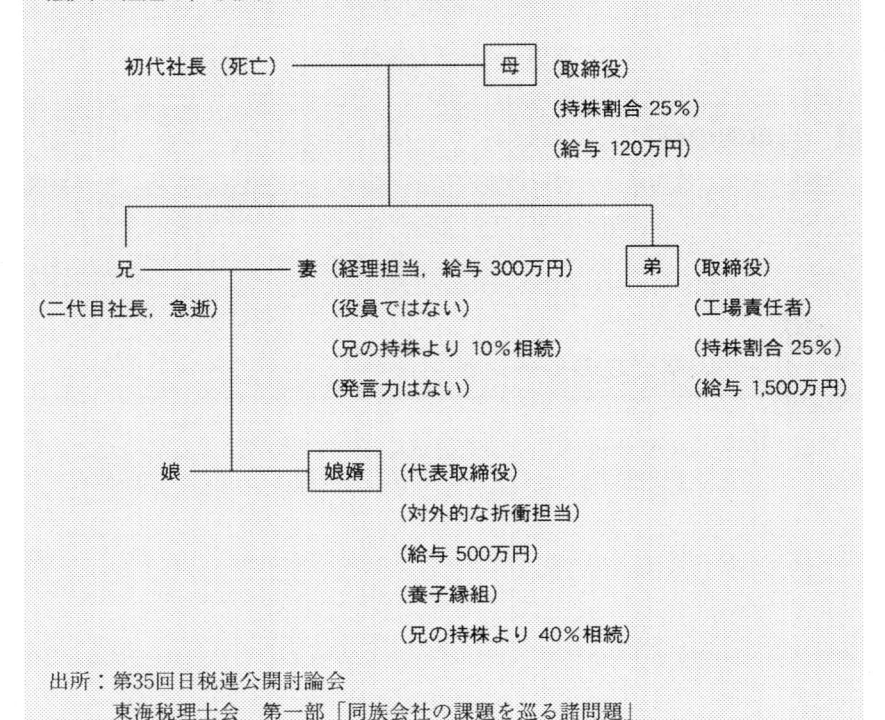

```
初代社長（死亡）────────────────母  （取締役）
                                      （持株割合 25％）
                                      （給与 120万円）
    │
┌───┴─────────────────────┐
兄──────────妻（経理担当, 給与 300万円）    弟  （取締役）
（二代目社長, 急逝）  （役員ではない）            （工場責任者）
                    （兄の持株より 10％相続）    （持株割合 25％）
                    （発言力はない）            （給与 1,500万円）
│
娘──────娘婿  （代表取締役）
              （対外的な折衝担当）
              （給与 500万円）
              （養子縁組）
              （兄の持株より 40％相続）
```

出所：第35回日税連公開討論会
　　　東海税理士会　第一部「同族会社の課題を巡る諸問題」
　　　平成19年10月12日資料10頁

> 兄が急逝したため、当該法人の使用人であった兄の娘婿を、急遽代表取締取役に就任させ、兄の職務を引き継がさせています。
> それぞれの年間役員給与額は、兄の娘婿が500万円、弟が1,500万円、母が120万円、長男の妻は300万円です。母は、給料の他に年金とアパートの不動産収入がありますので、他の人達よりも低い給料になっています。この場合、業務主宰役員にはだれが該当するのでしょうか。
> 人間関係を図に示すと前頁のようになります。

2　問　題　点（争点）

　問題点は、業務主宰役員には、①代表取締役である兄の娘婿、②役員給与が一番多い弟、③常に影の決定者である母、この3人の役員のうち誰が該当するかです。

3　検　　討

(1) 特殊支配同族会社とは

　特殊支配同族会社とは、同族会社で、次のいずれにも該当する会社をいいます（法法35①、法令72①～④）。

① 　業務主宰役員グループ持株等合計が90％以上
② 　業務主宰役員と常務に従事する業務主宰役員関連者数の合計人数が、常務に従事する役員総数の2分の1を超えること

　本件事例の場合、持株をそれぞれ代表取締役である兄の娘婿が40％、取締役である母と弟がそれぞれ25％、兄の妻が10％を有し、常務に従事する役員も全員親族ですから特殊支配同族会社に該当します。

　なお、特殊支配同族会社に該当するか否かは、法人の期末の現況により判定します（法法35③）。

(2) 業務主宰役員とは

　業務主宰役員とは、同族会社の業務を主宰している役員一人を指す概念であ

り，個人に限るとされています（法法35①）。「主宰」とは，多くの人の上に立ち，中心となって物事を行うことをいいますから，業務主宰役員は，会社の経営に最も中心的に関わっている役員一人をいいます。通常は，社長という肩書きのある代表取締役が業務を主宰しますので，これに該当します。

しかし，法人の事情によっては，代表取締役以外の者が業務主宰役員に該当する場合もありますし，代表取締役が1人ではなく複数の法人もあります。また，実質的には業務を主宰している者が役員になっていない場合もあります。したがって，業務主宰役員の判定の適否は，実質的な経営の中心は誰かという事実認定になります。

業務主宰役員とは，税法上の役員（法法2十五，法令7，みなし役員も含む）のうち，会社の経営に最も中心的に関わっている者をいい，最も中心的に関わっているかどうかは，通常は，事業計画の策定，多額の融資契約の実行，人事権の行使等に際しての意思決定の状況や役員給与の多寡等を勘案して判定します（法基通9－2－53）。

例えば，兄弟二人で経営を行い，それぞれが代表取締役である場合もあります。兄は甲事業部門を，弟が乙事業部門を担当し，各自が各事業部門の意思決定を独自に行い役員給与も同額であった場合，どちらが業務主宰役員に該当するのかという問題があります。

このように，兄と弟が対等な立場であっても，会社全体の意思決定や方向性を決める会議などで，主導権を有している者が業務主宰役員に該当することになります。また，全額の出資を行ったうえ実質的に経営の中心として，事業計画の策定，多額の融資契約の実行，人事権の行使等に際しての意思決定を行っている者が，取締役にも就任していない場合もあります。

例えば，他にも会社を経営していて多額の役員給与があるため，経営の中心であるにもかかわらず，自身は役員にもならず，親族を代表取締役として就任をさせて役員給与を支払っている場合などです。

このような場合，例え，本人の給与が代表取締役である親族の2分の1未満の金額であったとしても，実質的に経営の中心となっていることが明らかであ

れば，法人税法上のみなし役員に該当し，業務主宰役員に該当することになります。

4 当事例の検討

本事例の場合，代表取締役としての肩書きからは兄の娘婿が，役員給与の多寡からは弟が業務主宰役員ではないかと考えられやすいのですが，実際には兄の娘婿も弟も全て自分自身で判断して決定することはなく，必ず，母に報告して，その意思決定に従っていますので，母が業務主宰役員に該当することになるでしょう。

すなわち，会社の経営に最も中心的に関わっている者が，業務主宰役員に該当するのですが，最も中心的な関わりである事業計画の策定，多額の融資契約の実行，人事権の行使等に際しての意思決定を本事例においては，すべて母が行っているのですから，母が業務主宰役員に該当します。

なお，実際の実務においては，母が最終決定者であることが証明できるように取締役会議事録や業務日誌等を記帳し，保存等をしておく必要があるでしょう。また，母親が最終決定者であることを明らかにするためには，稟議書等を作成して，最終的に母が決済している事実が判るようにしておくべきでしょう。

また，母の役員給与がなぜ職務相応額より著しく低いのか，関係書類（年金の源泉徴収票，家賃収入の入金の預金通帳等を含む該当年度の個人の確定申告書等）を保存し，説明できるようにしておくべきです。

事実認定に際し誤解を生じさせないように，証拠書類を保存し説明が充分にできるようにしておくべきです。　　　　　　　　　　　　　　（染谷　多恵子）

山本守之のコメント

業務主宰役員の判定は，課税庁が考えるほど単純なものではありません。事例の場合は1,000人の税理士が回答して3つに分かれたものです。私個人としては，①〜③のうち理由がしっかりしていればいずれも正解としたいものです。

IV 役員給与〔特殊支配同族会社の役員給与〕

53 常務に従事する役員の範囲

1 事　例

> 甲社の取締役は、代表取締役Ａ、同居の長男Ｂ、常務取締役Ｃ（Ａの旧友）、営業部長Ｄ及び工事部長Ｅです。Ｄ及びＥは使用人を兼務する取締役です。
> このたび、Ｄ及びＥの給与体系を変更して、役員相当部分の比率を70％程度に改定することを予定しています。
> この場合に、Ｄ及びＥは「常務に従事する役員」に該当しますか。
> なお、甲社は、株式数及び議決権数の95％をＡが保有しています。

2 問題点（争点）

問題は、①「常務に従事する役員」における「会社の経営に関する業務」の内容、②使用人兼務役員における業務の役員相当分と使用人相当分との区分、③役員相当分の給与と使用人相当分の給与の区分です。

3 検　討

(1) 「常務に従事する役員」の意義

特殊支配同族会社は、同族会社の業務主宰役員及び業務主宰役員関連者がその発行済株式又は出資の90％以上を有する場合に、業務主宰役員及び常務に従事する業務主宰役員関連者の総数が、常務に従事する役員の総数の半数を超える同族会社とされています（法法35①）。ここでいう、「業務主宰役員関連者」（法令72①）及び「役員」（法法２十五）については、それぞれ法人税法に定義がされていますが、「常務に従事する役員」については、明確な定義がなく、解釈は社会通念に委ねられています。

解釈通達では、「常務に従事する役員」とは、会社の経営に関する業務を役

員として実質的に，日常継続的に遂行している役員をいい，業務の常勤性を前提にして，個々の実質に応じて判断されるとしています（法基通9－2－54）。

例えば，社長，副社長，専務，常務のような職制を有する役員は，「会社の経営に関する業務」に該当するとされています。

そして，使用人兼務役員については，実質的には，その役員としての職務が会社の経営に関する業務を役員として実質的に，日常継続的に遂行している場合には，「常務に従事する役員」に該当するとしていながら，形式基準として役員相当分給与が使用人相当分給与を超える場合には，「常務に従事する役員」に該当する取扱いがなされています。

ここでいう，「常務に従事する役員」についての「常務」とは，日常継続的に役員としての「業務」及び「職務」を遂行すると解されることから，会社法における取締役の業務及び職務について参照すると，それぞれ，次のように規定されています。

(2) **取締役の業務と職務**

法人税の解釈通達は，「経営に関する業務」について，役員としての実質性，日常的継続性が求められていますが，会社法における役員給与については，その職務の対価とされ，業務の対価とはされていません（会社法361①）。しかし，特殊支配同族会社の規定では，その業務主宰役員の役員給与の給与所得控除額相当額を損金不算入の対象にしています。

そこで，役員の業務及び職務について役員給与との関連を検討します。

① **会社法における取締役の業務**

会社法における取締役の業務について，代表取締役及び代表取締役以外の取締役が取締役会の決議によって業務執行取締役として選任されたものは，会社の業務を執行するとされています（会社法2十五，363）。取締役の具体的な業務は，営業取引・製品製造・帳簿作成・資金調達・契約締結等の事実行為のほとんどが該当します。

しかも，会社法では，取締役会の業務として，①重要な財産の処分及び譲受け，②多額の借財，③支配人その他の重要な使用人の選任及び解任，④支

店その他の重要な組織の設置，変更及び廃止，⑤社債の募集に関する重要な事項，⑥内部統制システムの整備，⑦定款の定めに基づく取締役の責任の免除の決定を掲げ，会社に対する意思決定を求められます（会社法348②，362④）。そのため，社外取締役及び監査役は業務執行権を有しないものとされています（会社法２十五）。

② **会社法における取締役の職務**

取締役の会社との関係は委任の規定に従い（会社法330），取締役は取締役会の構成員として，その職務を行う場合には善良な管理者の注意義務を負い（民法644），会社のためにその職務を忠実に行う義務を負います（会社法355）。その職務は，業務執行の決定，取締役の職務の執行の監督，代表取締役の選任・解任の決議であり（会社法362②），取締役は，その決議に基づいて職務の執行を行うものとされています（会社法362⑥）。

そこで，代表取締役及び業務担当取締役は，その職務として，業務の指揮命令を行います。この職務と，取締役会の構成員として決議に参加することを併せて，取締役の職務ということができます。

したがって，会社法における役員給与の職務執行の対価は，取締役の業務執行を含んだ職務執行に対するものとなり（会社法361），解釈通達における「経営に関する業務」をも含むことになります。

(3) **使用人兼務役員**

① **使用人兼務役員の役員としての職務**

使用人兼務役員とは，使用人としての職務を有する役員をいい，部長，課長その他法人の使用人としての職制上の地位を有し，常時使用人としての職務に従事するものをいいます（法法34①⑤）。しかし，代表取締役，副社長，専務，常務その他これらに準ずる職制上の地位を有するもの及び同族会社の役員のうち，一定の要件を満たしているものは使用人兼務役員になることができません（法令71①）。

使用人の職制上の地位は，支店長，工場長，支配人，主任等の使用人たる職制上の地位をいうとされています（法基通９－２－５）。

解釈通達では、「常務に従事する役員」であるためには、「会社の経営に関する業務」を役員として実質的に、日常継続的に行っていることが求められていますが（法基通9－2－54）、実際には、役員の職務執行部分と使用人の職務執行部分とを区分することは難しいものと思われます。

　しかも、使用人兼務役員は、終身雇用制度の下で使用人としての頂点を極めた人が功労又は報奨として与えられる場合と、旧商法における取締役の定足数の要件を満たすために名目的に就任する場合があります。

② 役員相当分と使用人相当分の区分

　イ　使用人兼務役員の選任

　　　中小法人では、株主総会及び取締役会を開催している例も少なく、もともと、取締役の選任についても、株式会社の組織を保全するための法定数の確保であって、経営に必要な取締役として選任されていない場合もあります。

　　　しかも、中小法人の多くが、代表取締役が1人ですべてを決定している実情があります。また、役員の職務についても、日常の販売及び仕入業務に追われ、役員及び使用人としての職務は渾然として執行されていることになります。

　　　そうすると、使用人兼務役員が日常継続的に遂行している業務は、どの範囲を以て、取締役と使用人との区分とするかが明確ではありません。

　　　実際には、代表取締役であっても、使用人相当分とされる職務を執行していることが中小法人の実態であります。

　ロ　使用人兼務役員賞与の損金算入

　　　このような使用人兼務役員について、役員相当分と使用人相当分の給与を区分する必要性として、役員賞与の損金不算入制度（旧法法35）への対応があります（法令72の5①）。この場合、使用人兼務役員の使用人相当分賞与をより多く算定するために、使用人相当分をより多くする法人も見受けられます。

　　　その結果、経営管理への要請よりも、使用人相当分の賞与を損金の額に

算入する必要から，役員相当分よりも使用人相当分の比重を重くすることがあります。

ハ　本来の身分は取締役

使用人兼務役員は，使用人の職務を行っても本来の身分は取締役です。

税務の実務では，使用人相当分給与をより多く算定するために，使用人兼務役員を使用人の側から見てきました。

しかし，本稿では，常務に従事する立場の役員の側から検討することとなります。

その結果，自然の成り行きとして，使用人の側からは，使用人給与に役員手当を加算し，役員の側からは，役員給与に使用人手当を加算することになります。

特殊支配同族会社の適用としては，常務に従事する役員に該当することの法解釈に意義を求めるとすれば，使用人よりも役員としての判断が求められます。

③　使用人兼務役員の役員相当給与

イ　使用人相当額を定めない場合

株主総会等において，使用人兼務役員に対する使用人相当額を定めなかった場合には，その使用人兼務役員が使用人としての職務を有している場合であっても，その役員に支給した給与が役員給与とされます（法令70一ロ，法基通9－2－22）。

これは，使用人兼務役員という実態を有している場合であっても，基本的に役員であることに基づいています。

ロ　使用人相当額を定めた場合

イに対して，株主総会等において，使用人相当額を定めた場合には，使用人兼務役員に対する使用人相当額については，使用人相当額とされます（法令70一ロ）。

ハ　役員相当額又は使用人相当額の判断

イ及びロの選択は，いずれも，法人の意思決定によることになります。

もっとも，使用人兼務役員には，役員相当分と使用人相当分の実態はそれぞれですが，法人が使用人相当分の全額を処理しなければならないことはありません。
　　使用人相当分の範囲内であれば，法人の処理は認められることになります。
ニ　法基通9－2－54の取扱い
　　しかも，解釈通達及び質疑応答事例（平成18年12月法事例5399）では，役員としての職務が使用人としての職務に対する給与を超える場合には，「常務に従事する役員」に該当するものとして取り扱うこととしています（法基通9－2－54（注）1）。

4　本事案の検討

(1)　「常務に従事する役員」の判定

①　実質的判定

　「常務に従事する役員」に該当するかどうかの実質的な判定は，会社の経営に関する業務を実質的に日常的に遂行している役員とされています。そのためには，職制表，議事録等により，業務の実態を明確にしなければなりません。
　しかし，現実は，議事録等の記録・資料が整備されている法人ばかりではなく，業務執行命令（指示）が口頭又はその場限りで行われる場合や，役員と使用人との職務が判然としないことも少なくありません。
　したがって，使用人兼務役員の業務の実質的判定には困難が伴います。

②　形式基準による判定

　その結果，実質基準によるばかりではなく，形式基準による判断が考慮されることになります。
　そこで，形式基準としては，職制上の肩書き及び役員給与と使用人相当分との給与支給比率に求める方法があります。

イ　職制上の肩書きによる判定

　　その法人における期末現在の状況に応じて，会長，社長，副社長，専務取締役及び常務取締役のように，会社における枢要な地位を示す役職であるならば，「常務に従事する役員」として判断されることになります（法令71①一，二）。

ロ　役員相当分給与の支給割合による判定

　　解釈通達では，「役員としての職務に対する給与がその会社の使用人としての職務に対する給与を超えるような者」として，役員相当分給与の支給割合による判定を例示しています。

(2)　D及びEの「常務に従事する役員」の判断

　使用人兼務役員は使用人相当分の割合が高く，「常務に従事する役員」に該当しないとする考え方があります。これは，使用人兼務役員の実態とその支給される給与を合致させる考え方で，使用人相当分賞与をより多くするためです。

　しかも，前述したように，使用人相当分給与の支給額の判断は，その使用人の職務の範囲内において法人の判断に委ねられています。

　そうであるならば，事例におけるD及びEのように，使用人給与相当分が30％を超えている場合であっても，それを30％として，役員給与相当分を70％とすることは，法人の選択によることになります。このような場合には，法人税基本通達9－2－54（注）1に掲げる「常務に従事する役員」に該当するとしています。

　なお，取締役会に形式的に参加するだけの取締役は，この支給割合に基づく形式基準に該当しません。

5　まとめ

　したがって，苦しいですが，業務主宰役員はA，常務に従事する業務主宰役員関連者はBとなって，A・B以外の常務に従事する役員はC，D，Eとなり，甲社は特殊支配同族会社に該当しない可能性もあります。

（藤井　茂男）

山本守之のコメント

　法人税法35条における用語，使用方法については，まだ検討すべき事項が多いので，今後の実務に反映される事項は，今後の研究を待ちます。

Ⅳ　役員給与〔特殊支配同族会社の役員給与〕

54　特殊支配同族会社の判定

1　事　　例

　当社は，業務主宰役員であり代表取締役社長であるAの曾祖父が起業し設立した株式会社であり，製造業を営む3月決算法人の同族会社です。当社の当事業年度の1月末日において，以前より病気療養中であった株主のBが死亡しました。Bの死亡直前における株式の所有状況は，Aが80％，Bが20％の株式を所有していました。なお，AとBとの関係は，BはAの祖父の弟の長男であり，AとBは5親等血族で民法上の親族に該当します。また，当社役員の構成は，Aが代表取締役，友人であるCが専務取締役，Bの長男Dが取締役工場長（使用人兼務役員）にそれぞれ就任しております。

　ところで，Bの相続に係る遺産分割については，Bの死亡後，時間もなかったことから，当事業年度末日（3月末）においては，いまだに，分割協議が行われておらず，Bが所有していた当社株式を相続する者が決定していません。なお，Bの相続人は，Bの妻Eと長男Dの2名で，それぞれの法定相続分は各2分の1ずつです。

　このような場合において，当事業年度の申告に関して，当社が特殊支配同族会社の役員給与の損金不算入の規定に該当する特殊支配同族会社であるか否かについて，どのように判定をすればよろしいでしょうか。

　株主と持株割合（Bの死亡直前）
　　代表取締役社長　　A　　　　80％
　　親族（5親等血族）B　　　　20％
　役　　員（取締役）
　　代表取締役社長　　　　　　　A
　　専務取締役　　　　　　　　　C　（業務主宰役員関連者以外）
　　取締役工場長　親族（6親等血族）D

家族関係図

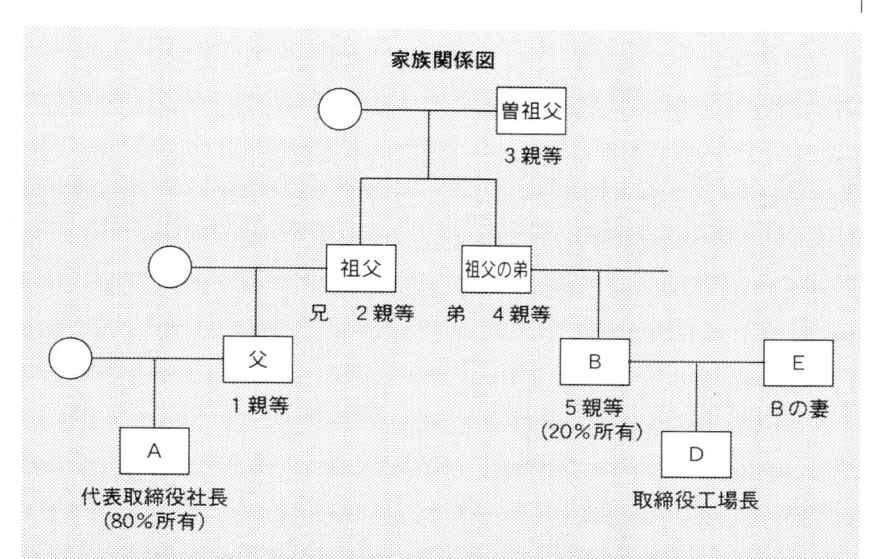

```
        ○───曽祖父
             3親等
         ┌────┴────┐
    ○───祖父      祖父の弟
        兄 2親等    弟 4親等
    ┌────┴────┐
○───父              B───E
    1親等       5親等   Bの妻
                (20％所有)
    A                D
代表取締役社長        取締役工場長
(80％所有)
```

なお，当社は特殊支配同族会社の判定において，前事業年度までは，BはAの5親等血族で民法上の親族に該当することから，業務主宰役員グループで100％の株式を所有して持株要件は充足するとしていました。

また，同族会社の業務主宰役員及び常務に従事する業務主宰役員関連者の総数が，常務に従事する役員の総数の半数を超えるか否かの役員要件については，取締役工場長DはAの6親等血族であり民法上の親族には該当するものの，取締役工場長（使用人兼務役員）であって使用人としての職務が過半であることから，常務に従事する役員に該当しないとしていました。その結果，業務主宰役員及び業務主宰役員関連者はAのみであり，常務に従事する役員の過半を超えず，特殊支配同族会社には該当しないとしていました。

2 問 題 点（争点）

問題点は，①相続財産である同族会社の株式の遺産分割が確定するまでの間，特殊支配同族会社に該当するか否かの持株判定はどのように行うのかと，②法

人税法上の使用人兼務役員に該当しなくなったことにより常務に従事する役員に該当することになるか、の2点です。

3 検　　討

　法人税法35条1項に規定する特殊支配同族会社とは「同族会社の業務主宰役員及び業務主宰役員関連者がその同族会社の発行済み株式の総数の100分の90以上に相当する数の株式を有する場合その他政令で定める場合における当該同族会社（当該業務主宰役員及び常務に従事する業務主宰役員関連者の総数が常務に従事する役員の半数を超えるものに限る）」とされています。

　本件の事例の場合には、Bの相続開始以後、Bの所有していた20％の株式をだれが相続するかによって、業務主宰役員グループで90％以上の株式を所有するとの要件を充足する場合と充足しない場合とが生じることになります。

　すなわち、Bの法定相続人は妻Eと長男Dですが、妻EについてはAの5親等姻族となり民法上の親族には該当しません。逆に長男DについてはAの6親等血族となり民法上の親族に該当します。

　したがって、Bの所有していた20％の株式を妻Eが相続すると、業務主宰役員グループ所有株式はAの80％だけとなり、持株要件を充足せず、特殊支配同族会社には該当しないことになります。

　また、Bの長男Dは取締役工場長として、使用人としての職制上の地位にあり、常時使用人としての職務に従事し、特定の役員にも該当しておらず、特定の株主にも該当していなかったことから、使用人兼務役員としていました。

　しかしながら、遺産分割によりDが5％を超えて株式を相続した場合には、法人税法の規定により使用人兼務役員には該当しないことになります。

4 当事例の検討

(1) **持株判定（同族会社の業務主宰役員グループで90％以上の株式を所有しているか否かについて）**

　判定時期である事業年度末日において、遺産分割協議が完了せず株式が未分

割である場合の特殊支配同族会社の判定は，民法898条が，『相続人が数人あるときは，相続財産は，その共有に属する』としていることから法定相続分で按分して判定することになります。

　本事例においては，Bの所有していた20％の株式のうち法定相続分の10％の株式を長男Dが相続したものとして判定しますので，Aの80％と6親等血族で親族のDの10％を加えた90％になり，特殊支配同族会社の持株要件を充足することになります。

　なお，遺産分割協議が完了し，Bの20％の株式を妻Eが相続すれば，EはAの親族に該当しないことから（5親等姻族），持株要件は充足しないことになります。

　ところで，B所有の20％の株式のうち，5％を長男Dが，15％を妻Eが相続した場合には，どのように取り扱われるのでしょうか。

　AとDの所有している株式は併せて85％ですが，株主の一人であるDを中心に考えると，Aは6親等血族の親族であり，また，Eも1親等血族の親族ですから，Dを中心に判定すると，当社はDの親族で100％の株式を所有している会社になります。

　法人税法上の同族会社の判定においては，株主のいずれかを中心にして親族判定をしますから，Dが1株でも所有している場合にはDを中心にして判定することになりますが，特殊支配同族会社の判定においては，業務主宰役員を中心にして判定するとされているため，本事例においては，業務主宰役員AとAの親族であるDの所有する株式の合計で判定することになります。その結果，持株割合は85％となりますので，持株要件を充足しないことになります。

(2)　取締役工場長であるDは使用人兼務役員に該当するか

　未分割遺産であるB所有の当社株式20％については，法定相続分で按分して判定を行うことになります。その結果，長男Dは法定相続分の10％の株式を所有しているとされて持株が5％を超えますので，法人税法で定める使用人兼務役員とはなれず，純然たる役員に該当することになります（法法34⑤，法令71①五）。

(3) 役員判定（業務主宰役員及び常務に従事する業務主宰役員関連者の総数が，常務に従事する役員の総数の半数を超えるか否かについて）

従前，当社は，常務に従事する役員とは，Aと業務主宰役員関連者に該当しない専務取締役Cの2名であるとし，取締役工場長であるDについては使用人兼務役員として，常務に従事する役員とはしていませんでした。

Bからの相続によって，Dは法人税法上の使用人兼務役員には該当しないこととなったことにより，Dが常務に従事する役員に該当することになると，常務に従事する役員3人のうち，業務主宰役員及び業務主宰役員関連者で2人を占めることになって，役員判定要件を充足することになります。

しかし，たとえ，所有している持株割合の要件から，法人税法上，Dが使用人兼務役員に該当しないとしても，それは単に使用人兼務役員にはなれないことに留まり，使用人兼務役員に該当しないことをもって，直ちに特殊支配同族会社に規定する「常務に従事する役員」に該当するものではありません。

なぜなら，使用人兼務役員の判定における持株割合の要件は，当該役員が会社経営にある程度の支配権をもち得る支配者グループに該当するか否かの判定のためのものであり，職務内容に関する特殊支配同族会社の「常務に従事する役員」の判定とは内容や目的を異にするからです（参考裁判例 広島高判 昭60.9.30 シュト289号46頁 Z146-5617）。

「常務に従事する役員」とは，会社の経営に関する業務を役員として実質的に，日常継続的に遂行している役員をいい，「常務に従事する役員」に該当するか否かについては，持株割合ではなく，その業務の内容や従事の実態などを踏まえ，その実質に応じて個々に判定することとされています。

したがって，使用人兼務役員には該当しなくても，使用人としての職務（工場長）を遂行している役員については，その使用人としての職務以外に，取締役として会社の経営に関する業務を実質的に日常継続的に遂行しているか否かにより判定することになります。そして，取締役としての職務が，単に取締役会のメンバーとして業務執行に関する意思決定に参画するだけであり，その職務の大部分が使用人としての職務である場合には，常務に従事する役員には該

当しないことになります。

　本事例においても，Ｄの業務の内容や従事の実態などを踏まえて判断することになりますが，工場長としての業務がＤの業務の大部分であり，取締役としての業務が単に取締役会のメンバーとして業務執行に関する意思決定に参画するだけである場合には，常務に従事する役員には該当しないものと考えられます。

　従前，Ｄが使用人兼務役員として，使用人としての職務上の地位（工場長）を有しその職務に日常的に従事していたのであれば，Ｂから株式を相続したことにより法人税法の使用人兼務役員には該当しないことになったとしても，Ｄの職務内容に何らの変化もなく，従前と変わらず使用人としての職務が大部分を占めているとすると，常務に従事する役員には該当しないことになります。

　以上のように，Ｄが常務に従事する役員に該当しないとすると，業務主宰役員及び業務主宰役員関連者が常務に従事する役員の過半を超えないことから，当社は役員要件を充足せず，特殊支配同族会社には該当しないことになります。

(親泊　伸明)

山本守之のコメント

　これも **52**（「業務主宰役員の判定」）と同じように，ある意味では未解決な要素を含むものです。実務は課税庁の質疑応答集のように単純なものではありません。

Ⅳ 役員給与〔特殊支配同族会社の役員給与〕

55 基準所得金額の計算

1 事　　例

> 当社は特殊支配同族会社に該当しますが，過去の所得金額が基準所得金額以下であるため，業務主宰役員給与の損金不算入の規定が適用されていませんでした。ところが，前々事業年度に計上した経費の額が，調査により一部否認されてしまい，前事業年度における基準所得金額が1,600万円を上回ることになってしまいました。しかし，過年度の所得計算では，受注基準を満たすため，仮装経理を行って，無理に利益を出している事業年度があります。そこで，所得金額の是正を求めて，業務主宰役員給与の損金不算入の規定は適用されないと主張しようと思います。
> そのような主張は認められるでしょうか。

2 問　題　点（争点）

問題点は，①調査により基準所得金額が増加した場合，②仮装経理の是正により更正が行われ所得金額が変動（減少）した場合，業務主宰役員給与の損金不算入の規定の適用除外の判定をどのように行うのかです。

3 検　　討

(1) 基準所得金額の考え方

業務主宰役員給与の損金不算入の規定は，基準期間（その事業年度開始の日前3年以内に開始した各事業年度）における基準所得金額が年1,600万円以下であるか，若しくは1,600万円超3,000万円以下の場合で，基準期間中の業務主宰役員給与額の平均額が基準所得金額の50％以下である事業年度について適用除外となります（法法35②，法令72の2⑤～⑩）。

この適用除外を判定する際に用いられる，基準所得金額1,600万円（平成19年

4月1日前開始事業年度は800万円）や3,000万円という水準は，個人形態と法人形態の税負担差が，所得水準や業務主宰役員への役員給与の支給に応じてどのように生ずるかを考慮に入れ決められたということです（「平成18年度税制改正の解説」337頁，「平成19年度税制改正の解説」333頁，財務省ホームページ）。

基準所得金額の計算では，業務主宰役員給与の支給前の所得の金額を算出して適用除外の判定に用います。このため，基準期間内の各事業年度等の所得の金額の計算はもとより，基準期間前事業年度等において生じた欠損金額（青色欠損金額に限ります）についても，業務主宰役員への役員給与の支給前の金額を用いることとしています。つまり，業務主宰役員給与から生じた欠損金額部分は控除せず計算することになります。

(2) **基準所得金額の計算**

前3年基準所得金額は次の算式で計算します（法令72の2⑤，⑦）。また，この算式をイメージ図にしたものが図表1です。

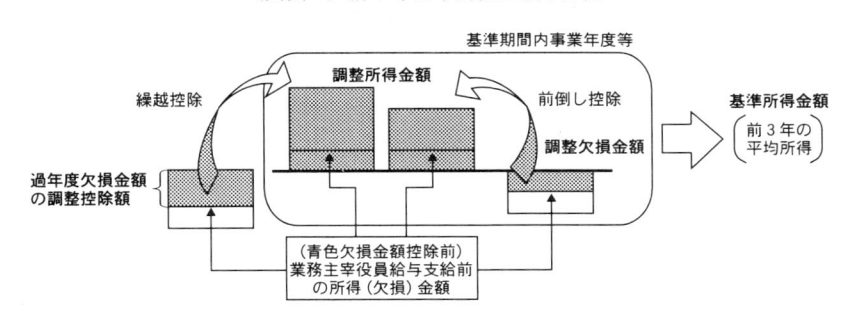

（図表1）前3年基準所得金額の計算

日本税理士会連合会平成19年9月11日公表資料を基に作成

Ⅳ 役員給与〔特殊支配同族会社の役員給与〕

$$\text{基準所得金額} = \left[\begin{array}{l} \text{基準期間内におけ} \\ \text{る調整所得金額*} \\ \text{の総額} \end{array} - \left(\begin{array}{l} \text{調整欠損} \\ \text{金額*の} \\ \text{総額} \end{array} + \begin{array}{l} \text{基準期間開始前に生じた} \\ \text{欠損金額等(過年度欠損} \\ \text{額の調整控除額*)の総額} \end{array} \right) \right]$$

$$\times \frac{12}{\text{基準期間内事業年度等の月数の合計額}}$$

* 調整所得金額＝所得の金額又は個別所得金額＋(a)＋(b)
* 調整欠損金額＝欠損金額－(a)（又は個別欠損金額－((a)＋(b))）
  (a) 業務主宰役員給与額のうち損金の額に算入された金額
  (b) 青色欠損金額の当期控除額又は連結欠損金額の当期控除額のうち当該特殊支配同族会社に帰せられる金額
* 過年度欠損金額の調整控除額は，各基準期間前事業年度等の次の(c)又は(d)に掲げる金額をそれらの金額が生じた事業年度等（発生事業年度等）開始の日後7年（注1）以内に開始した各事業年度の調整所得金額（注2）の最も古い事業年度等から順次控除するものとした場合における基準期間前事業年度等において生じ，かつ，基準期間内事業年度等の調整所得金額から控除されることとなる金額の合計額をいいます（法令72の2⑦）。
  (c) 非特殊支配同族会社最後事業年度等（基準期間前事業年度等の特殊支配同族会社に該当しない事業年度等のうち，最も新しい事業年度等（注3））後の事業年度等において生じた調整欠損金額を発生事業年度等の終了の日の翌日前3年以内に開始した各事業年度等（非特殊支配同族会社最後事業年度等後の事業年度等に限ります）のうち最も古い事業年度等の調整所得金額から順次控除するものとした場合に控除しきれなかった金額
  (d) 非特殊支配同族会社最後事業年度等以前の事業年度等において生じた欠損金額又は連結欠損金個別帰属額（いずれも欠損金の繰戻し還付の規定の適用を受けた金額を除きます）

（注1） 平成13年4月1日以前に開始した事業年度においては「5年」（平18改正令附則16⑦）。

（注2） 発生事業年度等前の事業年度において生じた過年度欠損金額の調整控除額を除きます。

（注3） 平成15年4月1日前に開始した事業年度又は連結事業年度は特殊支配同族会社に該当しない事業年度とします（平18改正令附則16⑥）。

(3) **過年度調整繰越欠損金額の控除額の計算例**

図表2に，当期前14期における調整所得金額及び調整欠損金額と過年度欠損金額の調整控除額の計算例を示します。この例では×15期が当期，×12期～×14期を基準期間とします。なお，表中×1期は平成15年4月1日以後に開始した事業年度とし，すべての事業年度が特殊支配同族会社に該当するものとします。

(図表2) 調整所得金額及び調整欠損金額と過年度欠損金額の調整控除額

(単位:万円)

	調整所得金額	調整欠損金額	調整欠損金額当期控除額(×1期発生分)	翌期調整繰越欠損金額(×1期発生分)	調整欠損金額当期控除額(×6期発生分)	翌期調整繰越欠損金額(×6期発生分)	調整欠損金額当期控除額(×10期発生分)	翌期調整繰越欠損金額(×10期発生分)
×1期		7,000		7,000				
×2期	1,000		−1,000	6,000				
×3期	1,000		−1,000	5,000				
×4期	1,000		−1,000	4,000				
×5期	1,000		−1,000	3,000				
×6期				3,000		600		
×7期	1,000		−1,000	2,000		600		
×8期	2,200		−2,000	0	−200	400		
×9期	600			0	−400	0	−200(前倒し控除)	
×10期		1,580		0		0		1,380
×11期	1,200			0		0	−1,200	180
×12期	1,600			0		0	−180	
×13期	2,500			0		0		
×14期	1,000			0		0		
×15期	600			0		0		

基準期間内事業年度調整所得金額＝1,600万円＋2,500万円＋1,000万円
　　　　　　　　　　　　　　＝5,100万円

基準期間内事業年度調整欠損金額＝0円

過年度欠損金額の調整控除額　　＝180万円

基準所得金額＝$\left(\begin{array}{c}調整所得金額\\5,100万円\end{array} - \begin{array}{c}調整欠損金額\\0円\end{array} - \begin{array}{c}過年度欠損金の調整\\控除額180万円\end{array}\right)$

　　　　　　$\times \dfrac{12月}{36月} = 1,640万円 > 1,600万円$

4　当事例の検討

　基準期間内事業年度やそれ以前の事業年度において所得金額の修正があった場合には，それに連動して基準所得金額も修正されることになります。適用除外要件は一定の金額基準を設けて定められているため，この修正により，業務主宰役員給与の損金不算入の規定が新たに適用されることもあります。つまり，過年度のわずかな金額の否認により，多額の税負担が生じることもあり，特殊支配同族会社の税務に関係する者は，より慎重な税務判断を求められることに

なります。

　ところで，過年度の決算において仮装経理により利益を計上していた場合には，当期の決算において，仮装経理を行った金額を「前期損益修正損」などの科目で一括計上し，同時に，法人税申告書別表四において，前期損益修正損の金額を加算する申告調整をし，その損失額を自己否認します。その上で，所轄税務署長に対し前期の所得金額については更正の請求書を，前々期以前のものについては国税通則法70条第2項に規定する「更正」を促す書類をこの確定申告書と併せて提出し，所得金額の是正を求めることになります（法法129②，③）。この是正を求める場合には，更正の期間制限に留意しなければなりません（通則法70②）。

　前期以前の所得金額が税務署長の減額更正処分によって是正されれば，減額更正前の基準所得金額によりいったんは業務主宰役員給与の損金不算入の規定が適用されていたとしても，事後的に適用除外の判定を行うことにより是正されることになります。

（小林　磨寿美）

山本守之のコメント

　所得金額は法人税法35条の課税要件のひとつとなっています。しかし，事例のように仮装経理をした場合は，正当金額に是正した上での判定要件になります。

V

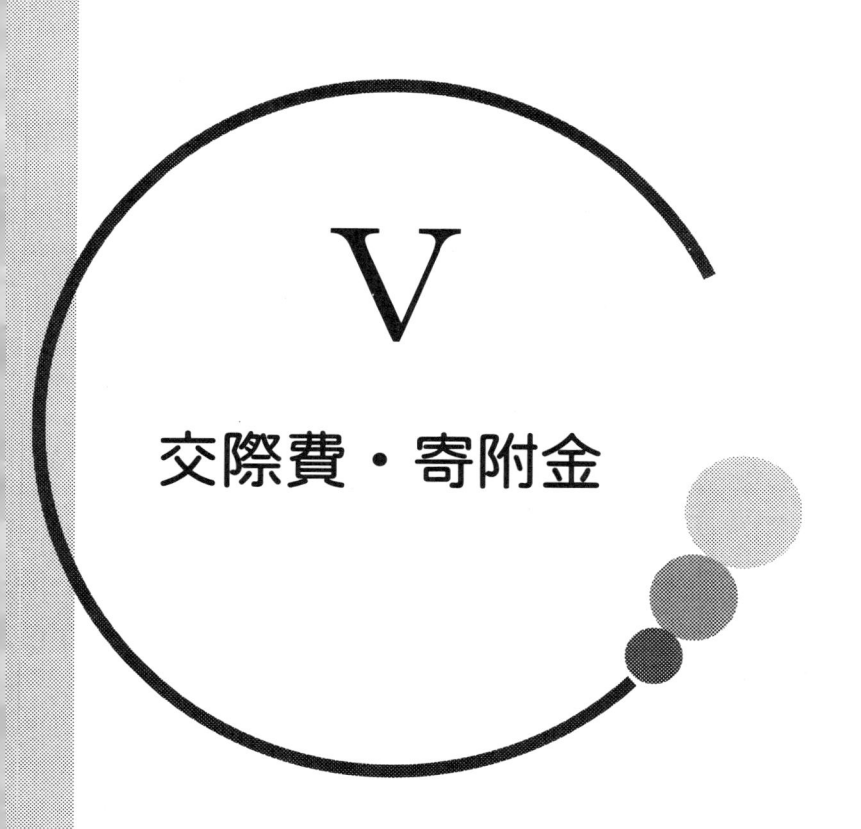

交際費・寄附金

V 交際費・寄附金〔交際費等〕

56 旅行目的の売上割戻し預り金の払戻し

1 事　　例

> 当社は，化粧品製造・販売業を営んでいます。系列の販売会社・販売店等に対して，一定の基準に基づき売上割戻しを行っています。そして，売上げ割戻金については，現預金で支払うのではなく，原則として積立金として当社で預り金経理し，一定額に達したときにその預り金を取り崩して販売店等を旅行に招待しています。
> また，旅行に不参加の者に対しては，預り金を現金で払い戻しています。
> 売上割戻し預り金の経理処理等は，売上割戻し発生事業年度においては，売上割戻しを預り金として経理し，同額を法人税申告書別表四において加算留保しています。そして，旅行招待事業年度において，経理上は，預り金を取り崩し，預り金を別表四において，減算留保します。なお，不参加者に対して払い戻した金額に関しては，申告書上，交際費等として処理しています。

2 問　題　点（争点）

問題点は，①売上割戻しの計上時期は，発生時と預り金取崩し時のどちらか，②預り金経理をした売上割戻金の一部を現金で交付した場合は，交際費等に該当するかの2点です。

3 検　　討

(1) 売上割戻しの損金計上時期

売上割戻しは，売上の調整項目であり，販売奨励金の性格を有していたとしてもその本質は，販売費及び一般管理費であるということができます。

通常の売上割戻しの計上時期については，以下のとおりです（法基通2－5－

1, 法基通2－5－2)。

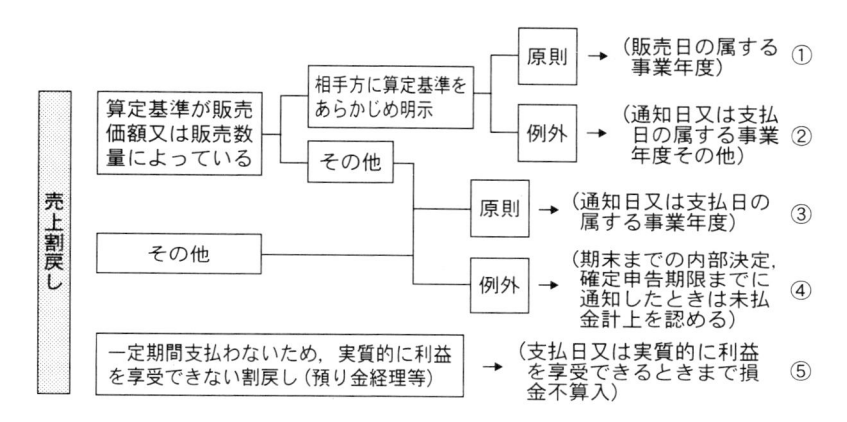

```
売上割戻し
├─ 算定基準が販売価額又は販売数量によっている
│   ├─ 相手方に算定基準をあらかじめ明示
│   │   ├─ 原則 → (販売日の属する事業年度) ①
│   │   └─ 例外 → (通知日又は支払日の属する事業年度その他) ②
│   └─ その他
│       ├─ 原則 → (通知日又は支払日の属する事業年度) ③
│       └─ 例外 → (期末までの内部決定，確定申告期限までに通知したときは未払金計上を認める) ④
└─ 一定期間支払わないため，実質的に利益を享受できない割戻し(預り金経理等)
    → (支払日又は実質的に利益を享受できるときまで損金不算入) ⑤
```

　債務確定基準と売上割戻しの損金算入時期の関係については，「本件割戻金は，事業年度の取引金額に3％の割戻率を乗じて算出するのであり，事業年度が終了しなければ金額が算定できず，おのずと決算修正項目となる。したがって，請求人が決算確定前にコンピュータで出力する試算表には，本件割戻金が計上されていなかったのは，不自然ではなく，原処分庁の本件割戻金が，決算締切日までに債務が確定していなかった旨の主張は理由がない。」とした事例(平11.6.21，非公開裁決，F0－2－085)があります。決算締切日後に取引先に売上割戻しとして通知した金額であってもその事業年度の売上割戻しとしての債務確定基準を充たしているという判断がなされています。

(2) **交際費等と隣接費用**

　法人が支出する交際費等は，原則として，損金算入が認められません(措法61の4①)。そして，交際費等とは，交際費，接待費，機密費その他の費用で，法人が，その得意先，仕入先その他事業に関係のある者等に対する接待，供応，慰安，贈答その他これらに類する行為のために支出するものをいいます(措法61の4③，措令37の⑤)。

　ただし，得意先に対する支出となる売上割戻しについては，租税特別措置法通達61の4(1)－3において，次のように定めています。

> 　法人がその得意先である事業者に対し，売上高若しくは売掛金の回収高に比例して，又は売上高の一定額ごとに金銭で支出する売上割戻しの費用及びこれらの基準のほかに得意先の営業地域の特殊事情，協力度合い等を勘案して金銭で支出する費用は，交際費等に該当しないものとする。

　したがって，一定の基準に基づく売上割戻しに関しては，交際費等に該当しないことになります。一定の売上高に対して割合を規定するといった基準を設けるのが通常ですが，特定の期間，あるいは，特定の地域において他の期間ないし地域とは異なる基準を設けることも企業の販売計画上当然あり得ます。そのような場合にも，恣意的に異なる基準を用いているのでない限り，交際費等には該当しません。

(3) 売上割戻し等と物品の交付又は旅行・観劇等への招待費用

　金銭で支出する売上割戻しに関しては，一定の条件を満たした場合には，交際費等に該当しないとされています。

　しかし，法人がその得意先に対して物品を交付する場合又は得意先を旅行，観劇等に招待する場合には，その物品交付や旅行，観劇等への招待が売上割戻し等と同様の基準で行われるものであっても，その物品交付等のために要する費用は交際費等に該当するものとされます。

　ただし，物品交付であっても，その物品が事業用資産又はその購入単価が，おおむね3,000円以下の少額物品で，かつ，その交付基準が通常の売上割戻し等の算定基準と同一のときは，これらの物品を交付するために要する費用は，交際費等に該当しないものとすることができます（措通61の4(1)-4）。

　他の売上割戻しと同一の基準によるものであっても，旅行等に招待した場合に関しては，通達において，その場合の支出は交際費等に該当するものとされています。交際費等とは，接待，供応，慰安，贈答をいいますから，無償ないし低額で旅行等に招待した場合は交際費等に該当するという論理は納得できるところです。しかし，売上割戻し金額自体が適正であった場合であっても，その金額と同等の旅行に招待するとなぜ，接待，供応，慰安，贈答に該当するの

かという疑問が生じます。支出の相手方は，得意先という事業に関係のあるものですし，支出の目的は，旅行ないし観劇という親睦の度を密にして取引関係を円滑に図ることであり，行為の形態も接待，供応，慰安，贈答等に該当するという考え方が背景にあると思われます。

(4) 売上割戻し等の積立金を旅行，観劇等の費用に充てた場合

　法人が，売上割戻し等の費用について，一定額に達するまでは現実に支払をしないで預り金等として積み立て，一定額に達した場合に，その積立額によりその得意先を旅行，観劇等に招待することとしているときは，その預り金等として積み立てた金額は，その積み立てた日を含む事業年度ではなく，旅行，観劇等に招待した日を含む事業年度において交際費等として支出したものとされます（措通61の4(1)－6）。

　この場合において，たまたまその旅行，観劇等に参加しなかった得意先に対し，その預り金等として積み立てた金額の全部又は一部を金銭で支払ったとしても，その支払った金額は交際費等に該当するとされています（措通61の4(1)－6（注））。

　判例においても，「不参加戻額は値引き又は割戻しとは全くその性質を異にし，それは旅行不参加者に対し旅行参加者との均衡上旅行の代償として金銭を贈与したものであって，旧租税特別措置法の『交際費等』の定義中にある『贈答その他これに類する行為のための支出』とみるべきものである。」（東京高判 昭39.11.25 税資38号861頁，Ｚ038－1337）としていて，通達と同様の考え方です。

(5) 考　　　察

　一定の基準に基づき売上割戻しをすることとし，それを預り金として積み立て，一定期間終了後，所定の利息を付して返戻した場合においては，その返戻金は，売上割戻し及び支払利息として認められます。

　売上割戻しの支払を金銭ではなく，旅行や観劇への招待や，物品等の供与により行うと交際費等として課税対象とされます。これは，交際費課税の本質が，収受側に対する代替課税にあるからというべきだからということができるでしょう。

一定基準に基づく，割戻しに関しては，法人税法上の益金，損金，ないし，個人の事業所得上の総収入金額ないし必要経費の減額となります。

金銭授受だけなら課税関係はそこで終わることになります。しかし，旅行，観劇等となると行為の主体は自然人です。つまり，旅行等への招待が行われた場合には，その旅行等に参加するのは，法人や純然たる経済人としての個人事業者ではなく，通常の個人であるということになり，それらの個人に対する課税の必要があるという考え方から，代替課税論が出てくるのだと思われます。

4 当事例の検討

(1) 一定の基準に基づく金銭による売上割戻しに関し，一定期間支払わない場合には，預り金とした売上割戻しを金銭で実際に支払った日の属する事業年度において，支払った金額を損金の額に算入することになります。当事例は，金銭による支払を行っていないのでこれには該当しません。

(2) 売上割戻しの金額に相当する金額を一旦積み立て，それを旅行や，観劇の費用に充当した場合は，それらの旅行等を行った日の属する事業年度の交際費等となります。旅行不参加者に対して，金銭による払戻しを行った場合であってもその払戻し金額は交際費等に該当します。したがって，この事例の場合は，売上割戻しを預り金として積み立てた金額は全て交際費等に該当することになります。

(中西　良彦)

山本守之のコメント

旅行不参加者に対する預り金の返還は，旅行の代償として支払われたと考え，交際費等となります。これは，長野地裁，東京高裁の判決ですが，課税庁はこれを後押ししています。

57 売上割戻しを原資とする海外旅行招待

1 事例

　当社は資本金5億円の工作機械製造業を営む同族会社ですが、一定期間の販売成績に基づき計算した金額を、売上割戻しとして販売特約店の口座に振り込んでいます。特約店は、この送金された金員を旅行会社にそのまま送金していますが、この旅行は、特約店を表彰する際に、目録として手渡した海外旅行と同じ内容です。当社はこの売上割戻しの金額を損金計上していますが、この処理は認められますか。

2 問題点

　問題点は、売上割戻しとして支払った金額が、実質的には旅行招待として交際費課税されるのかどうか、です。

3 検討

(1) 売上割戻しと交際費等の区分

　法人が、その得意先である事業者に対し、販売実績等を基準にして金銭で支出する売上割戻しの費用及びこれらの基準のほかに得意先の営業地域の特殊事情、協力度合い等を勘案して金銭で支出する費用は、交際費等に該当しないものとされています（措通61の4(1)-3）。

　これは、売上割戻しが古くからの商慣行として定着しているものであり、単なる贈与行為ではないから、と説明されています。

　しかし、その得意先に対して、物品（「事業用資産」又はその購入単価がおおむね3,000円以下のものを除きます）を交付したり、旅行、観劇に招待した場合は、たとえそれが売上割戻しと同一の基準でなされた場合であっても、交際費等とされます（措通61の4(1)-4）。つまり、このような場合には本来の意味における売

上割戻しとは性格が異なるものとして交際費課税する、という考え方が採られているのです。

売上割戻しを金銭で受け取った場合、受け取った側が益金として課税されるのに対し、旅行に招待等した場合には招待した側が交際費課税を受ける、という相違があります。

また、売上割戻しの額が一定額に達するまでは、現実に支払をしないで預り金等として積み立て、一定額に達した場合に、その積立額によりその得意先を旅行、観劇等に招待することとしているときは、旅行、観劇等に招待した日を含む事業年度において交際費等として支出したものとされています（措通61の4(1)-6）。

一方、メーカーが特約店を海外旅行に招待した場合には、メーカーが交際費課税を受けることになります。

この関係を図で示すと、次のようになります（山本守之『法人税の実務』（二訂増補版）367頁　税務研究会）。

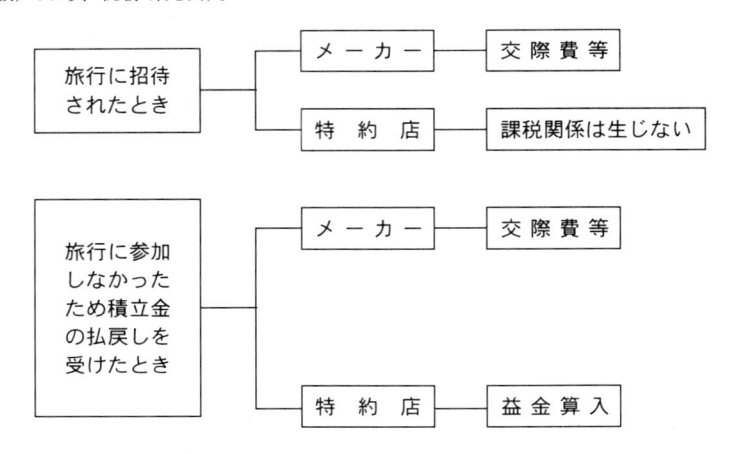

```
                    ┌─ メーカー ─── 交際費等
旅行に招待されたとき ─┤
                    └─ 特約店 ─── 課税関係は生じない

                              ┌─ メーカー ─── 交際費等
旅行に参加しなかったため     ─┤
積立金の払戻しを受けたとき    └─ 特約店 ─── 益金算入
```

(2) 売上割戻しの支払形態による課税関係の違い

メーカーが特約店を海外旅行に招待した場合にはメーカーが交際費課税を受けることになります。それに対し、メーカーがいったん売上割戻しを支払い、特約店が、それとは無関係に自発的に旅行に参加するために会費を支払った場

（旅行費用の直接払込みの態様）

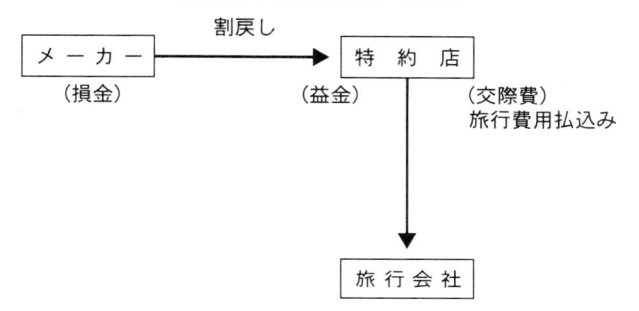

```
　　　　　　　　割戻し
┌─────────┐　　　　　　　┌─────────┐
│ メーカー │ ──────→ │ 特 約 店 │
└─────────┘　　　　　　　└─────────┘
　（損金）　　　　（益金）　　　（交際費）
　　　　　　　　　　　　　　　旅行費用払込み
　　　　　　　　　　　　　　　　　│
　　　　　　　　　　　　　　　　　↓
　　　　　　　　　　　　　　┌─────────┐
　　　　　　　　　　　　　　│ 旅 行 会 社 │
　　　　　　　　　　　　　　└─────────┘
```

合には，税務上はその会費は取引先との懇親旅行ということで，特約店において交際費等として処理されることになるでしょう。一方，メーカー側は売上割戻しの支払ですから，単純に損金処理をすることになります。

　つまり，売上割戻しをいったん支払ってしまうことで，本来メーカーが受けるべき交際費課税を特約店に転嫁してしまった，と考えることもできます。しかも，メーカーは交際費等の金額の全額が課税対象になりますが，特約店はその資本金額によっては，一定の金額が損金の額に算入されるため，全体としては課税関係に大きな違いが出ることになってしまいます。

　そこで，この関係を利用して，実際は旅行招待であるのに，売上割戻しとして支払をして，メーカー側が交際費課税を免れようとする租税回避行為が行われることが考えられます。しかし，上記のような処理が認められるためには，売上割戻しとメーカーの行う海外旅行に因果関係がないことが前提であり，ひもつきのものについては認められません。

　すなわち，以下の点について確認できることが必要となります。
① 売上割戻しの支払が，海外旅行を目的としたものでないこと
② 特約店の旅行会社への支払が自発的なものであって，売上割戻しとは関係がないこと
③ 旅行目的のために売上割戻しを実施したり，通常の割戻し額を増額したものではないこと

(3) 参考判例等

売上割戻しを原資として旅行を行ったケースで，納税者と課税庁が争った事件として次の2つがあります（なお，旅行不参加者に対して払戻しをした場合の交際費課税との関係については，*56*を参照のこと）。

① **大阪地裁平成4年1月22日判決**（税資 188号73頁 Z188－6835）

原告会社が販売促進費として支払ったリベートは，取引先の招待旅行の費用を一部負担する目的で支出されたものであり，交際費に該当するとされました。

一方，原告会社の取引先の招待旅行はもっぱら観光を目的とするものであるから，その負担金であるリベートは全額交際費等であるとして否認されましたが，旅行目的からすればこの招待旅行は原告会社の工場見学の実態を備えたものであり，取引先に，原告の工場見学をさせることは，原告の製品についての商品知識を普及させ，原告の知名度，信頼度を向上させるなど，有効な販売促進策であるとの判断の下に83MMツアーが実施されたものと認められ，リベートのうち，工場見学に招待するために通常要する費用の限度においては，交際費とは認め難い，として更正処分の一部が取り消されています。

② **昭和60年10月14日裁決**（裁事 30集5頁 J30－4－05）

表彰制度に基づいて入賞代理店に支払った海外旅行費用相当額は，売上高，代理店の育成等を入賞基準として，入賞代理店へ金銭で支払われているものの，

1） 代理店に対し，その賞品として，海外旅行に招待する旨記載した目録を渡していること
2） その目録に記載されたとおり海外旅行が実施されていること
3） この支払手数料は，その海外旅行が実施された前後に振り込まれており，その金額は，その団体旅行費用相当額であること
4） 海外旅行の出発地が相違することによって，旅行費用が相違する場合には，その出発地に応じた旅行費用相当額が支払われていること

5) 通常の支払手数料と異なり，その明細の通知がなされていないこと

等に照らすと，この支払手数料は，もともと得意先である代理店を海外旅行に招待することを目的とし，得意先との間の親睦を密にして販売政策上，売上の増加を期待して支出されたものというべきであり，交際費等に該当するものと認めるのが相当である，とされました。

4　当事例の検討

　貴社の処理が認められるための要件としては，売上割戻しとメーカーの行う海外旅行に因果関係がないことが必要であり，検討(2)で述べた①～③の条件を充たしていなければなりません。

　しかし，事例を検討する限り，下記の点が問題となります。

① 旅行費用と売上割戻しの金額が同じであること
② 特約店に海外旅行の目録が渡され，その要領どおりの旅行が行われていること
③ 貴社が幹事として旅行を取り仕切っていること

　したがって，貴社が支払った売上割戻しは実質的には旅行招待と考えられ，交際費課税の対象となります。

（木島　裕子）

山本守之のコメント

　売上割戻しを積立て，これを取崩して海外旅行を行ったとしても，割戻しと旅行に因果関係があれば，交際費を割戻しと仮装したものと考えられます。

Ⅴ 交際費・寄附金〔交際費等〕

58 パーティー費用と祝金

1 事　　例

> 当社（資本金2億円）は創立50周年を迎え，記念祝賀パーティーを開催しました。それに係る費用（パーティ会場の費用，飲食代，記念品代等）は800万円でしたが，当日の招待客（当社の得意先，仕入先，金融機関等）からは祝金として500万円の収入があったので，その差額300万円を普通預金の口座から支払いました。
> この記念祝賀パーティーに関して，交際費課税される金額はいくらになりますか。

2 問題点（争点）

問題点は，記念式典等に係る費用からその祝金を控除したものを交際費等の金額とすることができるかです。

3 検　　討

(1) 一般的な取扱い

記念式典等を開催する場合，会社は，それに係る費用をホテル等に支払うことになりますが，一般的には，その式典等に参加した招待客からは祝金を受け取ります。この場合に，支出した金額から祝金を控除した金額を交際費課税の対象としてもいいのか，という問題が生じます。

課税実務としては，支出した全額を課税の対象とする取扱いが定着していますが，その是非を争った次のような裁決があります。

(2) 祝金を控除した残額を交際費等の額とすべきという主張した事例

祝金を控除した残額を交際費等の額とすべきと納税者が主張した裁決（昭62.8.25 裁事34集118頁 J34−5−04）においては，その理由として次のような点

をあげています。

① 「支出する交際費等の額」とは，受け入れた祝儀の額を控除した残額と解すべきであって，濫費抑制等の政策目的等のゆえをもって交際費等の額は支出の総額であると拡張解釈するべきでない。

② 会費制における会費も，そうでない場合の祝儀も，その負担はともに義務的なものであって，実質的な差異がないにもかかわらず，両者の場合で，その取扱いを異にすることは，課税上，バランスを欠く結果となる。

③ 記念行事を主催した法人の「交際費等の額」を算定するに当たって祝儀を控除しないと，その祝儀を支出する側とこれを受け入れる側の双方に交際費等の損金不算入の規定が適用され，二重の課税がなされることになる。

(3) **主張の検討と判断**

① 「支出する交際費等の額」の解釈

　イ　**文理解釈**

　　租税特別措置法61条の4では，法人が，一定の期間内に開始する各事業年度において支出する交際費等の額は，当該事業年度の所得の金額の計算上，損金の額に算入しないものとしています。

　　法人が「負担する交際費等の額」ではなく，「支出する交際費等の額」としていることから，この「支出する」が重要な判断基準になると考えられますが，昭和62年8月25日の裁決において，審判所は，次のように述べ，納税者の主張を退けました。

　　　「(交際費課税の趣旨は，)政策的な配慮から法人がその得意先等に対してした交際，接待等の行為自体に着目してこの行為のために支出する費用について課税するものであり，「支出する交際費等の額」とは，交際費等として法人が現実にその記念行事等に要した費用の総額をいうものであると解するのが相当である。」

　　なお，法人税法及び租税特別措置法において「支出する」の定義規定は存在しません。そのような場合，法律を構成している用語は，社会一般の通用例に従って解釈しなければならないと考えられますが，社会一般の通

用例では,「支出する」とは,金銭や物品を支払うこととされており,総額から祝金を「差し引く」という解釈は困難といえそうです。

ロ **趣旨解釈**

i 現行の交際費課税の趣旨

税制調査会では,「平成14年度の税制改正に関する答申,2.法人課税,(4)その他,3.租税特別措置等の整理・合理化」において,次のように述べています。

「交際費を税制上経費として容認した場合は,不要不急の支出を助長する面もあり,また,交際費の支出は公正・透明な取引を阻害する可能性がある」

ii 東京地裁(平成元年12月18日 税資174号921頁,Z174-6409)では次のように交際費課税の趣旨を判示しています。

「交際費損金不算入制度は,資本蓄積のために個々の交際費等のうちの冗費,濫費に該当する部分のみをとり上げてこれを規制する制度ではなく,交際費等の性質如何にかかわらずこれを損金に算入できない経費とすることによって,冗費性又は濫費性を帯びる必要以上の交際費等の支出を抑制することをその目的とするものであり,同制度制定以来,個々の交際費等につき冗費,濫費を問うことなく交際費等の支出額のうち損金算入額の範囲を総量的に定めてきたものと理解される。」

ハ **交際費課税の趣旨からの判断**

交際費課税は当初,「資本蓄積」のため「冗費・濫費を抑制」することを目的として導入されましたが,現在は必要以上の交際費の支出を抑制することにと目的が変わってきています。この背景には,企業が支出する交際費等に対する社会的批判に対しての配慮がありますが,この趣旨から考えると,支出を抑制すべき費用が何であるかという観点から交際費課税を考える必要があります。そのため,交際費支出のもととなった行為自体に着目して,その支出全体に課税することが趣旨から判断して妥当だという

ことになります。
② 「祝金」と「会費・協賛金」との性格の相違
　イ　祝　　　金
　　　記念式典のような場合，招待客は，祝金を持参するのが一般的であり，社会的慣行であるということは周知の事実でしょう。仮に，祝金を持参しなくてもその式典等に出席できるという意味では，法的な義務とはいえませんが，相当の「お祝いの気持ち」を「祝金」で表現することは当然と言えるでしょう。
　　　一方，主催者側としては，ある程度「参加人数×平均祝金額」を収入として予想したとしても無理からぬところです。
　　　式典等の内容により，開催する場所，招待客の範囲，人数も異なるでしょうし，それに伴い提供される食事等の内容も差が出てきます。これに対して当然，招待される側も，その案内状等の内容を見て，祝金の金額を増減させるものと考えられます。
　　　このように考えると，式典等に係る支出とそれにかかる収入は無関係ではありませんが，祝金の持参の有無でその行事へ参加できるかどうかは左右されませんし，祝金がまったくなくてもパーティーが中止されることはありえませんので，直接支払った費用から控除できる性質のものとはいえないでしょう。つまり，祝金は，持参者の祝意を表しているもので，パーティー開催とは別の交際行為と考えた方がよいでしょう。
　ロ　「会費・協賛金」
　　　一方，会費や協賛金は，あらかじめ一つの式典等にかかる費用を分担するという合意が各出席者との間に存在し，金員の支出は強制であり，その額も確定しているという点でその性格が異なっています。
　ハ　それぞれの性格の違い
　　　祝金の位置づけは，主催者が式典等を催すという交際行為が存在し，それに対して招待客が持参するというもう一つ別の交際行為に係る金員であるという2つの交際行為により成り立っている取引と考えられます。

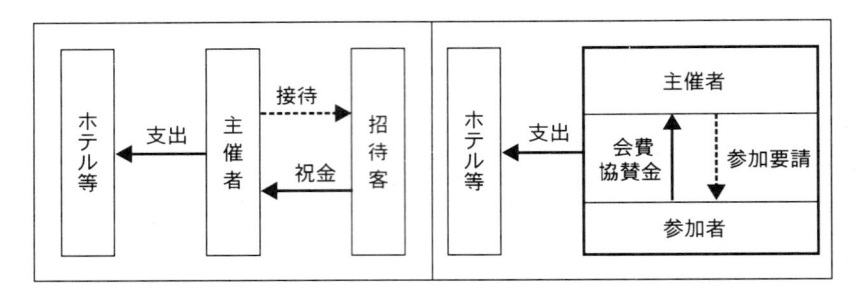

これに対して、会費・協賛金は、主催者及び参加者・協賛者が、その式典等を共同して、自らもその式典等を執り行うという一つの交際行為の中での金員といえるでしょう。つまり、会費はその費用の負担額として支出が義務付けられており、主宰者の支出した金額から控除できる性質のものと考えられます。

③ 「二重課税」という批判

イ 代替課税の思想

昭和45年当時は、交際費課税の根拠として代替課税の思想」がありました。これは、接待、贈答等を受けた側に、必ずしも課税が確保できないから、それに代わって支出した法人側に課税するという考え方です。

例えば、金銭又は事業用資産を交付する場合は、相手方事業者において収益として計上され、課税が確保されるので、交際費等としません。一方、謝礼金品を得意先の役員や使用人に贈与する場合や、旅行観劇等に招待する場合には、それらの者に対する金銭や経済的な利益に対しての課税は必ずしも確保できないので、支払者である法人に交際費等として課税するというものです。

ただし「現行制度は、交際費を経費として容認した場合に濫費の支出を助長することになり、また、交際費の支出は公正な取引を阻害する可能性がある点を考慮して措置されているものである。また企業による巨額の消費的支出に支えられた価格体系により個人が生活の豊かさを実感できないのではないかといった問題も指摘されている。」（税制調査会、法人課税小委

員会報告，平成8年11月）というように，代替課税の思想は否定されています。

ロ　裁決の判断

二重課税という批判に対しては，前記裁決では，次のように述べて，納税者の主張は退けられています（要約）。

「記念行事の開催者たる請求人に交際費課税が行われる一方，同行事に招待され，祝儀を持参した法人にも交際費課税が行われることがあるとしても，それは，それぞれ別個独立した法人の個々の交際ないし接待等の行為に着目して行われるものであって，その交際，接待の行為の対象となった相手方の課税関係のいかんは問わないものと解されるべきであるから，請求人の上記主張もまた採用する由ないものである。」

4　当事例の検討

現行の交際費課税の解釈では，式典等に係る総額から，それに係る祝金を「控除する」という処理は認められません。交際費等の額は800万円として計算することになります。

（千田　喜造）

山本守之のコメント

パーティに際して参加者から祝金を収受したときは，パーティ費用の支出（パーティ開催側の交際費）と，祝金の支出（参加者の交際費）という2つの支出と考えられるので，二重課税とはなりません。

V 交際費・寄附金〔交際費等〕

59 売上割戻しとして交付したテレビ

1 事　例

> 当社は食料品の卸売業を営んでいますが、毎年一定額以上の売上実績をあげた特約店に対して売上割戻しをしています。昨年までは割戻しを金銭で支払っていましたが、特約店が値引きと認識しているようなので、本年はテレビを交付することとしました。ただし、特約店にはこのテレビを事業用に使用することを義務付けています。当社はこの売上割戻しの金額を損金計上していますが、この処理は認められますか。

2 問　題　点（争点）

問題点は、売上割戻しとして交付した物品が、家庭用か事業用か判別できない場合において、「事業用資産」に該当するか否かの判断基準はどのように行うかにあります。

3 検　討

(1) 売上割戻しと交際費等の区分

法人が、その得意先である事業者に対し、販売実績等を基準にして金銭で支出する売上割戻しの費用及びこれらの基準のほかに得意先の営業地域の特殊事情、協力度合い等を勘案して金銭で支出する費用は、交際費等に該当しないものとしています（措通61の4(1)-3）。

しかし、その得意先に対して、物品を交付する場合又は得意先を旅行、観劇に招待する場合は、たとえそれが売上割戻しと同一の基準でなされた場合であっても、交際費等に該当することになります。

また、物品を交付する場合であっても、その物品が得意先である事業者において棚卸資産若しくは固定資産として販売し若しくは使用することが明らか物

品（以下「事業用資産」という）又はその購入単価が少額（おおむね3,000円以下）である物品であり、かつ、その交付の基準が売上割戻し等の算定基準と同一であるときは、これらの物品を交付するために要する費用は、交際費に該当しないものとすることができます（措通61の4(1)－4）。

売上割戻しが交際費に該当するか否かについては、次のようにまとめることができます。

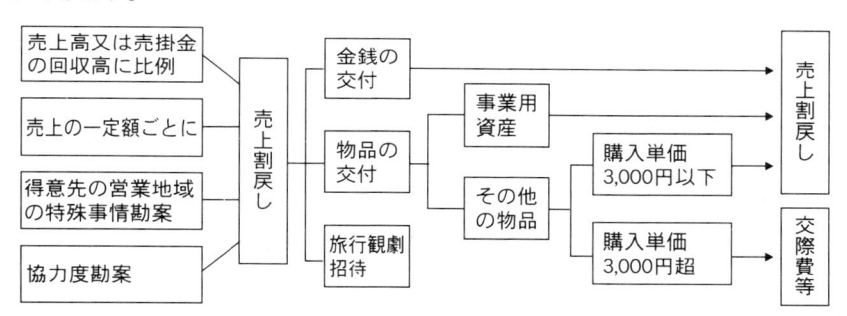

```
売上高又は売掛金 ─┐         ┌─ 金銭の交付 ──────────────────────→ 売
の回収高に比例   │         │                                      上
売上の一定額ごとに ┼─ 売上 ─┼─ 物品の ─┬─ 事業用資産 ──────────→ 割
得意先の営業地域の│  割戻し │   交付   │              ┌ 購入単価  戻
特殊事情勘案    │         │         └─ その他の物品 ┤ 3,000円以下→ し
協力度勘案     ─┘         └─ 旅行観劇招待        │
                                                 └ 購入単価 ──→ 交際費等
                                                   3,000円超
```

(2)　「事業用資産」の意義

事業用資産とは、相手方が棚卸資産として販売し、又は固定資産として使用することが明らかな物品とされており、事業用としたか否かは結果として判断するのではなく、物の属性や交付した側の意思等を斟酌して判断することになります。物の属性で判断するとしたのは、交付を受ける相手方ごとに使用状況又は使用見込みまで確かめて判断することは事実上困難であるため、物品の属性によって交際費等となるか否かを判断するという、税務執行上の理由によるものです。しかし、課税庁の各解説書で、例えばピアノについては事業用資産でないという見解で一致していますが、テレビのような家電品については「一般的に得意先の従業員の家庭で個人的に使用されるものであるから事業用ではない」（逐条詳解『法人税関係通達総覧』2172頁　第一法規）とするものと、「テレビは一般的に法人の事務所や営業所にも設置している場合もあり普遍性があり事業用資産となると思われます。」（渡辺淑夫・山本清次『法人税基本通達の疑問点』（三訂版）877頁　平成16年）とするものがあり、見解が分かれています。これはテレビの属性からして、事業用、家庭用と明確に区分することが困難であるた

めと考えられます。このような場合は，交付する側の意図や実際の利用状況も勘案して判断するべきでしょう。

　また，交付した固定資産の取得価額が10万円未満のため，得意先である事業者で少額減価償却資産として事業の用に供した時にその全額を損金経理し，結果的に受贈益の課税を受けていないときであっても，交付した側は事業用資産として，この取扱いにより交際費等に該当しないことになります。なお，取扱通達では，「事業用資産」の定義を置いているだけで，「その他の物品」の範囲を直接的には明らかにしていません。したがって，事業用資産に該当しないものは，すべて事業用資産以外の資産として交際費等の対象となるので注意が必要です。

(3)　**少額物品の取扱い**

　事業用資産以外の資産の交付であっても，購入単価がおおむね3,000円以下である場合には，交際費等としないことになっています（措通61の4(1)−4）。この取扱いは，景品付販売の場合の取扱いと一致させたものです。ここでの少額物品の判定は「購入単価」であるため，一括購入等により市価より割安になっている場合には，その購入単価によって判定することになります。

　注意すべきは，売上割戻しとして交付した券面額3,000円以下の商品券，ビール券，図書券，旅行券，飲食券等を交付した場合の取扱いです。このうち商品券は，券面額が細分化された単価に過ぎず，贈答を受けた側でも券面額で商品を購入するとは限らないため，少額物品には該当せず交際費等となります。また，ビール券や図書券は，引き換える物品が特定されていることから，売上割戻しとして交付していれば交際費等とはされませんが，お中元，お歳暮としてビール券を交付した場合には，当然に交際費等となります。さらに，旅行券や飲食券等については，給付される内容が交際費等の対象となるものであり，券面額にかかわらず交際費等になります。

(4)　**参考判例等**

　冷凍設備の工事業を営む会社が，冷凍設備等を行った施行先に対して開店祝い等として贈られる花輪等の贈呈費用が，パチンコ店の取扱い（昭52.5.13法人

税課税情報14号）と同様の取扱いに該当するか否か争われた事案で，裁判所は，花輪等の贈呈行為が，パチンコ機メーカーの行う花輪等の贈呈行為と同様に，売上割戻し又は販売促進の目的で事業用資産を交付する場合に該当するためには，イ）冷凍設備等の工事をする相手方店舗において，花輪等を提出する意義がパチンコ店と同様であること，ロ）新装開店等の頻度がパチンコ店と変わりはないこと，ハ）開店等に際して店舗に花輪等を提出につき宣伝上の不可欠性があることを必要とするが，この点につき何ら証拠は存在しないことから，花輪等の贈呈費用は交際費等に当たるとしています（静岡地判 平7.10.13 税資214号27頁，Z214－7590）。

4　当事例の検討

　テレビなどの電化製品は，ほとんどの一般家庭に設置されていますが，企業の応接室や宿舎等にも設置されていますので，テレビという物品の属性のみでは，家庭用，事業用という判別は困難であるといえます。したがって，売上割戻しとして交付した物品が，事業用資産か否かが物品の属性から判断できないような場合には，交付した側の意図を斟酌して判定することになります。

　当事例においては，交付する側が「テレビを事業用に使用すること」を依頼して交付しており，相手方においても事業用に使用していることを立証できる場合であれば，交際費等としないことが可能であると考えます。

（田代　行孝）

山本守之のコメント

　テレビは事業用資産以外の資産ですが，事業用にも使われており，これらを物品の属性で判断しないという課税庁の態度は，必ずしも適正とはいえません。

V 交際費・寄附金〔交際費等〕

60　5,000円以下の飲食費用

1 事　例

(1) 当社では，このたびホテルにおいて特約店経営者間の交流を図るための食事会を開催します。特約店食事会では，3,000円の弁当を出し，当日，出席した経営者の方には，ホテル特製の1,800円のケーキセットをお土産とします。
(2) また，上記の食事会とは，別の日に特約店営業担当責任者による特約店会議を開催します。昼食として6,000円程度の弁当を出し，会議終了後，出席者には，手土産として同様に1,800円のケーキセットをお土産とします。

2 問　題　点（争点）

問題点は，①特約店経営者食事会において当社が負担する1人当たり飲食費等合計4,800円は，すべて，交際費等になるのかということと，②特約店営業担当者会議における飲食費等6,800円は，全て会議費となるのかということの2点です。

3 検　討

(1) 交際費等の損金不算入

法人が各事業年度において支出する交際費等の額は，原則として損金の額に算入されません（措法61の4①）。交際費等とは，交際費，接待費，機密費その他の費用で，法人が，その得意先，仕入先，その他事業に関係ある者等に対する，接待，供応，慰安，贈答その他これらに類似する行為（以下，「接待等」といいます）のため支出するものをいいます（措法61の4③）。

(2) 交際費等と5,000円以内の飲食費用

平成18年度の改正で，得意先，仕入先等の取引先に対する接待，供応費用のうち，飲食その他これに類する行為（以下，「飲食等」といいます）のために要する費用であって，その支出する金額を基礎として，その費用（専らその法人の役員若しくは従業員又はこれらの親族に対する接待等のために支出するものは除きます）に係る飲食等に参加した者の数で除した金額が5,000円以下の費用は，一定の要件を満たした場合，交際費等に該当しないとされました（措法61の4③二，68の66③二，措令37の5①，39の94①）。

なお，この規定の適用に際して，次に掲げる事項を記載した書類を保存していることが必要です（措法61の4④，68の4，措規21の18の4，21の18の4，22の61の4）。

① その飲食等のあった年月日
② その飲食等に参加した得意先，仕入先その他事業に関係のある者等の氏名又は名称及びその関係
③ その飲食等に参加した者の数
④ その費用の金額並びにその飲食店，料理店等の名称（店舗を有しないことその他の理由により当該名称が明らかでないときは，領収書等に記載された支払先の氏名又は名称）及びその所在地（店舗を有しないことその他の理由によりその所在地が明らかでないときは，領収書等に記載された支払先の住所若しくは名称，住所若しくは居所又は本店若しくは主たる事務所の所在地）
⑤ その他参考となるべき事項

(3) 飲食その他これに類する行為

飲食等には，得意先，仕入先等社外の者に対する接待，供応の際の飲食の他，例えば，得意先，仕入れ先等の業務の遂行や行事の開催に際して，得意先，仕入先等の従業員等によって飲食されることが想定される弁当等の差入れが含まれます。また，例えば中元・歳暮の贈答のように，単なる飲食物の詰合わせ等を贈答する行為は，飲食等には含まれません。ただし，上記の飲食等に付随して支出した費用については，その飲食等に要する費用に含めることができます

(措通61の4(1)-15の2)。

(4) 飲食等の費用に含まれるものと含まれないもの

租税特別措置法通達61の4(1)-15の2において飲食等に付随して支出した費用は，その飲食等に要する費用に含めることができるとしています。

これについて，平成18年5月国税庁公表のその他法令解釈の情報（「交際費等（飲食費）に関するQ&A」）が以下のように解説しています。

① 飲食店等での飲食後，その飲食店で提供されている飲食物の「お土産代」としてその飲食店に支払う費用は，相応の時間内に飲食されることが想定されるか否かにかかわらず，飲食の費用に含まれます。寿司屋の寿司，中華料理店の持帰り料理・菓子，レストラン・喫茶店のケーキ等の菓子等です。

② 飲食店等に対して直接支払う飲食等のためのテーブル・チャージ料やサービス料等は，飲食等の費用に含まれます。

③ ゴルフ・観劇・旅行等に際しての飲食等がこれらの催事との一連の行為の一つとして実施される場合は，全体が一体の行為と考えられます（措通61の4(1)16注）。したがって，飲食等の費用だけを抜き出して金額の判断をすることはできません。ただし，ゴルフ等の終了後，一部の取引先の者を誘って飲食等を行った場合など，飲食等が主たる催事とは別に単独で行われていると認められる場合には，原則として飲食等の費用に該当するものとされます。

④ 1次会と2次会のような連続する飲食等が一体の行為であると認められるときは，これらの飲食等の費用全体を合算しなければなりません。

⑤ 飲食店等での接待の際に贈る贈答品としての「お土産代」は，飲食物の詰合せであっても，その飲食店等で提供されているものでない場合は，飲食等の費用に含めません。

⑥ 取引先等の飲食店等への送迎費用は，飲食等の費用には含まれません。

⑦ 1次会と2次会など連続した飲食等の行為が行われた場合であっても，全く別の飲食店を利用しているときなど，それぞれが単独で行われている

と認められるときは，それぞれの行為にかかる飲食費ごとに1人当たり5,000円以下であるかどうかの判定をすることとなります。

(5) **交際費等と会議費の区分**

　法人が，その得意先，仕入先その他事業に関係のある者等に対する接待等のために支出するものであっても，会議に関連して，茶菓，弁当その他これらに類する飲食物を供与するために通常要する費用は，交際費等から除外されています（措法61の4③二，措令37の5②二）。

　ここで，会議に関連して通常要する費用に関しては，「会議に際して社内又は通常会議を行う場所において通常供与される昼食の程度を超えない飲食物等の接待に要する費用」であるとされています（措通61の4(1)-21）。

　また，会議には，来客との商談，打合せ等が含まれます（措通61の4(1)-21(注)1）。そして，会議費に関する取扱いは，その1人当たりの費用の金額が5,000円を超える場合であっても，適用があるとされています（措通61の4(1)-21(注)2）。

　つまり，来客との商談，打合せ等を含む会議が通常会議を行う場所において行われ，そこで通常の昼食の程度を超えない飲食物等の接待に要する費用であれば，それが1人当たりの費用の金額が5,000円を超えてるときでも会議費として取り扱うことになるわけです。

4　当事例の検討

　事例(1)の場合は，特約店経営者の親睦を図るための食事会ですから，そのときに供される弁当代1人当たり3,000円は，交際費等に該当します。そして，お土産代をホテルに支払う場合には，相応の時間内に飲食されることが想定されるか否かにかかわらず，飲食に類する行為に該当することになり，弁当代3,000円とお土産代1,800円の合計額4,800円が交際費等に該当します。しかし，これは1人当たり5,000円以下の飲食費となるので，交際費等の損金不算入の対象とはなりません。

　それに対し，事例(2)の場合は，6,000円は特約店営業担当者の会議費となり

ます。しかし，お土産代1,800円は，通常の贈答ですから5,000円以下の飲食費等には当たらず交際費等になり，損金不算入となります。

(林　紀孝)

山本守之のコメント

　飲食費と会議費は明確に区分すべきです。(2)のように交流を図るためだけであれば交際費等ですが，会議の実体を伴っていれば，通常会議において供与される昼食の程度のものか否かで判断します。

61 リゾートホテルで行う特約店会議の費用

1 事　　例

　当社では毎年都心のホテルにて，その期の営業戦略を浸透，推進するための支店長会議を行ってきました。今年は創業20周年に当たり，新たに記念商品も発売することとしたため，リゾートホテルにて各特約店の責任者も招いて記念商品の説明会を兼ねた営業戦略会議を行うことにしました。会議は遠方からの参加者に考慮して，午後4時から開催とし，終了後，懇親パーティを行いました。また，翌日はホテル併設のゴルフ場にて，自由参加によるゴルフコンペを開催しました。会議当日の費用と当日の宿泊費，及び交通費は当社が負担し，パーティ費用のみを交際費に，残額はすべて会議費に計上しています。

2 問 題 点（争点）

　問題点は，リゾートホテルで行った特約店会議が会議費にあたるかどうかです。

3 検　　討

(1) 会議費と交際費等

　会議費は，文字どおり会社の業務に関連した会議のために支出する費用ですが，会議に際して供与される飲食物の提供費用や，会議と接待が一連の行事として行われた場合の参加者の旅費，宿泊費などが，交際費等の隣接費用としてしばしば問題となります。

(2) 会議で供与される飲食物のための費用の取扱い

　会議に関連して，茶菓，弁当その他これらに類する飲食物を供与するために通常要する費用は，交際費等から除外されます（措法61の4③かっこ書，措令37の

5②)。租税特別措置法通達61の4(1)-21では，この通常要する費用として，会議に際して社内又は通常会議を行う場所において通常供与される昼食の程度を超えない飲食物等の接待に要する費用をあげています。これは，このような費用を損金の額に算入しても，「事業上の必要を超えた冗費濫費を防止して，資本の充実，蓄積等を促進しようとした措置法61条の4第1項及び3項の趣旨に反しない」(東京地判 平16.5.14 税資254号順号9648 Z254－9648)ためであり，したがって「昼食の程度を超えない」という文言もあくまでも例示としてとらえるべきで，内容を具体的に制限するものではありません。

(3) 接待等と会議が同時に行われた場合

接待等と会議が同時に行われた場合について，租税特別措置法通達61条の4(1)-16では，製造業者又は卸売業者が特約店その他の販売業者を旅行，観劇等に招待し，併せて新製品の説明，販売技術の研究等の会議を開催した場合において，その会議が会議としての実体を備えていると認められるときは，会議に通常要すると認められる費用の金額は，交際費等の金額に含めないことに取り扱うとしています。この会議に通常要すると認められる費用には，会議室使用料，資料代，コーヒー代，講師謝礼などの会議直接費といえる費用の他に，会議関連費としての，会議開催地までの旅費，会議開催地での通常の宿泊費などが含まれます。

ところが，会議としての実体を備えていない場合には，上記で会議関連費とされた旅費，宿泊費等も交際費等に含まれることになります。なお，その場合であっても，会議が開催されたという事実により，上記会議直接費は交際費等には含まれません。

また，いずれの場合でも，観光や観劇，宴会等に要する費用は交際費等となりますが，これらは一連の行為として行われるものですので，飲食等に要した費用のみを抜き出して，5,000円基準を適用することはできません(措法61の4③二，措令37の5①，措通61の4(1)-16(注))。

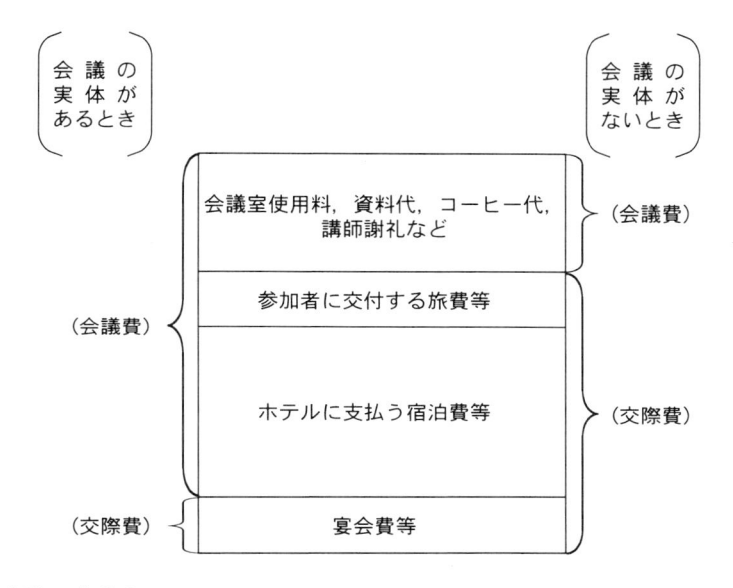

会議の実体があるとき		会議の実体がないとき
（会議費）	会議室使用料，資料代，コーヒー代，講師謝礼など	（会議費）
	参加者に交付する旅費等	
	ホテルに支払う宿泊費等	（交際費）
（交際費）	宴会費等	

(4) 会議の実体とは

　代理店等の役員等を会議と慰安のために温泉旅館に招待したときに，それが会議としての実体を備えていないと認められるため，このために要した交通費，宿泊費及び雑費の全額が交際費等に該当するとされた事例（裁決 昭57.3.23 国税不服審判所裁決例集7715・3頁）があります。

　温泉地の旅館で会議等が開催され，翌日，その近辺のゴルフ場で参加者の有志によりコンペが行われたものですが，この会議は，ここで行われた会議，懇親会及びゴルフコンペ等の行事のごく一部であり，その開始時間が午後4時又は5時であること及びその所要時間も，全所要日数約1.5日のうちわずかに最初の1時間ないし2時間を充てたのみの極めて短時間でウエートの低いものであること，並びにその内容が，挨拶（請求人及び総代理店によるもの），スライド映写，営業戦略及び営業概況等の説明，10分間程度の質疑応答を行ったにすぎないものであることが認められることから，一連の行事の主たる目的は，得意先等を懇親会及びゴルフコンペに招待することにあったと認めるのが相当であり，また，会議等に要した費用は全体として評価すべきところ，交通費等は会

議に通常要すると認められる費用ではなく，交際等のために要した費用とするのが相当であるとされたものです。

このように「会議の実体」の有無を判断するということは，その一連の行事の主たる目的がどこにあるのかを確認するということです。一般に会議の実効性をあげるためには，会議のテーマ，議事内容，各々の議事によって得ようとする収穫を明確にする必要があります。その上で，例えば①会議の案内状などに会議開催の趣旨及び議事内容を明記し，②宿泊を伴うものであるならば，会議の時間として少なくとも半日以上を設定し，③実際に行われた会議の議事について記録を残しているようなときは，その会議に実体があったと判断することができるでしょう。

しかし，会議の案内状に記載された会議の趣旨が不明瞭であったり，議事内容が希薄であったり，会議時間も短く，議事録も残されていないとなると，会議の実体があったと判断することはむずかしくなるでしょう。むしろ併せて行われた接待等の方が主目的であったと推測されることとなります。

4 当事例の検討

先進国首脳サミットをはじめ，大きな会議がリゾートホテルにて開催されています。企業などでも，交通網や施設等のインフラの整備を背景に，コストパフォーマンスも考えてリゾートホテルにて営業会議等を行う例が見受けられます。当事例のように特約店会議をリゾートホテルで行うこと自体には，税務上の問題はないでしょう。

しかし，当事例では，会議のテーマを記念商品の説明会を兼ねた営業戦略会議としていながらも，具体的な議事内容等は明確ではありません。会議自体も夕方からの開催であり，その後に懇親パーティが行われたことから，実際の会議時間はせいぜい1，2時間程度であったと思われます。何のために宿泊を伴う会議としたのか疑問が生じます。

また，会議の翌日にゴルフコンペが，開催されていることも気になります。前日に1日をかけて密度の濃い会議が行われているのであれば，行事の主目的

はゴルフコンペにあるとする理屈は存在しません。しかし，行事の主目的であるはずの会議の実体が不明な上，参加の動機づけが非常に高いと思われるゴルフコンペが翌日に開催されていたのであれば，行事の真の主目的はどちらにあると考えられるでしょう。また，例年の会議では参加対象とならない特約店の責任者を招き，会議終了後には懇親パーティを開催し，翌日にはゴルフコンペを開催したとなれば，この行事の主目的は，創業20周年を祝して特約店の責任者を労い，よりいっそうの協力を得るために懇親を図るものであると考えるのが自然でしょう。

　実際には，会議の内容，密度，重要性も考慮しての総合判断となりますが，この会議に実体があったと疎明することは大変な困難を伴うものと思われます。懇親パーティの費用はいずれにせよ交際費等ですが，会議に実体がないとされた場合は，会議開催時間のコンベンションルームの使用料，プロジェクタなどの貸出料，資料作成費，会議の際のミネラルウオーター代などを除き，会場までの交通費，宿泊費なども交際費等に含まれることとなります。

（小林　磨寿美）

山本守之のコメント

　会議の実体があったか否かで税務の取扱いは大きく変わります。実務としては実体を伴っていたかどうかの事前説明資料が必要となります。

V 交際費・寄附金〔交際費等〕

62 ゴルフコンペの費用負担

1 事　例

> 当社（A）は，食料品卸売業を営む株式会社ですが，メーカーSの製造する甲商品の販売促進のため小売店を旅行に招待しました。旅行参加者（小売業者）の希望により，急遽，旅行最後の日にゴルフコンペを追加しました。直前にメーカーSにゴルフコンペの費用の300万円の負担を依頼し，承知して頂きました。
>
> この接待行為は当社（A）が企画，立案，実行しています。S社は，来期にゴルフコンペ分300万円を振り込む約束になっています。
>
> 当社は1,500万円を支出しました。支出金額からS社の負担額（300万円）を未収金として控除し，残額の1,200万円を交際費の金額として所得計算しました。

2 問題点（争点）

問題点は，この招待旅行が当社とS社の共同接待として，認められるかです。

3 検　討

(1) 一般的な取扱い

交際費等は，それを直接支出する法人だけでなく，間接支出の分も含めて判定することとしており，2以上の法人が共同して接待，供応，慰安，贈答その他これらに類する行為をして，その費用を分担した場合においても交際費等の支出があったものとされます（措通61の4(1)−23(1)）。

また，製造業者又は卸売業者が得意先，仕入先その他事業に関係のある者等を旅行，観劇等に招待する場合に，他の製造業者等からその費用に充てるために他の卸売業者から受け入れる負担額がある場合には，その負担額を控除した

金額は交際費等になるという取扱いもあります（措通61の4(1)-15）。

事例がこの通達の取扱いを適用できるとすると，次のようになります（山本守之『調査事例からみた－法人税の実務』（二訂増補版）404頁　税務研究会出版局）。

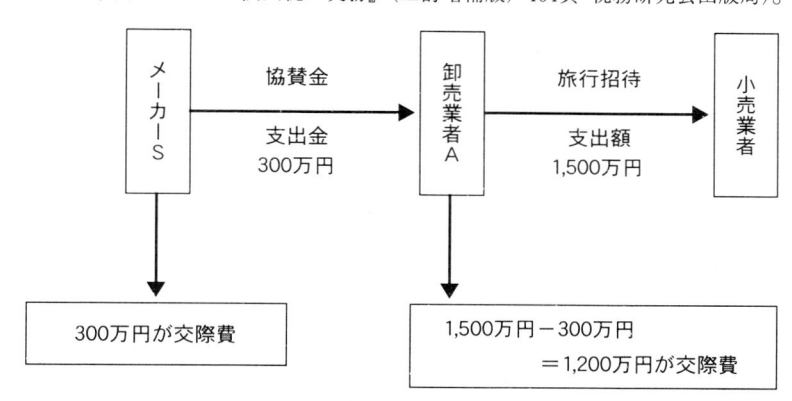

```
┌─────┐ 協賛金    ┌─────┐ 旅行招待   ┌─────┐
│メーカーS│ ──────→ │卸売業者A│ ──────→ │小売業者│
│     │ 支出金    │     │ 支出額    │     │
└─────┘ 300万円   └─────┘ 1,500万円  └─────┘
   │                  │
   ↓                  ↓
┌──────────┐    ┌──────────────────┐
│300万円が交際費│    │1,500万円－300万円 │
└──────────┘    │＝1,200万円が交際費 │
                 └──────────────────┘
```

(2) 負担金を交際費等から控除するための要件

　ところで，措置法通達61の4(1)-15の規定は，共同行為に限られるのかどうかという問題が生じます。

　外国洋酒メーカーから国内販売代理店が交際費の一部を負担していた場合に，その負担金を国内代理店の交際費から控除できるかどうかが争われた裁判では，納税者は通達には共同行為が明文化されていないことから共同行為は要件でないと主張しました。それに対して裁判所は，同通達の対象としている交際行為は，特定の「旅行」や「観劇」等であって，あらかじめ定められた日程どおりに実施され，大きな変更が予想されない定型的な行為であるから，このような行為については，交際行為を担当しない製造業者等と交際行為を担当する卸売業者が事前にその実施方法，実施した場合に要する金額等につき十分に協議し，かつ，交際行為を担当していない製造業者等がその旅行等に協賛あるいは共催していることを前提に認められますとして，たとえ明文化されていなくても，交際費課税の趣旨からいって，当然にこの前提が充たされるべきである，と判断しています（東京地判　平2.3.23　税資176号1頁　Z176-6476）。

　つまり，措置法通達61の4(1)-15の規定は共同行為が前提であるとし，共同

309

して交際行為を行ったと認めることができる場合とは，交際行為の一部を直接分担しなかった法人であっても，直接交際行為を担当した法人との間において事前に交際行為について十分な協議を遂げ，交際行為を担当した法人に対して主導的役割を果たしたなど，実質的にみて，自ら交際行為の一部を分担したものと評価することができる場合がそれに該当すると判断したわけです。

(3) 類似判決の検討

海運代理業を営む納税者が，荷主に対して支出した交際費が親会社である外国船会社が負担すべきものを立替え負担したものか，納税者が負担すべき交際費かについて争われたものがあります。

「納税者が支出した接待行為の対象は荷主であり，その直接の相手方は船会社であって，その効果も船会社の運賃収入の増大であるから，この交際費は船会社に帰属する」と納税者は主張しましたが，裁判所は「納税者の業務は外国船会社との海運代理契約に基づき，商社，貿易会社等を荷主とし外国船会社と運送契約に至らせる集荷業務等であり，親会社である船会社が年間の交際費の枠の設定について最終的な決定権を有し，また，本件交際費の個々の支出についても事後的に審査しうる体制を整えていたとしても，本件交際費に係る具体的な交際費に係る接待行為，贈答行為は，納税者自身によって企画，実行され，かつ親会社である船会社は具体的な接待行為，贈答行為に関与すらしないのであるから，本件交際費を納税者の帰属とする」（東京地判 平2.5.31 税資176号1131頁 Z176－6522）と判示しています。

この事案は，そもそも親会社は接待行為には関与せず，もっぱら納税者自身が主体となって行ったものであるから共同行為には該当しない，とされたものです。

(4) 共同による接待行為の意義

結局，2以上の法人が共同で接待行為を行い，その交際行為を，法人役員や従業員が直接従事せず，その行為を他人に委ね，その費用を負担したときは，次の点から負担について妥当性があるか否かを判断すべきでしょう。

① 「共同の意思」とは，共同計画，共同行為を前提とするお互いの意思の

疎通であり，契約書等によって証明することができるものです。
② 「事前の十分な協議」とは，招待旅行等の企画・立案への参加，そのチェックと修正・変更の要求，計画への承認等が行われているかどうかです。
③ 「行為担当法人への主導的役割」とは，招待旅行等の計画と実行のチェック，途中で変更が生じた場合の協議，実行報告の承認，計画額の過不足等の交付要求，差額の精算等が必要です（吉牟田勲「交際費等について共同支出が認められるための要件」『ジュリスト』973号，126頁）。
④ 負担する行為，負担額，負担方法について経済的合理性が必要です。
　つまり特定の交際行為を共同して行うということによる経済的合理性（売上の増大）を裏付けるものが必要です（山本守之『調査事例からみた－法人税の実務』（二訂増補版）406頁　税務研究会出版局）。

4　当事例の検討

本件事例を，上記**3**(4)の要件から考察しますと次のようになります。
① 直前ですが事前に交際行為（ゴルフコンペ）の説明と負担金額の提示があり，S社の承諾がありますので，「共同の意思」の要件は満たされます。しかし，口頭による契約のため契約書がありませんので証拠力は弱くなります。
② 招待旅行等の企画・立案への参加はありませんが，ゴルフコンペの計画の説明はありました。十分とはいえませんが「事前の協議」にはなるでしょう。
③ 招待旅行全体の計画のチェック等はできませんが，ゴルフコンペに関しては，実行後に報告をし，承認を受けており，あらかじめ約束した金額の300万円を来期受け取る予定になっています。よって，当社に対して弱いながらも「主導的役割」を果しているといえる状態でしょう。
④ S社が，当社の行うゴルフコンペの費用を負担していることは，ゴルフコンペ直前のため文書にはしておりませんが，旅行参加者（小売業者）に

はその旨を告知しておりますので，利益を受けていると認識しています。

したがって，本件招待旅行等は，Ｓ社と当社とが合同で行ったことになり，1,200万円が接待交際費になると考えます。

しかし，ゴルフコンペの開催が急に決まったため，Ｓ社との共同開催であることがパンフレットに記載されておりませんし，文書による共同接待の契約書もありません。場合によっては，事後承諾であると誤解を与え行政庁に否認される恐れもあります。事前協議の内容，Ｓ社がそれによって得られる効果等を説明できるようにしておくべきでしょう。

今後共同して招待旅行等を行う場合には，事前に十分に時間をとって協議し，案内状に共催であることを明記することや，実行後の報告承認，負担額の精算等，共同行為であることを立証できることが必要です。

(染谷　多恵子)

山本守之のコメント

共同接待は交際費を他の費用に仮装するために行われたとすれば否認されるでしょう。共同接待する側が事前に打ち合わせ，分担するという実体があれば負担額を区分できます。

63 英文添削費用の差額負担

1 事 例

> A社は、医薬品の製造販売をしています。販売先である大学病院の医療に携わる教授や若手医師、研修生、留学生等が医学論文を海外の雑誌に掲載するに当たり、英文の添削費用を負担しました。A社の支払額は、国内業者の平均的料金の3倍に近い料金になっていますが、依頼者の負担額との差額をA社が負担していることを依頼者には告げていません。A社は、この差額を外注費として処理していますが、課税上の問題はありますか。

2 問 題 点（争点）

問題点は、A社が負担した英文の添削費用の差額負担が交際費等に該当するかどうかです。

3 検 討

(1) **交際費等の課税要件**

交際費等は、①交際費、接待費、機密費その他の費用で（支出の目的）、②法人が、その得意先、仕入先その他事業に関係のある者等に対する（支出の相手先）、③接待、供応、慰安、贈答その他これらに類する行為（行為の形態）のために支出するものをいうとして、3つの課税要件を規定しています（措法61の4③）。

上記条文の中には、課税要件である支出の目的に「機密費その他の費用」、支出の相手先に「仕入先その他事業に関係のある者等」、行為の形態に「贈答その他これらに類する行為」というように不確定な概念である「その他の」、「その他」が多く用いられ、課税要件明確主義に反するような規定となっています。

313

このことから，支出した金品が寄附金か，販売奨励金等か，情報提供料等か，広告宣伝費か，福利厚生費かなど隣接科目との区別が常に問題となります（措通61の4(1)1～14）。

(2) **裁判例における交際費等の課税要件**

これまでの裁判例に示された交際費等の課税要件については，次のように分類されています。

① **二要件説**

イ 支出の相手先が，「事業に関係のある者等」に対し支出されたものであること

ロ 支出の目的が，接待，供応，慰安，贈答等企業活動における交際を目的とするものであること

② **新二要件説**

二要件説に対して，新二要件説は，支出の目的である交際行為に親睦の度を密にして取引関係の円滑な進行を図るためのものが加えられています。

③ **三要件説**

三要件説は，新二要件に「行為の形態」が，接待，供応，慰安，贈答その他これらに類する行為であることの要件を加えています。すなわち，三要件説は，目的と行為の形態を明確に区分しています。

(3) **事例のモデルとなった判例**

事例のモデルは萬有製薬事件です。製薬会社が薬品を販売している大学病院等の研究者から，英文添削の依頼を受け，料金を徴収していましたが，添削業者には徴収額の3倍以上の料金を支払っていたため，差額負担額が交際費等に該当するか否かが争われた事例です。第一審判決では，①支出の相手先は取引先等の医師等やその他の研究者に限られていたこと，これらの者の中には，医薬品購入等を決定する権限を有しない者が含まれているとしても，そのことをもって「事業に関係のある者」に該当しないとはいえない。②支出の目的は，取引関係を円滑に進行することであるとし，支払が「事業に関係のある者」で，支出の目的が接待等を意図するものであることの要件を満たせば足り，利益を

受けていると認識できるような客観的状況の下に行われることが必要であるとはいえないとし，新二要件説から交際費等に該当すると判断しました（東京地判 平14.9.13 税資252号順号9189 Ｚ252－9189）。

しかし，続く控訴審（東京高判 平15.9.9 判時1834号28頁 Ｚ253－9426）では，初めて，目的と行為の形態を明確に区分し，三要件説に基づき交際費等に該当しないと判断しました。

英文添削は，当初善意で行われ，その後，医療用医薬品卸売業公正取引協議会の指導に基づき国内業者の平均的な料金を医師等から徴収していたこと，差額負担が生じるようになっても，依頼者が主として若手研究者らであったことから，差額を徴収せず，会社が負担していたこと，これを敢えて知らせなかったこと等，これらの経緯，諸事情も含め総合的な見地から判断されました。

(4) 受益の認識についての裁判例

「利益を受けたと認識できるような客観的状況の下に行われたものであることを要する」として，世間一般の私的行事（結婚披露宴）として行われた費用は交際費等ではなく役員賞与と認定された判例があります（大阪高判 昭52.3.18 税資91号395頁 Ｚ091－3956）。相手方に「利益を受けることの認識」がなければ，取引関係の円滑な進行という目的は達成できず交際費等とはなりません（大渕博義『ＴＫＣ税研情報』12頁，2003.10，山本守之「交際費課税における課税要件」『税経通信』2004年2月 168頁）。

4 当事例の検討

交際費等に該当するか否かは，「支出の相手先」「支出の目的」「行為の形態」の3つの要件を具備しているかどうかにより判断する必要があります。

(1) 「支出の相手先」について

英文添削の依頼者の中には，大学病院の医療に携わる教授や助教授など医療機関の中枢的地位にあり，薬品購入等に関する権限を有する者が含まれていることから，全体としてみると「事業に関係のある者」の要件に該当することは否定し得ないところです。

(2) 「支出の目的」について

　差額支出の目的が，事業関係者等との間の親睦の度を密にして，取引関係の円滑な進行を図るためのものであったかについては，若手研究者の研究発表を支援する目的で始まったもので，その後差額負担が発生してからも，①研究者らはこの事実を認識していませんし，また，②取引関係上，差額負担を積極的に利用していたとはいえません。③依頼者は主として若手の講師や助手であり，会社の取引との結びつきは強くないなど，たとえ，結果として，医療機関との取引関係を円滑にするという目的があったとしても，主たる動機ではありません。したがって，差額支出は，その動機，態様，効果等から判断して，事業関係者等との間の親睦の度を密にして，取引関係の円滑な進行を図るという接待等の目的でなされたとは認められません。

(3) 「行為の形態」について

　支出の起因となる「行為の形態」は，接待，供応，慰安，贈答その他これらに類する行為です。この接待等に該当する行為は，一般的にみて，相手方の快楽追及，金銭や物品の所有欲などを満足させる行為です。この点について，A社が行った英文添削の差額負担によるサービスは，学問上の成果，貢献に対する寄附で，通常の交際費等とは異なり，それ自体が直接相手方の歓心を買えるような性質の行為ではありません。このように，学術奨励といった性格のものまで，接待等の範囲に含まれると解することはできません。

　以上のことから，当事例においては，「支出の目的」と「行為の形態」の要件に該当しないため，交際費等とはなりません。

（遠藤　みち）

山本守之のコメント

　萬有製薬事件は，交際費等の課税要件を判断した有名なものです。交際費等に限りませんが，税務については租税法の課税要件が重視されます。

64 抽選会の景品費用

1 事 例

> 当社は中古自動車のオークションの開催を業とする会社であり，今年度開催した中古自動車のオークションにおいて，抽選会の景品の購入費用を支払奨励金として処理しました。オークションにおける会員資格は，①中古自動車取扱古物許可証を有する者であること，②当社とオークションの会員契約を締結した者であること，③①②の条件を満たしオークションの参加が承認された者であること，④当オークションが特別に認めた者です。この抽選会は来場者に対し抽選券を均等に配布し，オークション終了時にオークションに1台以上出品若しくは1台以上落札した会員の番号を記載したカードを抽選箱に入れて抽選を行い当選者が決定されます。ただし，当選者が会場にいない場合は失格となります。

2 問題点（争点）

問題点は，抽選会において交付された景品の購入費用が，交際費等に該当するかどうかです。

3 検 討

(1) **交際費等の意義**

交際費等とは，交際費，接待費，機密費その他の費用で，法人が，その得意先，仕入先その他事業に関係のある者等に対する接待，供応，慰安，贈答，その他これらに類する行為のために支出するもの（次に掲げる費用のいずれかに該当するものを除く）をいうとしています（措法61の4③，措令37の5①，②）。

　一　専ら従業員の慰安のために行われる運動会，演芸会，旅行等のために通常要する費用

二　飲食その他これらに類する行為のために通常要する費用（専ら，その法人の役員若しくは従業員又はこれらの親族に対する接待等のために支出するものを除く）であって，その支出する金額が参加人員で除した金額が5,000円以下の費用

三　カレンダー，手帳，扇子，うちわ，手ぬぐいその他これらに類する物品を贈与するために通常要する費用

(2) 広告宣伝費の要件

措置法通達61の4(1)-9では，広告宣伝費と交際費等との区分について，不特定多数の者に対する宣伝的効果を意図するものは広告宣伝費の性質を有するものとし，交際費等に含まれないものとして，7項目の例示をしています。この場合の不特定多数の者とは，主に一般消費者を想定しています。

また，同通達では，医薬品の製造業者（販売業者を含む）における医師又は病院，化粧品の製造業者における美容業者又は理容業者，建築資材の製造業者における大工，左官等の建設業者，飼料，肥料等の農業用資材の製造業者における農家，機械又は工具の製造業者における鉄工業者等は，いずれも，これらの製造業者にとって一般消費者には当たらないとしています。

(3) 交際費等と広告宣伝費との区分

広告宣伝費とは，不特定多数の者に対する宣伝的効果を意図するものとされていますが，宣伝広告の行為の態様によっては交際費等と類似するケースがあるため，その区分が問題となります。一般的には，①支出の目的が交際目的（親睦の度を密にして取引関係の円滑な進行を図ること）か広告宣伝目的（購買意欲の刺激）か，②支出先が特定か不特定かによって区分されるとしています（東京地判　昭55.2.29　税資118号130頁）。特に支出の相手先が特定の事業関係者であるか否かが判断のポイントになります。

(4) 「特定の事業関係者」か「不特定多数の者」かが争われた事例

海運業を営む納税者が，引揚船を遊覧船に模様替えし一般の観覧の用に供することとしてレセプションを開催し，その費用を広告宣伝費として処理した事例があります。裁判所は，交際費等の成立要件として，①「事業に関係のある

者」に対して支出されたものであること、②「接待、きょう応、慰安、贈答」等企業活動における交際を目的とするものであること、③支出金額が比較的高額であることの３つの要件を掲げて、レセプションは、イ）遊覧船が観光客を吸引する目的で開催されており、その顧客も一般大衆であって一定の者に特定されてはいないこと、ロ）招待客も課長職以上の地位を有している者に限定されているが、その抽出は広い対象から多数選定されたものであり、その招待客以外にも多数の一般の者が参加していることなどから、遊覧船のレセプション関係費用は、交際費等ではなく広告宣伝費に当たるとしています（東京地判 昭44.11.27 行集20巻11号1501頁　Ｚ057－2490）。

4　当事例の検討

　交際費等に該当する否かは、①支出の相手方が「事業に関係する者」に該当するかどうか、②支出の目的が相手方に対する接待、供応、慰安、贈答その他これらに類する行為にあたるかどうか、により判断する必要があります。

(1)　支出の相手方について

　支出の相手方については、交際費等が支出の相手方を「事業に関係する者」としているのに対して、広告宣伝費は、すべて支出の相手方を一般消費者つまり最終消費者に限定しています。当事例では、オート・オークションの会員となるのは、中古自動車取扱古物許可証を有する者、会員契約を締結した業者でかつオート・オークションに参加を承認された者など特定の資格を有する者に限られていることから、一般消費者ではなく「事業に関係ある者」に該当することになります。

(2)　支出の目的について

　当事例では、会員をオークション会場に多数来場させて、夜遅くまでオークションに参加させることを企画し、出品又は落札した会員のみを対象として、抽選会を開催しています。これらの行為は、特定の事業関係者に対して、景品費用を抽選という方法により「贈答その他これらに類する行為」のために支出したものと考えることができます。すなわち、得意先等事業関係者に対する贈

V 交際費・寄附金〔交際費等〕

答贈答その他これらに類する行為により，親睦の度を密にして，取引関係の円滑な進行を図るために支出されたものとして，交際費等の要件を満たすものといえます。

以上のことから，抽選会の景品費用は，広告宣伝費ではなく交際費等に該当することになります。

（松田　孝志）

山本守之のコメント

事例は事業関係者に対して，贈答その他これに類する行為等により親睦の度を密にするために行ったものですから交際費等に該当します。抽選会も同じです。

65 土地買収に伴う支払手数料

1 事 例

　A株式会社は，不動産業を営んでいます。このたびS市に所在する土地を買収することになりましたが，買収する土地の地主数が多いうえ，A社としてはS市における取引ははじめてということもあり，買収交渉は難航しました。そこで，S市の有力者である甲氏に依頼し，地元の状況について助言を受けたり，地元有力者や地元金融機関支店長等を紹介してもらう，地主等との会合に顔を出してもらうなどの協力をしてもらいました。

　この結果，土地の買収に成功したので，甲氏に対して手数料名目で1,000万円を支払いました。この支出金はあらかじめ甲氏との間に締結された契約に基づくものではありませんが，甲氏の協力によりスムーズに土地買収が実現できたことに対するものであり，同時に今後とも協力をお願いする趣旨のものです。

　A社ではこの支出金を情報提供料として損金の額に算入して法人税の確定申告を行いました。この場合，税務上も情報提供料として損金の額に算入して問題ないですか。

2 問 題 点（争点）

　問題点は，甲氏に支払われた手数料名目の金員が，①租税特別措置法関係通達61の4(1)－8の情報提供料の要件に該当するかどうか。②法人税法上の交際費等に該当するかどうかの2点です。

3 検 討

　検討に当たっては，甲氏に支払った手数料名目の支出金が租税特別措置法関係通達61の4(1)－8の情報提供料の要件に該当するか，同通達の要件に該当し

ないとしても、甲氏の情報提供と支出金の間に明確な対応関係があるかが問題となります。また、この支出金がどのような趣旨から支出されたものかも分析する必要があります。

(1) 情報提供料に該当する要件

租税特別措置法関連通達61の4(1)−8では、法人が取引に関する情報の提供又は取引の媒介、代理、あっせん等の役務の提供（以下、「情報提供等」という）を行うことを業としていない者（その取引に係る相手方の従業員等を除く）に対して、情報提供等の対価として金品を交付した場合であっても、その交付について、例えば、次の要件を満たしている等その金品の交付が正当な対価の支払であると認められれば、交際費等に該当しないこととされています。

　① 金品の交付があらかじめ締結された契約に基づくものであること
　② 提供を受ける役務の内容が契約において具体的に明らかにされており、かつ、これに基づいて実際に役務の提供を受けていること
　③ 交付金品の価額がその提供を受けた役務の内容に照らし相当と認められること

この取扱いは昭和54年10月の通達改正において新設されたものですが、情報提供料が正当な取引の対価であれば単純損金となりますが、単なる謝礼、贈答等であれば交際費等とされるため、「正当の取引の対価」を判断するための基準として置かれたものです。ここで、「業とする者」に対する支払いは当然に手数料等として交際費等以外の費用になるため、「業とする者」を除外したものです。また、通達が業としない者であっても、その取引に係る相手方の従業員を除いているのは、その従業員に対するものは、「得意先、仕入先等の従業員に対して取引の謝礼等として支出する金品の費用」（措通61の4(1)−15(9)）として交際費等に含まれるからです。

通達の①の要件は、金品の交付が、法人の任意のものでなく、契約に基づく法的義務に基づくものであることを意味します。この「あらかじめ締結された契約に基づく」とは、契約書の形式でも新聞の折込広告や店頭掲示によって非事業者から情報提供や取引のあっせんを募るものであってもかまいません。

通達の②，③の要件における役務内容の明確化，交付金品の相当性，役務提供を受けた事実等は，「正当な対価」であるか否かを判断する材料として書かれていると理解すべきでしょう。通達は，支払われた金品が提供された情報提供等の対価であることが明らかであることを要件としています。情報提供等の役務提供と支払われた金品の対価関係が明らかでないもの，あいまいなものは対価としての性格を認めない規定ぶりになっていることに留意する必要があります。取引関係者への紹介等の労をとってくれた者に対する謝礼金等は，全く対価としての性格がないともいい切れないところですが，通達の立場は，情報提供等と支払われる金品とが対価として契約で明らかにされていることを要件とすることにより，契約等であらかじめ明らかにされていない通常の謝礼金のようなものは，対価の支払とは認めないことを明らかにしています。

(2) 類似事例の検討

　事例と類似する事件で，手数料か交際費等かで争われた裁判例があります。裁判所では，おおむね次のように判示して交際費等に該当するとしました（東京高判 昭63.5.16 税資164号370頁 Z164－6109）。

①　会社が支払ったとされる3,600万円の金員は，土地買収に当たって地元有力者数名に支払ったものであるが，その有力者等は，土地買収に際して，助言や紹介の労をとるなど協力したものであるから，上記金員はX社の事業遂行に関係ある者に対して支払われたものといえる。

②　役務提供と手数料の支払は，いずれも，あらかじめ締結された契約に基づくものでないから，それは相互に義務付けられたものでなく，その金額も一方的に決められるもので，それについて相手方は異議が申し述べられるものでなかった。そうすると，支払は，対価関係を有していたものとはいえず，手数料とはいえない。

③　支出金は，むしろ，事業関係者から，今後とも便宜を受けることができるように，交際接待の目的をもって，謝礼，贈答又はこれらに類する行為のために支出した金員であると認められるから，交際費等に該当するというべきである。

この裁判例も、「あらかじめ締結された契約に基づくものでないから、それは相互に義務付けられたものでなく」、支出金は対価関係にないと断定しており、通達と同様な立場を明らかにしています。

(3) 交際費等に該当するか

情報提供者等に対する謝礼金等が、あらかじめ締結された契約等に基づくものでない場合は、その謝礼金等は対価としての性格がないものとされますが、謝礼金等の性格はどのようになるのでしょうか。謝礼金等は、提供された情報提供等と対価関係にあるとはされないことから、「その他の事業に関係ある者等」に対する「贈答その他これらに類する行為のために支出」したものに該当することになります。したがって、交際費等から除外される費用に該当しない限り、謝礼金等は交際費等に該当することになります。

4 当事例の検討

事例について検討してみると、次のような問題点が生じます。
(1) 甲氏に対する手数料名目の支出金は、当事者間であらかじめ締結された契約に基づくものではありません。
(2) 甲氏はA社に対して具体的な役務提供を義務付けられず、A社は甲氏に対して手数料等の支払を義務付けられたものではありません。
(3) 手数料名目の支出金は、具体的な算定根拠に基づいて算定されたものでなく、A社が支払の際に一方的に定めたもので、甲氏はその金額等に対して異議を述べることはできません。

したがって、甲氏に支払った手数料名目の支出金は、甲氏が行った具体的な役務提供と対価関係を有するということはできず、手数料（単純な損金）とすることはできません。そうすると事例の手数料名目の支出金は、事業に関係ある者に対して、贈答その他これらに類する行為のために支出したものになり、交際費等から除外される費用にも該当しないので、交際費等に該当することになります。

（平沼　洋）

山本守之のコメント

　土地買収の手数料名目で支払われても，情報提供との対価性があるか，法的に支払義務が生じているか，その算定根拠はどうかなどが問われます。

V 交際費・寄附金〔交際費等〕

66 社葬と結婚披露宴の費用

1 事　例

　当社の代表取締役甲は，脳溢血により急死しました。そのため，当社では社葬を行い，その費用を法人の損金の額に算入し確定申告を行いました。
　1年後，甲の長男乙（専務取締役）は結婚するとともに代表取締役に就任しました。当社では，親族や友人などを招く通常の結婚式とは別に，代表取締役就任披露もかねて，取引先や銀行関係者，同業者を招待し，結婚披露宴を行い，その費用を交際費として処理しました。

2 問題点（争点）

　問題点は，①当社が支払った社葬の費用は損金に該当するか否か，②当社が支払った乙の披露宴の費用は交際費等に該当するか否かの2点です。

3 検　討

(1) 社葬の費用

　法人税法上の社葬の扱いについては，法人税基本通達9－7－19において「法人が，その役員又は使用人が死亡したため社葬を行い，その費用を負担した場合において，その社葬を行うことが社会通念上相当と認められるときは，その負担した金額のうち社葬のために通常要すると認められる部分の金額は，その支出をした日の属する事業年度の損金の額に算入することができるものとする」としています。

　すなわち①社葬を行うことが社会通念上相当であること，②損金の額に算入するのは「社葬のために通常要すると認められる金額」であることがポイントとなります。

　このうち①は，死亡した役員等の死亡の事情，生前におけるその法人に対す

る貢献度合等，法人がその費用を負担するに足る理由が必要になります。したがって，法人に対する貢献がない取締役の家族の葬儀を社葬として行ったとしても，損金にならないことになります。

また，通常，「葬儀費用は，a 密葬の費用，b お通夜の費用，c 本葬の費用，d 初七日の費用，e 四十九日の費用，f 香典返しの費用，g 仏壇の費用，h 納骨の費用，i 墓地の費用等」（田中義幸・北山現共著『社葬－進め方と税務－』税務経理協会，45頁）が考えられますが，このうち，②のポイントになる「社葬のために通常要すると認められる金額」になるのは，c 本葬の費用と b お通夜の費用のうち「社葬」係る部分だけということになります。具体的には，「社葬の通知や広告のための費用，葬儀場・臨時駐車場の使用料，供花・供物・花輪の費用，屋外設備（受付テント・照明器具等）の使用料，受付・会計などの備品の費用，僧侶に対するお布施等，配車費用（遺骨・遺族・来賓の送迎），警備関係の費用（交通整理・式場内の警備），飲食費（遺族・葬儀委員の弁当等），会葬者への礼状やお礼の粗品代等が通常要すると認められる金額になる」（前掲書56頁）と考えられます。

(2) おときの費用

おときとは「御斎」と書き，法事法会の時に出す食事のことを意味し，精進落しや忌中祓いとも呼ばれます。本来，仏式ですと四十九日の喪明けまで，生ものなどを食べずに精進料理で過ごしていました。この精進の期間と普通の生活との区切りを付けるために四十九日法要の後に行われる食事会がおときですが，最近では，参加者の便宜等を考え，初七日の法要後や葬儀当日に行われることが多くなっています。

社葬に引き続き，場所をホテルに移して行われた「おとき」の飲食費用について，昭和60年2月27日裁決（裁事29号111頁 J29－2－06）では，次のように判断しました。

① 葬儀の後に場所をホテルに移して行われたおときは，故人の追善供養のため行われたものと認められるから，この費用は会葬のための費用ということはできず，したがって，この費用を社葬費用に当たらないとして損金

の額に算入しなかった原処分に誤りはない。
② 法人の業務に関係の深い得意先等の関係者を招待して，これらの者と故人のめい福を祈るなどするため，本件おときに係る酒食を供したものであることが認められるから，これらに相当する支出は，個人の負担すべき部分を除き，これを法人の支出とし，この支出は，得意先，仕入先等取引関係者に対する接待，供応のための費用として交際費等とするのが相当である。
③ おときの費用のうち，親族などの分は個人が負担すべきものであるから，役員に対する賞与とする。

この裁決では，おときの費用は故人追善供養のために行われたものであるから，法人が負担すべきものではないとしながらも，得意先等の関係者に対する分を交際費等とし，親族などの分は役員賞与としています。すなわち，通常のおときとは別に，得意先等の取引関係者のみを招待し，故人を追善するパーティを行った場合は，接待，供応のための費用として，交際費等に該当すると考えられます。

(3) 香典の取扱い

社葬の際に受け取る香典については，①法人が受け取る場合と，②遺族が受け取る場合があります。①の場合は，当然，その金額は法人税法上の益金になります。また，②の場合は，そもそも香典は死者の霊に手向ける香の代金という意味ですので，遺族が受け取ることはごく自然なことだといえます。したがって，遺族に贈答したからといって，賞与や寄附金として取り扱われることはありません。

また，会葬者に告別式の当日引物を贈った費用を法人の損金とした昭和50年10月16日裁決（非公開裁決 F0-2-206）では，「請求人が当該社葬に要した費用に算入したことは，相当と認められるが，引物は，元来香典の返礼と解されるものであるので，これに要した費用は，香典を収受したものが負担すべきであるから，これを社葬に要した費用に含めて請求人の損金に算入することは相当でない」と判断しています。この裁決では「（引物）に要した費用は，香典を

収受したものが負担すべきものであり」としていますので，上記①の場合は法人の損金とすることができます。

(4) 結婚披露宴の費用

結婚披露宴は，結婚当事者が結婚の事実を双方の親しい関係者等に知らせて，これらの者から祝福を受け，かつ，今後の親交を願うために行われる儀式です。法人の代表取締役の結婚披露宴の費用を法人が負担した事件として，大阪高裁昭和52年3月18日判決（税資91号395頁 Z091-3956）があります。この判決では，「結婚披露宴は特別の事情が認められない限り結婚当事者の私的な社交的行事であると考えるのが相当である」とし，「原告の取引先等の事業関係者を接待，供応する目的で催されたと認め得るような特段の状況を備えていたとは未だいいがたく，総じて世間一般の結婚披露宴と格別異なるところは認められないのであるから，結局結婚披露宴は会社代表者の私的行事として行なわれたものと認めるのが相当である」と判示しています。したがって，通常の披露宴はすでに行われており，これとは別に代表取締役就任の披露を目的としたパーティを行い，そこで結婚したことも披露したというのであれば，結論は異なってくる可能性があります。このような目的で行われたパーティであれば，その内容も「世間一般に行われる結婚披露宴とは異なる」ものとなり，交際費等となるかもしれません。この場合，そのパーティが結婚を披露する目的なのか，代表取締役就任を披露する目的なのかの事実認定によりますので，留意が必要です。

4 当事例の検討

御社が負担した社葬の費用は，厚生費等として損金の額に算入することとなります。また，乙の結婚披露宴の費用は，乙に対する役員賞与として処理することとなります。

（久乗　哲）

V　交際費・寄附金〔交際費等〕

山本守之のコメント

「社葬は死者が生前役員等として会社に功労があった場合，その功労に対する餞として当該会社が主催して行う儀式であって，それは本来福利厚生的な性格を帯びるものである。これに対し，結婚披露宴は本来私的な行事で通常結婚当事者がこれを行なうものであるから，社葬とは性質を異にするものというべきである。」(昭50.2.14京都地裁)を参考にして下さい。

67 厨房設備施工業者がレストランに贈る花輪代

1 事　　例

> 当社は，厨房設備施工業者ですが，当社が施工したレストランのオープン時に花輪を贈呈することとしています。花輪の代金は1万5,000円程度ですが，施工した店舗すべてに同様の花輪を贈っており，年間にすると100件以上になります。
> 花輪を送る目的は，当社の名前を掲示することによる宣伝効果とレストランが開店したことを知らせる効果を狙ったものです。

2 問題点（争点）

問題点は，花輪の贈答費用が，広告宣伝費なのか，損金不算入制度の適用を受ける交際費等に該当するかです。

3 検　　討

(1) 交際費等の意義

法人税における交際費等の範囲は，社会通念上の概念より幅広く，交際費，接待費，機密費，その他の費用で，法人がその得意先や仕入先その他事業に関係のある者等に対する接待，供応，慰安，贈答その他これらに類する行為のために支出するものをいいます。ただし，寄附金，値引き，売上割戻し，広告宣伝費，福利厚生費，給与等の性質を有するものは除かれています（措法61の4③，措通61の4(1)−1）。

広告宣伝費の性質を有するものとしては，「カレンダー，手帳，扇子，うちわ，手ぬぐいその他のこれらに類する物品を贈与するために通常要する費用」は，交際費等に当たらないとされています（措令37の5②一）。

また，売上割戻し等と交際費等との区分については，「法人がその得意先で

ある事業者に対し，売上高若しくは売掛金の回収高に比例して，又は売上高の一定額ごとに金銭で支出する売上割戻しの費用及びこれらの基準のほかに得意先の営業地域の特殊事情，協力度合い等を勘案して金銭で支出する費用は，交際費等に該当しない」とされています（措通61の4(1)－3）。

(2) 交際費等の課税要件

交際費等に該当するかどうかを判定する要件として，①「支出の相手方」が事業に関係のある者等であり，②「支出の目的」が事業関係者等との間の親睦を密にして取引関係を円滑に進めることであるとともに，③「支出行為の形態」が，接待，慰安，供応，贈答その他これらに類する行為であることという3つが示されています。

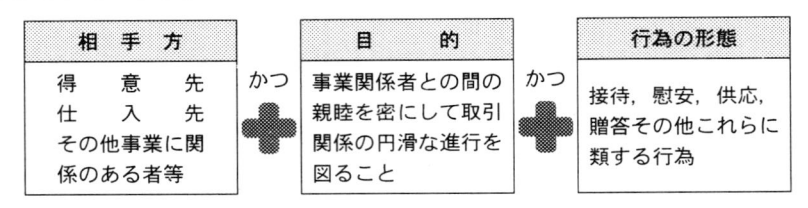

相　手　方		目　　的		行為の形態
得　意　先 仕　入　先 その他事業に関係のある者等	かつ	事業関係者との間の親睦を密にして取引関係の円滑な進行を図ること	かつ	接待，慰安，供応，贈答その他これらに類する行為

(3) 一般の事業者が花輪代を負担した場合

一般の事業者が取引先に対して花輪代を負担した場合について，冷凍設備工事を行う法人が冷凍設備等の設置を行った相手先に対して開店祝等として花輪を贈呈した費用が交際費等に該当するとされた事例（最判 平9.11.28 税資229号916頁 Z229－8042）があります。

この事例で，納税者は，同社の商号を記載した花輪等を店頭に掲出することにより，その店舗の冷凍設備等を同社が設計・施工したことを示し，将来の改装や新規開店に際して同社への発注を促すという効果を期待するものであり，一種の広告宣伝費に当たると主張しました。

しかし，裁判では，「原告が冷凍設備等の設置工事をした相手先店舗に対し開店祝いとして花輪等を贈呈した行為は，いわゆる『つきあい』として慣行に従うという面が多分にあるものの，工事発注に対する謝意と今後の交誼を願う意図を込めた祝賀の意思を表すことを主たる目的としたものと推認される。そ

れは，相手先店舗との親睦の度を密にして取引関係の円滑な進行を図る目的，すなわち交際目的にほかならず，本件花輪代は措置法62条（筆者注：現行第61条の4）の交際費等に当たる。」としました。

　そして，「交際目的と宣伝目的とは必ずしも相排斥する関係にはなく，交際目的だけでなく，宣伝目的をも併せもって行なわれることがむしろ通常であるともいえる。しかし，本件花輪代が交際費等ではなく広告宣伝費に当たるとするためには，花輪等の贈呈の主たる目的が原告の広告宣伝であると客観的に判断され得るような外形的事実関係が存することが認められなければならない。」（東京高判　平13.11.15　税資251号順号9022　Z251－9022）と判断しました。

(4)　特殊な事例：パチンコメーカー

　新規開店及びパチンコ機の入替えによる新装開店に際して，パチンコ店の外回りに多くの花輪が飾られている光景をよく目にします。

　これは，パチンコ機メーカーや景品納入業者が開店のお祝に贈ったもののように見えますが，パチンコ店自身の自作自演で，パチンコ機メーカーや景品納入業者に断りなく花輪を注文して屋外に並べ，後日その花輪代をパチンコ機メーカー等に請求するということもあるようです。

　これは，新規開店，新装開店をパチンコ店がお客様にアピールするための広告として利用するために，パチンコ機メーカー等に花輪の協賛を求めるという商慣行が確立しているために一般的に行われているのだといわれています。このような開店祝いの花輪代は，得意先であるパチンコ店に対する贈答行為であり，通常は交際費等に該当することになるはずです。しかし，次のような取扱い（昭52.5.13付法人税課情報14号）があり，交際費等に該当しないものとされています。

　それによると，「パチンコ機メーカーがパチンコ店に贈呈する花輪代に要する費用（花輪代）につき，その支出がパチンコ機納入の際に行われるという実態に着目すれば，売上割戻し又は販売奨励金としての性格を有するとも認められ，また，パチンコ店の場合は，パチンコ機の入替えに際して花輪等を店頭に掲出することが客に対する宣伝上欠かせないものと認められるから，その意味

において，パチンコ店における花輪等は一種の事業用資産とも考えられるので，パチンコ機メーカーが自らが定める支出基準に基づきパチンコ機の納入に際して支出する花輪代等については，売上割戻し又は販売促進の目的で事業用資産を交付するための費用を支出したものとして取り扱うことが相当である。」としています。

　パチンコ機メーカー等が，パチンコ店の新装開店の祝いとして花輪等を贈答する行為は通常，交際費等に該当すると考えられます。

　しかし，これらの支出の基準に関してパチンコ機メーカーが自らその基準を定めているということであれば，この花輪代等は，売上割戻し又は販売奨励金の性格を持つことになります（措通61の4⑴－3）。さらに，パチンコ店の新装開店時における花輪や看板等はパチンコ店の新装開店を祝う一種の事業用資産ととらえることもできます。そうすると，この花輪代等については，少額事業用資産の贈与に該当し交際費等に当たらないことになります。

　前出の裁判例でも，「パチンコ機メーカーが自らの支出基準に基づいて，パチンコ機納入に際して支出する花輪代等については，これを交際費としない処理も是認され得る」としています。

　パチンコ機メーカー等がパチンコ店に贈る花輪代については，業界の慣行という事情もありますが，その性格に関して，売上割戻し又は販売奨励金であり，少額事業用資産と見ることもできるという点に特殊性があるとし，交際費等とはせず，広告宣伝費等として処理が認められている特殊な例といえます。

　ただし，この取扱いについて，パチンコ店が一方的に花輪代をメーカー等に請求しているのであれば売上割戻し的性格はあるとしても，必ずしも，メーカー等の基準に基づく支出とはいえないのではないかという疑問が残ります。

4　当事例の検討

　花輪の贈答という行為は，祝賀の意思を表す交際目的と自社の名前を掲示するという宣伝目的，花輪を断れば今後の取引に影響しかねないという販売促進目的など，いくつかの意図を持って行われるのが一般的です。しかし，そのう

ちどの目的が主たる目的なのかを，支出する法人の意図を客観的に捉え，それにより判断することは課税実務上不可能であると考えられます。また，花輪代の負担に関して一定の基準があるわけでもありません。

したがって，事例の厨房設備施工業者が，自らが施工したレストランのオープン時の花輪贈呈費用は，通常，交際費等に該当すると考えられます。

ただし，その花輪代等の支出基準が施工業者の基準に基づくものであり売上割戻しの性格をもっていることが明らかであり，かつ，外形的に広告宣伝目的であることが明らかであるときにおいては交際費等に該当しない場合も考えられます。

（田中　久喜）

山本守之のコメント

本事例において比較検討されたパチンコメーカーの取扱いは一般に公表されない内部通達（法人税課情報）であるところが問題です。花輪贈呈の意図がどこにあったかが検討事項といえましょう。

68 採用内定者の囲い込み費用と交際費等

1 事　例

　A社は，入社する社員の採用試験で50名の採用内定者を決めたものの，内定者はより良い会社を選択すべく，2社，3社とかけもち受験をして，内定した者が他社に就職する者が毎年多数出てきます。今年は，早めに内定者を決め採用試験が集中する期間に，懇親会，懇親旅行を実施して採用内定者に次のような「囲い込み」を行いました。これらに要した費用は，どのように処理したらいいでしょうか。
(1)　研修制度として，A社の研修施設において，役員の挨拶，会社説明，業務上の基礎知識の研修を実施（昼食は仕出し弁当3,000円），研修後に自己紹介等を盛り込み懇親会を同じ場所で行い，その費用は一人当たり5,000円です。
(2)　親睦旅行は，1泊2日，バスで温泉地に行き，温泉ホテルで自己紹介，会社担当者と就職後の質疑応答，グループごとのミーティングを行い，翌日は観光をし，その費用は1人当たり総額2万5,000円です。

2 問　題　点（争点）

　問題点は，このような採用内定者に対する囲い込み費用が，交際費等に該当するかどうかです。

3 検　討

(1)　**交　際　費　等**

　交際費等とは，法人が，得意先，仕入先その他事業に関係のある者等に対して，接待，供応，慰安，贈答その他これらに類する行為のために支出するもので，交際費，接待費，機密費その他の費用として支出するものとされています。

ただし，これらに該当する支出であっても，専ら従業員の慰安のために行われる運動会，演芸会，旅行等のために要する費用やカレンダー等の物品贈与のために支出する広告宣伝費，雑誌等の編集などのための取材費，そして，会議費等，いずれも「通常要する費用」の範囲内であるものは，いわゆる冗費，濫費には当たらないものであることから，交際費等から除外するものとされます。また，交際費等に該当する支出であっても，一定の要件を満たす1人当たり5,000円以下の飲食費は，交際費等から除きます（措法61の4③，措令37の5）。したがって，法人税における交際費等は，社会通念でいう「交際費」の概念よりも，かなり広い範囲のものを指すということになります。

(2) **囲い込み費用と交際費等の要件**

① **囲い込み費用**

採用内定者に対しては，入社後の即戦力として業務に従事してもらう，さらには，幹部候補としての育成をするために就職後の職務の説明，会社の企業理念や経営方針を十分に理解させる必要があり，企業にとっては，そのための費用は必要経費です。

しかし，交際費等の概念は，その支出が事業遂行のために必要な費用であるかどうかとは異なる基準で判断するものです。これらの費用が交際費等に該当するかどうかは，上記の交際費等の要件を満たす支出であるかどうか，あるいは，交際費等から除外される会議費や厚生費等に該当するかどうかによって判断することになります。

② **事業に関係のある者等の範囲**

交際費等の支出の相手方として想定される「得意先，仕入先その他事業に関係のある者等」には，その法人の営む事業と直接取引関係のある者だけでなく間接に法人の利害に関係ある者及びその法人の役員，従業員，株主等も含むこととされており（措通61の4(1)-22），また，裁判例では，現に事業に関係ある者だけではなく「近い将来，事業に関係するにいたるべき者を含む」（東京地判 昭44.11.27 税資57号591頁 Z057-249）と判断されています。採用内定者が，この事業に関係のある者等に当たるかどうかです。

③ 会議費の実体を備えた通常要する費用

　交際費等から除かれる会議費とは，「会議に関連して，茶菓，弁当その他これらに類する飲食物を供与するために通常要する費用」とされています（措令37の5）。さらに，通達で「会議に際して社内又は通常会議を行う場所において通常供与される昼食の程度を超えない飲食物等の接待に要する費用」であり，会議には，来客との商談，打合せ等が含まれるとしています（措通61の4(1)-21）。会議の形態や内容にこだわるのでなく，会議としての実体を備えているかどうかが重要になります。よって，「会議が社外の会場を借りて行われた場合であっても支出の前提になる会合が会議の実体を備えたものであれば交際費等から除外される」（最判平6.2.8 税資200号562頁　Ｚ200－7281）ことになり，会議によっては，レストランやホテル等で行われることもあります。

　また，「通常供与される昼食の程度を超えない飲食物」の程度とは，一般的には，会議場所への出前弁当等程度をいいますが，通常といっても，その会議により一般社員同士の商談の昼食程度と大会社のトップ同士の商談時の昼食程度ではおのずから異なるので，相手方の地位，支出金額，社会的習慣等により判断することになります。

　1人当たり5,000円という交際費等から除外する飲食費の基準を超える場合であっても，その会議の実体と通常性から判断することになります。

④ 福利厚生費の該当性

　福利厚生費とは，従業員の健康維持や慰安・親睦活動の費用，作業服等の消耗品，慶弔費などのように，従業員とその家族の福利を充実させるために支出する費用をいいます。交際費等の要件が，接待，供応，慰安，贈答その他これらに類する行為と規定されているように，福利厚生費は，もともと交際費等に含まれるものと考えられ，前記のように「専ら従業員の慰安のために行われる運動会，演芸会，旅行等のために要する費用」で通常の範囲内のものは除くとされています。

　いずれにしても，福利厚生費は，従業員とその家族を対象とした費用であ

り，未だ雇用関係ににない採用内定者を従業員と同様に考えられるかどうかが問題となります。

(3) **囲い込み費用についての裁判例**（さいたま地判平16.2.4 税資254号順号9549 Z254-9549)

① **事　例**

これは，法人が求人費に計上した採用内定者の懇親会及び懇親旅行の費用をめぐって，交際費等の該当性が争われた裁判例です。

懇親会は，ホテル等の宴会場を借りて約3時間かけて行われ，冒頭に役員挨拶や会社説明，自己紹介などを行った後，会食に移り，酒類も提供され，その費用1人当たり8,602円から1万1,167円です。

懇親旅行は，1泊2日の行程，温泉泊まり，初日の午後3時から午後5時頃まで自己紹介，質疑応答等が行われ，午後8時頃からグループに分かれてミーティングを行い，翌日は観光をしました（費用1人当たり約2万2,000円）。

② **納税者は交際費等に含めるべきでないと主張**

納税者は，既に内定が確定した者が対象であること，懇親会の内容は企業理念や経営方針，役員の挨拶，内定者の自己紹介や就職後の職務の内容説明をしたものであること，懇親旅行は移動中に社内の決まりごとの説明，到着後会議室での役員の講義，全体の自己紹介，社内用ネームを着用し従業員が付き添った夕食後のミーティング等を挙げて，懇親会は内定者をもてなすというものではなく，むしろ入社のほぼ確実な内定者に対して企業から一定の成果を期待してする働きかけであり，接待，供応，慰安とは評価できないとしました。したがって，研修，人材育成と捉えるべきで交際費等に含めるべきでなく，また，仮に接待等であったとしても，交際費等から除外される福利厚生費に該当するとの主張です。

③ **判決は交際費等との結論はやむなし**

判決は，まず，支出の相手方は採用内定者であり，事業に関係ある者等に含まれるとしました。そして，採用内定者に会社の内容を説明し，事前研修を行うことは一定の必要性が認められ，合理的な範囲の費用は，会議費，採

用費，研修費に該当し，交際費等には当たらないとしています。その上で，交際費等から除外される会議費は「会議に際して社内又は通常会議を行う場所において通常供与される昼食の程度を超えない飲食物等の接待に要する費用」に止まり，普通一般に観念する昼食の程度を超えない程度のものを想定していると判示しました。

内定者の事前研修等は普通の会議とはやや性格を異にする面があると認め，濫費のおそれも少なく，この懇親会の食事費用程度は社会常識的に見て採用費や研修費として許容されて然るべきではないかと見る余地は確かにある（現に，被告も従前はこれらの費用を交際費等と扱ってこなかったことが認められる）と研修会としての実体を認めながらも，本件懇親会は通常の昼食程度を超えるものであり，現行法令上の解釈として会議費ではなく交際費等との結論はやむを得ないと判断しました。また，1泊2日の懇親旅行は，事前研修の性格が全くないとはいえないけれども，観光が大半であり交際費等に該当するとされました。

④ 採用内定者は従業員には含まれない

法人に所属する従業員の労働力の確保と向上を図る福利厚生の性質から，未だ何ら労働を提供していない採用内定者に対して福利厚生費を支払うことは観念できないとし，採用内定者は従業員には含まれないと判断しました。

4 当事例の検討

採用内定者は，近い将来，法人の従業員となるべき者であり，「近い将来，事業に関係するにいたるべき者」として，事業に関係のある者等の範囲にあるものといえます。また，支出の内容は，いずれも，その採用内定者に対する飲食や旅行の供与のためであることから，接待，供応，慰安，贈答等の行為のために支出した費用と考えられます。したがって，これらの費用が，その実体から，交際費等から除外される費用に該当するかどうかを判断すべきものと考えます。

(1) 研修費用

　研修会は，A社の研究施設において行われ，専ら会社説明や業務上の基礎知識等の研修が行われており，会議等の実体があるものと考えられます。その研修に伴い提供された昼食の仕出弁当3,000円は，社内において通常の昼食の程度を超えない飲食物の提供と考えられることから，会議費と考えて差し支えありません。

　そして，その後同じ会場で行われた懇親会費用は，上記会議費とは明確に区別できるものであり，交際費等に該当するものと考えられます。しかし，飲食その他これに類する行為のために要する1人当たり5,000円以下の費用として，交際費等としないことができると考えます。

(2) 懇親旅行

　懇親旅行は，温泉ホテルで行われた内容と翌日の周辺観光も考えれば，大半が観光であり，その日程の中の自己紹介や質疑応答，グループ・ミーティングを取り上げて研修費や会議費と区分できるものではないと思われます。1人当たり2万5,000円全額が交際費等に該当することになります。

　なお，最近は，語学研修やビジネス講座を催したり，情報交換サイトを開いて仲間意識を育てたりするなど，懇親会を含むとしても内定者研修会という範囲で認められるような企画や専門業者への委託という方法もあります。より効率的で交際費等に該当しない方法の検討も必要ではないでしょうか。

（武田　喜義）

山本守之のコメント

　採用内定者の囲い込み費用は，事例の場合のように飲食供与，旅行等が主体であるという事実に着目するか，内定者を他にとられないために足止めするという意図を重視するかによって結論が異なります。

V 交際費・寄附金〔交際費等〕

69 違法支出金の損金算入

1 事　　例

　当社は，電子部品製造業を営む株式会社です。製造過程で，主に金属片や廃プラスチック等の副産物が出ますが，これらは再利用できず，産業廃棄物として処理する必要があります。そのため，従来から，これらの処理を一括してある産業廃棄物処理業者に委託しておりました。
　ところが，その業者が，産業廃棄物処理の許可期限到来前に処分業の廃止届を提出しており，1年4月後に許可を再取得するまで無許可であったことが判明しました。その間に処分を行った産業廃棄物管理票（マニフェスト）は，当社を含めて12件分あるそうです。当社の廃棄物は，結果として未許可の処分場で処分されていたことになり，自主撤去を申し出なければ排出業者として措置命令を受ける可能性があります。この違法な廃棄物処理に支払った委託料を損金の額に算入することに，問題はありませんか。

2 問　題　点（争点）

　問題点は，結果的に違法行為の対価として支出したことになる廃棄物処理費用を損金の額に算入することができるかどうかです。

3 検　　討

(1) 法人税法と違法支出

　法人が支出する費用は，通常，売上原価・完成工事原価等の原価，販売費・一般管理費その他の費用として，各事業年度の所得の金額の計算上損金の額に算入されます（法法22③）。法人税法は，法人の支出がその事業年度の原価・費用であり，公正処理基準に従っていれば，別段の定めがない限り損金の額に算入するものとしています。しかし，その費用が法律に違反する，いわゆる「違

法支出」である場合にも，他の費用と同様に損金算入できるかどうかについては，いくつかの異なった考え方や裁判例がみられます。したがって，事例の違法行為に対する支出の損金性について検討するには，まず，それらの内容を考えてみる必要があります。

(2) 違法支出の損金算入についての考え方

違法支出の損金算入については，大別すると，2つの異なった考え方と支出の内容を区別して判断すべきとするものとがあります。損金算入を認める立場は，

① 法人税法は，「損金」に法人の費用又は損失であること以外の意義を規定せず，損金不算入とする費用等について限定列挙する制度を採用しているのであるから，法人の事業活動において利益を得るために必要な費用であり，損金不算入とされていない費用の支出であれば，損金として認められるべきである（認めざるを得ない）。

② 違法ないし不法な取引から得られる収益も益金を構成する以上，その収益に係る費用は損金に算入されるべきである。

などを根拠としています。この考え方が一般的であり，学説としても主流といわれます。

それに対して，損金算入を否定する考え方は，税法以外の法律が禁止している行為に係る支出については，税法においても統一的に考えるべきであって，税法解釈にも公序の理論を用いるべきだとするものです。この考え方では，法令に損金不算入とする規定がなくても，租税法律主義には反しないとしています。公序の理論とは，米国の法原理である Public Policy が，法令上禁止されている支出の控除を認めることは法秩序を乱すものであり許されないとしていることを指しています。所得計算における事業経費の控除の一般原則として通常かつ必要（ordinary and necessary）な支出であり，違法支出を認めない（内国歳入法典162）としているのは，この原理を論拠としたものです。

一方，日本の税制度は明文で公序の理論を規定しているわけではありません。また，法人税法においては，法人に必要な費用であることを求められますが，

直接に通常性までは求めていません。平成18年度改正による後述の規定を除いて，違法支出を損金不算入とする根拠を法人税法の規定自体に見出すことはできないのです。それにもかかわらず，裁判例には，違法支出であることを理由に損金不算入としたものがみられます。

(3) 法人の違法支出をめぐる裁判例の考え方

① 違法な支出であること

　違法支出に関する先例的な裁判例は，株主相互金融会社が支払った株主優待金を商法の資本維持の原則に反するもので損金の額に算入することができないとした最高裁大法廷判決（昭43.11.13 税資53号860頁 Z 053－2380）です。この事例では，事業経費は原則として損金となるべきものであるが，その損金算入が許されるかどうかは別個の問題であり，支出自体が法律上禁止されているような場合には損金算入は許されないとしました（法人税法上，利益配当に当たることも理由とされています）。この判決によって，公序の理論が導入されたと解することにより，損金不算入説を主張する立場があります。

② 公正処理基準に反すること

　架空造成費による脱税のための架空見積書等の作成手数料についての最高裁判決（平6.9.16 刑集48巻6号357頁 Z 999－9023）があります。脱税経費を損金の額に算入することはできないとしたこの事例は，その根拠を架空経費の計上により所得を秘匿することは事実に反し公正処理基準に照らして否定されるべきものであり，その会計処理に協力したことに対する手数料を費用又は損失として損金算入する会計処理も公正処理基準に従ったものといえないとしました。この企業会計上の費用性の判断基準である公正処理基準を用いた判決に対しては，会計処理の公正性と支出の公正性とを混同しているという批判がある一方で，法人税の趣旨・目的に反する会計慣行は公正処理基準に反するという考え方であろうとする理解がみられます。

③ 公序良俗違反であること

　いわゆる違法支出中で最も争訟事例が多いのは，暴力団へのみかじめ料等のように違法な行為を避けるための支出の事例です。「営業維持のための正

当かつ相当な支出とはいえず」と，費用の必要性等に着目した判示もみられますが（大阪地判 平5.12.21 税資199号1242頁 Z199－7248），特殊浴場業者等が暴力団組織に支出した営業の違法な妨害をしないことのための対価に「公序良俗に反する支出というべきであるから，法人税法上損金として認める余地はない」と，法人税法上の規定を根拠とせず，公序良俗の観点から損金算入を否認した事例が多くあります（東京地判 平元12.5 税資174号835頁 Z174－6406，東京地判 平元12.8 税資174号864頁 Z174－6407，東京地判 平元12.12 税資174号896頁 Z174－6408他）。

(4) 平成18年度法人税法改正

法人税法には，これまで違法支出の処理に関する具体的な規定はありませんでしたが，平成18年度税制改正により法人税法55条に「不正行為等にかかる費用等の損金不算入」の規定が設けられました（所得税法は，同法45条に賄賂等の規定が追加され，隠ぺい仮装行為は規定されていません）。

これは，平成15年に国連で採択され，第164通常国会で批准された「腐敗の防止に関する国際連合条約」12条4項の賄賂等の支出に関する税の控除の定めを受けて，①刑法198条（贈賄）に規定する賄賂，②不正競争防止法18条1項（外国公務員等に対する不正の利益の供与等の禁止）に規定する供与利益額相当の費用又は損失の額の損金不算入が規定されたものです（法法55⑤）。

併せて，租税負担の減少を目的とする事実の隠ぺい・仮装行為に係る費用又は損失の損金不算入（法法55①②）が，賄賂以外の違法支出の損金算入を許容するものではないことを明確化するもの（平18「改正税法のすべて」351頁）として規定され，さらに，改正前の同法38条から法人税等と切り離して附帯税等，罰課金，科料等の損金不算入規定を移して（法法55③④），「不正行為等にかかる費用等の損金不算入」とされたものです。

これによって，違法支出を巡る争いの典型例であった「脱税経費」や交際費等とすることにより原則損金不算入としていた「賄賂」の支出は，明確に損金不算入となりました。しかし，このように特定の支出又は損失を損金不算入とする規定であることから，列挙された違法支出又は違法行為に係る支出以外の

支出について，違法を根拠として損金不算入と解することは，なお法人税法の解釈としてはできないものと考えられます。

4 当事例の検討

いわゆる違法支出の範囲は，明確ではありません。賄賂のように支出自体が違法である場合や脱税協力金のように違法な取引に対する支出，利息制限法による制限を超えた利息のように相手方にとって違法な収益となる場合，ソフトウエアの違法コピー代のように違法な行為に対する対価の支払等々，その内容は様々です。それらのうち，支出行為自体が違法であるものや違法行為のために支出する費用の損金算入が認められることは，裁判例の考え方をみても事実上難しいものと思われます。

しかし，本事例のように，通常の合法的な業務に関連して支出した費用が，結果的に違法行為の対価となってしまったような場合には，違法行為に対する支出として損金不算入と考える必要はなく，また，法人の事業に係る支出であることからも費用性を否定できるものでもないと思われます。違法な廃棄物処理に対する支出であったことについては，損金不算入ではなく，廃棄物の処理及び清掃に関する法律（廃棄物処理法）に定める排出事業者の責任として，廃棄物の自主撤去を申し出て撤去費用を負担することが，貴社にとってのペナルティということになるでしょう。

（古矢　文子）

山本守之のコメント

わが国ではアメリカのように費用性の一般的判断基準としてパブリック・ポリシーが適用されず，別段の定めが必要になります。ただ，アメリカのように解する学者もいます。

70 自動車メーカーによる被災部品メーカーへの支援

1 事　　例

> 当社は自動車メーカーです。大地震により当社の取引先である部品メーカーＡ社は，その工場が倒壊し，機械が埋没する等多大の被害を受け，操業を停止しました。そのために総力を挙げてＡ社の復旧を支援することとなり，Ａ社に対して工場建替え及び機械購入資金の一部（２億円）を無利息で融資し，支援人員を１日当たり30人延べ150人派遣しました。これは，当社が部品在庫を最小に減らす方式（カンバン方式）を採用することにより競争力を維持していることから，被災したＡ社を援助せざるを得なかったためです。

2 問 題 点（争点）

問題点は，部品メーカー支援のための無利息融資と延べ150人の支援人員を投入したことが，寄附金課税を受けることになるかです。

3 検　　討

(1) 寄附金の意義

法人税法上の寄附金の額は，寄附金，拠出金，見舞金，その他いずれの名義をもってするかを問わず，法人が金銭その他の資産又は経済的な利益の贈与又は無償の供与をしたときの，その金銭の額若しくは経済的利益の額としています（法法37⑦）。広告宣伝及び見本品の費用その他これらに類する費用並びに交際費，接待費及び福利厚生費とされるべきものは除かれていますが，資産の低廉譲渡や債務免除，無利息又は低利貸付等のうち実質的に贈与又は無償の供与をしたと認められる金額も含まれているため，社会通念上の寄附金よりはその範囲が広くなります。

V 交際費・寄附金〔寄附金〕

　このような資産の贈与や経済的利益の供与であったとしても，子会社等に対する損失負担等や無利息貸付け等をしなければ，今後より大きな損失を蒙ることが社会通念上明らかな場合など，その負担等をする相当の理由がある場合には寄附金として取り扱わない場合があります（法基通9－4－1，9－4－2，**73**，**74**参照）。

　また，災害の場合における支援についても，人道的見地や社会的要請から行うものや自らが蒙る損失回避のために行うものもあり，寄附金課税が適当でないケースがあります。平成7年1月17日の阪神・淡路大震災で被災した取引先に対しての災害に関連した諸費用の取扱いにつき個別通達が出され，それを受けて，その後，平成7年12月8日付課法2－7「法人税基本通達の一部改正について」において，災害が発生した場合における一般的取扱いを基本通達に導入して処理の一般化を図りました。

(2) 災害の場合の取引先に対する低利又は無利息による融資

　法人が，災害を受けた取引先に対して低利又は無利息による融資をした場合において，当該融資が取引先の復旧を支援することを目的として災害発生後相当期間内に行われたものであるときは，当該融資は正常な取引条件に従って行われたものとします（法基通9－4－6の3）。既に契約で定められている貸付金の利子を減免したときも，寄附金以外の費用として取り扱うこととしています（法基通9－4－6の2）。

　この場合，寄附金としないための要件として，次の2つを付しています。

　① 融資が取引先の復旧を支援することを目的としていること。
　② 災害発生後相当期間内に行われたものであること。

　取引先とは得意先，仕入先，下請工場，特約店，代理店のほか，実質的な取引関係者であり，他に業界団体や銀行も含まれます。

　また，この場合の相当期間内とは，災害を受けた取引先が通常の営業活動を再開するための復旧過程にある期間としています。

　このように，融資が復旧支援を目的として，その支援を通じて自らが蒙る損失を回避するためとみられるので，寄附金としては取り扱いません。

(3) 自社製品等の被災者に対する提供

　法人が不特定又は多数の被災者を救援するために緊急に行う自社製品等の提供に要する費用の額は，寄附金の額に該当しないものとします（法基通９－４－６の４）。この費用が寄附金以外の費用として取り扱われるのは，特定の者のみに対する贈答（利益贈与）を目的としたものは別として，自社製品等を被災者へ提供することは，広告宣伝費に準ずる経済的効果があるとみることができるからです。そのため，自社製品等は，自社名等のある自社製造の製品が原則となりますが，名前の表示がない物品や他から購入した物品であっても，宣伝効果があれば差支えないと考えられます。また，自社製品等の提供は，物品の提供のみならず，役務提供や法人所有の施設等の提供も含まれます。

(4) 寄附金とならないその他の災害支援

① 災害の場合の取引先に対する売掛金債権の免除等

　復旧を支援することを目的として，売掛金，未収請負金，貸付金その他これらに準ずる債権の全部又は一部を免除したことによる損失の額は，寄附金の額とはなりません（法基通９－４－６の２）。復旧支援は個々の企業の判断により行うか否を決めることになります。被災したすべての取引先を対象とする必要はありませんし，対象となる被災者のすべての取引先が売掛金債権の免除等を行わなければ認められないものでもありません。

② 災害見舞金に充てるために同業者団体等へ拠出する分担金等

　災害見舞金に充てるために同業者団体等へ拠出する分担金等については，「同業者団体等が，その構成員が災害に遭った場合にその災害による事業用資産の損失を相互に扶助するための規約等を定め，その規約等に基づき構成員に分担金等を賦課することとしているときは，その構成員が支出するその分担金等は寄附金というよりは，一種の事業用資産に係る相互共済に関する会費とみることができる。」（窪田悟嗣編著『法人税基本通達逐条解説』（五訂版）909頁　税務研究会出版局　平20）として，その支出時の損金算入が認められる寄附金以外の費用となります（法基通９－７－15の４）。

V　交際費・寄附金〔寄附金〕

4　当事例の検討

　部品在庫を最小限に抑える自動車メーカーにとって，部品メーカーが被災等により部品の生産が停止し，供給がなくなることは，自らの自動車生産の停止に追い込まれることに繋がります。事例における災害復旧のための無利息融資や支援人員の派遣は，人道的見地のほか，主には部品メーカーの救済を通して，自社が蒙るかもしれない損失を回避するための支援です。このことから，寄附金課税とはなりません。

(鈴木　政昭)

山本守之のコメント

　部品メーカーへの支援は，工場閉鎖により部品が供給されないことにより，当社の工場の生産がストップしたために行ったものです。いわば，相手方の救済を通じて，自ら蒙るであろう損失を回避する支出ですから寄附金ではないという論理です。

71 信号機設置費用等と寄附金

1 事　例

(1) 当社は機械製造業を営んでいますが，工場前の市道は朝夕の交通量が多く，従業員の出勤・退勤時における交通事故がしばしば起きているため，道路管理者である市当局に信号機の設置を強く働きかけてきました。しかし市の予算が不足しているとの理由で長い間実現していませんでした。そこで，当社が費用の全額を負担して市に信号機を設置してもらい，この費用につき，地方公共団体への寄附金として全額を損金に算入しました。

(2) 当社の社長の出身校であるA県立B高校の創立100周年事業に際し，取締役会の決議を経て当社より50万円の寄附をしました。この50万円についても地方公共団体への寄附金として全額を損金に算入しました。なお，当社はB高校の卒業生を毎年1～2名採用しており，その中から幹部社員も育っているという事情があり，社長本人も100万円の寄附をしています。

(3) 当社は隣接するC市に第二工場を建設するため，土地を購入することになりました。C市では一定規模以上の宅地開発等を行う場合には開発指導要綱により行政指導を行うほか，土地の広さに応じた開発負担金の納付を求めます。この開発負担金は同市の消防関係施設の整備費の一部に充当されるようです。当社はこの開発負担金として納付した額を土地の取得価額に算入しなければならないのでしょうか。

2 問題点（争点）

問題点は，①法人がその従業員の安全のために費用の全額を負担し，市に信号機を設置してもらった場合，その支出した金額は地方公共団体への寄附金と

して全額を損金の額に算入することが可能でしょうか，②B高校に対する寄附金は，社長が個人的に負担すべき費用として役員に対する給与と考えるべきでしょうか，③C市に対する開発負担金は，工場敷地を取得するための費用として土地の取得価額を構成するのでしょうか，の3点です。

3 検　　討

(1) 信号機の設置にかかる費用

　市に寄附をしたのですから，通常は地方公共団体への寄附金としてその全額が損金の額に算入されることになります。

　しかし，当社の場合，信号機設置のための費用を支出した主たる目的が一般的な交通安全のためというよりは，従業員の安全の確保にあるわけですから，単純に寄附金と判断するのは早計でしょう。寄附金は，本来，法人の事業活動に直接的には関係なく支出されるものですが，事例では，従業員の安全を確保するという事業活動の一環として支出したものです。したがって寄附金（この場合は地方公共団体に対するものとして指定寄附金）とするのは無理があるでしょう。結局，その支出の効果が支出の日以後1年以上に及ぶことから，法人税法施行令14条1項6号イに規定する「自己が便益を受ける公益的施設又は共同的施設の設置又は改良のために支出する費用」として繰延資産に該当します。なお，法人税基本通達8－1－3(1)では，法人が自己の必要に基づいて行う道路その他の施設又は工作物の設置又は改良のために要する費用や自己の有する道路その他の施設又は工作物を国等に提供した場合は繰延資産に該当するとしています。

　償却期間については，同通達8－2－3によりその施設又は工作物の耐用年数の10分の4の年数となります。信号機の耐用年数が，耐用年数省令別表第一の「器具及び備品」の「11前掲以外のもの」の「その他のもの」の「主として金属製のもの」の10年を適用しますので，「10年×40％」の4年で償却することになります（石山弘編『繰延資産をめぐる法人税務』67頁　大蔵財務協会　平11）。

(2) 社長の出身校への寄附

　県立高校に対する寄附金は，原則として地方公共団体への寄附金として全額損金算入されるべきものです。しかし，事例の問題点は社長の出身校に対する寄附金ということにあります。

　法人税基本通達9－4－2の2では，「法人が損金として支出した寄附金で，その法人の役員等が個人として負担すべきものと認められるものは，その負担すべき者に対する給与とする。」としており，当社が支出した50万円がこれに該当するか否かが焦点となります。すなわち社長が本来負担すべき個人的費用か否かということです。

　例えば，神社仏閣の増改築に関しての寄附の要請は通常個人に対してなされるものであり，寄附金を受領した神社等はその個人からの寄附として受入れ手続を行うのが通例であるとして，法人がそれを負担し，寄附金として処理することが妥当か否かについては，特別の事情がない限り個人の負担とすべきとした判決があります（徳島地判 平5.7.16 税資198号187頁　Z198－7166参照）。

　この点，B高校は社長の出身校ではありますが，当社は毎年卒業生1～2名を採用しており，その中から幹部社員も育っており，当社としてもB高校と浅からぬ関係を保持していることから，会社としては寄附金を支出することにつきメリットがないわけではなく，あるいは社長個人が別途100万円を寄附していることをみますと，上記通達の「役員等が個人として負担すべきもの」とする必要はなかろうと考えられます。したがって社長に対する給与ではなく，地方公共団体への寄附金とすべきであろうと考えます。

(3) 開発負担金

　法人が土地の造成，建築を行う場合に，地方自治体から開発指導要綱等に基づいて開発負担金の納付を求められることがあります。開発負担金は土地開発の許可にあたって直接必要な支出であるため，土地の取得価額を構成すると考えることもできます。

　しかし，開発負担金の使途は必ずしもその土地内の取付道路，公園や緑地等の施設の整備に充てられるものとは限らず，支出した法人以外の住民の便益に

寄与すると認められるものもあります。事例では、当社が納付した開発負担金はＣ市の消防関係施設の整備費の一部に充当されるということですから、土地の取得価額に算入する必要はないでしょう。結局、法人税基本通達７－３－11の２の(3)の「団地の周辺又は後背地に設置されるいわゆる緩衝緑地、文教福祉施設、環境衛生設備、消防施設等のように主として団地外の住民の便益に寄与すると認められる公共的施設に係る負担金」として繰延資産とし、その償却期間は８年とするのが相当でしょう。

　一方、上記通達の(1)において定めるように、法人が固定資産として使用する土地、建物等の造成又は建築等の許可のために納付する負担金のうち、「団地内の道路、公園又は緑地、公道との取付道路、雨水調整池等のように直接土地の効用を形成すると認められる施設に係る負担金の額」は土地の取得価額に算入しなければなりません。

4　当事例の検討

　事例(1)では、市当局に寄附をする主たる目的が何であるかが重要な判断要素となります。当社の事業活動とは無関係の寄附であれば地方公共団体への寄附として指定寄附金となるでしょう。しかし、従業員の安全確保という目的のために信号機の設置費用として市へ寄附したということですから、法人税法施行令14条１項６号イにより繰延資産とすることになります。

　事例(2)では、支出した寄附金につき、社長個人が負担すべきか否かが判断の分かれ目となりますが、Ｂ高校から毎年少人数とはいえ卒業生を採用しており、幹部社員となった者もおり、かつ社長個人は別途100万円を寄附していることから考えれば、50万円の寄附金は個人が負担すべきものとまではいえず、社長に対する給与とする必要はなく、地方公共団体への寄附金とすべきでしょう。

　事例(3)については、開発負担金がその土地内の取付道路等の施設の整備に充てられるのであれば土地の取得価額を構成しますが、住民一般の便益のために充当されるのであれば、繰延資産として処理することになります。

（中村　雅紀）

山本守之のコメント

　寄附金は寄附行為という事実だけでなく，それがどのような意図で行われたか，その支出をすることの合理性があるか等を検討しなければなりません。寄附行為が直ちに税法上の寄附金にならない場合があります。

V 交際費・寄附金〔寄附金〕

72 買戻しによって生じた損失と寄附金

1 事　例

　当社（甲社）は金属原材料を販売する商社ですが，子会社である乙社においても同様に金属原材料の販売を行っております。

　この度，乙社の得意先である丙社において，工場が火災により焼失する事故が発生し，工場の再建がなるまで，一時的に生産活動が縮小することになりました。そのことから，丙社より以前に乙社が納品した金属原材料のうち，在庫となっている物を引き取って貰えないかとの打診がありました。

　当社及び乙社は，今までの丙社との取引状況，丙社の工場再建後の取引の見込みなどを総合勘案した結果，丙社の申し出を受け入れ引き取ることとしました。なお，丙社から買い戻す金属原材料は乙社が納品したものですが，購入資金の調達などの観点から，乙社ではなく当社で買い戻すことにしました。

　また，当社が扱っています金属原材料は相場により価額が大きく上下する相場商品であり，丙社から当社が買い戻す時期においては下落傾向にありました。

　なお，丙社から当社が買い戻す価額は，乙社が納品をした価額ではなく，買戻し時における相場価額，すなわち「時価」とし，その価額は2億円でした。その後，当社は，この買い戻した金属原材料の新たな買手を探していましたがなかなか見付からず，結局は2ヵ月後に売却できましたが，その価額は譲渡時の相場価額である1億8,000万円であり，2,000万円の損失が生じることになりました。

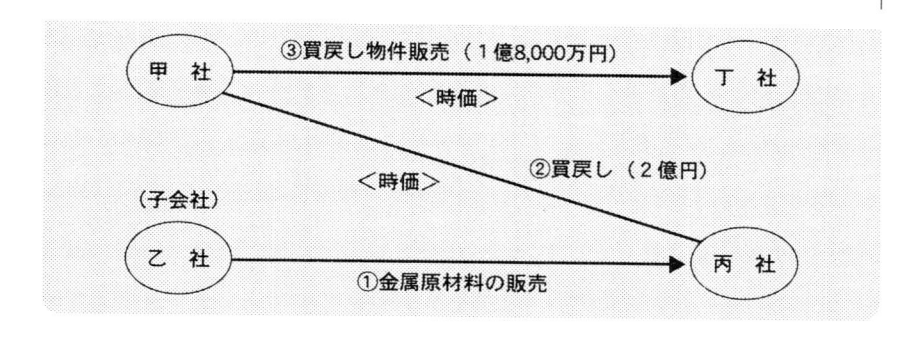

```
       ③買戻し物件販売（1億8,000万円）
  甲社 ─────────────────→ 丁社
              ＜時価＞
                    ＼
                     ＼ ＜時価＞  ②買戻し（2億円）
  （子会社）            ＼
  乙社 ─────────────────→ 丙社
          ①金属原材料の販売
```

2 問題点（争点）

　問題点は，当社が買戻し時に時価で購入しているとしても，相場が下落傾向である時期に，子会社が販売した金属原材料を親会社が代わって買い戻し，その後，実際に相場価額が下落したことによって損失が生じた場合，すなわち，市場価額下落のリスクを子会社に代わって親会社が引き受け，その後にそのリスクが実現して実際に損失が生じたことが，経済的利益の無償の供与であるとして寄附金課税の対象になるかです。

3 検討

(1)　法人税法37条（寄附金の損金不算入）7項において，「寄附金の額は，寄附金，拠出金，見舞金その他いずれの名義をもってするかを問わず，内国法人が金銭その他の資産又は経済的な利益の贈与又は無償の供与（広告宣伝及び見本品の費用その他これらに類する費用並びに交際費，接待費及び福利厚生費とされるべきものを除く）をした場合における当該金銭の額若しくは金銭以外の資産のその贈与の時における価額又は当該経済的な利益のその供与の時における価額による」とされています。

　また，同条8項は，法人が資産の譲渡又は経済的利益の供与をした場合に，その譲渡又は供与の対価の額がその資産の譲渡時の時価又はその経済的利益の供与時の時価に比べて低いときは，その対価の額と時価との差額のうち実質的に贈与又は無償の供与をしたと認められる金額は寄附金の額であると規

定しています。これは，有償契約であっても，売買価額等を低くすることにより，実質的に贈与する場合には，売買と贈与の混合取引であるとして寄附金の額に含めることとしているのです。

(2) 寄附金に該当するか否かについては，事例のように，価額変動リスクのある金属原材料を子会社に代わって親会社が購入することは，市場価格低落のリスクを子会社に代わって親会社が引き受けたものであるとして，寄附金課税の対象とされる経済的利益の無償の供与に該当するのかということです。すなわち，丙社から買い戻した金属原材料の価額は，買戻し時の時価であり，その売却価額についても売却時の時価ですから，法人税法に規定する高額譲受や低額譲渡には該当しません。

また，買戻し時には，たとえ下落傾向にあったとしても，時価とはそのような下落傾向をも勘案されたうえの第三者間取引価額ですし，下落傾向であるとしても，その一方で値上がりの可能性も含んでいるのですから，結果としての値下がりによる損失は，親会社の行った行為のリスクが親会社に及んだに過ぎないとも考えられます。

以上のことから，無償による経済的利益の供与が，寄附金に該当すべき要件を整理すると次のとおりと考えられます。

① 経済的利益の無償の供与となるためには，その取引の時点で自己の損失において他の者に利益を与える行為でなければならない。
② 取引の時点で自己の損失になるとは，不確実な場合はこれに該当しない。
③ 取引の対価の額が時価である限りは，結果として他の者が負ったであろうリスクを負ったとしても寄附金とはいえない。

また，判例においても，「その取引行為の時点でみて，自己の損失において専ら他の者の利益を供与するという性質を有するような行為のみをいうものと解すべきであり，その取引行為の時点において自己の利益を生ずる可能性があるとみられていた行為が，その後結果として自己の不利益となり，専ら他の者に利益を供与することになったにすぎない場合にも，これをもってなお右経済的な利益の無償の供与に当たるものすることは相当でない」（東京

地判 平3.11.7 税資187号43頁 Z187−6804）とされており，同様の判断基準に立っています。

4 当事例の検討

　親会社である甲社が丙社から金属原材料を買い戻した価額は買戻し時の時価ですし，この金属原材料を売却した価額も売却時の時価ですので，いずれも法人税法が規定する高額譲受や低額譲渡には該当しないことになります。

　前掲判例において判示しているとおり，法人税法37条6項が経済的利益の無償の供与を寄附金としているのは，その取引行為の時点で自己の損失において専ら他の者に利益を供与するという性質を有する行為のみをいうべきであり，その取引行為の時点において自己に利益を生じる可能性がある行為について，結果として事後的に自己に不利益な結果が生じ，他の者に利益を供することになったとしても，これは法が規定する経済的利益の無償の供与には当たりません。

　本事案においては，子会社である乙社が納品した金属原材料を親会社である甲社が買い戻していますから，相場価額の変動リスクを甲社が乙社に代わって負ったことになります。しかしながら，無償供与の経済的利益であるか否かについては取引の時点で判定すべきことであり，取引の結果からみて事後的に経済的利益の無償供与であったとすることは予測可能性，法的安定性の観点から許されることではありません。

　したがって，本事例の取引は経済的利益の無償の供与には該当せず，寄附金課税の対象とはされません。

（親泊　伸明）

山本守之のコメント

　本件は,「そもそも法人税法37条6項が寄附金として取り扱うものとしている経済的な利益の無償の供与は,その取引行為の時点でみて自己の損失において専ら他の者に利益を供与するという性質を有する行為のみをいうものと解すべきであり,その取引行為の時点において自己の利益を生ずる可能性があるとみられていた行為が,その後結果として自己の不利益となり専ら他の者に利益を供することとなったにすぎない場合にも,これをもってなお右経済的利益の無償の供与に当たるものとすることは相当でないものと考えられる。」(前掲東京地判)という課税要件を中心に考えるべきです。

73 解散を前提とした子会社支援

1 事 例

> 当社が全額出資して設立した子会社は，債務超過の状態が著しく，このまま存続させると親子会社ともに今後更に大きな損失を蒙ることが予測され，親会社としてやむなく子会社を解散させる方針を固めました。
> 子会社を解散させるにあたっては，①従業員の退職金の原資と，②当社が保証人となっている子会社の借入金の残額の合計を，当社が資金提供することにしています。当社としては，この子会社への資金提供を法人税法上，損金として処理したいと考えています。

2 問題点（争点）

問題点は，子会社等を解散させる場合の損失負担等が寄附金と認定されないかということです。

3 検 討

(1) 子会社等を解散させる場合の損失負担等

一般的に親会社が子会社に対して援助を目的として，無利息貸付，資産の低廉譲渡，債務引受等を行った場合に，それが寄附金に該当するか否かが，しばしば問題となります。

法人税法においては，たとえ親子会社間といえども，別個独立の法人として課税関係を律することになっているため，子会社に対する経済的利益の供与を親会社の事業遂行上直接必要な経費として正当化しないという考え方が，原則的な取扱いとなっています。したがって，仮に子会社が経営危機に瀕して解散等をした場合であっても，親会社としては，その出資額が回収できないにとどまり，それ以上に新たな損失負担をする必要はないとされ，多くの裁判例もこ

の考え方を支持してきました。

このような考え方は，親子会社間における恣意的な取引を排除し，課税の公平を確保するためにはある程度やむを得ないものといえます。

しかし，親子会社の実態や，子会社経営に関連して発生する親会社としての社会的な責任という観点からすると，このような原則的な取扱いだけですべてを画一的に処理できるものではなく，経済的利益の供与を行った事情等を考慮し，企業の実態に即した税務上の処理が行われるべきであると考えられます。

(2) 親会社の経営責任

本事例のように経営不振の子会社を，やむを得ず解散させるという意思決定を行い，これに伴って従業員を退職させる場合に，子会社としては退職金を支給しようにもそれだけの資金がないと考えられます。退職金規程により定められた退職金の支給を行わずに，子会社の従業員を解雇させることは現実問題としてなかなか難しいでしょう。しかしながら，実際には，赤字子会社の解散の場合にはこのようなケースが多々見受けられます。

仮に子会社で退職金を支給することができないとすれば，親会社としては子会社の従業員を再雇用せざるを得ないことも考えられ，そのようなことになれば，せっかく合理化をしようとしている親会社自体が過剰人員を抱えることになり，これが原因となって親会社自体が経営危機に陥るというような事態も十分に考えられます。

そこで，親会社として，やむを得ず子会社に対して退職金の支給の原資として最低限度必要な資金を援助し，これによりようやく子会社の整理ができるという場合に，その退職金原資の援助の性格が問題となるわけです。

このように自らに損失が及ぶことを防ぐために負担したにもかかわらず，それを寄附金として処理することは著しく実態に合わなくなります。

(3) 寄附金課税の対象となるか否か

法人税法も，このような事情を踏まえて，次に掲げる要件を満たす場合で相当な理由があるときは，子会社等への損失負担等により供与する経済的利益の額は，寄附金の額に該当しない旨を明らかにしています（法基通9－4－1）。

イ　子会社等の解散，経営権の譲渡等に際してのものであること
ロ　子会社等の債務の引受けその他の損失負担又は債権放棄等であること
ハ　その損失負担等をしなければ今後より大きな損失を蒙ることになることが社会通念上明らかであるためやむを得ず行ったものであること

しかし，この通達は，「社会通念上明らか」「やむを得ず」「相当な理由」等不確定概念が多いため，事実認定やその運用において非常に不明確であるとの批判がありました。

その後，国税庁は平成12年に，より具体的な寄附金該当性の判断基準として，「子会社等を整理・再建する場合の損失負担等に係る質疑応答事例等（以下，「質疑応答事例等」という）を取りまとめるとともに，再建支援等事案については，損失負担等の額が寄附金に該当するか否かについて事前相談に応じることを公表しています。

(4) 経済的合理性を有しているかの検討

質疑応答事例等では，子会社等を整理する場合のその損失負担等が「経済合理性」を有しているか否かが寄附金として取り扱うかどうかの判断の基準とされています。この経済合理性とは，経済的利益を供与する側からみて，支援等をしなければ今後より大きな損失を蒙ることが明らかな場合などをいい（2－2），次のような点について，総合的検討を行うこととしています（2－4）。

① **損失負担等を受ける者は，「子会社等」に該当するか（3－1）。**

「子会社等」とは，資本関係のみで判断するのではなく，取引関係，人的関係，資金関係等において事業関連性を有するものも含みます。

② **子会社等は経営危機（倒産の危機）に陥っているか（3－3）。**

経営危機に陥っていない子会社等に対する経済的利益の供与は，緊急性がなく，やむを得ず行うものとは認められないため，寄附金に該当することになります。そこで，子会社等が経営危機に陥っているか否かの判断が重要となりますが，解散の場合を前提とすると，子会社等が実質債務超過の状態にあるかどうかで判断され，具体的には，解散に際し整理損失が生じる場合をいいます。したがって，財務諸表上は債務超過でなくても，多額の含み損を

有しており実質債務超過の状態にある子会社等を解散させるために債権放棄等を行った場合には，経済合理性を有することになります。ただし，例え子会社等が債務超過であっても，債権放棄が親会社の法人税の負担を軽減する意図で行われた場合には，経済合理性を有することにはなりませんので，注意が必要です。

③ **損失負担等を行うことは支援者にとって相当な理由はあるか**（3－5）。

相当な理由があるか否かは，損失負担し子会社等を解散させることにより，親会社が今後蒙るであろう大きな損失を回避できる場合をいいます。したがって，まだ債権金額が回収できるか否かが明らかでない段階で債権放棄等をすることは，相当な理由がないものと判断されます。

④ **損失負担額等の額（支援額）は合理的で過剰支援でないか**（3－6）。

子会社等を支援する際の損失負担額は，その解散にあたって必要最低限の金額でなければならず，子会社等の財務内容，営業状況の見通しや遊休資産の売却や経費削減，人員整理等の自己努力を加味して，合理的に算定することが要求されます。損失負担額が，子会社等を解散するためにやむを得ず行うものであることからすると，最低限の支援額であることは当然のことであり，過剰支援であれば寄附金となります。

⑤ **整理・再建管理はなされているか**（3－7）。

子会社等の解散の場合には，一般的にその必要はありませんが，資産の処分に時間を要する等整理に長期間を要するときは，その整理計画の実施状況の管理を行うこととしているかどうかが，経済合理性を有するか否かの判断になります。

⑥ **損失負担等をする支援者の範囲は相当で恣意性がないか**（3－8，9）。

親会社が資本の大部分を有し，役員の大部分が親会社から派遣されているような場合には，親会社の事業関連性が強く，他の関係者に支援を求められない場合もありますので，支援者が親会社のみであることだけで，その整理計画が不合理であるということにはなりません。ただし，子会社等の事業関係者が複数おり，支援にあたって事業関連性が強い者が支援者に加わらない

ケースには，その理由を検討する必要があります。支援者の範囲は，当事者の合意によって決定されるとしても，その合意には，事業関連性の強弱，支援規模，支援能力等の個別事情などの合理性が必要です。

⑦ **損失負担等の額の割合は合理的であるか**（3－12）。

支援者が複数いる場合には，支援者ごとの損失負担額の配分が，個々の事業関連性の強弱や支援能力からみて当事者間で合理的に決定されているかどうかが問題となります。したがって，例えば，親会社の代表者が子会社の代表者を兼務しているような場合で，金融機関からの借入金について代表者が連帯保証をしているときがありますが，このような場合には，保証債務の負担について，代表者も含めて損失負担（支援）額の配分を検討する必要があります。

4　本事例の検討

本事例を質疑応答事例等の趣旨に照らして検討してみます。

まず，親会社として倒産の危機にある子会社へ資金援助を行うことによる損失負担等に相当な理由があるかについては，子会社を解散させることにより，親会社が今後蒙るであろう大きな損失を回避でき，まぎれもなく自らが生き残るために必要かつ不可欠のものとして負担した損失であることが，客観的に明確であることが必要です。

また本事例については，親会社が子会社の出資の全額を有していますので，親会社のみが子会社を支援することに経済合理性があれば，親会社単独の支援に問題ありません。さらに，支援額の合理性については，子会社の自己努力を行った後の最低限度の金額であることが必要であり，過剰支援であれば寄附金課税の対象となります。

支援内容に経済合理性がない場合には，寄附金課税を受ける可能性がありますので，経済合理性の有無を充分確認したうえで判断することが重要です。

（田代　雅之）

V　交際費・寄附金〔寄附金〕

山本守之のコメント

　債務超過にある会社の整理は，解散，支援等多様な手法がとられます。会社がどうして，どのような意図でそのような行為をしたかなど，多角的な検討が必要です。

74 子会社等の支援費用

1 事　　例

　当社は電子機械製造業を営む株式会社ですが，部品製造を行うA社に対し，80％の出資を行い，役員や技術者を派遣していましたが，技術革新や原材料の高騰の影響を受け，業績不振から債務超過に陥り，このまま放置すれば，A社は倒産することになり，当社は生産がストップするなど多大な損失と社会的な批判を受けることになります。
　そこで，倒産を回避する目的で，A社の再建計画を立案し，A社の再建に必要となる最小限の支援費用のうち，当社の出資比率や取引高に応じて検討した結果，当社は，A社への出向者の人件費負担（年額1千万円）を免除するとともに，無利息で3億円を融資することとしました。なお，A社と取引のある他社もその取引量に応じて一定の支援を行うこととしています。

2 問　題　点（争点）

　問題点は，部品製造を行うA社に対する支援費用（貸付金金利や経費負担の免除）が寄附金に該当するかどうかです。

3 検　　討

(1) 寄附金課税の考え方

　法人税法37条は，寄附金，拠出金，見舞金，その他いずれの名義をもってするものであっても，法人が金銭その他の資産の贈与又は経済的利益の無償の供与をした場合には，法人の事業遂行と直接関係があると認められる広告宣伝費，交際費，福利厚生費等とされるものを除いて，これを寄附金として扱うものと

規定しています。

そして、寄附金の支出額のうち、一定の損金算入限度額を超える部分の金額については、その法人の各事業年度の所得の金額の計算上、損金の額に算入しないものとしています。

したがって、親会社が子会社に対して無利息貸付け（低利貸付を含む）をした場合、通常収受すべき利息の金額と実際に収受している利息の金額との差額は、寄附金として損金算入限度額の制限を受けます。

これは、営利を目的とする会社が、合理的な理由なしに、他人に無利息で貸付けをすることはありえないという考えから、税務上では、いったん利息を受け取り、その後にこれを相手方に無償で供与（贈与）したものと同様であると考えているからです。

(2) 子会社等を再建する場合の無利息貸付け等

法人税基本通達9－4－2では、法人がその子会社等に対して無利息（又は低利）による資産の貸付け、債権放棄等をした場合でも、その行為が例えば業績不振の子会社等の倒産を防止するためにやむを得ず行われるもので、合理的な再建計画に基づくものである等その無利息貸付け等をしたことについて相当な理由があると認められるときは、その無利息貸付け等により供与する経済的利益の額は、寄附金の額に該当しないものとするとされています。

したがって、合理的な再建計画に基づく無利息貸付け等は寄附金に該当しません。

① 子会社社等の範囲

上記通達における子会社等には、当該法人と資本関係を有する者のほか、取引関係、人的関係、資金関係等において事業関連性を有する者が含まれるとされています（法基通9－4－1）。

したがって「子会社等」とは、法人が経済的利益を供与することについて経済的合理性を有する関係にある会社をいい、資本関係がある親子会社だけではなく、取引先や役員を派遣している会社、資金を貸し付けている会社などの事業関連性を有する会社も含まれます。

② **合理的な再建計画**

　法人税基本通達９－４－２でいう「合理的な再建計画」に該当するかどうかは，個々の事例に応じて，次の要素の有無について総合的に判断します。

イ　支援額の合理性…要支援額の総額が，支援を受ける子会社等の財務内容，営業状況の見通しやその子会社等自身の自己努力を加味して算定されているか。

　支援者が複数いる場合には，一般的に支援者の出資状況，経営参加，融資状況等の事業関連性や支援体力からみて合理的に支援額が決定されているか否かを検討することとなります。

ロ　支援者による再建管理の有無…支援者が支援を受ける子会社等の再建計画の進捗度合いを把握し，例えば，再建計画よりも順調に再建が進んだような場合には計画期間の経過前でも支援を打ち切ることなどが含まれているかなどです。

　その再建管理の方法としては，例えば，支援者から役員を派遣すること又は子会社等から支援者に対して毎年，毎四半期，毎月といった時期に再建状況を報告させるなどの方法が考えられます。

ハ　支援者の範囲の相当性…支援者と支援を受ける子会社等との事業関連性，支援規模，支援能力等からみて支援者の範囲が相当であるかなどです。

ニ　支援割合の合理性…出資状況，経営参加状況，融資状況，支援能力等からみて支援割合が合理的に決定されているかなどです。

③ **相当な理由**

　相当な理由がある場合とは，例えば次のような場合をいいます。

イ　損失負担等を行って子会社等を支援することにより，今後更に被るであろう大きな損害を回避することができる場合

ロ　子会社等を再建することにより残債権の弁済可能性が高まり，倒産した場合に比べ損失が軽減される場合，若しくは支援者の信用が維持される場合

Ｖ　交際費・寄附金〔寄附金〕

4　当事例の検討

　当社は，Ａ社から部品の安定供給を受けており，Ａ社が倒産すれば当社自体も経営危機に陥ることも考えられます。つまり，Ａ社を救済することは，自社の生き残り策であると同時に，親会社としての社会的責任からＡ社の倒産を防止するための施策とも考えることができます。

　したがって，Ａ社に対する経済的利益の供与が，法人税基本通達９－４－２の要件を満たしていれば，寄附金として認定されることはありません。

　同通達の適用を受けられるかどうかは，次頁のチェックリスト（図１）を活用して判断してください。

　当事例においては，①80％を出資し，かつ役員・技術者派遣を行っており「子会社等」に該当し，②Ａ社は債務超過であり放置すれば倒産の危機にあることから，「経営危機に陥っている」といえます。また，③Ａ社が倒産すれば，当社の生産がストップし多大な損害を受けること，また親会社としての社会的責任を免れないことから，「相当の理由」があるといえます。

　以上の検討の結果，当事例における損失負担の必要性については，すべての要件を満たしていると考えられます。

　同様に「再建計画（支援内容）の合理性」についても検討することになります。

　①Ａ社で再建計画が策定され，必要最小限の支援であること，②役員が派遣されており再建管理が可能であること，③自社の負担割合が出資比率等で決められていること，④他社も支援に参加していることなどから，「再建計画（支援内容）の合理性」を有していると考えられます。

　以上，チェックリストのすべての項目にチェックが可能なことから，事例の無利息融資は，寄附金には該当しないものといえます。

　なお，当事例では，無利息貸付けのほかに，出向者の人件費負担の支援も行われていますが，法人税基本通達９－４－２は，あくまで例示であり，これらの経費負担についてもＡ社の倒産を防止するためにやむを得ず採られた措置であれば，同様の取扱いが可能です。

　また，同通達を適用するために事前に課税庁の承認を得る必要はありません

が，損失負担等の額が寄附金に該当するか否かは，支援者の所得計算に多大な影響を及ぼすこととなることから，これらの税務上の取扱いについては，国税局で事前相談に応じています（タックスアンサーNo.5280）。

（田中　久喜）

（図１）子会社等の再建支援に係るチェックリスト

1．損失負担の必要性　　　　　　　　　　　　　　　　　　　　　　　チェック欄

① 事業関連性のある「子会社等」であるか
資本関係，取引関係，人的関係，資金関係等の事業関連性を有するか

② 子会社等は経営危機に陥っているか
イ．債務超過等倒産の危機に瀕しているか
ロ．支援がなければ自力再建は不可能か

③ 支援者にとって損失負担等を行う相当な理由があるか
再建又は整理することにより将来のより大きな損失の負担を回避等ができるか

2．再建計画等（支援内容）の合理性

① 損失負担額（支援額）の合理性（要支援額は的確に算定されているか）
イ．損失負担額（支援額）は，再建又は整理するための必要最低限の金額となっているか
ロ．自己努力はなされているか

② 再建管理等の有無
再建管理は行われるか

③ 支援者の範囲の相当性
イ．支援者の範囲は相当か
ロ．支援者以外の事業関連性を有する者が損失負担していない場合，合理的な理由はあるか

④ 負担割合の合理性
事業関連性からみて負担割合は合理的に決定されているか

↓
いずれにも該当する場合
↓
寄附金に該当しない

（国税庁タックスアンサーホームページ「子会社等を整理・再建する場合の損失負担等に係る質疑事例等（№5280）」より作成

V　交際費・寄附金〔寄附金〕

山本守之のコメント

　関係会社への支援を単純に寄附行為と判定できないことがあり，課税庁でもその取扱いについて事例集等を用意しています。これによって国税局はチェック・シートを作成し，事前相談に応じています。

75 従業員の海外慰安旅行費用

1 事　例

> 当社は中小企業のため大企業のような福利厚生施設がありませんので，従業員への福利厚生を補うため，3年ごとに海外へ慰安旅行を実施しています。今回は，従業員全員が参加して4泊5日の予定でシンガポール旅行に行くことになりました。また，旅行費用は1人当たり20万円かかりますが，このうち12万円を会社として負担するつもりです。

2 問題点（争点）

問題点は，会社が負担する旅行費用が福利厚生費となるのか給与として課税されるかどうかです。

3 検　討

(1) 課税しない経済的利益

従業員にとっては給与収入だけでなく経済的利益も課税対象（所法36）となりますが，社会通念上一般的に行われている会食，旅行，運動会などのレクリエーションにかかる費用は，通常その額は少額であり課税上弊害がないことから，給与所得として課税しないこととしています（所基通36-30）。また，法人税法においても，従業員の慰安のために行われる運動会，旅行等通常要する費用については，交際費等から除くとしています（措法61の4③一）。

これらレクリエーション費用のうち，海外旅行の費用の取扱いがしばしば問題になっています。所得税個別通達（平5.3.31 課所4-5）では，使用者がレクリエーションのための旅行費用を負担することにより，これらの旅行に参加した従業員等が受ける経済的利益については，当該旅行の企画立案，主催者，旅行の目的・規模・行程，従業員等の参加割合・使用者及び参加従業員等の負担

額及び負担割合などを総合的に勘案して実態に即した処理を行うこととし，①当該旅行に要する期間が4泊5日（目的地が海外の場合は，目的地における滞在日数による）以内のものであること，②当該旅行に参加する従業員等の数が全従業員等の50％以上であることのいずれの要件も満たしている場合には，原則として課税しないこととされています。

このような取扱いをするのは，以下のような理由によるものです。

イ　従業員等は使用者に雇用されている関係上，必ずしも希望しないレクリエーション行事に参加せざるを得ないため，その経済的利益を自由に処分できないこと

ロ　レクリエーション行事に参加することによって従業員等が受ける経済的利益は少額であるのが通常である上，その評価が困難な場合も少なくないこと

ハ　従業員等の慰安を図るために使用者がその費用を負担してレクリエーション行事を行うことは一般化しており，当該レクリエーション行事が社会通念上一般的に行われていると認められる場合には，あえて課税しないことと解するのが相当であること

したがって，その旅行に要する費用が高額である場合には，たとえ形式基準（4泊5日以内，50％以上の参加）を満たしていても，あえて課税しないという根拠を失うことになります。また旅行の不参加者に対して現金を支給した場合も，福利厚生費の意味合いがなくなるため，給与として課税されます。

(2)　形式基準の改正の経緯と実質基準

京都地裁の判決（昭61.8.8 税資135号492頁　Z153-5777）において，「海外旅行は昭和56年当時すでに大衆化してきており，国内に比べてレクリエーション，慰安としての効果も大きく，従業員の勤労意欲を高める面も強い」とされ，ようやく海外旅行が従業員の慰安旅行として認められるようになりました。この判決に伴い通達が改正され，①旅行期間が2泊3日以内（海外の場合は滞在日数），②使用者が50％以上の費用を負担，③全従業員の50％以上の参加という形式基

準が作成されました。

　さらに前掲京都地裁判決の控訴審である大阪高裁の判決（昭63.3.31　税資163号1082頁　Z163-6088）後，昭和63年5月には「旅行の企画立案，主催者，旅行の目的・規模・行程，従業員等の参加割合・使用者及び参加従業者等の負担額及び負担割合などを総合的に勘案して実態に即した処理を行うこととする」という実質基準が示されました。これは「形式基準をクリアすれば，経済的利益が多額でない限り課税しないが，形式基準をクリアしないからといってそれが直ちに課税に結びつくものではない」（山本守之『交際費の理論と実務（三訂版）』73頁　税務経理協会）という考え方によるものです。

　平成5年に，①「3泊4日」要件を「4泊5日」にし，②使用者の負担割合を50％以上とする要件が削除されて現在の通達となっています。この改正の主な理由は，不況対策として旅行業者を救済するため，景気回復の視点から行われたものでした。

(3) 社会通念上一般的に認められる額

　平成5年の通達改正を機に，「従業員に与える経済的利益が10万円超のものは所得税を課する」という国税庁の事務連絡が出されました。このような「10万円」基準の根拠も不明確ですが，法律ではない「事務連絡」に基づいて税務の第一線で執行されていることは，租税法律主義の形骸化という問題にもつながります。

　社会通念上一般的に認められる額について争った下記のような裁決例や裁判例があります。グループ3社が共同で慰安旅行を行った裁決例では，その目的，規模，従業員の参加割合等からみて，社会通念上一般的に行われている旅行であり，1人当たり約18万円の旅行費用が福利厚生費として認められています（裁決　平3.7.18　裁事42号128頁　J42-3-05）。一方海外旅行の1人あたりの費用として，平成3年341千円，平成4年454千円，平成5年520千円をそれぞれ支出した事例では，社会通念上一般に行われている福利厚生費と同程度のものとは認められないとして棄却されています（裁決　平8.1.26　裁事51号346頁　J51-3-22）。同様に岐阜地裁の裁判例（平14.4.11　税資252号順号9098　Z252-9098）でも，

会社負担額として平成 8 年204千円，平成 9 年195千円，平成10年165千円をそれぞれ支出した事例では，福利厚生行事が社会通念上一般に行われていると認められる範囲内ではないとしています。この裁判では，平成11年 7 月に B 研究所が会員企業355社に行ったアンケート調査に基づき，毎年海外旅行を実施している企業において，会社負担額が 1 人当たり10万円を超える企業がなかったことや，会社負担である自由参加のオプショナルツアーなどから見て，社会通念上一般的に行われていると認められる範囲内とはいえないと判示したものです。

4 当事例の検討

御社の事例は，旅行日程が 4 泊 5 日以内であり，かつ当該旅行に参加する従業員等の数が全従業員等の50％以上であることから，いずれも通達に定める形式基準を満たしているため，原則として給与課税されることはありません。確かに，会社負担額の12万円という金額は，前述の「事務連絡」にいう10万円基準を超えています。しかし，御社の旅行が，企画立案や旅行の目的・規模・行程などから見て，従業員の慰安旅行として社会通念上一般的に行われている旅行である場合には，会社負担額が旅行に通常要する費用の金額として認められるものと考えます。なお，会社の個別事情やその時の経済情勢も考慮に入れ，総合的な観点から検討することも有効な手段といえます。

最近の企業社会では，経済情勢の変化とともに会社が行うレクリエーション行事に対して従業員の意識が多様化しています。いわゆる通達で定める「従業員の参加割合50％以上」という要件は，存在意義が希薄になっていることから，見直しを検討すべきであると考えます。

(竹内　春美)

山本守之のコメント

課税要件を「事務連絡」という内部文書で律しようとしている課税庁の態度は感心しません。訴訟事例等を参考にして常識的なラインを考えるべきでしょう。

76 観光を伴う海外渡航

1 事　　例

　当社は美術工芸品等の売買を業とする株式会社です。当社では本年10月にコレクター向け展示即売会の開催を予定しています。展示即売会開催に備えて，同年7月2日から12日まで，人気作家の作品の買付け及び作品展示方法の研究のため，パリ，フィレンツェに渡航しました。旅行日程は下記のとおりです。旅費を安くおさえるため旅行会社のパックツアーを利用しました。旅行のために要した費用の総額は，往復の交通費288,000円，滞在費等342,000円，合計630,000円でした。この金額には，個人的経費に該当するものは含まれていません。

旅行日程表

月日	曜日	滞在地	行動内容				17：00以降の業務
			9：00〜11：00	11：00〜13：00	13：00〜15：00	15：00〜17：00	
7.2 7.3 7.4	水 木 金	東京−パリ パリ パリ	成田発 A社訪問，商談 ホテルで報告書作成			パリ着 A社訪問，商談 移動		
7.5 7.6	土 日	フィレンツェ フィレンツェ	市内観光 市内観光				
7.7	月	フィレンツェ	B氏訪問，工房視察		B氏訪問，商談		商談後，報告書作成 （19：00まで）
7.8	火	フィレンツェ	市内観光				
7.9 7.10 7.11 7.12	水 木 金 土	フィレンツェ フィレンツェ フィレンツェ 東京	C社訪問，商談 C社店舗見学 帰国準備			C社訪問，商談 ホテルで報告書作成 買物　フィレンツェ発 成田着	

2 問 題 点（争点）

　問題点は，商品買付け及び作品展示方法の研究のために要したとされる旅行

V 交際費・寄附金〔その他費用〕

費用が，その法人の所得の計算上，損金の額に算入されるかどうかです。

3 検　　討

(1) 損金算入の要件

　海外渡航費が旅費として損金の額に算入されるための要件は，その海外渡航が法人の業務の遂行上，必要であり，かつ，その渡航のため通常必要と認められる金額であることです。この要件を満たさないものは，原則としてその役員又は使用人に対する給与とされます（法基通9－7－6）。

　その海外渡航が法人の業務の遂行上必要かどうかは，旅行の目的，旅行先，旅行経路，旅行期間等を勘案して判定されます。形式基準として，観光ビザによる旅行，いわゆるパックツアーに応募して行う旅行，同業者団体等が主催して行う主として観光を目的とする団体旅行は原則として法人の業務の遂行上必要な海外渡航に該当しないこととされています（法基通9－7－7）。しかし，これらに該当する場合でも，その海外渡航の旅行期間内における旅行先，行った仕事の内容等からみて法人の業務にとって直接関連のあるものがあると認められるときは，業務に直接関連する部分の金額は，旅費として損金の額に算入されます（法基通9－7－10）。

　一般的に業務と判定されるものとして，取引先との商談，契約の締結，工場，店舗等の視察，見学又は訪問，展示会，見本市等の見学，国際会議への出席，海外セミナーへの参加，同業種団体又は関係官庁等の訪問，懇談などを挙げることができます。一方，自由行動時間での私的な外出，観光に付随して行った簡易な見学，儀礼的な訪問等，ロータリークラブその他これに準ずる団体が主催する会議で個人的な地位に基づいて出席したものなどは業務以外と判定されるでしょう。業務に該当しないと判断された事例として，建築設計を業とする会社の取締役が，出版業者主催のヨーロッパ建築視察旅行に参加した費用について，会社として海外視察旅行を必要とする具体的な目的がなく，一級建築士の資格を持つ取締役の個人的素養を高めるために行った海外渡航費は，旅行の目的地が名所，旧跡等の観光地で建築設計という専門的な研究手段を通じてそ

の素養を高めるものではなく，いわゆる観光ルートを一般観光客とともに視察し各地の建物を見て写真撮影する程度であり，実効性が予測されるものではないとして，会社の業務遂行上必要な費用に該当しないとされた判例があります（岡山地判 昭47.2.3 税資65号79頁，Ｚ065－2849）。

(2) **観光を併せて行った場合の損金算入額**
① **損金算入額計算の考え方**

　海外渡航費に係る損金算入額の算定にあたっては，団体旅行の主催者，その名称，旅行目的，旅行日程，参加費用の額等その旅行の内容並びに参加者の氏名，役職，住所を具体的に説明する書類その他参考になる資料に基づき，その法人の海外視察等の動機，参加者の役職，業務関連性等を充分に検討することとされています（法令解釈通達 平12.10.11 課法2－15）。

② **損金算入額の計算**

　業務と観光を併せて行った海外渡航については，損金算入額は，課税上弊害のない限り，その旅行に通常要する費用の額に「損金等算入割合」を乗じて計算することになります。

　ただし，次に掲げる場合は，それぞれ次によります。

区　分	損金算入額の計算
イ	損金等算入割合が90％以上となる場合	その旅行に通常要する費用の全額を旅費として損金の額に算入する。
ロ	損金等算入割合が10％以下となる場合	その旅行に通常要する費用の全額を旅費として損金の額に算入しない。
ハ	業務従事割合が50％以上で業務の遂行上必要と認められる場合	業務遂行場所までの往復の交通費とその他の費用とに区分し，その他の費用に損金等算入割合を乗じて計算した金額と往復の交通費との合計額を損金の額に算入する。

　損金等算入割合が20％～40％となる場合は，その旅行に通常要する費用の額に損金等算入割合を乗じて計算した金額を損金の額に算入します。

③ **業務従事割合の意義**

　業務従事割合は，旅行日程を「視察等の業務に従事した日数」,「観光を行っ

たと認められる日数」,「旅行に要した日数」,及び「その他(土曜日又は日曜日及び休養,帰国準備等)の日数」に区分し,次の算式により計算した割合とします。

(算　式)

$$業務従事割合＝\frac{「視察等の業務に従事したと認められる日数」}{「視察等の業務に従事したと認められる日数」＋「観光を行ったと認められる日数」}$$

(注)　業務従事割合の10％未満の端数を四捨五入したものが,損金等算入割合となります。

④　日数計算

旅行日程の各区分の日数はおおむね8時間(9時から17時まで)を1日とし,その行動状況に応じておおむね0.25日(2時間)を単位に算出します。17時以降に業務に従事した場合も,2時間ごとに0.25日を加算します。例えば,9時から19時まで業務に従事した場合は,1.0日(9時〜17時)＋0.25日(17時〜19時)＝1.25日と計算されます。

4　当事例の検討

(1)　法人の業務の遂行上必要と認められる海外渡航の判断

3ヶ月後に開催予定の商品展示即売会の準備として,商品の買付け及び展示方法の研究を行うという具体的な目的のための渡航ですので,この目的に直接関連する旅行日程については,法人の業務の遂行上必要なものと認められるでしょう。

(2)　損金算入額の計算

損金算入額の計算は3段階に分けて行います。まず旅行日程を業務,観光,旅行,その他に区分し,それぞれの日数を計算します。

判定区分表

月日	曜日	業務	観光	その他	旅行日	備考
7.2	水				1.00	出発
7.3	木	1.00				A社訪問，商談
7.4	金	0.50			0.50	報告書作成，移動日
7.5	土			1.00		観光（土曜日）
7.6	日			1.00		観光（日曜日）
7.7	月	1.25				B氏工房視察，商談，報告書作成
7.8	火		1.00			観光
7.9	水	1.00				C社訪問，商談
7.10	木	1.00				C社店舗見学，報告書作成
7.11	金		0.25	0.50	0.25	帰国準備，買物，旅行日
7.12	土				1.00	帰国
合計		4.75	1.25	2.50	2.75	

次に，判定区分表により算出された日数により損金等算入割合を計算します。

損金算入（業務従事）割合表

判定区分	日数	割合	
① 業　務	4.75日	⑤ 業務従事割合 $\dfrac{①}{①+②}$	79.1％
② 観　光	1.25日		
③ そ の 他	2.50日	⑥ 損金等算入割合（⑤の10％未満の端数を四捨五入）	80％
④ 旅 行 日	2.75日		

最後に，損金算入（業務従事）割合表により算出された損金等算入割合に基づいて，旅費として損金の額に算入することができる金額を計算します。

V 交際費・寄附金〔その他費用〕

損金算入等計算書

旅行費用総額	① 往復交通費	288,000円	現地における交通費等の支出がある場合には別途明細書を提出のこと
	② その他の費用	342,000	
	③ 合計額	630,000	
損金算入額	④ 90％以上		（③×100％）
	⑤ 50〜80％	561,600	（①＋②×損金等算入割合）
	⑥ 20〜40％		（③×損金等算入割合）
	⑦ 10％以下		（③× 0 ％）
給与とされる額		68,400	③－（④、⑤又は⑥）

　この結果，今回の旅行費用総額630,000円のうち，旅費として損金の額に算入することができる額は561,600円，また，給与とされる額は68,400円と計算されます。

(3) 立証資料等

　旅行日程が業務遂行のため必要なものであることを立証するため，海外渡航の目的である商品の選定，価格交渉等商談の経過，店舗見学，工房視察等の作品展示方法の研究成果等を具体的に報告書としてまとめておくとよいでしょう。旅行日程表，メモ，写真等や買い付けた作品のカタログ，作家のプロフィール等の資料に加え，損金算入額等の計算に必要な上記の計算書等も資料として保管しておくことをお勧めします。

（熊野　泰之）

山本守之のコメント

　法人税基本通達９－７－７のような形式基準は不適正です。例えば，パックツアーは割安感から業務渡航でも利用されています。本件の解説を参考にして下さい。

77 下請企業の従業員に対する見舞金

1 事　　例

　当社は線製品の製造業を営んでいますが、製品の輸送に関してはA社に継続的に委託しています。A社の従業員で当社製品の運送業務に専ら従事している甲さんの自宅が火災により全焼したので、当社は、自社の「従業員・見舞金規定」に基づき自社従業員に準じた災害見舞金を甲さんに支給しました。

2 問　題　点（争点）

　問題点は、①下請企業の従業員に対して支給した災害見舞金は、交際費等に該当するのか、②その従業員の勤務先である会社等が支払うべきものを当社が負担したことになり、寄附金となるのかの2点です。

3 検　　討

(1) 交際費等と福利厚生費の区分

　租税特別措置法61条の4第3項に規定する「交際費等」とは、交際費、接待費、機密費、その他の費用で法人がその得意先、仕入先その他事業に関係ある者等に対する接待、供応、慰安、贈答その他これらに類する行為のために支出するものをいいます。しかし、福利厚生費の性質を持つものは、交際費等には含まれないものとされています（措通61の4(1)-1）。

　交際費等と福利厚生費の区分については、「従業員等（従業員等であった者を含みます）又はその親族等の慶弔、禍福に際し一定の基準に従って支給される金品に要する費用」は、交際費等に含まれないものとされています（措通61の4(1)-10）。

　このように自社従業員等に対する通常の慶弔・禍福費用については、福利厚

生費として交際費等に該当しないことが示されています。

(2) **自己又はその特約店等に専属するセールスマンのために支出する費用**

製造業者又は卸売業者が自己又はその特約店等に専属するセールスマン（その報酬につき所得税法204条の適用を受ける者に限ります）のために支出する次の費用は，交際費等に該当しないとされています（措通61の4(1)-13）。

① セールスマンに対し，その取扱数量又は取扱金額に応じてあらかじめ定められているところにより交付する金品の費用

② セールスマンの慰安のために行われる運動会，演芸会，旅行等のために通常要する費用

③ セールスマン又はその親族等の慶弔，禍福に際し一定の基準に従って交付する金品の費用

なお，①に定める金品の交付に当たっては，同条1項により所得税の源泉徴収が必要となります。

(3) **社外のものに対して支出する慶弔禍福費用の取扱い**

下請企業の従業員等のために支出する費用のうち，次のようなものは業務委託のための費用として交際費等に該当しないことが租税特別措置法関係通達61の4(1)-18において明らかにされています。

① 法人の工場内，工事現場等において，下請企業の従業員等がその業務の遂行に関連して災害を受けたことに伴い，その災害を受けた下請企業の従業員等に対し自己の従業員等に準じて見舞金品を支出するために要する費用

② 法人の工場内，工事現場等において，無事故等の記録が達成されたことに伴い，その工場内，工事現場等において経常的に業務に従事している下請企業の従業員等に対し，自己の従業員等とおおむね同一の基準により表彰金品を支給するために要する費用

③ 法人が自己の業務の特定部分を継続的に請け負っている企業の従業員等で専属的に当該業務に従事している者（例えば，検針員，集金員等）の慰安のために行われる運動会，演芸会，旅行等のために通常要する費用を負担

する場合のその負担額
　④　法人が自己の従業員等と同等の事情にある専属下請先の従業員等又はその親族等の慶弔，禍福に際し，一定の基準に従って支給する金品の費用

(4) 元請事業者と下請事業者の関係と交際費等及び寄附金について

① 交際費等について

　製造業者その他元請事業者にとって専属下請業者は，元請事業者の事業の一部門として機能していると考えられます。したがって，専属下請企業の従業員は，元請企業の従業員と同列のものと判断できます。元請企業は専属下請企業の従業員に関しても，自社の従業員と同様に見舞金を出しているのが一般的でしょう。しかし，これらの「『得意先，仕入先等社外の者の慶弔，禍福に際して支出する金品等の費用』は，原則として，交際費等に該当する」（措通61の4(1)-15）ものとして例示されています。

　それに対し，製造業者その他元請事業者にとっては，このような災害見舞金等は，自社の従業員に対するものと同様福利厚生のための支出であり業務委託費用と同様の性格を持つため交際費等に該当しないこととなります。

② 寄附金について

　被災した従業員に対して直接見舞金等を支払わずに下請先企業に対して見舞金を支払った場合においては，以下のとおりとなります。

　法人が，被災前の取引関係の維持，回復を目的として災害発生後相当の期間内にその取引先に対して行った災害見舞金の支出又は事業用資産の供与若しくは役務の提供のために要した費用は，交際費等に該当しないものとされています（措通61の4(1)-10の3）。そして，取引先は，その受領した災害見舞金等に相当する金額を益金の額に算入することとなりますが，受領後直ちに福利厚生の一環として被災した従業員等に供与した場合は，この限りではないとされています。

　したがって，仮に被災した専属下請先従業員ではなく，下請先に見舞金として金銭を支払った場合であっても，寄附金と交際費等とのいずれにも当たらないことになります。

V 交際費・寄附金〔その他費用〕

4 当事例の検討

この事例の見舞金は，**3**(3)④に該当し，福利厚生費だと考えられます。したがって，交際費等には当たりません。

（中西　良彦）

山本守之のコメント

租税特別措置法通達61の4(1)-18では法人の工場内や工事現場において作業に従事する従業員や法人の特定部分を継続的に請け負っている企業の従業員で，専属的にその業務に従事した者は，法人の自己の従業員と同様の事情にあるとし，次のような費用は一種の業務委託費用であるという考え方から交際費等に該当しないものとして取り扱うものとしています。

従来，下請企業の従業員に対して支給される災害見舞金は，交際費等に該当するものとされていましたが，平19年課法2―3「三十七」により通達の改正が行われ，交際費等に該当しないこととされました。

企業の実情を考慮した通達の改正であったと考えられます。

78 商品券等の購入費用と使途秘匿金課税

1 事 例

当社は、機械工具の物品販売業を営んでおり、毎年、3,000円から5,000円の商品券等を中元又は歳暮用品としてP社から配送してもらっています。商品券等の配送先は、いずれも当社の得意先ですが、例年のことなので配送書類の控えは直近のものしか保管していません。当社では、この商品券等の購入費用を交際費等として処理していますが、課税上何か問題がありますか。

2 問題点（争点）

過去の資料を紛失その他の理由により保存していない場合において、相手先が明らかにできない支出・費用があるときに、使途秘匿金として課税がなされるのか否かにあります。

3 検 討

(1) 制度の概要

法人（公共法人を除く）が、平成6年4月1日から平成22年3月31日までの間に使途秘匿金の支出をした場合には、法人税法及び租税特別措置法で定める法人税額の計算規定により計算した法人税額に、当該使途秘匿金の支出額の40％を加算した金額とすることにしています（措法62①）。

この制度は、企業が相手先を秘匿するような支出が、違法ないし不当な支出につながりやすく公正な取引を阻害することにもなるので、そのような支出を極力抑制するために、政策的に追加的な税負担を求めることとしたものです。

(2) 使途秘匿金の定義

課税標準となる「使途秘匿金の支出」とは、次のように定義されています

（措法62②）。

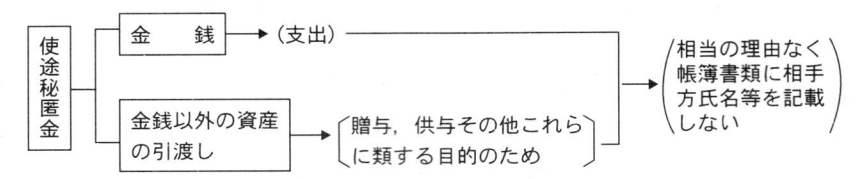

```
                ┌─ 金　銭 ──→（支出）─────────────┐  ┌相当の理由なく┐
使途秘匿金 ─────┤                                      ├─┤帳簿書類に相手├
                └─ 金銭以外の資産 ─→┌贈与，供与その他これら┐  │方氏名等を記載│
                   の引渡し          └に類する目的のため    ┘  └しない        ┘
```

(注) ① 資産の譲受けなど取引の対価であるもので，金額が妥当なものを除く。
　　 ② 「相手方氏名等」は氏名又は名称，住所又は所在地，事由をいう。
　　 ③ 相手方氏名等を記載していないことが，これを秘匿するためでないことが明白であるものを除く。

　金銭については，単に「支出」とされているだけで限定がないことから，仮に法人が仮払金，貸付金，借入金の返済と処理していても，相当の理由がなく，相手方氏名等を帳簿書類に記載していなければ課税対象となります。また，相手方氏名は原則として期末までに帳簿書類に記載することを要しますが，確定申告期限までに記載すれば，法定記載日までに記載があったものとされます。

(3) **使途秘匿金に含まれないケース**

　次のものについては，使途秘匿金に含めないとしています（措法62②）。

① **相手方の氏名等を帳簿書類に記載していないことに相当の理由があるもの**

　　相当の理由があるか否かは，この制度の趣旨と社会通念に照らして判断することになります。相当の理由がある場合とは，不特定多数の者との取引のように取引の性格上，相手方の氏名等がわからない場合や，小口の金品の贈与あるいは不特定多数の顧客を相手とする事業者への支払のように，相手方の氏名等まで帳簿書類に記載しないことが通例となっている場合が考えられます。

　　なお，小口の金品の贈与には，手帳，カレンダー等の広告宣伝用物品等や小口の謝金等の支出などが含まれます。

② **資産の譲受けその他の取引の対価として支出されたもの**（取引の対価として相当であると認められるものに限る）**であることが明らかなもの**

　　相手方の氏名等を記載していない場合であっても，商品の仕入れ等のよう

に取引の対価の支払いであることが明らかな支出で，その支払額が対価として相当と認められる金額であれば使途秘匿金から除かれます。

ただし，不相当に高額で仕入れている部分がある場合には，使途秘匿金として扱われることになるので注意が必要です。

③ **税務署長が認める場合**

税務署長は，法人がした金銭の支出のうちにその相手方の氏名等を当該法人の帳簿書類に記載していないものがある場合に，その記載をしていないことが相手方の氏名等を秘匿するためでないと認めるときは，その金銭の支出を使途秘匿金の支出に含めないことができるとしています（措法62③）。この税務署長が認めるケースとしては，帳簿の記載誤りや自然災害等による帳簿書類の減失などが考えられます。

(4) **費途不明金との取扱いの違い**

法人税基本通達は，費途不明金について，「法人が交際費，機密費，接待費等の名義をもって支出した金銭でその費途が明らかでないものは，損金の額に算入しない」（法基通9－7－20）と定めています。使途秘匿金と費途不明金とでその取扱いが異なるのは，使途秘匿金については，更正処分等が行われた後にその使途を明らかにした場合であっても課税を免れることができないことです。これに対し，費途不明金については，更正処分がなされた後にその使途を明らかにした場合には，その処分を取り消して，その明らかにされた支出の性格に応じて税務上の取扱いがなされています（裁決 昭57.1.14 裁事23集133頁 J23－3－03）。

(5) **参考裁決例**

平成15年6月19日裁決（裁事65集436頁 J65－3－31）

バネ製造業を営む請求人が行った商品券とビール券の引渡しの一部が使途秘匿金に該当するか否かが争われた事案で，裁決では，イ）ビール券は，購入先を通じて通常の中元又は歳暮時期に配送されたと認められること，ロ）ビール券の配送先は，いずれも請求人の取引先の関係者であったと推認されること，ハ）ビール券は，配送先1件当たりの配送枚数からみて，中元又は歳暮用品と

して金額的に相当であることから、ビール券の配送先を帳簿書類に記載しないことが通例であると認められるため、その引渡しは使途秘匿金に当たらないとしています。

4　当事例の検討

　使途秘匿金に対する課税は、何らかの理由により相手先はわかるが、それを明らかにしないという積極性がある場合に適用されるものであり、相手先を記載したものを紛失して明らかにできない場合に適用されるものではありません。

　本事例では、得意先に対して配送した商品券等が、その支出の時期、金額の多寡等から見ても相当の支出と認められる金品の贈与である場合においては、公正な取引を阻害するものではなく、相手方の住所、氏名まで一々帳簿書類に記載しないことが通例と認められるときには、その記載がされていないことに「相当の理由」があるものと解されるため、使途秘匿金に該当しないことになります。

（田代　行孝）

山本守之のコメント

　商品券の購入費用は、対価であるから、適切なものである限り、使途秘匿金とはならないでしょう。相手方名がないだけで課税要件を満足するものではありません。

79 給与か外注費か

1 事　例

　当社は，挙式・披露宴のコーディネートを中心としたブライダルに関する事業を営む会社です。当社では，式当日の様子を収めたオリジナルフォトアルバムを，式から5日目に新郎新婦の希望場所へ送付するサービスを行っています。
　アルバム制作のほとんどをプロカメラマンのAが行います。制作に当たり，表紙と頁数・カット数は当社が指定しますが，その他の写真撮影，現像，構成，レイアウト，コメント等デザインや編集及び仕上げ作業はすべてAに任せます。以前は，写真撮影のみを日当1万円で依頼し，給与として支給していました。しかし，Aの撮った写真の映像やアングルが斬新で，技術も高く，センスが良いと評判であったことと，A自身もアルバム制作の経験があったこと等の理由から，アルバム制作の全工程を任せることにしました。報酬は，式当日の撮影に対する日当3万円と，アルバム制作（納期3日が条件）に対する対価3万円の合計6万円です。

2 問題点（争点）

　問題点は，Aに対する支払いが請負契約に対する対価として報酬となるのか，雇用契約に基づく労務の対価として給料となるのかという点です。

3 検　討

(1) 雇用と請負

　雇用とは，「当事者の一方が相手方に対して労働に従事することを約し，相手方がこれに対してその報酬を与えることを約する」ことで効力が生ずる契約をいいます（民623）。使用者と労働者は，お互い承諾のないまま，雇用に関す

る権利を他者に譲渡したり，自分に代わり他者を労働に従事させたりすることはできません。また，労働者の権利は，労働基準法により保護されています。

請負とは，「当事者の一方がある仕事を完成することを約し，相手方がその仕事の結果に対してその報酬を支払うことを約する」ことで効力が生じる契約です（民632）。請負は，雇用とは異なり，仕事を他者に行わせることは可能です。これは，「労働の提供」を目的としている雇用に対して，請負は「仕事の完成」を目的としているためです。

(2) 給与所得と事業所得の区分

法人税の計算では，給与と外注のどちらに判定されても原則的には損金となります。しかし実務上，消費税や源泉所得税の取扱い，外形標準課税や人材投資促進税制の適用，社会保険や労働保険の取扱い等，区分する必要性は大きく，重要です。その判断について，「業務の遂行ないし労務の提供から生ずる所得が所得税法上の事業所得と給与所得のいずれに該当するかを判断するに当たっては，租税負担の公平を図るため，所得を事業所得，給与所得に分類し，その種類に応じた課税を定めている所得税法の趣旨，目的に照らし，当該業務ないし労務及び所得の態様等を考慮しなければならない」（最判 昭56.4.24 民集35巻3号672頁，Z117-4787）との判示があります。

給与所得とは，具体的には雇用契約又はこれに準ずる契約等に基づいて，雇用主の指揮命令に服して提供した役務の対価をいい，特に給与の支払者との関係において何らかの空間的，時間的な拘束を受け，継続的ないし断続的に労務又は役務の提供があり，その対価として支給されるものかどうかが重要視されます。勤務場所及び勤務時間が指定され支払者に管理されていることは給与所得の判断要素となります。また，雇用関係に限らず，一定の勤務関係に基づいて受ける報酬も含まれます。例えば，法人の役員に対する報酬や家族手当，住宅手当等のように労務提供の程度に直接関連しない生活給的なものです。

これに対し，事業所得とは「自己の計算と危険において独立して営まれ，営利性，有償性を有し，かつ反覆継続して遂行する意思と社会的地位とが客観的に認められる業務から生ずる所得」（前掲最判 昭56.4.24）とあります。「事業」

であるといい得るためには，役務提供に係る成果に対する危険負担や役務提供のための費用の自己負担という要素の存在が必要とされます。つまりは，労務提供の対価ではなく自己の判断や危険負担に基づく仕事の完成に対する対価といえます。

実務上，次のフローチャートや検討表が判定に使われることがあります。

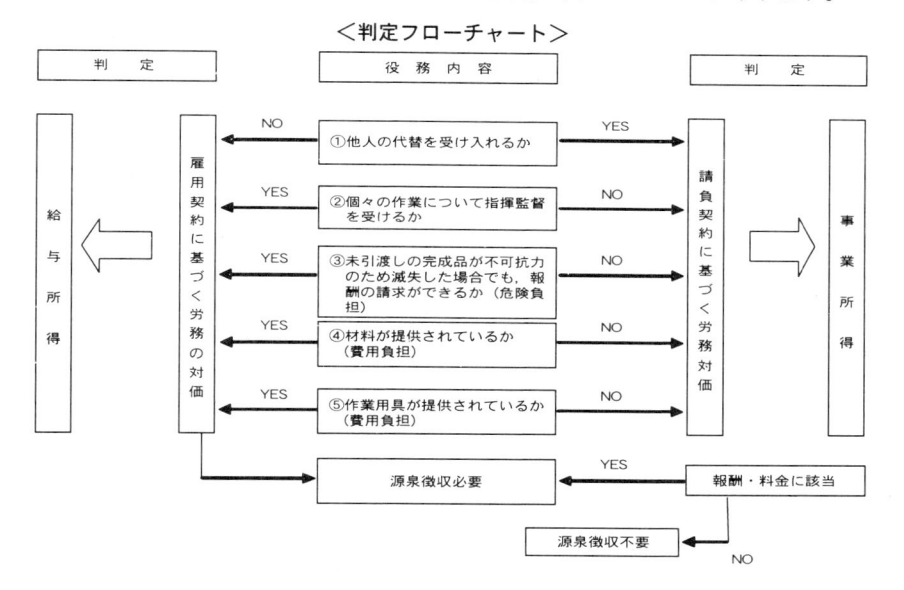

＜判定フローチャート＞

判定		役務内容		判定
給与所得 ←	雇用契約に基づく労務の対価	①他人の代替を受け入れるか　NO←／YES→ ②個々の作業について指揮監督を受けるか　YES←／NO→ ③未引渡しの完成品が不可抗力のため滅失した場合でも，報酬の請求ができるか（危険負担）　YES←／NO→ ④材料が提供されているか（費用負担）　YES←／NO→ ⑤作業用具が提供されているか（費用負担）　YES←／NO→	請負契約に基づく労務対価	→ 事業所得

源泉徴収必要 ← YES ― 報酬・料金に該当 → NO → 源泉徴収不要

V 交際費・寄附金〔その他費用〕

<給与所得及び事業所得の判定検討表>

	判 定 項 目	給与	事業	判定理由	根拠資料
実務上の判定	当該契約の内容が他人の代替を容れるか	NO	YES		
	仕事の進行に当たり個々の作業について指揮監督を受けるか	YES	NO		
	まだ引渡しを終わっていない完成品が不可抗力のために滅失した場合等において、その者が権利として報酬の請求をなすことができるか	YES	NO		
	材料が提供されているか	YES	NO		
	作業用具が提供されているか	YES	NO		
判例による判定	雇用契約又はこれに準ずる契約に基づいているか	YES	NO		
	使用者の指揮命令に服して提供した役務か	YES	NO		
	使用者との関係において何らかの空間的、時間的な拘束を受けているか	YES	NO		
	継続的ないし断続的に労務又は役務の提供があるか	YES	NO		
	自己の計算と危険において、独立して営まれているか	NO	YES		
	営利性、有償性を有しているか	NO	YES		
	反復継続して進行する意思があるか	NO	YES		
	社会的地位が客観的に認められる業務か	NO	YES		
その他					
	判定(総合勘案)				

TAINS 法個通 法人課税課速報(源泉所得税関係)【給与所得と事業所得の区分給与?それとも外注?】東京国税局平成15年7月第28号【情報公開法第9条第1項による開示情報】より引用

判定検討表の「その他」の判定項目としては，報酬の性格や額，専属性の程度，服務規律の適用，公租などの公的負担関係，仕事の依頼等に対する諾否の自由等が挙げられると思います。

税務の問題ではありませんが，労働者か否かを争った裁判があります（東京高判 平14.7.11 判時1799号166頁）。映画撮影技師が，映画撮影に従事中死亡し，遺族が労災保険法上の遺族補償給付等の支給を請求したものです。支給については，この映画撮影技師が，労働基本法上の「労働者」に該当するかが問題となりました。

裁判では，「『労働者』に当たるか否かは，雇用，請負といった法形式のいかんにかかわらず，その実態が使用従属関係の下における労務の提供と評価するにふさわしいものであるかどうかによって判断すべきものであり……実際の使用従属関係の有無については，業務遂行上の指揮監督関係の存否・内容，支払われる報酬の性格・額，使用者とされる者と労働者とされる者との間における具体的な仕事の依頼，業務指示等に対する諾否の自由の有無，時間的及び場所的拘束性の有無・程度，労務提供の代替性の有無，業務用機材等機械・器具の負担関係，専属性の程度，使用者の服務規律の適用の有無，公租などの公的負担関係，その他諸般の事情を総合的に考慮して判断するのが相当」とした上で，各項目について労働者性を判定した結果，第一審では「労働者ではない」との判断を，第二審では逆に「労働者である」との判断を示しています。これは総合的な判断の難しさを示していると思います。労働基準法自体が労働者保護を目的とすることから，労働基準法における「労働者」の範囲と税務における労働者とは異なるかもしれません。これをそのまま税務における判定の尺度にはできませんが，判断や判定の参考にはなります。

最終的には事例に応じて詳細かつ具体的な事実を把握，収集し，総合判断して判定することになります。

4 当事例の検討

この事例について，いくつかの項目について判定します。

Ⅴ　交際費・寄附金〔その他費用〕

判定項目	内容
代替性	アルバム作成は，Aのセンスの良さや技術の高さ等を理由として依頼していますので，代替性は低いと思われます。
指揮監督	表紙と頁数，カット数は制限されていますが，個々の作業はAに任されていることから，指揮監督関係を肯定するとまではいえないでしょう。
危険負担	アルバム完成後，不可抗力のため引渡しができない場合には，Aが報酬を請求することはできないと考えられます。
材料・作業用具の提供	アルバム制作に必要な材料は提供を受けていますが，カメラやフィルム，照明器具等撮影に関わるものはAが負担しています。
空間的・時間的拘束性	挙式等の場所や日時は当社で決定します。よって，撮影の場所や時間はAの希望によることはできません。納期に条件はありますが，アルバム制作を行う作業場所や時間については拘束しません。
報酬の性格・額	基本的には日当と撮影や作業日数を基礎として報酬を決定しています。出来高的な要素が強いとはいえません。
仕事の依頼等に対する諾否	当社は，すべての挙式等についてアルバムを制作しますが，Aが引き受けるか否かは自由です。

　代替性の低さからは給与と判定することもできますが，これはAの持つオリジナリティによるものです。時間・場所の拘束性が強いのも，ブライダル業の特性と会社のサービスの一環によるものです。報酬についても，出来高的な要素が強いというより給与の性格が強いと思いますが，日当の金額算定にAに対する高付加価値を加えています。このように，いくつかの項目に労務の対価として給料に該当すると思われる点はありますが，その他の項目を含めた総合的判断においてAへの支払いは請負契約による外注としての対価と判定できます。

(矢頭　正浩)

山本守之のコメント

　雇用と請負は民法の規定により区分するもので，税固有の基準があるものではありません。課税庁のフローチャートや判定検討表は，課税要件を規定したものではありません。

VI

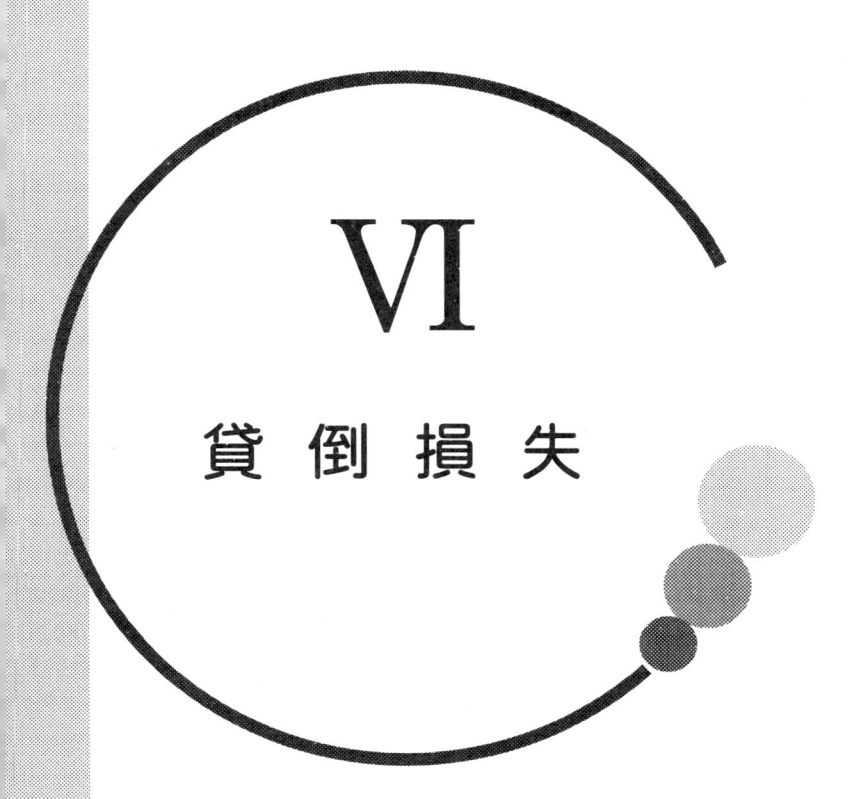

貸倒損失

Ⅵ 貸倒損失

80 売掛金と貸付金の貸倒損失

1 事　例

　当社の取引先のA社は，業績不振から当期に手形交換所の取引停止処分を受け，代表者は行方不明になっています。
　A社には，前期より500万円の貸付金と700万円の売掛金の残額があります。A社は前期中に業況不振に陥ったため，当社は売掛金の回収ができず取引を停止しています。当期において，この貸付金500万円と売掛金700万円のうち，700万円の売掛金のみを貸倒損失として処理をするつもりです。

2 問　題　点（争点）

　問題点は，売掛金と貸付金がある場合，売掛金のみを貸倒損失として処理できるか否かです。

3 検　討

(1) 貸倒損失の損金算入

　法人税の所得の金額の計算上，法人の有する金銭債権について貸倒れが生じた場合の貸倒損失は，法人税法22条3項（当該事業年度の損失の額で資本等取引以外の取引に係るもの）の規定により損金の額に算入されますが，金銭債権が貸倒れとなったかどうかの事実認定はかなり難しい面があります。法人税法上の貸倒損失の判定及び取扱いについては，法人税基本通達9－6－1～3に定められています。

(2) 実質的貸倒れ

　法人の有する金銭債権につき，その債務者の資産状況，支払能力等からみてその全額が回収できないことが明らかになった場合には，その明らかになった事業年度において貸倒れとして損金経理することができます。この場合におい

て，その金銭債権について担保物があるときは，その担保物を処分した後でなければ貸倒れとして損金経理をすることができません。

このうち「資産の状況，支払能力等からみて」とやや抽象的に書かれているのは，貸倒れに関する事実認定に関し，個々の事案に即した弾力的運用を行うという意味のほか，通常の回収努力も払わずに意識的に貸倒損失にしたようなものでない限りは，回収不能に至るまでの動機なり，プロセスを問わないという考えを表現したものです。

企業会計審議会の「税法と企業会計との調整に関する意見書」(昭41.10.17)では「税法においては，貸倒れの事実の認定について一定の基準を設けている。すなわち，企業が債務の免除を行った場合又は債務者について破産，和議，強制執行，整理，死亡，行方不明，債務超過，天災事故，経済事情の急変等の事実が発生したため，回収の見込みがなくなった場合において貸倒処理をすることを認めている。このような基準は，債務者の支払能力の実情に即して債権の回収可能性を判断すべきことを明らかにした事実認定基準として，一般的には妥当であるが，個々の債権についてその回収不能を認定するに当っては，この基準の適用は多くの場合厳格にすぎるきらいがあり，税務官庁と企業との間にこれを巡っての争いが絶えない。貸倒れに関するこのような税務上の認定は，企業の貸倒れの実態に必ずしも即応していないので，企業の合理的な判断による貸倒処理の余地を認めることとすることが望ましい」としています。このようなことから，現在の通達では貸倒れの対象となる事実が列挙されていません。

また，金銭債権の貸倒れについて，法人税基本通達9－6－2が「その全額が回収できないこと」を要求しているのは，法人税法33条2項（資産の評価損の損金不算入等）が資産の評価損の計上を禁止しているためです。

(3) 形式的貸倒れ

債務者について次に掲げる事実が発生した場合には，その債務者に対して有する売掛債権について，法人が当該売掛債権の額から備忘価額を控除した残額を貸倒れとして損金経理をしたときは，損金として認められます(法基通9－6－3)。

Ⅵ　貸倒損失

①　債務者との取引を停止したとき（最後の弁済期又は最後の弁済の時が当該停止をした時以後である場合には，これらのうち最も遅い時）以後1年以上経過した場合（売掛債権について担保物のある場合を除く）。

　　取引の停止は，継続的な取引を行っていた債務者につきその資産状況，支払能力等が悪化したためその後の取引を停止するに至った場合をいうので，例えば不動産取引のようにたまたま取引を行った債務者に対して有するその取引に係る売掛債権については，この取扱いの適用はありません。
②　法人が同一地域の債務者について有するその売掛債権の総額がその取立てに要する旅費その他の費用に満たない場合において，その債務者に対し支払を督促したにもかかわらず弁済がないとき。

この通達は民法の「短期消滅時効制度」を基本に作られた背景があるため売掛債権に限定されています。つまり，他の金銭債権に比べて売掛債権は，1年又は2年という短い期間で時効が成立してしまう（民172～174）点に着目して，特例的に認められています。そして回収不能の判断について一種の外形基準を適用して簡素化を図っています。

4　当事例の検討

当社は，A社が手形交換所の取引停止処分を受けたことと代表者が行方不明になっているという事実が発生しているので，当期において全額の回収不能が明らかであったとすれば，全額を損金経理によって貸倒損失とする方法が考えられます。しかし，全額の回収が明らかでない場合には，貸付金500万円については，A社が手形交換所の取引停止処分を受けていますので貸倒引当金の個別評価額（法令96①三）を適用して貸付金の50％相当額を貸倒引当金勘定に繰り入れることができます。そして売掛債権700万円は「1年以上の取引停止」の形式的な基準により備忘価額を控除した残額を貸倒れとして損金経理をすることができます。

（林　紀孝）

山本守之のコメント

　法人税基本通達9－6－3は，あくまで形式基準（1年以上）で貸倒れとするものです。貸倒引当金の個別評価とは考え方も法規定も全く別のものと考えて下さい。

Ⅵ 貸倒損失

81 貸倒損失と債権者の事情

1 事　例

当社の子会社Ａ社は，規制緩和に伴う競争激化のなか，売上の減少，原材料の高騰等による経営不振のため，平成21年3月決算で11億円の債務超過となりました。Ａ社の平成21年12月末現在の資産総額は7億円，負債総額は22億円と見込まれています。当社は，一般債権者であるＸ社（貸付金額2億円），Ｙ社（貸付金額3億円），Ｚ社（貸付金額1億円）との協議を続けてきた結果，Ａ社の再建を断念し，解散することを前提に，各社が保有する債権の全部又は一部を切り捨てる旨，合意しました。

当社は，Ａ社設立当初から役員・職員を派遣し経営を主導してきた親会社としての責任を果たすため，平成22年3月22日，当社が保有する債権の全額（10億円）を放棄し，同日，Ｘ社，Ｙ社，Ｚ社はそれぞれ貸付金額の50％を切り捨てることとなりました。当社は自社製品の納入先としてＸ社，Ｙ社，Ｚ社と長年，取引を継続してきたこともあり，Ａ社が経営不振に陥ったことについて親会社として経営責任を明らかにすることが，Ａ社処理案の合意を得るため不可欠な条件であるという経営判断でした。

当社は平成22年3月期の決算においてＡ社に対する債権放棄額10億円を貸倒損失として損金の額に計上する予定です。

2 問 題 点（争点）

問題点は，Ａ社に対して放棄した債権が，全額回収不能であったと認められるか否かです。

3 検　　討
(1) 債権の全額回収不能の判断基準

貸倒損失を損金の額に算入するための根拠規定としては，法人税法22条3項3号に「当該事業年度の損失の額で資本等取引以外の取引に係るもの」を損金の額に算入する旨の規定があります。貸倒損失の判定については，法人税基本通達9－6－2に「金銭債権につき，その債務者の資産状況，支払能力等からみてその全額が回収できないことが明らかになった場合には，その明らかになった事業年度において貸倒れとして損金経理することができる」とあり，これによることとなります。通達が金銭債権の一部ではなく全額の回収不能を要求しているのは，金銭債権の一部の貸倒処理は，金銭債権の評価損の計上と等しく，金銭債権の評価損は損金の額に算入できない(法法33)という規定によるものです。

回収不能の判断基準として，前記通達は「その債務者の資産状況，支払能力等」を掲げています。具体的な事実を掲げず抽象的な表現に止めているのは，通達の記載が限定的なものと解されることを避け，事案の実情に即した事実認定を行うことを可能にする意味のほか，債権回収のため通常必要な手順を踏むことなく，意図的に貸倒損失を発生させたというものでない限りは，回収不能に至るまでの過程は問わないという考え方によるものです。

一方，回収不能の判断において債権者の事情が考慮されるか否かについては，通達は全く触れていません。この点が争われたのが後述する裁判例です。

(2) 債権者の事情を考慮すべきか

債権者の事情を考慮すべきか否かについて初めて裁判所の明確な判断が示されたのが，いわゆる興銀事件です。これは，住専処理のため，住専J社の主要母体行である旧日本興業銀行(以下「K行」という。)がJ社に対する貸付債権を放棄し債権相当額をその決算期の損金の額に算入したところ，処分行政庁がこれを否認したという事案です。

興銀事件の上告審 (最判 平16.12.24 判タ1172号129頁　Z254－9877) は，債権の全額が回収不能であることは客観的に明らかでなければならないが，そのこと

は，債務者の資産状況，支払能力等の債務者側の事情のみならず，債権回収に必要な労力，債権額と取立費用との比較衡量，債権回収を強行することによって生ずる他の債権者とのあつれきなどによる経営的損失等といった債権者側の事情，経済的環境等も踏まえ，社会通念に従って総合的に判断されるべきものであるとしました。そして，K行がJ社の設立に関与し経営に深く関わっていたこと，再建計画を達成できなかったことにつき信義則上の責任を追及されるおそれがあったこと，住専処理計画においてK行が自らの債権を全額放棄することを公にしたと認められること等の事実から，K行が債権額に応じた損失の平等負担を主張することは，債権放棄が行われた平成8年3月末までの間に社会通念上不可能になっており，当時のJ社の資産等の状況からすると本件債権の全額が回収不能であることは客観的に明らかとなっていたと判示しました。

　本判決について，「住専処理問題という特異な状況を背景としたものであること」を踏まえ，「一般には，回収不能かどうかは第一義的には債務者側の事情により判断することとなるであろう」（窪田悟嗣編著『法人税基本通達逐条解説』（五訂版）税務研究会出版局，874頁）との見解もあります。

　しかし，興銀事件の上告審は，上記の判断基準を特殊な事案においてのみ適用されるべき例外的基準として示したものではないようです。債権が全額回収不能かの判断にあたって，通達に示されている「債務者の資産状況，支払能力等」という基準のみに依存することなく，当該事案における債権者側の事情，経済的環境等も踏まえ，社会通念に従って総合的に判断するという視点が租税実務において重要である，との考え方を本判決から読み取ることができるように思われます。このような視点が，通達の内容にも盛り込まれるよう望まれるところです。

　また，興銀事件に関連する裁判例として，納税者が自ら出資して設立し代表者となっていたが，その後親族に代表者の地位を譲るとともに持株の全部を譲渡した株式会社の保証債務履行のため，自己が保有する不動産を譲渡し，その後，求償権も放棄したという事案で，保証債務の履行による求償権の行使不能の判断基準について，債務者の資産状況，支払能力等の債務者側の事情だけで

なく，求償権を行使する債権者側の事情等の客観的事情を総合考慮した上で，求償債権の回収の見込みがないことが確実となったかを判断するのが妥当と判示した判決（東京地判 平19.4.20 未登載 Z888-1245）があります。

　債務者である株式会社は，当時，再建の見込みがなく，その財務状況は，保証人が求償権を行使しても求償債権回収のめどが立たない状況にあったことに加え，債務者は保証人の社会的な信用力に相当程度依存しており，他の債権者と同列に求償権を行使することが困難な立場にあったとして，東京地裁は，納税者の譲渡所得について，所得税法64条2項（保証債務を履行するための資産の譲渡があった場合における所得計算の特例）の適用を認めています。

4　当事例の検討

　A社の資産状況は平成21年3月末から同年末までの間に急激に悪化しており，経営環境からも，今後の経営改善は困難と見込まれます。

　当社がA社に対する債権を全額放棄するに至ったのは，A社が経営不振に陥ったことについて親会社としての経営責任を明らかにすることが，一般債権者各社からA社処理案の合意を得るため不可欠な条件であったことや，債権額に応じた損失の平等負担を主張して争った場合には，X社，Y社，Z社との長年の取引関係にひびが入り，将来にわたって，債権放棄による損失以上の利益を失うおそれがあること等の事情によるものです。このような状況においては，あえて損失の平等負担を主張せず，債権の全額を放棄することが，経済合理性にかなった経営判断であるということができ，社会通念上，このような債権はその全額が回収できないことが客観的に明らかになっているものと考えることができます。

　したがって，平成22年3月期決算において，債権放棄額10億円を貸倒損失として損金の額に算入することができます。

（熊野　泰之）

Ⅵ 貸倒損失

山本守之のコメント

　興銀事件で最高裁は，「(金銭債権の) 全額が回収不能であることは客観的に明らかでなければならないが，そのことは，債務者の資産状況，支払能力等の債務者側の事情のみならず，債権回収に必要な労力，債権額と取立費用との比較衡量，債権回収を強行することによって生ずる他の債権者とのあつれきなどによる経営的損失等といった債権者側の事情，経済的環境等も踏まえ，社会通念に従って総合的に判断されるべきものである。」としています。

　つまり，J社 (債務者である住専) の母体行である旧日本興業銀行が非母体金融機関に対して，債権額に応じた損失の平等負担を主張することは社会通念上不可能であり，J社の資産等の状況からすると本件債権金額の回収不能は客観的に明らかであるということです。

82 損金経理しなかった貸倒損失

1 事　例

当社の取引先であるＡ社について，決算確定後に当該事業年度においてＡ社の資産状況，支払能力からみてＡ社に対する債権の全額が回収不能であることが明らかであることが判明しました。申告調整によりこの貸倒損失を計上しようと考えています。

2 問題点（争点）

問題点は，確定決算において損金経理していない貸倒損失を申告調整により減算して申告できるかどうかです。すなわち，法人税基本通達9－6－2の適用において損金経理が絶対的要件か否かが問題となります。

3 検　討

(1) 貸倒れの認識と損金経理

法人が保有する金銭債権については，法律上の金銭債権が存在する場合であっても，「債務者の資産状況，支払能力等からみてその全額が回収できないことが明らかになった場合には，その明らかになった事業年度において貸倒れとして損金経理をすることができる」（法基通9－6－2）とあります。実質的判断における回収不能見込額が，税務上貸倒損失として認められるかどうかは事実認定の問題で，債務者の資産・負債状況や資金状況だけでなく，債務者の経営能力や社会的信用といった個人的要素も加味されます。一方債権者側で債権回収に対してどのような措置を取っているのかについても貸倒れの判断では重要になります。債権者である法人の貸倒れの認識について次のような裁判例があります。

「貸倒損失の認定上，損金経理や確定申告は法律上の要件とされていない

ものの，貸倒れの有無は，これについて直接の利害を有し，回収の能否に最大の関心を有しているはずの債権者において最も的確に把握しているとみられるから，こうした債権者が貸倒れや，また，それに至らないまでも回収困難な債権の処理につき一定の方式を採用しているにもかかわらず，いまだその処理に至っていないような場合には，特段の事情が認められない限り，貸倒れ状態はいまだ到来していないとみるのが相当である。」（東京地判 昭57.4.26 税資142号2093頁）

この判例では貸倒れの事実を最も的確に認識しているのは債権者であり，損金経理をしていない場合は，貸倒れを認識していないということつまり貸倒れがなかったと推定すべきであるとしています。

しかし，この判決の中で「特段の事情が認められない限り」という条件も付けています。債権の回収の能否に最大の関心を有しているはずの債権者においてさえも，必ずしも債務者の状況を的確に把握できない「特段の事情」もあると考えられるからです。たとえば，債務者が債権者に対して資産・負債内容を正しく開示していなかった場合や情報の開示が遅れたり滞ったりした場合などの「特段の事情」があると，債権が回収不能となった時期と債権が回収不能であると判明した時期が異なることにもなり得るからです。

(2) 損金経理しなかった場合

法人税基本通達9－6－2において，「損金経理した場合にはこれを認める」とあった旧通達が，昭和55年に「損金経理することができる」に改正されました。この表現の違いについては，改正後の通達は損金経理を絶対的要件でないとも受け取ることができますが，法人税質疑応答事例集0115では「損金経理を条件」としており，現状では損金経理を絶対的要件として税務上執行されています。その場合この通達を文理解釈すると，回収不能になった事業年度に損金経理しなかった場合には永久に損金とすることができないことにもなりかねません。

しかしながら債権の貸倒損失につき，損金経理していない場合であってもその債権が回収不能である場合には訴訟段階で損金算入が認められるかについて，

必ずしも損金経理が要求されているわけではないとした次のような判例があります。これは，行政庁が「法人税基本通達9－6－2では債権全額が回収できないことが明らかになった事業年度に貸倒れとして損金経理が条件とされているが，これを貸倒損失金とする旨の会計処理を何らしていないのであるから損金の額に算入することはできない」と主張したことに対して，裁判所は「当該債権の回収ができないことが明らかになった事業年度中に貸倒れとして損金経理をしておかなければ，その後になって，当該債権について貸倒損失金であるとする主張がしえなくなるものと解すべき実定法上の根拠はない」と判示しました（東京地判 平元.7.24，Z173－6335）。この裁判例のように，債権者が債務者の状況を把握できず後日貸倒れが判明した場合などが，前掲の裁判例（東京地判 昭57.4.26）の「特段の事情」に当たるといえそうです。このような場合では，回収ができないことが明らかになった事業年度中に貸倒れとして損金経理をすることは困難といえます。貸倒損失は意思表示する点では減価償却や引当金の繰入等と同様ですが，損金経理を要件とする実定法がない貸倒損失は，外部事情により貸倒れが確定する要素があることも考え併せると，必ずしも損金経理が絶対的要件ではないといえます。

(3) 推定と立証責任

通達において損金経理を要件とした意義について大淵博義氏は，「貸倒損失の損金性の立証責任が納税者にあること，経済的貸倒れの発生は，損金経理が要件とされている資産の評価損と同様に，一定の時期に確定的にかつ客観的に明らかにすることは極めて困難であることから，法人が確定決算において，その発生を先ず認識したことを表示すべきことを明らかにしたものと解すべきである。換言すれば，法人がその貸倒れにつき，損金経理していない場合には，貸倒損失の発生はないものと推定し，そして，その事実を認識していなかったことを推定するということであろう。」（大淵博義『法人税法の解釈と実務』590頁 大蔵財務協会）と述べています。この貸倒損失の発生はないという「推定」については，前掲の判例（東京地判 平元7.24）においても判示されています。したがってこの通達を適用する場合，損金経理をしていないことは納税者が貸倒れの事

実を認識していなかったと推定されますが，実定法上において損金経理を要件としていない以上，損金経理をしていないことのみで貸倒れを否認することはできません。しかしその場合には，その推定を覆すに足る立証の責任は納税者にありますので，回収不能の立証はかなり厳格に要求されることとなります。現に前掲の判例（東京地判 平元7.24）では全額回収不能であることの事実を認めるに足りる証拠はないとして斥けられています。

4 当事例の検討

　債権者である法人が貸倒損失として損金経理しなければ，貸倒れ金としての主張ができないという実定法上の根拠はないという判例によれば，当社が確定決算で損金経理をしていなかったとしても申告調整で貸倒損失としての計上は可能と思われます。ただし当社は，申告調整での貸倒損失の計上について，当該事業年度に債権の回収不能が明らかであることを立証するとともに，なぜ損金経理しなかったのかについての合理的な理由も明確に示さなければなりません。また利益操作の意思がなかったかどうかも厳しく問われることとなります。文理解釈上は損金経理が絶対条件ではありませんが，実務上は立証が非常に難しいと思われますので，行政庁を説得できるだけの充分な証拠や資料が必要でしょう。

（竹内　春美）

山本守之のコメント

　法人税基本通達９－６－２は損金経理が絶対要件となっているわけではありません。しかし，「損金経理していないのは回収可能性があるからだ」という無責任な考え方がありますから注意して下さい。

83 債務超過の相当期間

1 事　例

　当社は，取引先であるＡ社（資本系列はなし）に対し，運転資金として5年前に1,000万円貸し付けました。3年間は元金，利息ともに契約条件どおり入金になりましたが，2年前にＡ社の販売先が倒産し，これにより急激に資金繰りが悪化したらしく，その後ずっと元金も利息も入金がなくなりました。当社は再三にわたり，Ａ社に出向き返済のための交渉を行ったり，書面にて返済を請求する等，さまざまな回収の努力をしてまいりました。そこで，Ａ社の決算書の開示を求めたところ，2年前から債務超過状態に陥っていることが判明しました。当社は今期の決算に当たり，貸付金残額400万円を書面により債権放棄の通知をするとともに，当期の貸倒損失に計上する予定です。

2 問題点（争点）

　問題点は，当社が書面により債権放棄をしたＡ社への貸付金400万円は貸倒れとして処理することができるかどうかです。

3 検　討

(1) 債務超過の状態が相当の期間継続するとは

　債務超過とは負債の総額が資産の総額を上回ることをいいますが，通常は企業の決算における貸借対照表の数値が基本となります。

　このとき，資産や負債の簿価と時価との乖離などで含み損益がある場合には，その含み損益を加味した時価による貸借対照表の数値がより企業の実態を反映していることから，時価による貸借対照表が重視されます。

　次に相当の期間については，次の場合を指します。

法人税基本通達9－6－1(4)が提示するのは「その金銭債権の弁済を受けることができないと認められる場合」であり，「債務超過の状態が相当期間継続」は，その弁済を受けることができるか否かの判断をする期間を指しております。

　債務超過の状況にある取引先があった場合でもそれだけで取引を停止したり回収を断念することはありません。

　「相当の期間」は回収が不能であるとする最終的な判断のための見極めをつける期間です。このとき，債務者が災害などで回収不能の被害を受けた場合と，慢性的に経営状態が悪化した場合では，その最終判断が異なることは当然であり，それらを総合的に判断し取引上の最終的な決断をすることとなります。

　このことについて，『会社税務釈義』(第一法規) 2116頁に，「債務超過の状態が相当期間継続するとは，回収不能かどうかを判断するために必要な期間ということであって，一律に3年とか5年というように考えるべきでないと思われる」とあります。

　つまり「相当の期間」は，最終的に回収不能と判断するための期間です。

(2) 回収不能の立証の責任

　次に「その金銭債権の弁済を受けることができないと認められる場合」について次の判例があります。

　「回収不能としての事実認定は債務超過の状態が相当期間継続し，なおかつ回収の努力を真摯に払ったにもかかわらず客観的に回収の見込みのないことが確実になったことを指し，単なる債務者の所在不明，事業閉鎖，刑の執行等外的事実の存在のみで直ちに貸倒とならない。」(東京地判 昭49.9.24 税資76号779頁)とあり，この部分が一番大切なところです。

　また，回収不能と認められる場合のその判断要件として，次の判例がありますので，参考して下さい。

　「回収の可否の判断は，債務者の返済能力という不可視的事由にかかわるから，その判断の公正を期するためには，客観的かつ外観的事実に基づいて行うべきことになる。したがって，貸倒損失として損金処理するためには，当該事業年度において当該債権の債務者に対する個別執行手続又は破産手続

において回収不能が確定し，あるいは会社更生等の倒産手続において当該債権が免除の対象とされた場合等に限られるものではないとしても，法人が当該債権の放棄，免除をするなどしてその取立てを断念した事実に加えて，債務者の資産状況の著しい不足が継続しながら，債務者の死亡，所在不明，事業所の閉鎖等の事情により回復が見込めない場合，債務者の債務超過の状態が相当期間継続し，資産，信用の状況，事業状況，債権者による回収努力等の諸事情に照らして回収不能であることが明らかである場合のように，回収不能の事態が客観的に明らかであることを要するものと解すべきである」とあり，次いで「債務免除をした事業年度において貸倒損失と認めるには，免除の意思表示をしたという事実のみで足りず，少なくとも債権を担保する担保権がないか，あってもその実行が期待できないこと及び当時の返済能力を喪失していたことを立証する必要がある」（東京地判 平11.3.30 税資241号556頁，Z241-8377）と判示しています。

要は，債権の種類，金額，債権形成の過程，過去の回収の状況，相手方の事情と回収の関係，回収できないことが決定された経緯などを詳細に調査し判断します。

単に，弁済期に履行がなく，あるいは履行ができないというだけではなく，将来にわたり弁済を受ける見込みがないことが必要で，また債権額に対する担保物があるのか，保証人がいるか等も充分に検討する必要もあります。

そして後日のために記録・保存し，回収不能であることを判断するに当たり，疎明資料とします。回収不能であることの立証責任は当社にありますので，これら書類の記録・保存は非常に大切なことであります。

(3) 債務免除と寄附金の関係

書面による債権放棄は，必ずしも当事者間の協議により締結された契約による必要はなく，債権者が債務者に対して書面によりその事実を明らかにしていれば足ります。いわば債権者が一方的に行うものです。この場合，内容証明便で通知していることが多いようです。

また書面により債権放棄（債務免除）をした場合であっても，その債権放棄が

その債務者に対する贈与と認められるものであるときは，寄附金となります。

債務免除を受けた債務者は，債務免除益としての収益の計上が必要となります。

4 当事例の検討

当事例の場合，2年間に及び様々な回収努力をしましたが，貸付金を回収することができず，また，A社は2年前より債務超過状態に陥っていることからも，書面により債権放棄をすることにより法人税基本通達9－6－1(4)の貸倒れとして処理することができます。なお，回収不能の立証の責任は当社にありますので，回収の努力をした証拠等を保存しておく必要があるでしょう。

(鈴木　政昭)

山本守之のコメント

債務超過の「相当期間」を3年～5年とする解説が課税庁のOBの解説書に書かれていますが，正しくは回収可能性を見定める期間ですから親会社が倒産した場合の子会社の場合のようにごく短い期間もあります。

84 ゴルフ場の預託金と貸倒損失

1 事　例

　当社はAカントリークラブとBゴルフ倶楽部の2つのゴルフ会員権を所有しています。今期において次のような事実がありました。
(1)　Aカントリークラブは民事再生法の規定により再生計画の認可決定がありました。A会員権の預託金は2,000万円ですが，同法の再生計画認可決定により，1,900万円は切り捨てられることとなりました。当社のA会員権の取得価額は2,300万円です。なお，会員は従来どおり施設を利用してプレーができます。
(2)　Bゴルフ倶楽部は会社更生法の更生手続開始の申立てをしました。B会員権の預託金は2,000万円です。

2 問題点（争点）

　問題点は，①A会員権について1,900万円を貸倒損失として処理することができるか否か，②B会員権について個別評価金銭債権の50％相当額である1,000万円を損金経理により貸倒引当金に繰り入れることができるか否かの2点です。

3 検　討

(1) 預託金方式のゴルフ会員権の法的性格

　ゴルフクラブ会員権には株式方式のものと，金銭を一定期間預託する預託金方式のものとがあります。すなわちゴルフ場が会員権を発行する場合，株式方式のものは出資金となり，預託金方式のものは預り金となり，また，ゴルフ場が発行した会員権をそのゴルフ場から直接取得する行為も，株式方式のものは出資金となり，預託金方式のものは預託金となります。

Ⅵ 貸倒損失

　預託金方式のゴルフクラブ会員権は，ゴルフクラブの会員となる者が，ゴルフ場経営法人に入会金を預託し，かつ，ゴルフクラブと入会契約を締結することによって生ずる①ゴルフ場施設を一般の利用者に比して有利な条件で継続的に利用できるという事実上の権利，②預託金返還請求権及び③年会費納入等の義務という債権債務からなる契約上の地位を総称したもので，売買等により金銭債権たる預託金返還請求権と年会費納入等の義務と併せてゴルフ場施設優先利用権とが一体不可分となっているものです（裁決 平16.6.1 裁事67集412頁 J67－2－21）。

(2) Ａ会員権の貸倒損失

　法的貸倒れの損金算入については，法人税基本通達９－６－１(1)において，「会社更生法若しくは金融機関等の更生手続の特例等に関する法律の規定による更生計画認可の決定又は民事再生法の規定による再生計画認可の決定があった場合において，これらの決定により切り捨てられることとなった部分の金額」について，「その事実の発生した日の属する事業年度において貸倒れとして損金の額に算入する」としています。Ａカントリークラブの場合は，この通達に該当することとなります。

　したがって，Ａ会員権について貸倒損失が認められると思われますが，もともと，ゴルフ会員権は会員契約の解除がなければ預託金返還請求権という金銭債権に転換しません。したがって，再生計画認可決定によって預託金の一部が切り捨てられたとしても，金銭債権の性格を有しないＡ会員権の貸倒損失の計上は認められないのではないかとも考えられます。

　この点について，国税庁ホームページ「法人税関係質疑応答事例」（国税庁課税部審理室・法人課税課）では，「しかしながら，会員契約を解除しなければゴルフ会員権が金銭債権と認められないのは，契約上『預託金は，据置期間経過後，退会を条件に返還請求することができる』とされているからであって，契約自由の原則の下では，当事者の合意により，契約継続中のある時点で預託金の一部を返還又は切り捨てるという契約に変更することは可能である。すなわち，再建型の倒産手続などによって預託金の一部切捨てが行われた場合も，契約変

416

更により，預託金返還請求権の一部が金銭債権として顕在化した上で，その一部が切り捨てられたとみることができる」という考え方を示しています。

そして，「債権が消滅している事実に着目して預託金の一部が切り捨てられた場合には，会員が従来どおりゴルフ場施設を利用できても，その切り捨てられた部分の金額については貸倒損失の計上が認められると解するのが相当である」としています。

(3) Ｂ会員権の貸倒引当金

個別評価金銭債権の貸倒引当金については，法人税法施行令96条1項3号イにおいて，「会社更生法又は金融機関等の更生手続の特例等に関する法律の規定による更生手続開始の申立て」があった場合，その個別評価金銭債権の額（当該個別評価金銭債権の額のうち，当該債権者から受け入れた金額があるため実質的に債権と見られない部分の金額及び担保権の実行，金融機関又は保証機関による保証債務の履行その他により申立て等の見込みがあると認められる部分の金額を除く）の50％に相当する金額を貸倒引当金に繰り入れることができるとしています。これによるとＢゴルフ倶楽部の場合は，この施行令に該当するように思われます。

しかし，法人税法施行令96条1項3号イに該当するか否かを判断する上で，検討しなければならないことは，ゴルフ場経営会社が会社更生法の更生手続開始申立てがあった場合に，ゴルフ会員権の全部又は一部が金銭債権としての性格を持つことになるか否かということです。

この点について，前掲質疑応答事例では，「ゴルフ場経営会社につき会社更生法の規定による更生手続開始の申立てが行われた場合，更生手続は再建型の倒産処理手続であり，経営の継続を前提としていることから，会員契約は通常その手続の中では解除されないことからすると，ゴルフ場経営会社につき会社更生法の規定による更生手続開始の申立てが行われた場合でも，退会しない限りゴルフ会員権は金銭債権としての性格を有しているとはいえず，当該会員権の帳簿価額の50％相当額を個別評価による貸倒引当金に繰り入れることはできない」としています。

4 当事例の検討

A会員権については，契約変更により預託金返還請求権が顕在化した上で切り捨てられたのですから，貸倒損失として処理することができることとなります。

しかし，B会員権については，再生手続開始の申立てがあった段階では，預託金は金銭債権として顕在化していないから，貸倒引当金の設定対象となる金銭債権ではなく，したがって貸倒引当金は計上できないこととなります。

なお，前掲質疑応答事例では，ゴルフ場経営会社が破産の宣告を受けたが，ゴルフ施設は裁判所の許可を得て当分の間営業するという場合について，「ゴルフ場経営会社が破産宣告を受けた場合は，通常，財産保全の一環として施設は閉鎖され，会員は，破産債権として届け出た預託金債権の範囲で配当を受けることとなる。したがって，その場合には，破産宣告を受けた時点でゴルフ会員権は実質的に金銭債権に転換すると解される」としています。

(久乗　哲)

山本守之のコメント

Aカントリークラブは従来は貸倒れを認めていなかったのですが，課税庁の内部文書（「法人税関係質疑応答事例集」）で容認されました。しかし，Bゴルフクラブの場合は，「預託金は金銭債権ではない」としています。

85 仮装経理に基づく過大申告と前期損益修正

1 事　例

　当社は卸売業を営む3月決算の株式会社ですが，平成16年3月期において架空売上3,000万円を計上し，所得金額1,000万円とする確定申告を行いました。さらに，翌々事業年度（平成18年3月期）において，土地売却からなる資産処分益5,000万円，前々期計上した架空売上3,000万円を売上高の反対仕訳をし，売上高を同額減額して，所得金額500万円とする確定申告を行いました。
　これに対して，処分行政庁は平成20年7月に先の架空売上高の取消額3,000万円は，平成18年3月期の損金とは認められないとして，所得金額3,500万円とする更正処分を行いました。

2 問題点（争点）

　問題点は，①仮装経理に基づく過大申告を翌事業年度以降に反対仕訳をして修正した場合の税務上の取扱い，②その場合の減額更正についてはどのような手続をとればよいのかの2点です。

3 検　討

(1) 仮装経理とは

　仮装経理については，税法において具体的な内容は規定していませんが，単なる事実の認識や計算違いではなく，外部との取引及び決算書に計上した資産や負債について積極的に事実と異なる経理処理を行うことをいいます。具体的には，架空売上の計上，仕入・経費の過少計上などがあり，減価償却費や引当金の過少計上については，会計上正しい処理ではありませんが，法人税法上の仮装経理には該当しません。

(2) 仮装経理に基づく過大申告をした場合の更正

① 更正の特例

仮装経理による過大申告があった場合の減額更正については，税務署長は，法人がその後の事業年度の「確定した決算」においてその事実について「修正の経理」をし，かつ，当該修正の経理をした事業年度の確定申告書を提出するまでの間は更正をしないことができるとされています（法法129②）。

「確定した決算」とは，株主総会において承認を得た決算をいい，「修正の経理」とは，確定した決算の特別損益に前期損益修正損益を計上し，修正の事実を明示することをいいます。この場合の前期損益修正損益は修正事業年度の損益ではないため，別表調整が必要です。その上で，仮装経理した事業年度の減額更正をすることになります。反対仕訳をすることが「修正の経理」を行ったことに該当するのかについて判例では，「……仮装経理の金額につき，その翌事業年度の期首に，帳簿上反対仕訳をする処理をしたが，その後の事業年度の決算の際の財務諸表において，特別損益の項目で前期損益修正損等と計上するなどして修正の事実を明示したことはないことが認められ……，修正の経理がなされたことはないというほかはない。」（大阪地判 平元6.29 税資第170号952頁，Z170-6323）と判示しています。この裁判例によると単に反対仕訳をするのみでは，「修正の経理」を行ったことにはなりません。

また，過年度の仮装経理は当期の営業活動や財務活動ではないから，その修正は，企業会計原則（損益計算書原則6特別損益・注解注12特別損益項目について）によれば，特別損益項目の前期損益修正等として計上されるべきことになります。さらに，企業会計原則の一般原則である真実性の原則・明瞭性の原則や一般に公正妥当と認められる会計処理の基準に照らしても，「修正の経理」とは，損益計算書の特別損益項目において前期損益修正等として計上し，仮装経理の修正の事実を明示することであると解釈すべきでしょう。

② 更正の期限

減額更正の期間は，法定申告期限から5年以内となっています（通法70③）。更正の請求期限（法定申告期限から1年以内または後発的事由が生じた日から2か

月以内)を過ぎた場合には，税務署長の職権による減額更正を求めることになります。

③ **更正に伴う法人税額の控除**

　仮装経理により過大申告した場合，税務署長が減額更正しても，その減額更正によって生じた還付税額については，その更正の日の属する事業年度開始の日前1年以内に開始した事業年度の法人税額のみが還付され，残額については，その更正の日の属する事業年度開始の日から5年以内に開始する事業年度の所得に対する法人税額から順次控除することとされています。

　なお，法人住民税法人税割については，法人税の取扱いに対応して，更正の日の属する事業年度の開始の日から5年以内に開始する各事業年度の法人税割額から，還付されることなく，順次控除されることになっていますが，その控除については，①外国税額控除，②仮装経理の法人税額の控除，③利子割額の控除，④租税条約の実施に係る更正に伴う住民税額の控除の順に行うこととされています（地法53④，321の8）。

(3) **仮装経理に伴う減額更正義務**

　上記の規定に基づき更正の請求を行った場合に，実際に更正をするのかについては税務署長の裁量の範囲であるのか否か，更正の請求の期限を経過している場合にまで更正の義務を負うのか否かが問題となります。前述したように，法人税法129条2項の更正の特例の趣旨は，

① 自ら仮装経理して意識的に多く納めた税金に還付加算金を付して一時に還付することは，数年間の税金を一時に還付するという点で財政を不安定にする。
② 申告納税制度の本旨からみて好ましくない。
③ 通常より不利な取扱いをすることとして粉飾決算を未然に防止する。

という点にあります。また，更正の請求の期間に制限が設けられた理由については次のような点が挙げられます。

① 無制限に認めると申告期限内に適正な申告を期待している申告納税制度の趣旨に反する。

② 課税庁の増額更正と更正の請求が交互に繰り返され，決着のつかない事態が生じる可能性がありうる。
③ 課税庁の処分手続にも齟齬（そご）が生ずる。

諸般の判例においては，更正の請求期限を徒過した場合には，「特段の事情」がない限り，その是正は許されないものとされ，「特段の事情」についてもその許容範囲は極めて限定的なものとなっています。さらにその場合の減額更正義務については，「税務担当者として客観的に負っているのであり，納税者に対して負っているものではなく」税務署長の裁量に属するところであるとされています。またこの考え方とは逆に，「更正の請求期限の徒過と，実体的真実との関係について考えると，税務署長は，あくまでも真実を追求すべきであって，納税申告所得が誤りであると認識したときは，その誤りが過大であろうと，過小であろうと真実の税額に更正する義務を負うている。」（武田昌輔『ＤＨＣコンメンタール国税通則法』1438頁 第一法規）というような考え方もあります。

4　当事例の検討

本事例は，平成18年3月期において平成16年3月期に架空計上した売上3,000万円について反対仕訳をすることで架空売上の取消しを行っているだけで，修正の事実については明示されていないような場合であり，「修正の経理」をしたことに該当しませんので，処分行政庁が行った更正処分は正しいものと考えられます。また，本事例においては，たとえ過年度の仮装経理を前期損益修正損として計上していた場合でも，修正事業年度においては，別表調整が必要となるため，平成18年3月期の所得金額は，架空売上の取消額3,000万円を加算した3,500万円となります。

さらに，平成18年3月期の確定申告時点においては，更正の請求期限を経過しているため，税務署長の職権による減額更正を求めることになります。この場合，減額更正期限が徒過しないように税務署長に減額更正を早急に実施するよう要請するほうがよいでしょう。

（山本　敬三）

山本守之のコメント

　仮装経理に基づく過大申告は，修正経理をするまでは税務署長は減額更正をしないことができますが，調査等において判明した増額更正のみを行うことは許されません。

VII

消費税

86 個人事業者の廃業と消費税

1 事　例

> 私は人口15万人程度の地方都市で30年間にわたって骨董販売業を営んできました。ここ数年の年間売上高は1,200万円から1,500万円程度にすぎず，景気が悪いこと及び後継者がいないことから廃業を決意しました。店舗のある商店街の経営者は多かれ少なかれ同様の悩みをかかえているようです。
>
> 現在，棚卸資産は時価600万円程度です。また店舗建物は自己所有ですが25年前に建築したもので500万円程度の時価です。住居建物は別に所有しています。
>
> 店にある壺や掛軸で少し値の張るものは自宅の応接間に飾るなどし，小物については安いものですが，これまでお世話になった方や友人にプレゼントしようと考えています。店舗建物の今後の利用方法についてはまだ決まっていません。このような状況で廃業した場合の消費税の課税はどうなりますか。

2 問題点（争点）

問題点は，個人事業者が廃業した場合の事業用資産について，みなし譲渡の規定が適用されて課税売上げとしなければならないかです。

3 検　討

(1) みなし譲渡

個人事業者が棚卸資産又は棚卸資産以外の資産で事業の用に供していたものを個人事業者又は当該個人事業者と生計を一にする親族の用に消費し，又は使用した場合には，事業の対価を得て行われた資産の譲渡とみなして消費税が課税されます（消法4④一，消基通5－3－1）。

棚卸資産の家事消費に対し，みなし譲渡として課税する理由としては，次の2つがあげられています。
① その棚卸資産を取得した時には課税仕入れとして売上に係る消費税額から控除しており，その仕入税額控除分を取り戻すため
② 消費税は最終消費者にその負担を求める制度になっており，個人事業者の家事消費も最終消費であることに変わりはなく，一般の消費者の税負担と均衡をとること

この家事消費における対価の額は，家事消費時の時価によります（消法28②一）。なお時価については，消費税法基本通達10－1－18により，①その棚卸資産の課税仕入れの金額又は②通常他に販売する価額のおおむね50％に相当する金額のいずれか大きい金額によることになります。

(2) 個人事業者の廃業とみなし譲渡

個人事業者が事業を廃止した場合に，棚卸資産や店舗・備品等の固定資産の処分のしかたによっては消費税がかかるのでしょうか。

個人事業者が事業を廃止した場合の消費税の取扱いについて，東京国税局税務相談室が平成14年6月に作成した「誤りやすい事例集（消費税）」の事例21では下記のような取扱いを示しています。

【誤った認識】
個人事業者が廃業した場合は，事業用資産が家事用資産に転ずるだけで，譲渡に該当しないので不課税。

【正しい答え】
事業の廃止に伴い事業用資産に該当しなくなった時点で，家事のために消費又は使用したものとみなし，みなし譲渡の規定が適用されるので，課税取引となる。

【根拠法令等】
消法4④一，消費税一問一答13頁

このような考え方によれば，事例では棚卸資産600万円（だたし，上記消基通10－1－18の計算が必要）及び店舗建物500万円が廃業した時点で課税売上げとなってしまいます。

自宅の応接間に飾る壺や掛軸，友人等にプレゼントする小物について消費税が課税されるのはやむを得ないにしても，まだ今後の利用方法が全く決まっていない店舗建物につき，譲渡したものとみなされて課税されるのにはいささか疑問があります。

また，いつの時点で廃業と考えるかの点も重要でしょう。製造業の場合，生産を停止した時点と考えるか，機械を解体あるいは売却処分等をした時と考えるべきなのかについての疑問が残ります。解体費用が多額になる機械や店舗や工場の建物を放置している間も事業をしていると考えるならば，その資産を売却処分できた時点では免税事業者になっているかもしれません。細々と営業を続け，年間の課税売上高が1,000万円を割り込んだ翌々年に廃業すれば，たとえその建物や車両を個人的に使用することになろうが，友人に売ろうが，消費税は課税されません。廃業の時期によって消費税が課税されるか否かが異なる結果となり，バランスを欠くことになります。

(3) **みなし譲渡課税と「消費」又は「使用」**

事例の店舗建物は消費税法施行前に建築されたものであり，当然ながらその建築価額につき仕入税額控除をしたこともありません。みなし譲渡課税の理由の一つとしての，取得時に課税仕入れとしているから，その際の仕入税額控除分を取り戻すため，には該当しません。そのような店舗建物について，廃業時の時価を課税売上げとするのは疑問です。さらに，今後の利用方法が定まっていない建物につき，廃業の時点で「最終消費」であると考えるのは無理があるでしょう。

しかし，そもそも廃業の時点で家事消費又は家事使用があったと考えることが妥当なのでしょうか。廃業すれば棚卸資産や店舗等の固定資産が以後どのように利用あるいは処分されようと家事消費・家事使用としてみなし譲渡の対象とすることについては，それが「消費」といえるのかという原点にまで立ち

帰って検討すべきでしょう。前掲「誤りやすい事例集（消費税）」にいう，廃業イコールみなし譲渡という考えは，消費税法4条4項1号や他の法令の規定から文理的に導き出すことは困難と考えます。

「使用」という語を拡大解釈して廃業時に課税するというのは，文理解釈を原則とすべき租税法令の解釈のあり方としては妥当とは考えにくいところです。

消費税法の公布とともに公開された消費税法取扱通達の解説書である濱田明正国税庁消費税課長編『消費税法取扱通達逐条解説』（大蔵財務協会 平2）の「個人事業者の家事消費等」の款（同通達5－3－1及び5－3－2）に関する解説においても，廃業がみなし譲渡になるという記載はなく，なにか唐突に出てきた取扱いであるとの感が否めません。

4 当事例の検討

棚卸資産の処分については，家事のために消費又は使用されたものとして消費税額の計算上，課税売上高に計上すべきです。しかし，今後の利用方法も決まっていない店舗建物につき，廃業イコールみなし譲渡課税とするのは消費税に関する法令の規定の解釈としては妥当性を欠くのではないでしょうか。

（中村　雅紀）

山本守之のコメント

消費税法4条4項1号では，事業用資産を家事用に消費又は使用した場合はみなし譲渡になりますが，廃業即みなし譲渡とするのは考えものです。課税要件を正しく考えてみましょう。

87 海砂採取のために漁協に支払った同意代金

1 事　例

> 当社は県知事の登録を受けて砂利採取業を営んでいます。この程、海砂利の採取に当たり、県知事の認可を受けるため、県の「海砂利採取認可要綱」(以下、「要綱」といいます)に基づき地元の漁業協同組合の同意書が必要となり、その同意を求めたところ1億円を請求されました。
> 当社はやむを得ず1億円を支払い、漁協から同意書を入手するとともに、採取計画の認可を申請し、海砂採取が認可されました。この1億円は、消費税の税額控除の対象として取り扱っています。

2 問題点（争点）

問題点は、砂利採取計画の認可申請書（以下、「申請書」といいます）に添付すべき漁協の同意書を入手するために支払った金員が、課税仕入れに該当するかです。

3 検　討

(1) **消費税法における課税対象について**

① **「資産の譲渡等」の意義**

消費税法における課税の対象とは、国内において事業者が行った「資産の譲渡等」(消法4①)です。「資産の譲渡等」とは、事業として対価を得て行われる資産の譲渡等及び資産の貸付け並びに役務の提供（消法2①八）をいいます。この場合の資産とは、取引対象となる一切の資産であり、棚卸資産や固定資産のような有形資産のほか、権利その他無形資産が含まれます（消基通5-1-3）。

②　「対価」の意義

「対価」の意義については，消費税関係法令及び取扱通達においても明確に定義されていません。ただし，対価を得て行われる「資産の譲渡等」とは，資産の譲渡等に対して反対給付を受けることをいい，無償による取引は原則として課税対象外とされています（消基通5－1－2）。

これらのことから，資産の譲渡等を行った事業者に関しては消費税が課税され，資産の譲渡等を受けた事業者は仕入税額控除を行うことができることになります。

(2)　砂利採取計画の認可の性格

砂利採取業者は，砂利の採取を行おうとするときは，その採取に係る砂利採取場ごとに採取計画を定め，その砂利採取場の所在地を管轄する都道府県知事の認可を受けなければなりません（砂利採取法16）。

この認可は，占用の許可（河川法24）と異なり，「採取計画の認可は，決して「砂利を採取する権限を設定する」ものではなく，砂利災害の防止という公共目的の達成のために砂利の採取という行為に一般的な制限を加えているもの」（通商産業省窯業室・建設省水政課『逐条解説砂利採取法』124頁　ぎょうせい　平11）であって，認可された砂利採取場の占用支配が認められているわけではありません。

なお，砂利採取業者は，その事業の全部又は一部を譲渡することができます（砂利採取法8）。

(3)　海砂利の性格

海砂利は，海岸若しくは海底に自然に堆積している状態では海の構成分子ですが，認可された採取海域において認可された砂利採取計画に従って自ら採取することによって，海から分離されて初めて独立の所有権の客体である動産となります。しかし，海は，国が公用を廃止して私人の所有に帰属させることにした場合（最判　昭61.12.16　民集40巻7号　1236頁）のような特別の場合を除き，所有権の客体である不動産に当りません。海から未分離の海砂利については，原則として私法上の所有権を有する者がなく，動産でもないため，無主物先占

(民法239) も認められないことになります。

(4) 漁業協同組合の有する権利について

漁協の目的は，「その行う事業によってその組合員又は会員のために直接の奉仕をすること」です（水産業協同組合法4）。また，漁協は，漁業者又は漁業従事者である組合員に対して，その漁協の有する漁業権の範囲内において漁業を営む権利を与えることになります（漁業法8①）。漁業権とは，定置漁業権等をいい（漁業法6），法人税法上は無形減価償却資産（法令13）に該当します。

漁協の有する漁業権は，すべて漁業を営む権利です。そして漁業権には，海砂を採取する権利は含まれていませんし，漁協には海砂の所有権又は海砂を採取する独立の法律上又は慣習上の地位が，認められているわけではありません。

(5) 同意書と同意代金の性格

通常，県の要綱には，海砂利の採取海域に関係する漁協等がある場合には，申請書にそれらの者の同意書を添付すべきことが，採取計画認可基準の一つとして定められています。さらに，砂利採取法19条には，「申請に係る採取計画に基づいて行う砂利の採取が他人に危害を及ぼし，公共の用に供する施設を損傷し，又は他の産業の利益を損じ，公共の福祉に反すると認めるときは，同法16条の認可をしてはならない」と定められています。

したがって，県の要綱が利害関係のある漁協の同意を求めている趣旨は，海砂利採取による予想しがたい漁場被害が発生した場合に備えて，当事者間の紛争防止のための手続であると解されます。そして，漁協からの同意書を入手するために支払われた金員は，漁協に対する一種の「漁場迷惑料」としての性格を有すると考えられます。

(6) 課税仕入れ等の範囲

事業者がその事業を営む上で何らかの行為をするため，実際上の必要性に応じ，他の者に合法的に金員を支払ったとしても，そのすべてが資産の譲受け，借受け又は役務の提供の対価に該当するわけではありません。他の者の有する権利等の侵害又は侵害のおそれに対する補償金としての性格を有する場合や，法律上又は慣習上の権利等地位の対価又は補償金とまではいえない，単なる協

力金，迷惑料的なものにとどまるものは，資産の譲渡等の対価とはなりません。

権利又はこれに類する地位である資産の譲受け又は借受けの対価といえるのは，以下の場合に限られることになります。

① 金員の支払を受ける者が，事業者のしようとする行為について，これをする法律上又は慣習上の権利又はこれに類する地位を有している場合

② 金員の支払を受ける者が，その有する権利又はこれに類する地位の隣接的な効果として，他の者が何らかの行為をすることを許諾する法律上又は慣習上の権利又はこれに類する地位を有する場合

したがって，例えば，砂利採取業者が砂利採取事業を譲渡した場合には，その事業譲渡は，消費税の課税対象となります。

(7) **参考裁決例**

海砂を採取する権利の取得に際し，漁協に支払った漁場迷惑料は，仕入税額控除の対象となる課税仕入れの対価とはならないとした事例（裁決 平6.11.2 裁事48集391頁 J48−5−22）があります。そこでは，「請求人が，海砂採取の許可の申請に当たり，県の指導方針により，A漁業協同組合の同意を得るため漁場迷惑料を支払った事実はあるが，海砂は国有財産であり，A漁業協同組合は海砂の所有権又は海砂を採取し若しくはこれを認める独立の法律上・慣習上の権利等を有していない。また，A漁業協同組合の有する漁業権には海砂採取及びそれに関する作業を行う権利は含まれていない。同意を得るため何らかの金員を支払うことが実際上必要であるとしても，当該金員について，資産の譲受けの対価又は借受けの対価に該当するということはできず，仕入税額控除を適用することはできない。」と判断しています。

4 当事例の検討

海砂利採取の認可を得るにあたり，砂利採取計画の認可申請書に添付する同意書を入手するために漁協に支払った金員1億円については，海砂利採取という事業遂行上必要な経費という要素を有していたとしても，認可により海砂利採取をする権原の設定が認められるわけではなく，消費税の課税対象取引であ

Ⅶ 消費税

る「資産の譲渡等」に該当しないため，消費税の仕入税額控除の対象である課税仕入れに該当しないことになります。

(服部　惣太郎)

山本守之のコメント

漁業組合は漁業権は持っていますが，海砂の採取権を持っていません。このような者に支払った金員は対価に該当しないのです。単なる漁場迷惑料であれば消費税は関係ありません。

88 未成工事支出金と仕入税額控除の時期

1 事　例

　当社は，建設業を営んでいます。当期中（平成21年4月～平成22年3月）に，次のような金額を支出しました。
　(1)　Aビルの工事は甲社に基礎工事（1,575万円），鉄骨工事（3,150万円）を依頼し，完成して検収のうえ，それぞれ支払いました。
　(2)　B内装工事は，乙インテリアに外注に出しましたが，乙インテリアは資金事情から，工事費（945万円）のみとして，工事に必要な材料代は当社持ちとして，布，塗料，養生材，糊等の材料（630万円）を購入して乙インテリアに提供しました。期末における出来高を50％と算定して472万5,000円を支払いました。
　(3)　Cビルの電気工事は丙電工に外注しました。電気工事は仮設工事から照明器具の取付けなどにわたり，工事期間が長期になります。さらに，当工事の機器等が高額となることから，丙電工の申し出により，出来高検収書に基づき代金を支払ってきました。
　当社は，期末に仕掛工事に係る課税仕入れ等の金額について，そのすべてを未成工事支出金として経理処理しています。Aビルの工事については，ビルを発注者に引き渡す予定の翌課税期間（23年3月期）に一括課税仕入れの処理をすることとし，B内装工事は，原則どおりに外注先からの引渡しを受けるつど仕入税額控除することにしました。

2 問題点（争点）

　問題点は，①外注先に出来高支払した金額が，期末に未成工事支出金で処理されている場合，仕入税額控除の対象となるか，②対象になるとしても，継続適用を工事ごとに判断してもよいかの2点です。

3 検　　討
(1) 仕入税額控除の時期の判定

建設業等における工事原価は，請負工事等に係る目的物が完成して引き渡した時点であり，完成前に支払った対価は，所得計算上，費用収益の対応の原則の考え方から「未成工事支出金」として経理して，法人税の所得計算には関係させません。

消費税では，課税仕入れの時期は，原則として資産の引渡しを受けたとき，又は外注先の役務の提供が完了したときになります。よって，未成工事支出金として経理した中から，その課税期間における課税仕入れに係る支払対価の額を抽出して仕入控除税額を計算することができます。

未成工事支出金の仕入税額控除の時期は原則として次表のようになります。

(表1)

区　　分	内　　　　容
A．下請けの提供する人的役務	役務の内容が人的役務の提供のみの場合は，月等の一定期間単位で出来高（給与を除く）を計上していれば，その部分を課税仕入れとしてもよい。
B．下請けの提供する役務が目的物の引渡しを要する請負契約である場合	1．目的物の引渡しを受けた日の課税仕入れ（下請先は課税売上げ）となります（消基通11－3－1，9－1－5）。 2．請負契約の出来高払いは，中間払い，前渡しであり，その支払時点では課税仕入れになりません。 3．しかし，出来高検収書に基づいて請負金額を支払っている場合は，元請業者は出来高検収を基準として課税仕入れを行い，下請業者は完成引渡基準により課税売上高を計上してもよい（消基通11－6－6）。消費税法30条9項2号の「請求書等」に該当するものとして取り扱われます。
C．資材の購入	主材料，補助材料，消耗工具等は引渡しを受けた日が課税仕入れとなります。また，未成工事支出金に算入していない原材料の棚卸高も引渡しを受けた日が課税仕入れとなります（消基通9－1－1）。

(2) 未成工事支出金

上記のように，法人税の計算では，費用収益対応の原則から未成工事支出金

は資産に計上して，当期で損金とせず，工事が完成して引渡しの日の属する事業年度に，未成工事受入金を益金の額に算入するとともに，未成工事支出金を損金の額に算入する方法を採っています。

消費税では，未成工事支出金や建設仮勘定に係る課税仕入れの時期につき，目的物の引渡しがあった時を原則としますが，次の取扱いを置いています（消基通11－3－5）。

> **（未成工事支出金）**
> **11－3－5** 事業者が，建設工事等に係る目的物の完成前に行った当該建設工事等のための課税仕入れ等の金額について未成工事支出金として経理した場合においても，当該課税仕入れ等については，その課税仕入れ等をした日の属する課税期間において法第30条（仕入れに係る消費税額の控除）の規定が適用されるのであるが，当該未成工事支出金として経理した課税仕入れ等につき，当該目的物の引渡しをした日の属する課税期間における課税仕入れ等としているときは，継続適用を条件として，これを認める。

同通達11－3－6（建設仮勘定）の取扱いも未成工事支出金のそれと同様な取扱いであり，「未成工事支出金」を「建設仮勘定」に置き換え，最後の行で「継続適用を条件として」を削除したものです。

この例外的な取扱いを適用すれば，工事原価へ振り替える時期と消費税の仕入税額控除の時期が一致するので，所得税又は法人税と消費税の調整は不要となり，事務処理上簡単ですが，仕入税額控除の時期が遅れることになります。課税仕入れの時期を早めて仕入税額控除を行うためには，消費税の原則に戻り，人的役務提供の分の出来高支払いの分と引渡しを受けた部分を計算することになります。実務上は若干煩雑になりますが納税者には有利です。

法人税と消費税の処理を比較すると次表のようになります。

Ⅶ 消費税

(表2)

	勘定科目		
	法人税	消費税	
		原則選択	特例選択
工事進行中の処理	未成工事支出金として資産計上	発生額を控除する	完成時まで控除しない
工事完成時の処理	未成工事支出金を原価に振替		完成時に未成工事支出金を原価に振替時点で控除する

金井恵美子『税務明解消費税』263頁 清文社 平20 参照，筆者作成

4　当事例の検討

　Aビルの工事（引渡し済み），鉄骨工事は完了して検収を受けているので，上記の表1，B欄の1の「目的物の引渡しを受けた日の課税仕入れ」となります。事例では，全額支払っていますが，外注費が未払金であるか否かは問いません。
　B内装工事（材料無償支給の外注）は，乙インテリアへの工賃のみの外注であるため，原則としては目的物の引渡しの日，又は下請けの提供する役務の完了した日が課税仕入れの時期となりますが，事例のように下請けの提供する役務の内容が人的役務のみである場合には，週，旬，月等の一定の期間を単位として，その出来高を計上していれば，その計上時期が課税仕入れの時期となります。また，乙インテリアに提供した材料代は当課税期間の課税仕入れとなります。
　Cビルの電気工事（出来高検収）に係る丙電工に対する支払いは，丙電工の工事等の出来高を検収し，その出来高に応じて行うことにしています。これはいわば，丙電工から部分完成引渡しを受けたものと実態は変わらないので，丙電工への出来高払いは課税仕入れとして取り扱うことになります（表1，B欄3参照）。
　未成工事支出金のうち，下請業者が行う工事等の出来高に応じて支払うものは，出来高検収書を作成して行い，この出来高検収書は一種の仕入明細とすることから，記載事項が完備され，下請業者の確認を受けたものを作成，保存し

なければなりません。

（武田　喜義）

山本守之のコメント

　未成工事支出金がある場合の仕入税額控除の時期は分かれており，税務調査でも否認項目となる場合が少なくありません。法人税の場合とは区分して下さい。

Ⅶ 消費税

89 対価補償金における法人税との差異

1 事　例

　当社の工場の敷地がT市の体育館建設のために収用されることとなり,次の補償金を受けました。
- 対価補償金　土　地：5,000万円
- 移転補償金　建　物：3,000万円
　　　　　　　構築物：400万円　内訳（アスファルト舗装）300万円
　　　　　　　　　　　　　　　　　　（樹木，植木等の緑化設備）100万円
　　（注）　建物・構築物は移転補償金として取得していますが，実際は，建物，構築物（アスファルト舗装，緑化設備）は解体・取壊しました。
　当社は，移転先において新たに取得する土地，建物，構築物に関して，租税特別措置法64条の圧縮記帳を行う予定ですが，この収用に際して，消費税の課税売上の計算はどうなりますか。

2 問題点（争点）

　問題点は，移転補償金として受けたものを，実質的に対価として法人税法上処理する場合，その建物，構築物に係る移転補償金も消費税法上，課税対象の取引となるかです。

3 検　討

(1) **土地収用法の考え方**

　国や地方公共団体等が，道路や建物等を取得等するための収用に関して，土地収用法では，2条において，「公共の利益となる事業の用に供するため土地を必要とする場合において，その土地を当該事業の用に供することが土地の利用上適正且つ合理的であるときは，この法律の定めるところにより，これを収

用し，又は使用することができる。」とし，基本的に，収用は土地を対象としているものと考えられます。

一方，建物や，立木については，6条において，「土地の上にある立木，建物その他土地に定着する物件をその土地とともに，3条各号の一に規定する事業の用に供することが必要且つ相当である場合においては，この法律の定めるところにより，これらの物を収用し，又は使用することができる」と定め，必要かつ相当な場合においては収用等をすることができるとしています。

つまり，収用事業に必要のない建物等は，収用することはなく，その場合，収用等の際に基準となる国土交通省の「公共事業の施行に伴う損失補償基準」では，次のように定められています。

> (移転料の補償)
> 77条　収用し，又は使用する土地に物件があるときは，その物件の移転料を補償して，これを移転させなければならない。この場合において，物件が分割されることとなり，その全部を移転しなければ従来利用していた目的に供することが著しく困難となるときは，その所有者は，その物件の全部の移転料を請求することができる。

このように，収用の対象とする土地等の上に取得・利用しない建物等が存在する場合には，一般的には，その損失を補填するため，移転することを前提として積算された費用を補償金として支払うこととしています。

(2) 法人税法上の取扱い

① 原　　則

法人税法上の取扱いでは，租税特別措置法64条に定める収用等に伴い代替資産を取得した場合の課税の特例の対象となるのは，原則的には，名義のいかんを問わず，収用等による譲渡の目的となった資産の収用等の対価たる金額（以下「対価補償金」という）をいうものとされています。

② 例　　外

ただし，以下のような場合においては，その対価補償金以外の名目で取得した補償金であっても対価補償金として取り扱うものとされています。

イ　土地等の上にある建物又は構築物をひき（曳）家し又は移築するために

要する費用として交付を受ける補償金であっても，その交付を受ける者が実際にその建物又は構築物を取り壊したときの補償金等
ロ　土地等又は建物等の収用等に伴い，機械又は装置の移設を要することとなった場合において，その物自体を移設することが著しく困難であると認められる資産について交付を受ける取壊し等の補償金等

ちなみに，補償金の種類ごとの法人税法上の取扱いは，次のとおりです。

補償金の種類	課税上の取扱い
① 対価補償金	収用等の場合の課税の特例の適用がある。
② 収益補償金	収用等の場合の課税の特例の適用はない。ただし，収益補償金として交付を受ける補償金を対価補償金として取り扱うことができる場合がある。
③ 経費補償金	収用等の場合の課税の特例の適用はない。ただし，経費補償金として交付を受ける補償金を対価補償金として取り扱うことができる場合がある。
④ 移転補償金	収用等の場合の課税の特例の適用はない。ただし，ひき（曳）家補償等の名義で交付を受ける補償金又は移設困難な機械装置の補償金を対価補償金として取り扱うことができる場合がある。
⑤ その他対価補償金たる実質を有しない補償金	収用等の場合の課税の特例の適用はない。

③　法人税法上の取扱いの趣旨

　　法人税法は，その課税標準が「所得」であることから経済的実質を重視し，移転補償金を収受しても，建物・構築物（移設困難な機械装置を含む）を取り壊した場合，その補償金は，対価補償金として取り扱われ，課税の特例の対象となります。

(3)　消費税法上の取扱い

①　原　　　則

　　消費税の課税の対象は事業者が事業として対価を得て行った資産の譲渡等です。収用等において，土地等は，事業者が所有する資産を，譲渡し，（引き渡す）その対価として，対価補償金を受け取ることになります，建物，構築

物，移設の困難な機械等については，それらの資産をそのまま引き渡すのではなく，取壊し，除却等を行い，移転補償金として交付を受けることが多くその場合，「対価を得て行う資産の譲渡等」に該当するか否かが問題です。

② 施行令及び基本通達

消費税法施行令2条2項では，収用等に係る資産の譲渡等の判断は，「事業者が，土地収用法その他の法律の規定に基づいてその所有権その他の権利を収用され，かつ，当該権利を取得する者から当該権利の消滅に係る補償金を取得した場合には，対価を得て資産の譲渡を行ったものとする。」と定めています。つまり，消費税の課税対象となる補償金の要件としては，次の要件を具備していなければならないことになります。

・ 所有権その他の権利の収用に係る補償金であること
・ 補償金の収受により権利者の権利が消滅し，かつ，その権利を取得する者から支払われたものであること

また，消費税法基本通達5－2－10では，次に掲げる補償金は対価補償金としない旨を述べています。

イ 事業について減少することとなる収益又は生ずることとなる損失の補てんに充てるものとして交付を受ける補償金

ロ 休廃業等により生ずる事業上の費用の補てん又は収用等による譲渡の目的となった資産以外の資産について実現した損失の補てんに充てるものとして交付を受ける補償金

ハ 資産の移転に要する費用の補てんに充てるものとして交付を受ける補償金

ニ その他対価補償金たる実質を有しない補償金

③ 消費税法上の取扱いの趣旨

このように，消費税法では，課税の対象が資産の譲渡等であることから，「対価たる性格を有する」ものとして法人税法上の課税の特例対象とされても，その補償金が資産の移転または取壊しに係る費用を補填するために支払われたものであれば，消費税の課税対象とはなりません。

4 当事例の検討

　法人税法では、自らの選択により実現させたものでない（強制的な）「収用」に際して、移転補償金等として収受したものであっても、その経済的な実質を重視し、圧縮記帳等の対象となります。

　一方、消費税法上課税の対象とされる「対価補償金」は、資産の収用等に際して、その資産の所有権等の権利を取得する者から、原権利者の権利が消滅することへの対価として支払われる補償金に限られますから、対価補償金として受けた土地に係る5,000万円は、消費税の課税対象（非課税売上）となる取引ですが、建物、構築物等に係る移転補償金3,400万円（3,000万円＋400万円）は課税対象外取引となります。

法人税法と消費税法における補償金の取扱いの違い

資産の種類	収用前所有権	補償金の種類	収用後所有権	法人税法	消費税法
土　地	当　社	対価補償金	T市	特例（圧縮記帳等）の対象	非課税取引
建　物	当　社	移転補償金	取壊しにより消滅	特例（圧縮記帳等）の対象	課税対象外取引
構築物	当　社	移転補償金	取壊しにより消滅	特例（圧縮記帳等）の対象	課税対象外取引

（千田　喜造）

山本守之のコメント

　収用等があった場合の消費税等の課税要件は、法人税とは異なり、「対価たる性格を有するもの」は含まれません。経済的実質は配慮しないのです。

90 原価見積りにおける法人税との差異

1 事例

> 当社は機械設備の販売及び据付工事を行っています。据付工事は下請け会社に行わせています。
> 当社の収益計上時期は「継続して機械設備を顧客の指定する場所に搬入した時」としており，据付工事を完了していなくても据付工事の対価を含めて収益に計上しています。
> ある機械設備の販売・据付工事で，納品はしたものの，事業年度末において下請業者に外注した据付工事が未了でしたが，適正に見積って3,000万円を売上原価としました。なお，この機械設備の販売・据付工事は工事進行基準が適用される長期大規模工事には該当しません。この場合の処理について課税上何か問題がありますか。

2 問題点（争点）

問題点は，法人税の所得計算上は費用収益対応の原則がはたらき，据付工事代金相当額を収益に計上した場合には，期末までに据付工事が終了していなくても据付けに係る原価の見積計上が認められますが，消費税の仕入税額控除についても同様に考えてよいかです。

3 検討

(1) 法人税法22条4項と消費税法30条

法人税法22条4項では，各事業年度の所得の金額の計算上，益金の額及び損金の額に算入すべき収益，原価，費用，損失の額の計算については，「一般に公正妥当と認められる会計処理の基準に従って計算」すべき旨を規定しています。

一方，消費税法30条1項においては，課税仕入れを行った日の属する課税期間において仕入税額控除を行う旨を規定しています。「課税仕入れを行った日」とは，目的物の引渡しを要する請負工事の場合は，その目的物の全部を完成して相手方に引き渡した日をいいます（消基通9－1－5）。

(2) 法人税法における取扱い

　機械設備等の販売に伴い据付工事を行った場合の収益の帰属時期の特例として，法人が1個の契約において機械設備等の販売をしたことに伴いその据付工事を行った場合において，工事が相当の規模であり，対価の額を契約その他に基づいて合理的に区分することができるときは，機械設備等に係る販売代金の額と据付工事に係る対価の額とを区分して，それぞれにつき通常の引渡基準（機械設備等），完成引渡基準（据付工事）によって収益計上を行うことができるものとされています（法基通2－1－10）。

　法人が区分経理をしない場合は据付工事を含む全体の販売代金について一般の引渡基準によって収益計上をすることになっています。事例はこのケースに該当します。

　売上原価等となるべき費用の額が期末までに確定していないときは同日の現況によってその金額を適正に見積もることになります（法基通2－2－1）。事例のように据付工事が未了で売上原価等として計上することができる金額が確定していなくても適正な見積原価の計上を認めることが合理的と考えられているわけです。

(3) 消費税法における取扱い

　消費税法基本通達11－4－5（課税仕入れに係る支払対価の額が確定していない場合の見積り）では事業者が課税仕入れを行った場合において，当該課税仕入れを行った日の属する課税期間の末日までにその支払対価の額が確定していないときは，同日の現況によりその金額を適正に見積もるものとしています。

　この場合において，その後確定した対価の額が見積額と異なるときは，その差額は，その確定した日の属する課税期間における課税仕入れに係る支払対価の額に加算し，又は支払対価の額から控除することができます。

しかし，課税期間の末日までに実際に課税仕入れが行われていないときは，仕入税額控除ができません。

	法　人　税	消　費　税
費用収益対応の原則	適用あり	適用なし
据付工事が未完了	据付工事まで含めて収益計上している場合は，外注先から完成引渡を受けていない場合であっても，適正に見積って工事原価に計上することができる	据付工事まで含めて収益計上している場合であっても，実際に外注先から完成引渡を受けていない限り，工事原価を適正に見積って計上した額を仕入税額控除することはできない

4　当事例の検討

　消費税の計算上は，法人税の所得金額の計算とは異なり，据付工事の引渡しを受けていないときは，課税仕入れとならず，たとえ収益の計上をしていたとしても，下請業者への据付工事代金を見積って仕入税額控除をすることはできません。

　したがって，事例においては，下請業者に支払う据付工事代金を見積って仕入税額控除することはできないことになります。

（松田　孝志）

山本守之のコメント

　引渡しを受けない限り見積計上できないのが消費税で，法人税のように費用収益を対応させるものではありません。法人税の考え方に引っぱられないことが必要です。

守之会会員名簿

<五十音順>

<2009.3.20現在>

氏　　　名	所　　　属
朝　倉　洋　子	税理士・東京税理士会
上　西　左大信	税理士・近畿税理士会
遠　藤　み　ち	税理士・東京税理士会
金　子　友　裕	税理士・千葉県税理士会
川　口　　　浩	税理士・千葉県税理士会
河　栗　マサミ	税理士・東京地方税理士会
木　島　裕　子	税理士・東京地方税理士会
久　乗　　　哲	税理士・近畿税理士会
熊　野　泰　之	税理士・東京税理士会
小　林　磨寿美	税理士・東京地方税理士会
阪　上　秀　樹	税理士・東海税理士会
親　泊　伸　明	税理士・近畿税理士会
鈴　木　政　昭	税理士・東北税理士会
千　田　喜　造	税理士・北陸税理士会
染　谷　多恵子	税理士・千葉県税理士会
竹　内　春　美	税理士・東京税理士会
武　田　喜　義	税理士・東京税理士会
田　代　雅　之	税理士・東京税理士会
田　代　行　孝	税理士・東北税理士会
田　中　久　喜	税理士・近畿税理士会
中　西　良　彦	税理士・北陸税理士会
中　畠　正　喜	税理士・東京税理士会
中　村　雅　紀	税理士・北陸税理士会
服　部　惣太郎	税理士・東京税理士会
林　　　紀　孝	税理士・東京地方税理士会
平　沼　　　洋	税理士・千葉県税理士会
藤　井　茂　男	税理士・東京税理士会
藤　曲　武　美	税理士・東京税理士会
古　矢　文　子	税理士・名古屋税理士会
松　田　孝　志	税理士・北海道税理士会
矢　頭　正　浩	税理士・東海税理士会
山　崎　　　泰	税理士・東京税理士会
山　本　敬　三	税理士・近畿税理士会

編著者紹介

山本　守之（やまもと・もりゆき）
東京都出身
昭和33年税理士試験合格，同38年税理士開業

　日本税務会計学会顧問，租税訴訟学会副会長（研究・提言部会担当），税務会計研究学会理事，日本租税理論学会理事を務め，全国各地において講演活動を行うとともに，千葉商科大学大学院（政策研究科，博士課程）で客員教授として租税政策論の教鞭をとっている。

　研究のためOECD，EU共同体及び各国財務省等を25年にわたり歴訪。

　机上の理論だけでなく，現実の経済取引を観察し，公平な租税制度のあり方を考える。また，税理士の立場から納税者の租税法解釈権を主張し，法令や通達を無機質的に読むのではなく「人間の感性で税をみつめる」態度を重視している。

　主な著書に，『租税法の基礎理論（新版）』税務経理協会，『租税法要論』税務経理協会，『体系法人税法』税務経理協会，『検証・法人税改革』税務経理協会，『実践研究・法人税改革』税務経理協会，『実務消費税法』税務経理協会，『判決・裁決例からみた役員報酬・賞与・退職金』税務経理協会，『交際費の理論と実務』税務経理協会，『企業組織再編の税務』税務経理協会，『連結納税の実務』税務経理協会，『法人税の争点を検証する』税務経理協会，『消費税の課否判定と仕入税額控除』税務経理協会，『検証納税者勝訴の判決』（共著）税務経理協会，『調査事例からみた法人税の実務』税務研究会，『事例による消費税の実務』税務研究会，『法人税がわかる本』日本実業出版社，『消費税実務と対策はこうする』日本実業出版社，『法人税申告の実務全書』（監修及び共著）日本実業出版社，『法人税の理論と実務』中央経済社，『交際費・使途秘匿金課税の論点』中央経済社，『課税対象取引と対象外取引』中央経済社，『税務形式基準と事実認定』中央経済社，『検証・税法上の不確定概念』（共著）中央経済社，『法人税難解用語の解釈』（編者）新日本法規，『税務是認判断事例集』（監修）新日本法規，『同族会社判定と税務』（監修）新日本法規，『法人税全科』ぎょうせい，『法人税全科パート2』ぎょうせい，『検証国税非公開裁決』（監修及び共著）ぎょうせい，『租税法講義』（共著）民事法研究会等がある。

---── 守 之 会 ──

　平成2年，財団法人日本税務研究センター主催の法人税実務ゼミナール受講者有志により自主ゼミとして結成。毎月1回定例税法研究会を開き，平成4年より「守之会論文集」を発行し12号に至る。主な著書に『検証・税法上の不確定概念』（中央経済社），『法人税難解用語の解釈』（新日本法規），『検証・納税者の勝訴判決』（税務経理協会），『税務是認判断事例集』（新日本法規），『検証判例・裁決例等からみた消費税における判断基準』（中央経済社）がある。現在会員数33名

編著者との契約により検印省略

平成21年4月1日 初版発行

事例からみた
法人税の実務解釈基準

編著者	山 本 守 之
	守 之 会
発行者	大 坪 嘉 春
印刷所	税経印刷株式会社
製本所	株式会社 三森製本所

発行所 東京都新宿区下落合2丁目5番13号 株式会社 税務経理協会

郵便番号 161-0033　振替 00190-2-187408　電話(03)3953-3301(編集部)
　　　　　　　　　　 FAX(03)3565-3391　　　　 (03)3953-3325(営業部)
URL http://www.zeikei.co.jp/
乱丁・落丁の場合はお取替えいたします。

© 山本守之・守之会 2009　　　　　　　　　Printed in Japan

本書を無断で複写複製（コピー）することは，著作権法上の例外を除き，禁じられています。本書をコピーされる場合は，事前に日本複写権センター（JRRC）の許諾を受けてください。
JRRC(http://www.jrrc.or.jp　eメール:info@jrrc.or.jp　電話:03-3401-2382)

ISBN978-4-419-05288-1　C2032